Föderalismus in Deutschland

Institut der deutschen Wirtschaft Köln (Hrsg.)

Föderalismus in Deutschland

Ökonomische Analyse
und Reformbedarf

Bibliografische Information Der Deutschen Bibliothek
Die Deutsche Bibliothek verzeichnet diese Publikation in der Deutschen Nationalbibliografie; detaillierte bibliografische Daten sind im Internet über http://dnb.ddb.de abrufbar.

ISBN 978-3-602-14761-8

Herausgegeben vom Institut der deutschen Wirtschaft Köln

© 2007 Deutscher Instituts-Verlag GmbH
Gustav-Heinemann-Ufer 84–88, 50968 Köln
Postfach 51 06 70, 50942 Köln
Telefon 0221 4981-452
Fax 0221 4981-445
div@iwkoeln.de
www.divkoeln.de

Druck: Bercker Graphischer Betrieb GmbH & Co. KG, Kevelaer

Inhalt

Michael Hüther
Vorwort | 7

1 *Oliver Koppel / Karl Lichtblau*
Föderalismustheorie: Ökonomische Kriterien
für die Konstruktion eines föderalen Systems | 9

2 *Ralph Brügelmann / Michael Tröger*
Die deutsche Finanzverfassung | 45

3 *Holger Schäfer*
Föderale Zuordnungen in der Arbeitsmarktpolitik | 83

4 *Oliver Stettes*
Die föderale Ordnung im Bildungswesen:
Eine Analyse aus bildungsökonomischer Perspektive | 101

5 *Oliver Koppel*
Föderale Aspekte der FuE- und Innovationspolitik | 131

6 *Klaus-Heiner Röhl*
Optionen für die deutsche Regionalpolitik:
Mehr regionaler Wettbewerb im Föderalstaat | 155

7 *Hubertus Bardt*
Umweltpolitik im Föderalismus | 179

8 *Berthold Busch*
Die europäische Dimension:
Deutschland und die Europäische Union im Mehrebenensystem | 195

9 *Michael Hüther / Hans-Peter Klös / Rolf Kroker*
Föderalismus in Deutschland: Nach der Reform ist vor der Reform | 217

Die Autoren | 239

Vorwort

Wer sich mit dem deutschen Föderalismus beschäftigt, mag sich an seine Kinder- und Schulzeit mit ihren Helden und Mythen erinnern: Da wurde Prometheus von Hephaistos an einen kaukasischen Felsen geschlagen und musste viele Jahrhunderte darben. Sisyphos und andere Titanen mussten Höllenqualen erleiden, weil ihre Anstrengungen niemals belohnt wurden. Und der ohnmächtig am Strand von Liliput liegende „Riese" Gulliver wurde von fingergroßen Zwergen gefesselt und an seiner freien Entfaltung gehindert.

Fesselung, fehlende Belohnung von Eigenanstrengungen und Behinderung der freien Entfaltung kennzeichnen auch den kooperativen Föderalismus deutscher Prägung. Doch die Unglücklichen – in diesem Fall Bund und Länder – versuchen, sich zu befreien: Am 1. September 2006 sind Teile der ersten Stufe der Föderalismusreform in Deutschland in Kraft getreten. Sie hat das erklärte Ziel, zumindest einen Teil der Fehlentwicklungen zu korrigieren, die seit der Festschreibung der deutschen föderalen „Governance" in den Beratungen des Parlamentarischen Rates entstanden sind.

Bis in diese Zeit lässt sich die politische Auseinandersetzung darüber zurückdatieren, welche Zuständigkeit die zentralstaatliche Bundesebene und welche die dezentrale Länderebene haben soll. Dabei trägt die „Mutter aller Reformen" schwere staatswissenschaftliche und philosophische Hypotheken im Gepäck: Auf der einen Seite gibt es eine lange liberale Tradition mit ihren Vordenkern Locke, Hume und vor allem Montesquieu, die stets für eine dezentrale Staatsorganisation votiert haben. Auf der anderen Seite stehen staatliche Allmachtsfantasien wie der Hobbes'sche Leviathan, der vor dem Hintergrund des grausamen englischen Bürgerkriegs die Hoffnung auf eine starke ordnende Hand des Staates formulierte, um den Krieg aller gegen alle zu beenden.

Diese unterschiedlichen Weltanschauungen prägen auch heute noch die Diskussion. Deutschland hatte sich mit dem Verbundföderalismus in der Mitte dieser beiden Extreme und damit auch anders als etwa der angelsächsische Trennföderalismus positioniert. Doch dafür war ein hoher Preis zu zahlen: Die in fast sechs Jahrzehnten ausbalancierte deutsche Finanzverfassung wurde an die faktische Gesetzgebungskompetenz des Bundes über die wichtigsten Steuern angepasst: Einerseits legte der Bund über Gemeinschaftsaufgaben, Finanzhilfen und Steuervergünstigungen den Ländern „goldene Zügel" an, andererseits wurde aber den Bundesländern im Gegenzug eine ausgedehnte Zustimmungspflicht für einen großen Teil der Steuer- und Abgabengesetze eingeräumt.

Der erste Teil der Föderalismusreform versucht nun erstmals einen Ausweg aus dieser selbstgebauten Sackgasse zu finden. Die jeweilige Gesetzgebungskompetenz von Bund und Ländern wurde eindeutiger zugeordnet, das Ausmaß möglicher gegenseitiger Blockaden durch die Abschaffung der Rahmengesetzgebung begrenzt, Mischfinanzierungstatbestände abgebaut, die Steuerautonomie der Länder erhöht und die Regelungen zu einem nationalen Stabilitätspakt neu formuliert. Doch die Bilanz von Teil I der Föderalismusreform fällt zwiespältig aus: Zum Ersten sind die intendierten Fortschritte keineswegs gesichert. Zum Zweiten ist man im Bildungsrecht und im Umweltrecht in eine falsche Richtung gegangen. Und zum Dritten ist bei der Forschungsförderung und der Regionalpolitik die Gelegenheit zu mehr wettbewerblichen Anreizen verpasst worden; hier besteht für die Politik auch zukünftig enormer Handlungsbedarf.

Umso größer wird damit die Bedeutung, die einer Neuordnung der Finanzierungsströme zwischen Bund, Ländern und Gemeinden im jetzt anstehenden Teil II der Föderalismusreform zukommt. Hier wird sich entscheiden, ob Einnahmen und Ausgaben entflochten, die Steuerautonomie erhöht, wirksame Verschuldungsbremsen eingesetzt und der Finanzausgleich beschäftigungs- und wachstumsförderlich gestaltet werden können. In dieser Hinsicht steht der eigentliche Lackmustest für die föderale Neuordnung noch bevor. Die aktuellen Diskussionen um die Hochschulfinanzierung, die Kfz-Steuer und die Kinderbetreuung stimmen nicht unbedingt optimistisch, ob ein großer Wurf gelingen kann.

Die vorliegende Studie will die bisherige Reform einer ersten Bewertung unterziehen und für die Neuordnung der Finanzbeziehungen einige Leitplanken empfehlen. Geleitet werden alle Überlegungen von der Theorie des Fiskalföderalismus, die von Richard Musgrave begründet und von Charles Tiebout und Wallace Oates verfeinert worden ist. Dabei gilt, dass eine zentrale Ebene umso mehr Regelungskompetenzen erhalten sollte, je ähnlicher die Präferenzen und je deutlicher die Wechselwirkungen einer Politik zwischen den einzelnen Bundesländern sind. Umgekehrt sollten hierarchisch nachgeordnete Ebenen umso eher Kompetenzen erhalten, je unterschiedlicher die Präferenzen und je geringer die Wechselwirkungen einer Politik zwischen den Bundesländern ausfallen.

Die in diesem Band eingenommene Perspektive ist bewusst eine ausschließlich (institutionen-)ökonomische: Stets werden die Effekte der föderalen Regulierung und deren Reform daraufhin überprüft, ob sie mit Blick auf Wachstum, Beschäftigung, Investitionen und fiskalische Nachhaltigkeit anreizkompatibel sind. Diese Perspektive kommt bei der vorherrschenden juristischen und politikwissenschaftlichen Betrachtung der föderalen Governance bei Weitem zu kurz. Das Institut der deutschen Wirtschaft Köln will damit einen Beitrag zu mehr Rationalität in der politischen Entscheidungsfindung leisten, denn die Weichenstellungen in den föderalen Finanzbeziehungen, die jetzt vorzunehmen sind, dürften ganz maßgeblich darüber entscheiden, welchen Wachstumspfad Deutschland in den kommenden Jahren und Jahrzehnten beschreiten wird.

Michael Hüther   Köln, im April 2007

Kapitel 1

Oliver Koppel / Karl Lichtblau

Föderalismustheorie: Ökonomische Kriterien für die Konstruktion eines föderalen Systems

Inhalt

1	Einleitung	11
2	Das fiskalföderalistische Grundmodell von Oates	12
2.1	Exklusive Dezentralisierung von Kompetenzen	12
2.2	Exklusive Zentralisierung von Kompetenzen	13
2.3	Zentralisierung versus Dezentralisierung	14
3	Grenzen und Erweiterungen des Modells von Oates	18
3.1	Externalitäten	18
3.2	Umverteilung	22
3.3	Prinzipal-Agent-Probleme	23
3.4	Politökonomische Überlegungen	24
4	Föderale Kompetenzzuweisung im Mischsystem	25
4.1	Verhandlungslösungen und Kooperation	26
4.2	Zuweisungen	26
4.3	Föderale Mandate	27
4.4	Kompetenzteilung	27
4.5	Regelung der Finanzierungskompetenz	32
5	Entwicklung eines IW-Gesamtkonzepts zum Thema Föderalismus	38
	Zusammenfassung	41
	Literatur	42

1 Einleitung

Welche Ebene innerhalb eines föderalen Systems sollte mit der Durchführung welcher Aufgaben betraut werden? Diese zentrale Fragestellung des Fiskalföderalismus ist mit der Föderalismusreform in Deutschland in das Zentrum des öffentlichen und politischen Interesses gerückt. Schwerpunkt der Diskussion ist dabei häufig das Thema, wie – ausgehend von dem bisherigen Status quo – überhaupt ein politischer Kompromiss erzielt werden kann. Und tatsächlich verdient die Frage nach dem politisch Machbaren, bedingt durch die Gemengelage politischer Interessen und komplizierter Mehrheitsfindung, eine genaue Betrachtung. Mindestens ebenso relevant wie der Streitpunkt, welche föderale Ebene – Bund, Land oder Gemeinde – eine bestimmte Kompetenz erhalten könnte, ist jedoch die Frage nach der normativen Dimension der Reform, das heißt welche föderale Ebene eine bestimmte Kompetenz auch tatsächlich erhalten sollte. Die Erkenntnisse der Literatur des Fiskalföderalismus helfen in diesem Zusammenhang, Kriterien für die Bestimmung eines effizienzorientierten föderalen Systems zu ermitteln und elementare Konstruktionsfehler sowohl bezüglich der bestehenden Aufgabenverteilung zu identifizieren als auch bei der geplanten Neuordnung von Kompetenzen zu vermeiden. Dieses Einführungskapitel gibt daher zunächst einen Überblick über den aktuellen wissenschaftlichen Stand der Föderalismusliteratur und über die dort verwendeten Modelle. Die nachfolgenden Kapitel des vorliegenden Buchs greifen an vielen Stellen auf die hier präsentierten Konzepte zurück und wenden diese auf die spezifische Problematik der föderalen Aufgabenverteilung in den jeweiligen Politikbereichen an.

Die Aufgabe des Fiskalföderalismus hat dessen Pionier, Wallace Oates, so formuliert: „We need to understand which functions and instruments are best centralized and which are best placed in the sphere of decentralized levels of government. This is the subject matter of fiscal federalism" (Oates, 1999, 1120). Er selbst entwickelte ein Mehrebenenmodell einer staatlichen Organisationsform mit dem Ziel, ein Bewertungssystem für die optimale Aufgabenverteilung innerhalb eines föderalen Systems zu bestimmen (Oates, 1972). Mithilfe dieses Ansatzes, der im folgenden Abschnitt vorgestellt wird, konnten erstmals die relativen Vor- und Nachteile verschiedener Organisationsformen analysiert und unter den Gesichtspunkten Gesamtwohlfahrt und Effizienz einander gegenübergestellt werden. Daraus ergibt sich eine Regel, wie die Kompetenzen den förderalen Ebenen zugewiesen werden sollten; sie berücksichtigt sowohl die institutionellen Gegebenheiten als auch die Charakteristika einzelner Politikbereiche – beispielsweise deren Wirkung in der räumlichen Dimension.

In diesem Beitrag wird von Zentralisierung gesprochen, wenn die oberste Ebene eines föderativ aufgebauten Staates Kompetenzen für eine komplette Aufgabe hat, also alle Entscheidungen im Zusammenhang mit dieser Aufgabe allein, ohne Abstimmung mit anderen Ebenen, treffen kann. Zentralisiert sind Kompetenzen auch dann, wenn in einem Staat zwei Kammern (in Deutschland Bundestag und Bundesrat) gemeinschaftlich eine bundesweit geltende Entscheidung treffen. Als dezentral wird ein System dagegen bezeichnet, wenn eine nachgeordnete Gebietskörperschaft Entscheidungen alleinverantwortlich, ohne Abstimmung mit der übergeordneten Ebene, treffen kann. In diesem Zusammenhang ist es nicht notwendig, dass immer sowohl die Regelungs- als auch die Durchführungs- und die Finanzierungskompetenz dezentralisiert sind.

2 Das fiskalföderalistische Grundmodell von Oates

Eine instruktive Darstellung des Modells von Oates (1972) findet sich bei Besley/ Coate (2003). Im Folgenden wird eine vereinfachte Darstellung dieses Modells und seiner wesentlichen Ergebnisse präsentiert.

Betrachtet wird ein Staat, der aus zwei Teilregionen, den Ländern A und B, besteht. Die Präferenzen des Landes A sind durch die Nutzenfunktion

1) $U_A = (1 - \beta_A)\ln x_A + \beta_A[(1 - \phi)\ln g_A + \phi \ln g_B]$

charakterisiert, wobei x_A ein in Land A konsumiertes privates Gut, g_A ein in Land A bereitgestelltes öffentliches Gut, g_B ein in Land B bereitgestelltes öffentliches Gut und $1 > \beta_A > 0$ die Wertschätzung des Landes A für öffentliche Güter repräsentieren.[1] Der Parameter $0,5 \geq \phi \geq 0$ gibt an, wie stark die räumlichen Wechselwirkungen (Spillover) der öffentlichen Güter sind. Nimmt dieser Parameter den Wert 0 an, so sind die Bewohner des einen Landes nicht von der Bereitstellung des öffentlichen Gutes in dem anderen Land betroffen. In diesem Fall handelt es sich um lokal öffentliche Güter. Für $\phi > 0$ sind die Bewohner in zunehmendem Maße auch von den Entscheidungen der anderen Region betroffen. In diesem Fall handelt es sich um lokal öffentliche Güter mit Spillover.[2]

Die Wertschätzung für öffentliche und private Güter in den Ländern kann unterschiedlich sein, wobei die interregionale Differenz des Parameters β als Maß für die Heterogenität der Regionen interpretiert werden kann. Preise und Einkommen sind der Einfachheit halber auf 1 normiert.

Es wird nun eine disjunkte Kompetenzverteilung betrachtet, das heißt die Regelungs-, Durchführungs- und Finanzierungskompetenzen bezüglich einer bestimmten Aufgabe liegen entweder alle auf zentraler oder alle auf dezentraler Ebene. Um die institutionenspezifischen Vor- und Nachteile isolieren zu können, wird eine Aufgabe auf dezentraler und zentraler Ebene über verzerrungsfreie Kopfsteuern finanziert.

2.1 Exklusive Dezentralisierung von Kompetenzen

In diesem Szenario entscheiden die Landesregierungen eigenständig über die in ihrer Region bereitgestellte Menge des öffentlichen Gutes und finanzieren diese auch selbst. Eine Landesregierung wählt ihre Politik so, dass ausschließlich der Nutzen der Bürger maximiert wird. Als Begründung für eine derartige Verhaltensannahme kann angeführt werden, dass eine Landesregierung nur von den lokalen Residenten, nicht aber von den Einwohnern an-

---

[1] Es handelt sich somit um eine logarithmierte Cobb-Douglas-Nutzenfunktion mit drei Gütern. Die Präferenzen der Region B sind symmetrisch in Bezug auf die öffentlichen Güter.
[2] Beispiele für derartige lokal öffentliche Güter mit interregionalen Nutzen-Spillover-Effekten sind Straßen oder die Wasserqualität von Flüssen.

derer Bundesländer gewählt wird. Somit besitzt sie keinen spürbaren Anreiz, sich im Sinne eines gesamtstaatlich wünschenswerten Kalküls zu verhalten. Vielmehr verhalten sich die Landesregierungen strategisch und passen die von ihnen bereitgestellten Mengen öffentlicher Güter bestmöglich der Entscheidung des jeweils anderen Landes an. Aus dieser strategischen Interaktion ergibt sich eine Situation, in der die Länder die Mengen

$$2) \quad g_A^D = \frac{\beta_A(1-\phi)}{1-\beta_A\phi}, \; g_B^D = \frac{\beta_B(1-\phi)}{1-\beta_B\phi}$$

bereitstellen.[3] Diese Mengen reflektieren die wesentlichen Vor- und Nachteile einer dezentralen Entscheidung. Zum einen hängt die gewählte Menge des öffentlichen Gutes nur von den spezifischen Präferenzen des jeweiligen Landes ab. Die Landesregierung ist somit in der Lage, die Präferenzen ihrer Bürger bei der Wahl einer Politik bestmöglich zu berücksichtigen. Da sich die Landesregierung jedoch ausschließlich am Wohl ihrer eigenen Bürger orientiert, vernachlässigt sie die möglichen Spillover, die ihre Entscheidung in anderen Regionen bewirkt. Da sie hingegen bewusst von der Bereitstellung in der anderen Region partizipiert, sinken die dezentral bereitgestellten Mengen mit steigenden Spillover. Je mehr eine Region von der Bereitstellung des öffentlichen Gutes in der anderen Region profitiert, umso weniger eigene öffentliche Güter stellt sie bereit. Der dezentralen Bereitstellung öffentlicher Güter liegt folglich ein sogenanntes Gefangenendilemma zugrunde, das wegen des wechselseitigen Trittbrettfahrerverhaltens der Regionen in eine Unterversorgung mit öffentlichen Gütern mündet. Beim Trittbrettfahren antizipieren die Regionen in ihrem Verhalten, dass die benachbarte Region eine vergleichbare Leistung bereitstellt, und reduzieren deshalb ihre eigenen Anstrengungen.

2.2 Exklusive Zentralisierung von Kompetenzen

In diesem Szenario entscheidet eine Zentralregierung über die regionalen Mengen der öffentlichen Güter. Diese Regierung ist annahmegemäß bestrebt, die Gesamtwohlfahrt zu maximieren, muss bei ihrer Entscheidung jedoch in jeder Region dieselbe Menge des öffentlichen Gutes bereitstellen, das heißt sie sieht sich mit der Restriktion $g_A = g_B$ konfrontiert. Mögliche Gründe für eine derartige Uniformität zentralisierter Entscheidungen sind zum einen Informationsasymmetrien bezüglich der regionalen Präferenzen, die es einer Zentralregierung erheblich erschweren, eine Politik zutreffend regional zu differenzieren. Zum anderen existieren in der Realität häufig politische Restriktionen, die als eine Art Minderheitenschutz fungieren und verhindern sollen, dass manche Länder deutlich mehr öffentliche Güter erhalten als andere.[4]

---

[3] Das Resultat dieser strategischen Interaktion wird als Nash-Gleichgewicht bezeichnet. Ein solches Gleichgewicht ist dadurch charakterisiert, dass kein einzelner Akteur einen Vorteil für sich erzielen kann, indem er allein seine Strategie verändert, bezogen auf das obige Beispiel also das bereitgestellte Niveau an öffentlichen Gütern unilateral ausdehnt oder reduziert.
[4] Die Annahme, dass die Zentralisierung einer Politikentscheidung zu einer regionalen Vereinheitlichung führt, ist empirisch plausibel und nicht zuletzt dadurch gerechtfertigt, dass viele Bundesgesetze einheitliche Regelungen auf Länderebene beinhalten. Auch kann die in Artikel 106 des Grundgesetzes erwähnte und inzwischen häufig kritisierte „Einheitlichkeit der Lebensverhältnisse im Bundesgebiet" als Indiz für die Plausibilität dieser Annahme gesehen werden.

Maximiert die Zentralregierung nun die Gesamtwohlfahrt beider Länder, so wählt sie für diese jeweils eine Menge

3) $g_A^Z = g_B^Z = g^Z = \dfrac{\beta_A + \beta_B}{2}$

des öffentlichen Gutes. Im Gegensatz zur dezentralen Entscheidung werden die Spillover nun berücksichtigt und bestmöglich internalisiert. Aufgrund der einheitlichen Regelungen ist das Ergebnis unter Zentralisierung jedoch dadurch gekennzeichnet, dass es sich nur an dem Durchschnitt der regionalen Präferenzen orientiert und folglich die regionale Heterogenität vernachlässigt.

Das Subsidiaritätsprinzip der Europäischen Union   Übersicht 1.1

Die Leitlinie zur Kompetenzverteilung zwischen der Europäischen Union und ihren Mitgliedstaaten reflektiert die fiskalföderalistischen Ergebnisse à la Oates bereits prinzipiell. So darf die EU als supranationale zentrale Institution gemäß dem in Art. 5 Abs. 2 des Maastricht-Vertrags verankerten Subsidiaritätsprinzip nur tätig werden, wenn die Mitgliedstaaten die in Rede stehende Maßnahme auf nationaler dezentraler Ebene nicht wie vorgesehen umsetzen können, mögliche Spillover also auf dezentraler Ebene nicht ausreichend internalisiert werden. Eine Übertragung der Entscheidungskompetenz auf die Gemeinschaftsebene ist durch das Subsidiaritätsprinzip aber nur dann gerechtfertigt, wenn mit diesem Schritt echte Effizienzverbesserungen erreicht werden können.[5]

2.3 Zentralisierung versus Dezentralisierung

Die obigen Überlegungen haben gezeigt, dass im Normalfall keine der beiden Organisationsformen eine durchweg effiziente Bereitstellung des öffentlichen Gutes garantieren kann. Bei der Frage, ob eine bestimmte Politikentscheidung nun zentral oder dezentral ausgeführt werden sollte, müssen zwei Arten von Ineffizienzen gegeneinander abgewogen werden: die Kosten der Vernachlässigung regionaler Präferenzen, die sich aus einer zentralisierten Bereitstellung ergeben, und die unter einem dezentralen Regime anfallenden Kosten einer fehlenden Internalisierung interregionaler Wechselwirkungen. Es sollte schließlich dasjenige Regime gewählt werden, das die geringeren Einbußen erwarten lässt.

Bildet man anhand der Nutzenfunktionen aus Gleichung 1 das utilitaristische Wohlfahrtskriterium und setzt die Mengen aus Gleichung 2 respektive 3 in dieses ein, so erhält man für die Wohlfahrt W^Z unter Zentralisierung

4) $W^Z = (2 - \beta_A - \beta_B)\ln[(2 - \beta_A - \beta_B)/2] + (\beta_A + \beta_B)\ln[(\beta_A + \beta_B)/2]$

---

[5] Die europäische Dimension des Föderalismus wird in Kapitel 8 detailliert behandelt.

und die Wohlfahrt W^D unter Dezentralisierung

5) $W^D = (1 - \beta_A)\ln\dfrac{1 - \beta_A}{1 - \beta_A\phi} + \beta_A \left[(1 - \phi)\ln\dfrac{\beta_A(1 - \phi)}{1 - \beta_A\phi} + \phi\ln\dfrac{\beta_B(1 - \phi)}{1 - \beta_B\phi}\right]$

$+ (1 - \beta_B)\ln\dfrac{1 - \beta_B}{1 - \beta_B\phi} + \beta_B \left[(1 - \phi)\ln\dfrac{\beta_B(1 - \phi)}{1 - \beta_B\phi} + \phi\ln\dfrac{\beta_A(1 - \phi)}{1 - \beta_A\phi}\right].$

Um einen Vergleich zwischen diesen beiden Größen besser illustrieren zu können, werden für die Berechnungen konkrete Parameterwerte gesetzt. Für den Präferenzparameter des Landes 1 wurde $\beta_A = 0{,}5$ gewählt. Die Präferenz des Landes 2 wurde je nach Szenario auf $\beta_B = 0{,}5$ (keine Präferenzheterogenität), $\beta_B = 0{,}75$ (geringe Präferenzheterogenität), $\beta_B = 0{,}85$ (mittlere Präferenzheterogenität) beziehungsweise $\beta_B = 0{,}97$ (extreme Präferenzheterogenität) gesetzt. Der Spillover-Parameter ϕ wurde schließlich in Schritten von 0,05 im zulässigen Intervall von 0 bis 0,5 variiert. Abbildung 1.1 stellt die Ergebnisse des resultierenden Wohlfahrtsvergleichs dar. Abgebildet ist die aus Zentralisierung resultierende Wohlfahrtsveränderung, das heißt die Differenz zwischen W^Z und W^D. Wenn diese Differenz positiv ist, sollte zentral, andernfalls dezentral entschieden werden.

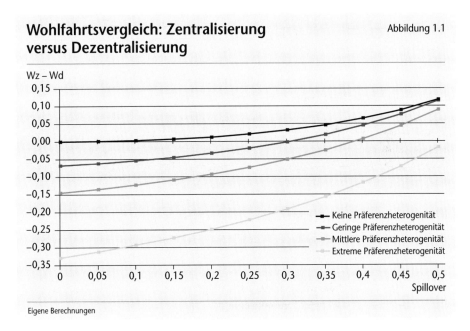

Folgende Ergebnisse sind zu erkennen (Abbildung 1.1):

1. Bei lokal öffentlichen Gütern (Spillover = 0) liefert eine dezentrale Bereitstellung mindestens genauso gute und bereits bei geringer regionaler Präferenzheterogenität effizientere Ergebnisse als eine zentralisierte Bereitstellung. Da in diesem Fall keine Spillover vorliegen und deren fehlende Internalisierung der dezentralen Ebene folglich

auch nicht zum Nachteil gereicht, führt die dezentrale Bereitstellung sogar zu einer bestmöglichen Allokation. Dieses Ergebnis steht in der Tradition von Tiebout (1956), der die Effizienz eines dezentralen Regimes in Bezug auf die Bereitstellung lokal öffentlicher Güter schon in einem Modellrahmen mit interregionaler Mobilität zeigen konnte. In Verbindung mit den aus der Uniformität resultierenden Nachteilen von Zentralisierung folgt unmittelbar das bekannte Dezentralisierungstheorem von Oates (Übersicht 1.2).

Das Dezentralisierungstheorem von Oates   Übersicht 1.2

„Wenn ein öffentliches Gut in abgeschlossenen geographischen Teilräumen angeboten werden kann [das heißt keine Spillover vorliegen] und wenn dessen Erzeugungs- und Durchschnittskosten bei jedem Outputniveau in jedem Teilraum die gleichen sind, unabhängig davon, ob die Leistung zentral oder dezentral erzeugt wird, dann ist es immer effizienter oder wenigstens gleich effizient, wenn lokale Regierungen die an die jeweilige Nachfrage angepaßten Outputs bereitstellen, als wenn die Zentralregierung einen einheitlichen Output (wie groß er auch immer sei) bereitstellt." (Oates, 1972, 54)

2. Im anderen Extremfall homogener regionaler Präferenzen (oberste Linie) liefert eine zentrale Bereitstellung mindestens genauso gute und im Falle des Vorliegens von Spillover-Effekten sogar effizientere Ergebnisse als eine dezentralisierte Bereitstellung. Wenn alle Länder dieselbe Politik bevorzugen, entstehen natürlich auch keine Verzerrungen aus der Uniformität der zentralisierten Bereitstellung, und Letztere liefert ein optimales Ergebnis. In Analogie zum Dezentralisierungstheorem lässt sich dieses Ergebnis als Zentralisierungstheorem interpretieren.
3. Realistischerweise verursacht eine Politikmaßnahme jedoch interregionale Wechselwirkungen; zugleich haben unterschiedliche Regionen unterschiedliche Präferenzen. In diesem Fall determiniert der Trade-off zwischen dem Ausmaß interregionaler Spillover und der interregionalen Präferenzheterogenität die Entscheidung, welche Ebene eine bestimmte Aufgabe übernehmen sollte. Abbildung 1.1 zeigt, dass der relative Effizienzvorteil einer zentralisierten Entscheidung in jedem Szenario mit der Intensität der interregionalen Wechselwirkungen ansteigt. Sobald nämlich interregionale Spillover vorliegen, die aus der Eigenschaft des öffentlichen Gutes resultieren[6], ist eine dezentrale Entscheidung nicht mehr optimal. Je mehr sich die Politik eines Landes auch auf andere Regionen auswirkt, desto eher neigen die Regionen zum Trittbrettfahren und desto ineffizienter ist eine dezentrale Entscheidung. Zugleich macht sich der Vorteil einer koordinierenden Internalisierung dieser Spillover durch die Zentralregierung bei einer gegebenen Heterogenität der regionalen Präferenzen zunehmend positiv bemerkbar.

Im Szenario extrem unterschiedlicher regionaler Präferenzen (unterste Linie in Abbildung 1.1) ist eine dezentrale Organisationsstruktur selbst bei maximalen interregionalen

---

[6] Abschnitt 2.1 grenzt derartige technologie- oder nutzenorientierte Spillover von fiskalischen Externalitäten ab.

Spillover-Effekten noch zu bevorzugen. In den Szenarien geringer (zweite Linie von oben) respektive mittlerer (zweite Linie von unten) Präferenzheterogenität existiert hingegen jeweils ein kritischer Wert der Spillover, ab dessen Überschreitung eine Zentralisierung zu bevorzugen ist. Dieser Wert ist umso größer, je unterschiedlicher die Präferenzen für öffentliche Güter sind.

Oates' Erkenntnisse werden häufig auf das Dezentralisierungstheorem (Übersicht 1.2) reduziert. Eine differenziertere Zusammenfassung seiner fiskalföderalistischen Ergebnisse zeigt jedoch: „local governments will be most efficient for those services [...] which have no significant positive or negative spillovers onto non-residents. For goods with significant [...] spillovers, allocation by the central government is preferred" (Inman/Rubinfeld, 1998, 11).[7]

Übertragen auf die föderale Struktur in Deutschland bedeuten die obigen Ergebnisse, dass eine Bundeskompetenz umso eher wünschenswert ist, je homogener die Präferenzen zwischen den Bundesländern und je deutlicher die Wechselwirkungen einer Politik zwischen den Bundesländern sind. Eine Landeskompetenz ist umgekehrt umso wünschenswerter, je unterschiedlicher die Präferenzen und je geringer die Wechselwirkungen einer Politik in den Bundesländern sind.

Kulturpolitik
Übersicht 1.3

Laut Grundgesetz liegt die Kompetenz für Kunst und Kultur bei den Ländern (Kulturhoheit). Trotzdem beliefen sich die Ausgaben des Bundes 2003 in diesem Bereich mit über 1 Milliarde Euro auf mehr als 12 Prozent der Gesamtausgaben aller Gebietskörperschaften (Statistisches Bundesamt, 2004). Beispielsweise beteiligt sich der Bund an den Ausgaben für Volkshochschulen sowie von über 150 lokalen Einrichtungen der Bereiche „Kunst und Kultur" wie Museen und lokalen Veranstaltungen. In diesen Bereichen ist jedoch die Existenz etwaiger technologischer oder anderer Spillover zwischen einzelnen Bundesländern fragwürdig.

Ein weiteres Beispiel: Die Ausgaben der Länder allein im Bereich Theater und Musikpflege beliefen sich im selben Jahr auf fast 1,4 Milliarden Euro, während die Gemeinden selbst nur knapp 1,8 Milliarden Euro für diesen Bereich ausgaben. Unter fiskalföderalistischen Aspekten stellt die Tatsache, dass die Bewohner des Umlands einer Stadt deren kulturelle Einrichtungen benutzen, keinen Spillover dar, da der Besuch eines Theaters aufgrund der Rivalität im Konsum ein privates, nicht aber ein öffentliches Gut ist. Und selbst wenn etwaige Spillover einer lokalen kulturellen Einrichtung plausibel gemacht werden können, so existiert in Form von individuellen Finanzierungsbeiträgen, das heißt durch den Kauf von Eintrittskarten durch die Bürger anderer Gemeinden, die Möglichkeit, diese Spillover verursachergerecht abzugelten. Die Tatsache, dass die Finanzierungskompetenz beim Land liegt, muss für diejenigen Kulturbereiche, in denen etwaige Spillover ohne signifikanten Aufwand auf lokaler Ebene über Einnahmen internalisiert werden können, aus fiskalföderalistischer Sicht kritisiert werden.

---

[7] Alesina/Wacziarg (1999) wenden das Oates-Modell in seiner ursprünglichen Form auf regionale Produktionsfunktionen mit öffentlichen Gütern als Inputfaktoren an und replizieren dessen Ergebnisse.

3 Grenzen und Erweiterungen des Modells von Oates

Das vorgestellte Oates'sche Grundmodell der Kompetenzverteilung hat wegen seines hohen Abstraktionsgrades den Vorteil der theoretischen Klarheit. Die Kernparameter zur Festlegung eines optimalen Zentralisierungsgrades – das Ausmaß der Präferenzheterogenität und Spillover-Effekte – werden klar herausgearbeitet. Diese Abstraktion setzt dem Modell aber operationale Grenzen. Es ist zum Beispiel unerlässlich, zwischen verschiedenen Arten von Spillover-Effekten zu differenzieren, weil diese bei der Ausgestaltung der Regelungs-, Durchführungs- und Zuweisungskompetenzen wichtig sind. Des Weiteren ist zu beachten, dass in der Realität wichtige interregionale Umverteilungsziele in einem dezentralisierten Wettbewerbssystem nicht durchsetzbar sind.

3.1 Externalitäten

Das zentrale Argument gegen eine vollständige Dezentralisierung sind Externalitäten. Sie liegen immer dann vor, wenn das Verhalten eines Akteurs – beispielsweise einer Gebietskörperschaft – Einfluss auf das Verhalten oder die Ergebnisse anderer Individuen hat. Als klassisches Beispiel für solche externen Effekte wird in der ökonomischen Literatur immer wieder der wechselseitig positive Einfluss eines Bienenzüchters und eines Obstbauern genannt. Der Obstbauer profitiert von den Bienen, weil diese für die Befruchtung seiner Bäume sorgen (positiver Einfluss der Bienenzucht auf die Obstproduktion). Natürlich gibt es auch negative externe Effekte: Liegt am Oberlauf eines Flusses zum Beispiel eine Produktionsstätte, welche die Wasserqualität im Unterlauf verschlechtert, wird eine dort angesiedelte Fischzucht hierdurch belastet. Derartige Externalitäten sind dadurch charakterisiert, dass – im Gegensatz zu einem funktionsfähigen Marktmechanismus – allein individuell rationales Verhalten keine gesamtwirtschaftliche Effizienz mehr garantiert. Die Grundproblematik der Externalitäten spiegelt sich folglich im Wettbewerb von Gebietskörperschaften wider.

Bei der Analyse der beschriebenen Effekte ist es hilfreich, zwischen technologischen und fiskalischen Externalitäten zu unterscheiden (Abbildung 1.2).

Systematisierung von Externalitäten — Abbildung 1.2

Eigene Darstellung

Bei technologischen Externalitäten liegen interdependente Produktions- oder Nutzenfunktionen vor. In diesem Fall induziert das Verhalten des einen Akteurs (des Bienenzüchters) einen Einfluss auf den Nutzen oder die Produktionsmöglichkeiten des anderen Akteurs (des Obstbauern). Übertragen auf Gebietskörperschaften liegen technologische Spillover immer dann vor, wenn öffentliche Leistungen einer Gebietskörperschaft auch von Gebietsfremden genutzt werden (Oates, 1972). Solche Nutzen-Spillover können, wie oben beschrieben, in einem föderalen Wettbewerb zu einer Unterversorgung mit öffentlichen Leistungen führen, wenn politische Entscheidungsträger eine Trittbrettfahrerposition einnehmen.

Als Beispiel für einen derartigen interregionalen technologischen Spillover kann die Verteilung von Hochschulabsolventen genannt werden.[8] Jedes Bundesland benötigt gut qualifizierte Hochschulabsolventen und ist grundsätzlich auch bereit, ein entsprechendes Ausbildungsangebot an öffentlichen Bildungseinrichtungen wie Hochschulen hierfür bereitzustellen. Das zugehörige Kalkül einer Landesregierung ist allerdings wesentlich davon geprägt, inwieweit der regionale Arbeitsmarkt auch mit Absolventen aus anderen Bundesländern bedient werden kann. Mit steigender Zahl dieser Absolventen reduziert sich der Anreiz einer Landesregierung, selbst Mittel in die eigenen Bildungseinrichtungen zu investieren. Der Spillover besteht in diesem Beispiel darin, dass ein Bundesland seinen eigenen Bedarf an qualifizierten Fachkräften auch mit solchen Absolventen decken kann, die in anderen Ländern ausgebildet wurden. Aus Sicht jedes einzelnen Landes besteht somit der Anreiz, eine Trittbrettfahrerposition einzunehmen, also seinen eigenen Bedarf unter Ausnutzung der interregionalen Wechselwirkungen auf Kosten anderer Bundesländer zu decken.

Neben derartigen technologischen müssen auch fiskalische Externalitäten berücksichtigt werden. Letztere entstehen dann, wenn im Wettbewerb die Entscheidungen einer Region die Einkommen in einer anderen Region beeinflussen. Hier ist es nützlich, zwischen drei Arten solcher fiskalischer Externalitäten zu unterscheiden (Abbildung 1.2).

Von pekuniären Externalitäten spricht man, wenn das Verhalten von eigennutzmaximierenden Akteuren wie Regierungen in der einen Region die Steuereinnahmen der anderen Region direkt beeinflusst. Sie treten zum Beispiel dann auf, wenn durch Änderungen von Steuersätzen Wanderungen verursacht werden.[9] Senkt eine Region ihre Steuern auf mobile Produktionsfaktoren, ist mit entsprechenden Zuwanderungen aus anderen Regionen zu rechnen. Da in der Folge zugleich das Steueraufkommen in den anderen Regionen sinkt, liegt eine pekuniäre Externalität vor. In theoretischen Modellen kann es dadurch zu einem „race to the bottom" kommen, das heißt, der Wettbewerb zwingt zu immer niedrigeren Steuersätzen. In einem zweitbesten Szenario mit verzerrenden Steuern sind mit solchen fiskalischen Externalitäten nicht nur Verteilungswirkungen, sondern auch Effizienzwirkungen verbunden, die einschneidende Konsequenzen für die Steuerpolitik haben. Im Extremfall scheitert eine Besteuerung mobiler Produktionsfaktoren daran, dass diese glaubhaft mit einer Abwanderung in andere Regionen drohen können. Es können folglich nur noch immobile Bemessungsgrundlagen wie Grundstücke besteuert werden. Wenn-

---

[8] Vgl. hierzu insbesondere Kapitel 4.
[9] Vgl. Wellisch (1995) für eine detaillierte Analyse der Bedeutung mobiler Faktoren für fiskalische Instrumente.

gleich die Ergiebigkeit dieser Steuern in der Theorie nicht ausreicht, um ein adäquates Niveau staatlicher Ausgaben zu finanzieren, so existierten bislang keine überzeugenden empirischen Hinweise auf einen solchen Steuersenkungswettlauf (Huber, 1999).

Neben pekuniären Externalitäten müssen in einem föderalen Wettbewerb auch Common-Pool-Effekte berücksichtigt werden, eine Form der fiskalischen Externalitäten. Hierbei treten Wohlfahrtsverluste dann auf, wenn mehrere fiskalische Ebenen auf die gleiche Steuerquelle zugreifen. Die Grundidee des Common-Tax-Base-Pool-Arguments besagt, dass mit steigenden Steuersätzen die Steuerbasis, beispielsweise das Einkommen einer Region, sinkt, weil die Anreize für zusätzliche Leistungen von der Höhe der Steuerlast abhängen. Abbildung 1.3 illustriert den Zusammenhang durch den Verlauf der Kurve B(t). Die Steuerbasis fällt mit steigendem Steuersatz. Bei einer Steuerlast von 100 Prozent nimmt die Steuerbasis in diesem einfachen Modell den Wert null an. Die Steuereinnahmen ergeben sich als $t \cdot B(t)$. Bei einem einheitlichen Steuersatz und einem linearen Verlauf der Steuerbasis ergibt sich eine typische eingipfelige Laffer-Kurve. In einem Zentralstaat wählt ein einnahmenmaximierender Fiskus den Steuersatz t^*_Z und erhält Steuereinnahmen in Höhe von T^*_Z. In einem Staat mit zwei Ebenen und Steuerwettbewerb wird die Steuerquelle durch den doppelten Zugriff „übernutzt", und die Steuereinnahmen liegen insgesamt unter dem Niveau von T^*_Z.[10] Ausgehend vom Steuersatz t^*_Z hat nämlich jede Ebene einen Anreiz, diesen weiter zu erhöhen, da die Erträge dieser Erhöhung der Region selbst zufließen, die Nachteile in Form einer Reduzierung der Steuerbasis jedoch mit der anderen Gebietskörperschaft geteilt werden. Jede Ebene erhöht in diesem Modell die Steuersätze so

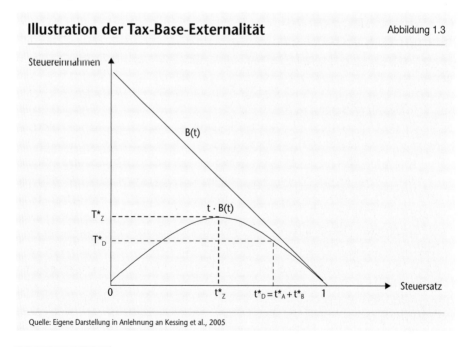

Illustration der Tax-Base-Externalität Abbildung 1.3

Quelle: Eigene Darstellung in Anlehnung an Kessing et al., 2005

---

[10] Der Zugriff mehrerer Fisken auf dieselbe Steuerbasis kann zudem zu unnötig hohen Wohlfahrtsverlusten führen, wenn – wie in der Praxis üblich – nicht verzerrungsfrei besteuert werden kann.

lange, bis die Grenzerträge der halben Reduktion der Steuerbemessungsgrundlage entsprechen. Ökonomisch liegt diesem Verhalten der gleiche Wirkungsmechanismus zugrunde wie dem bekannten Problem der Gemeindeweide: Sie wird überweidet, weil die eigenen Erträge behalten werden, die Grenzkosten der Nutzung jedoch mit anderen geteilt werden können. Als Lösung empfiehlt die ökonomische Theorie klar definierte Eigentumsrechte. Übertragen auf den Fiskalföderalismus bedeutet das entweder eine zentralisierte oder eine kooperativ abgestimmte Steuerpolitik.

Das Common-Pool-Argument gilt nicht nur für die Steuerpolitik, sondern kann äquivalent auch für die Ausgabenseite angewendet werden. Sobald eine föderale Ebene über eine Politikmaßnahme entscheidet und diese Maßnahme von anderen föderalen Ebenen (mit)finanziert wird, berücksichtigen föderale Staaten bei Ausgabenentscheidungen nicht mehr die (vollen) Rückwirkungen auf die anderen Gebietskörperschaften. In diesem Fall wird die Möglichkeit gewährt, eine Budgetexternalität auszunutzen, mithilfe derer Gebietskörperschaften die fiskalischen Konsequenzen ihres Handelns auf andere Gebietskörperschaften abwälzen können. So wird die Common-Pool-Problematik zu Recht als möglicher Nachteil einer zentralisierten Entscheidung angesehen, da es aufgrund der gemeinsamen Finanzierung öffentlicher Güter über ein Kostenteilungsschema zu Fehlallokationen wie einer Überversorgung mit öffentlichen Gütern kommen kann (Qian/Weingast, 1997). Eine vergleichbare Problematik kann jedoch auch bei einer dezentralisierten Entscheidung auftreten, wenn die zentrale Ebene implizit oder explizit daran gebunden ist, fiskalisches Fehlverhalten dezentraler Entscheidungsträger durch entsprechende Korrekturmaßnahmen (Bail-outs) zu beseitigen (Prud'homme, 1995). Goodspeed (2002, 412 ff.) argumentiert, dass mit Verschuldungsrechten ausgestattete dezentrale Gebietskörperschaften in diesem Fall einen First-Mover-Vorteil gegenüber der zentralen Ebene besitzen und Länder den Bund somit über die Wahl einer Verschuldungsstrategie vor vollendete Tatsachen stellen können. Denn selbst wenn der Bund zuvor die Sanktionierung von Ländern für diesen Fall angekündigt hat, so ist diese Ankündigung im Fall der tatsächlichen Überschuldung eines Landes nicht mehr glaubwürdig.[11]

In Deutschland resultieren die Verschuldungsanreize der Länder im Wesentlichen aus dem vom Bundesverfassungsgericht betonten „bündischen Prinzip", gemäß dem Bund und Länder ungeachtet ihrer Eigenstaatlichkeit und finanziellen Selbstständigkeit verpflichtet seien, unter bestimmten Umständen für die Verbindlichkeiten von Ländern finanziell einzustehen.[12] Wegen dieses gesetzlichen Anspruchs auf finanziellen Beistand droht selbst überschuldeten Ländern niemals die Gefahr eines Konkurses, sodass die Konsequenzen einer ungezügelten Fiskalpolitik nur zu einem geringen Teil von den verursachenden Ländern selbst getragen werden; daraus ergibt sich ein entsprechend negativer Anreiz in Bezug auf die Haushaltsdisziplin der Länder, und zwar in puncto Neuverschuldung und Schuldenstand.

---

[11] Spieltheoretisch analysiert kann eine Situation, in der die zentrale Ebene die Verweigerung des Bail-outs androht und die Teilstaaten als Reaktion auf diese Drohung eine gesamtwirtschaftlich effiziente Verschuldungsstrategie wählen, zwar durchaus ein Nash-Gleichgewicht darstellen. Wegen der sequenziellen Struktur der Handlungen ist ein solches Nash-Gleichgewicht allerdings nicht teilspielperfekt und somit nicht plausibel, da die Drohung des Bundes für den Fall einer bereits stattgefundenen Verschuldung nicht mehr glaubwürdig ist.
[12] Vgl. SVR (2004, 755 ff.).

Diese Problematik ließe sich lediglich durch regelgebundene, das heißt automatisierte Sanktionsmechanismen beheben. Der Europäische Stabilitäts- und Wachstumspakt, der auf dem Papier über feste Defizit- und Verschuldungsgrenzen und verbundene Sanktionsmechanismen verfügt, zeigt jedoch, dass sich die Implementierung wirksamer Anreize zur Wahrung der Haushaltsdisziplin auch im Fall regelgebundener Sanktionen als schwierig erweist. Infolge eines politökonomischen Logrollings[13] wurden die für den Fall einer Überschreitung der entsprechenden Grenzen angedrohten Sanktionsmaßnahmen trotz mehrfacher Verstöße bisher nicht umgesetzt, sodass sich auch die vermeintlich regelgebundene Androhung als nicht glaubhaft erwiesen hat.

Als dritte Form fiskalischer Externalitäten müssen Common-Tax-Revenue-Pool-Effekte berücksichtigt werden. Sie treten dann auf, wenn in vertikalen Verbundsystemen oder bei Vorliegen eines horizontalen Finanzausgleichs Steuereinnahmen auf mehrere Gebietskörperschaften verteilt werden. Common-Tax-Base-Externalitäten werden nun vermieden, weil durch eine zentralisierte Steuerpolitik nur einmal auf die Steuerbasis zurückgegriffen wird. Im einfachsten Fall bekommt jede Region einen festen Anteil an den Steuereinnahmen. Wenn diese Anteile sehr klein sind, kann das dazu führen, dass ein Land keine fiskalischen Anreize hat, seine Steuerquellen zu pflegen und so seine Steuereinnahmen zu erhöhen. Dadurch, dass sehr große Teile der zusätzlichen Steuereinnahmen nicht in das Budget der eigenen Region fließen, sondern über die vertikalen und horizontalen Verteilungskanäle abfließen, kann es passieren, dass lukrative und gesamtwirtschaftlich lohnenswerte Investitionen unterbleiben. In einem zentralisierten System würde beispielsweise eine Investition, die ebenso hohe zusätzliche Steuereinnahmen erbringt, realisiert. Fließt einer Region gemäß ihrem Marginalkalkül aber nur ein Bruchteil dieser zusätzlichen Steuereinnahme zu, so wird sie die Investition unterlassen, wenn die Investitionskosten aus dem eigenen Haushalt zu finanzieren sind. Handeln alle Regionen nach diesem Muster, so führt föderaler Wettbewerb zu öffentlichen Unterinvestitionen.[14]

3.2 Umverteilung

Neben dem Externalitätenproblem spricht die eingeschränkte Möglichkeit, auf freiwilliger Basis interregionale Umverteilungen vorzunehmen, die sich letztlich als eine extreme Form fiskalischer Externalitäten interpretieren lassen, gegen eine vollständige Dezentralisierung aller Kompetenzen. Der wesentliche Grund hierfür ist, dass eigennutzorientierte Gebietskörperschaften in einer dezentralen Föderation mit Ausnahme von Versicherungseffekten keinen Anreiz für Umverteilungen haben. Ökonomisch kann der Finanzausgleich zwar als eine freiwillige Versicherung gegen regionale Einkommensschwankungen interpretiert werden (Sala-i-Martin/Sachs, 1992), an der prinzipiell alle Beteiligten ein Interesse haben sollten; Voraussetzung ist jedoch, dass die relativen Einkommenspositionen und damit die Ansprüche und Verpflichtungen aus dem System ex ante nicht bekannt sind.

---

[13] Unter Logrolling versteht man einen Stimmentausch zwischen politischen Akteuren (Abgeordneten, Parteien, Landesrepräsentanten, ...) mit originär unterschiedlichen Zielen. Über das Zusammenbinden unterschiedlicher Gesetzesvorhaben zu einem Paket und dem für das Logrolling typischen Akt des Gebens und Nehmens wird versucht, die zugehörigen Gesetzesvorhaben mehrheitsfähig zu machen.

[14] Siehe dazu auch Abschnitt 4.5.2 dieses Kapitels.

De facto ist die Gruppe der reichen und der armen Länder in Deutschland jedoch sehr stabil und hat sich in der jüngeren Geschichte der Bundesrepublik Deutschland kaum verändert. In einem privaten Markt würde ein solcher versicherungsorientierter Finanzausgleich folglich nicht stattfinden, da jedes Bundesland mit an Sicherheit grenzender Wahrscheinlichkeit weiß, ob es zu den Zahlern oder Empfängern gehört. Hinzu kommt, dass regionale Umverteilungen im föderalen Wettbewerb zu ineffizienten transferinduzierten Wanderungen führen können (Buchanan, 1950). Des Weiteren zeigen empirische Untersuchungen für die USA, dass einer Umverteilungspolitik auf regionaler Ebene aufgrund von Migrationseffekten faktisch enge Grenzen gesetzt sind (Feldstein/Vaillant, 1994).[15] Bezogen auf den Planungshorizont eines politischen Entscheidungsträgers hat der Finanzausgleich somit keine Versicherungs-, sondern lediglich eine Umverteilungsfunktion.

In Deutschland wird ein gewisses Maß an regionaler Umverteilung durch das Verfassungsgebot der Gleichwertigkeit der Lebensverhältnisse in allen Teilgebieten zwingend vorgeschrieben. In einem kooperativen Föderalismus lassen sich Umverteilungen durch das Zusammenwirken des Verfassungsauftrags und der Notwendigkeit einer konsensualen Entscheidung durch die gemeinsame Zuständigkeit von Bundesrat und Bundestag auch leichter organisieren als in einer strikt dezentral organisierten Föderation, der nur der Verhandlungsweg bliebe. Bei strikter Zentralisierung entscheidet hingegen die Zentralinstanz nach ihren eigenen Vorstellungen über die regionale Umverteilung. Implizit stellen sich in einem Staat mit nur einer Ebene allerdings die gleichen prinzipiellen Probleme, da die Entscheidungsträger, also die Abgeordneten im Parlament oder die Mitglieder der Regierung, politisch regional verankert sind und mehr oder minder offen die Interessen ihrer Region vertreten. Auch hier müssen letztlich Kompromisse zwischen reichen und armen Landesteilen gefunden werden.

3.3 Prinzipal-Agent-Probleme

Informationsökonomische Beiträge modellieren die Beziehung zwischen den föderalen Ebenen als Prinzipal-Agent-Ansatz und betonen den Informationsvorsprung regionaler Entscheider in Bezug auf regionale Charakteristika. So sind dezentrale Entscheidungsträger wie Landesregierungen wegen ihrer größeren Nähe zu den Bürgern besser über die Präferenzen der Einwohner ihres Landes informiert (Gilbert/Picard, 1996). Zusätzlich müssen sich dezentrale Entscheidungsträger im Normalfall nicht mit anderen föderalen Ebenen oder Gebietskörperschaften abstimmen und können sich somit über die Wahl ihrer Politik bewusst von diesen abgrenzen. Einer Landesregierung ist es somit bei geringeren Kosten der Entscheidungsfindung eher möglich, eine Politikentscheidung bestmöglich an die Bedürfnisse ihrer Bürger anzupassen. Auch existieren auf dezentraler Ebene Informationsvorteile in Bezug auf die Kosten der Bereitstellung öffentlicher Güter, sodass Verträge mit lokalen Produzenten kosteneffizienter verhandelt werden können; auch die Einhaltung der Verträge kann dezentral besser überwacht werden (Caillaud et al., 1996).

---

[15] Pauly (1973) zeigt, dass es Umverteilung auch in Wettbewerbsmodellen geben kann, wenn entweder altruistische Motive vorhanden sind oder die belasteten Steuerbürger Vorteile, etwa in Form eines sozialen Friedens, empfinden. In eine ähnliche Richtung gehen Modelle, welche die Bereitstellung etwa einer Grundsicherung als Duldungsprämie der leistungsfähigen Mitglieder einer Gesellschaft interpretieren, die sich dadurch erhöhte Rechtssicherheit „erkaufen". Vgl. Feist (2000) für einen Überblick.

Während bei Oates (1972) beide föderalen Ebenen die lokal öffentlichen Güter zu identischen Kosten bereitstellen können, betont die informationsökonomische Literatur diesbezüglich einen Vorteil der dezentralen Ebene, aus dem ein Vorteil dezentraler Entscheidungsstrukturen für den Fall geringer interregionaler Wechselwirkungen erwächst. Die Bereitstellung rein öffentlicher Güter, die in der Theorie von allen Bürgern in gleichem Maße genutzt werden können, ist hingegen mit sinkenden Durchschnittskosten verbunden. Die resultierenden technologiebedingten Größenvorteile (economies of scale) sind ein Argument für die Bereitstellung der öffentlichen Güter, die maximale Spillover verursachen, auf zentraler Ebene (Alesina/Spolaore, 1997). Damit gewinnt auch in den informationsökonomischen Modellen die zentrale Ebene als koordinierende Instanz mit zunehmenden interregionalen Wechselwirkungen an Bedeutung, während die dezentrale Ebene im Fall geringer Spillover autonom agieren sollte (Lülfesmann, 2002).

Die Oates'sche Zuweisungsregel wird schließlich auch in solchen Ansätzen bestätigt, in denen Bevölkerung und Politiker in einer Prinzipal-Agent-Beziehung in Bezug auf die Handlungen der Politiker stehen. Wie Seabright (1996) ausführt, streben Politiker nach einer Wiederwahl im Amt und müssen hierfür die Bedürfnisse der regionalen Wähler befriedigen. Die Aktionen eines Politikers sind hier aber nicht beobachtbar und die Konsequenzen nicht zuletzt wegen der interregionalen Nutzen-Spillover nicht eindeutig zuzurechnen. Der Anreiz, interregionale Wechselwirkungen zu koordinieren, ist nur auf zentraler Ebene wirksam, da Politiker hier die Spillover mit dem Ziel einer Verbesserung der eigenen Wahlchancen internalisieren. Eine Landesregierung kann hingegen von lokalen Wählern besser für die Konsequenzen der von ihr gewählten Politikmaßnahmen verantwortlich gemacht werden, sodass sie sich stärker bemühen wird, die spezifischen Bedürfnisse ihrer Wähler zu befriedigen. Es existiert somit ein Trade-off zwischen einer wirksameren Kontrolle politischer Aktivität seitens der Bürger unter Dezentralisierung und einer (eigennutzmotivierten) Internalisierung von Spillover-Effekten unter Zentralisierung; dieser Trade-off führt wiederum zur Oates'schen Zuweisungsregel fiskalischer Kompetenzen (Tommasi/Weinschelbaum, 2003).

3.4 Politökonomische Überlegungen

Spillover-Effekte, die begrenzten Möglichkeiten der interregionalen Umverteilung oder Informationsasymmetrien begründen noch keine generelle Überlegenheit einer Zentralisierung gegenüber der Dezentralisierung, selbst wenn man gedanklich heterogene Präferenzen unberücksichtigt ließe und vollständige Präferenzhomogenität unterstellen würde. Es ist nämlich sehr zweifelhaft, ob die vielfältigen Beziehungen zwischen verschiedenen Akteuren und die Wechselwirkungen zwischen den Politikbereichen wirklich von der Zentralinstanz erkannt und wirkungsvoll internalisiert werden können. Ein Vergleich „Zentralisierung versus Dezentralisierung" darf nicht eine theoretisch optimale Lösung, die auf der Zentralebene alle Externalitäten optimal internalisiert, mit Wettbewerbslösungen vergleichen, die solche Marktunvollkommenheiten aufweisen müssen. Diejenigen Modelle, die einer Zentralregierung die Zielvorstellungen eines benevolenten Nutzenmaximierers unterstellen, vernachlässigen nämlich den politischen Prozess, der einer zentralisierten Entscheidungsfindung zugrunde liegt.

Ein Strang der Literatur kritisiert das Oates-Modell insbesondere in Bezug auf die Funktionsweise und die Handlungsmotive einer Zentralregierung. Zwar existieren auf zentraler Ebene die Mittel zur Internalisierung der interregionalen Wechselwirkungen öffentlicher Güter. Es ist aber aus politökonomischen Gründen fraglich, ob sich eine Zentralregierung tatsächlich wie ein Wohlfahrtsmaximierer verhält. Plausibel erscheint eher die Annahme, dass Politiker eigennutzorientiert agieren und andere Ziele, etwa die eigene Wiederwahl oder einen Ausbau ihrer politischen Macht, verfolgen und sich in der Folge eher opportunistisch denn gemeinschaftsorientiert verhalten. Eine Reihe von fiskalföderalistischen Beiträgen (Ellingsen, 1998; Besley/Coate, 2003; Dur/Roelfsema, 2003; Lockwood, 2002) sehen die Nachteile der Zentralisierung folglich eher darin, dass Minderheitspräferenzen übergangen werden und sich die Entscheidung nur an den Präferenzen der für eine Politikentscheidung relevanten Mehrheit orientiert.[16] Werden bei einer zentralisierten Entscheidung alle Regionen an der Finanzierung der öffentlichen Güter beteiligt, so kann es in diesen Modellen zu einer Fehlallokation öffentlicher Güter kommen, da politische Mehrheiten die resultierende Budgetexternalität zu ihren Gunsten ausnutzen und Minderheiten schlechte Chancen haben, dass ihre Präferenzen adäquat repräsentiert und sie entsprechend mit öffentlichen Gütern bedacht werden. Bei Politiken mit geringen interregionalen Wechselwirkungen kommt es dadurch zu einer unerwünschten Konzentration der Nutzung öffentlicher Güter in bestimmten Regionen, während die dezentrale Finanzautonomie eine Art Versicherung gegen fiskalische Ausbeutung und damit eine adäquate Versorgung gewährleistet. Mit steigendem Spillover profitieren die innerhalb des politischen Prozesses übergangenen Regionen jedoch von der Bereitstellung in den anderen Regionen, sodass eine zentralisierte Entscheidung in diesem Fall trotzdem wünschenswert ist und die Oates'schen Ergebnisse insgesamt erneut repliziert werden.

4 Föderale Kompetenzzuweisung im Mischsystem

Der im Grundmodell von Oates vorgestellte Trade-off zwischen der Berücksichtigung von Präferenzheterogenitäten und Spillover-Effekten hat gezeigt, dass eine strikt disjunkte Aufgabenverteilung, bei der sowohl die Finanzierungs- als auch die Entscheidungskompetenz auf einer föderalen Ebene gebündelt sind, nur in Ausnahmefällen zu einer optimalen Lösung führt. Bei der Konstruktion eines föderalen Systems kann sich vielmehr eine Aufteilung dieser Kompetenzen auf verschiedene Hierarchieebenen effizienzsteigernd auswirken. So gibt es unter den größeren Ländern weltweit auch keine Beispiele für eine ausschließlich zentrale oder dezentrale Organisationsstruktur. In der Realität sind stattdessen Elemente einer zentralen und dezentralen Kompetenzzuweisung in unterschiedlichsten Verhältnissen gemischt. Wie die folgenden Abschnitte aufzeigen, existiert eine Reihe von Möglichkeiten und Instrumenten, um solche Mischsysteme zu implementieren.

---

[16] Siehe auch Kapitel 7 für eine Betrachtung dieser Problematik in Bezug auf den Umweltbereich.

4.1 Verhandlungslösungen und Kooperation

Nach dem Coase-Theorem (Coase, 1960) wäre es möglich, das Problem interregionaler technologischer Spillover über dezentrale Verhandlungen zu lösen. Danach können – unabhängig vom Verursacherprinzip – Externalitäten durch Verhandlungen internalisiert werden, wenn keine Transaktionskosten vorliegen und alle Teilnehmer gleich gut informiert sind. Empirische Untersuchungen zeigen allerdings, dass kooperative Mechanismen in der Realität weniger gut funktionieren als in der Theorie. So weisen Kolstad/Wolak (1983) in einer Untersuchung für die USA nach, dass vorhandene Kooperationsvorteile von den Bundesstaaten nicht ausgeschöpft werden. Transaktionskosten, die zum Beispiel durch die Überwachung der Einhaltung von Verträgen entstehen, und Informationsasymmetrien verhindern vielmehr den Abschluss vollständig kontingentierter Verträge. Außerdem existieren bei einer Coase-Lösung inhärente Anreize, ex post von Vereinbarungen abzuweichen, weil Strafen oft nicht glaubwürdig angedroht werden können. Es ist überdies zu bedenken, dass Kooperationen unter politökonomischen Gesichtspunkten auch Nachteile aufweisen. So können sie unter anderem zur Beschränkung des föderalen Wettbewerbs benutzt werden, wenn Leviathan-Regierungen in die Lage versetzt werden, ein Kartell zu bilden (Blankart, 1999).

Im Einzelfall kann die gemeinsame Wahrnehmung bestimmter Aufgaben durch verschiedene Ebenen in vertikaler oder horizontaler Kooperation durchaus von Vorteil sein. Ein Beispiel für horizontale Koordination sind kommunale Zweckverbände, ein Beispiel für vertikale Koordination gemeinsame Zuständigkeiten etwa im Katastrophenschutz, wenn Bund und Länder einen gemeinsamen Krisenstab bilden. Bei solchen vertikalen Verflechtungen ist die Grenze zur Zentralisierung aber fließend.

4.2 Zuweisungen

Ein theoretisch überzeugendes und in der Praxis oft verwendetes Instrument zur Internalisierung von Externalitäten sind Zuweisungen. Ähnlich wie bei Pigou-Steuern oder -Subventionen lässt sich so eine insgesamt effiziente Aufgabenerfüllung erreichen (Dahlby, 1996). Die Theorie zweckgebundener Zuweisungen (Gramlich, 1993) empfiehlt dafür sogenannte Open-Matching-Grants, das sind dem Volumen nach unbeschränkte Zuschüsse genau in Höhe der Externalität. Investiert etwa die untergeordnete Ebene aufgrund von Spillover-Effekten 10 Prozent zu wenig in Grundlagenforschung, muss die übergeordnete Ebene eine Subvention genau in Höhe von 10 Prozent der Ausgaben zahlen, die endgültige Festlegung des Ausgabenniveaus aber der nachgeordneten Ebene überlassen.[17]

Mit Zuweisungen lassen sich auch grundsätzlich Umverteilungsaufgaben lösen (Wildasin, 1991). Bundeshilfen für Regionen mit Entwicklungsrückstand, wie die Gemeinschaftsaufgabe „Verbesserung der regionalen Wirtschaftsstruktur" oder Finanzhilfen nach Art. 104a Grundgesetz (GG), sind deutsche Beispiele dafür. Als weiteres Beispiel dient der Finanzausgleich zwischen Gebietskörperschaften, der in einem kooperativen Föderalismus mit Vorteilen für alle Beteiligten vereinbart werden kann.

---

[17] In der Praxis finden sich solche Subventionssysteme nicht, weil sie für die zentrale Ebene sehr schwer kalkulierbare Zahlungsverpflichtungen und damit Budgetrisiken bedeuten würden. Deshalb werden solche Finanzierungsbeiträge in der Realität meist der Höhe nach beschränkt und in fest budgetierten Programmen vergeben.

4.3 Föderale Mandate

Eine weitere Möglichkeit der Internalisierung sind sogenannte föderale Mandate, bei denen die zentrale Ebene eines föderalen Systems (zum Beispiel der Bund) den unteren Ebenen die Erfüllung bestimmter Aufgaben auferlegt. Hierdurch können ein Mindestumfang und eine Mindestqualität bei öffentlichen Leistungen in Bereichen mit hohen Externalitäten (Gesundheitsschutz, Bildung) oder ein Mindeststandard bei bestimmten Regulierungen (Umweltschutz, Bildungsstandards) vorgegeben werden. Das mit einer rein dezentralen Bereitstellung öffentlicher Leistungen verbundene Unterversorgungsproblem wird im Kern gelöst, weil die Teilstaaten einer Föderation verpflichtet werden, ein bestimmtes Niveau solcher Leistungen anzubieten, die besonders starke Externalitäten vermuten lassen. Zusätzlich zu diesen Mindeststandards können die Gebietskörperschaften der unteren föderalen Ebene (zum Beispiel die Länder) ihrerseits das Niveau der regionalen öffentlichen Güter erhöhen. Somit wird zum einen das Problem des Trittbrettfahrens reduziert und zum anderen lässt diese Regelung der unteren föderalen Ebene genügend Freiräume, um ihrerseits die Politik an die Präferenzen der regionalen Bevölkerung anzupassen. Hierzu muss allerdings gewährleistet werden, dass die dezentrale Ebene in ausreichendem Maße über finanzielle Ressourcen verfügt, um der Erfüllung der ihr auferlegten Vorgaben nachzukommen (Huber/Lichtblau, 1999).

4.4 Kompetenzteilung

Der theoretische Überblick über neuere Entwicklungen hat bereits gezeigt, dass das Problem der Kompetenzzuweisung komplizierter wird, wenn Transaktionskosten, Informationsasymmetrien oder Prinzipal-Agent-Probleme vorliegen. Eine entscheidende Konsequenz für die Ausgestaltung föderaler Systeme ist, dass in diesen Fällen die Regelungs-, die Durchführungs- und die Finanzierungskompetenz nicht mehr zwingend in einer Hand liegen müssen, sondern unter Effizienzaspekten vielmehr verschiedenen Ebenen zugeordnet werden sollten. Sind alle drei Kompetenzen auf einer Ebene konzentriert, so spricht man von Veranlassungskonnexität. Diese Ausgestaltung wird häufig mit dem Schlagwort „wer bestellt, bezahlt" beschrieben. Werden Regelungs-, Durchführungs- und/oder Finanzierungskompetenz hingegen getrennt, so liegt Ausführungskonnexität vor. Diese Ausgestaltungsform wird vor allem in der juristischen Literatur als Exekutivföderalismus bezeichnet. Deutschland gilt als Beispiel für diese Form des Föderalismus, da die Verfassung den Ländern vor allem die Aufgaben der Durchführung und der Verwaltung öffentlicher Maßnahmen zuweist. Die Dominanz der Ausführungskonnexität ist eines der zentralen Themen der derzeitigen Föderalismusdiskussion in Deutschland.

Übersicht 1.4 fasst die wesentlichen Empfehlungen bezüglich der Zuweisung von Kompetenzen knapp zusammen. Bei lokal öffentlichen Gütern ohne signifikante Externalitäten rät die ökonomische Theorie des Föderalismus zu einer Dezentralisierung der Regelungs-, Durchführungs- und Finanzierungskompetenz – also zu einer Wettbewerbslösung im Sinne der Veranlassungskonnexität. Sind mit der Bereitstellung der Güter erhebliche Externalitäten verbunden, kann die Kompetenzstruktur unverändert bleiben, allerdings mit dem Unterschied, dass sich die Zentralinstanz – etwa in Form von Mischfinanzierungen in Höhe der Externalität – an den Kosten beteiligen sollte. Werden die

Externalitäten aber zu stark und ändert sich dadurch der Charakter des Gutes von einem lokal öffentlichen zu einem rein öffentlichen Gut, kann die Zentralisierung aller drei Kompetenzen die richtige Lösung sein.

Föderale Kompetenzverteilung nach Art der öffentlich bereitgestellten Leistung

Übersicht 1.4

Art der Leistung	Regelungskompetenz	Durchführungskompetenz	Finanzierungskompetenz
Rein öffentliche Güter und/oder Umverteilung	Zentral	Ohne Prinzipal-Agent-Problem: beliebig	Zentral
	Zentral	Mit Prinzipal-Agent-Problem: dezentral	Dezentral
Lokal öffentliches Gut mit Spillover-Effekt	Dezentral	Dezentral	Mischfinanzierung
Lokal öffentliches Gut	Dezentral	Dezentral	Dezentral

Hell unterlegt: Prinzip der Veranlassungskonnexität;
Dunkel unterlegt: Prinzip der Ausführungskonnexität.

Eigene Zusammenstellung

Bei rein öffentlichen Gütern gibt es schon allein aufgrund der Ergebnisse aus Abschnitt 2 eine Zuständigkeitsvermutung zumindest bei der Zuweisung der Regelungskompetenz für die zentrale Ebene. Der gleiche Befund gilt auch für Umverteilungsmaßnahmen, die nach überwiegender Meinung der Literatur zentral festgelegt werden müssen. Eine Spaltung von Regelungs-, Durchführungs- und Finanzierungskompetenz wird bei allen öffentlichen Gütern oder reinen Umverteilungsmaßnahmen dann empfohlen, wenn nachgeordnete Gebietskörperschaften Vorteile bei der Umsetzung haben oder Prinzipal-Agent-Probleme vorliegen, also die zentrale Ebene (der Prinzipal oder Auftraggeber) nicht beobachten kann, was ihr „Agent" wirklich tut. Zur Sicherstellung einer effizienten Verwaltung könnte der Bund in der ersten Variante in den Regionen eine eigene Verwaltung aufbauen und die Aufgaben selbst übernehmen. Deutschland hat sich für einen anderen Weg entschieden und die Durchführung von Verwaltungsaufgaben grundsätzlich den Ländern übertragen. Die zusätzliche Schaffung bundeseigener Verwaltungen würde daher de facto zu Doppelbürokratien führen.[18]

Gegen eine pauschale Zuweisung der Durchführungskompetenz für öffentliche Leistungen spricht aber ein wichtigerer Grund. Aus der Organisationstheorie (Williamson, 1975) ist bekannt, dass bei komplexen Systemen das Kontroll- und Steuerungsproblem intern durch Hierarchien nicht befriedigend gelöst werden kann. Der Fiskalföderalismus weist viele Parallelen zu der etwa zeitgleich entwickelten Theorie der Firma und der hierbei formulierten Frage nach der optimalen Unternehmensstruktur auf. Beispielsweise analysiert er üblicherweise die unter Wohlfahrtsaspekten bestmögliche Verteilung von Ausführungs- und Finanzierungskompetenzen zwischen staatlichen Hierarchieebenen,

---

[18] Bei der Reform der Arbeitsmarktpolitik wurde mit der Bildung von Arbeitsgemeinschaften zwischen der Bundesagentur für Arbeit und den Kommunen dieser Weg zu Doppelbürokratien und Doppelzuständigkeiten beschritten. Die Ergebnisse sind bisher nicht von Erfolg gekrönt. Vgl. hierzu auch Kapitel 3, Abschnitt 3.3.

während die Theorie der Firma eine gewinnmaximierende Zuweisung entsprechender Kompetenzen innerhalb eines Unternehmens zu ermitteln sucht. Beiden Ansätzen gemein ist die Überzeugung, dass die verschiedenen Ebenen spezifische Vor- und Nachteile bezüglich der Ausführung dieser Aufgaben besitzen und keine Ebene über einen globalen Effizienzvorteil in dem Sinne verfügt, dass sie jede Aufgabe unter allen Umständen besser als alle anderen Ebenen erledigen könnte (Crémer et al., 1996). So beantwortet Williamson (1975) die Frage, warum die Welt nicht in Form eines einzigen statt der beobachtbar vielen Unternehmen organisiert sei, mit dem Vorliegen von Transaktionskosten wie Kontrollkosten oder Kosten der Informationsbeschaffung. Derartige Kosten können auch im Bereich der Interaktion föderaler Ebenen relevant sein, zum Beispiel wenn die zentrale Ebene Informationen sammeln und verarbeiten muss, die nur auf der dezentralen Ebene vorhanden sind. Das Delegieren von Aufgaben repräsentiert eine der möglichen Lösungen dieses Organisationsproblems.

Im Unterschied zum Exekutivföderalismus mit seinem Prinzip der Ausführungskonnexität spricht aus transaktionskostenbasierter Perspektive vieles dafür, die regionale Ebene mit der Durchführung dieser Aufgaben zu betrauen und nur die Regelungskompetenz auf der zentralen Ebene zu belassen. Die zentrale Ebene delegiert dabei die Durchführungskompetenz, behält aber die Regelungs- und Finanzierungskompetenz. Jedoch stellt sich für die zentrale Ebene (den Bund) auch hier ein unmittelbares Problem: Er kann die Aktionen der nachgeordneten Ebene noch weniger exakt beobachten, als dies mit einem eigenen Verwaltungsapparat möglich wäre. Insbesondere kann der Zentralstaat nur schwer die Effizienz des Verhaltens der nachgelagerten Ebenen beurteilen. Dieses Problem stellt sich vor allem im Zusammenhang mit der Finanzierung. Würde die zentrale Ebene die Regionen mit der Durchführung der Aufgaben betrauen, gleichzeitig aber alle Kosten erstatten, hätten die Regionen keinen Anreiz, effiziente Lösungen zu finden. Es würde zu einem Moral-Hazard-Verhalten kommen, das dadurch gekennzeichnet ist, dass die Regionen die bereitgestellten Leistungen so weit ausdehnen, bis die Grenznutzen null sind, nicht aber – wie es die Effizienzregel fordert – bis die Grenznutzen den Grenzkosten entsprechen. Das heißt: Das opportunistische Verhalten der Länder würde in diesem Fall zu Überversorgungen führen oder – noch einfacher ausgedrückt – zur Selbstbedienung der Länder im großen Stil, zulasten des Bundes und der Gemeinschaft.

Verkehrspolitik

Übersicht 1.5

Der Bund finanziert den Bau und den Unterhalt der Fernstraßen, das heißt der Bundesautobahnen und Bundesstraßen, zu 100 Prozent. Obwohl der Bundesregierung mit der Bundesauftragsverwaltung des Bundesfernstraßenbaus weitgehende Entscheidungs- und Aufsichtsrechte zustehen, ist die Entscheidungsfindung faktisch stark dezentralisiert. Im bestehenden System führt die Übernahme der vollen Kosten seitens des Bundes zu einer Budgetexternalität und einem hieraus resultierenden Anreiz für die Bundesländer, möglichst viele Autobahnprojekte für ihre Region zu akquirieren. Des Weiteren sind die Bundesländer in hohem Maße bestrebt, Landesstraßen in Bundesstraßen umwidmen zu lassen, um so die Finanzierungslast auf den Bund abzuwälzen.

Als Argument für eine Übernahme der Kosten durch den Bund kann im Sinne des Art. 90 GG angeführt werden, dass Fernstraßen von den Einwohnern verschiedener Bundesländer genutzt werden können und sich daraus interregionale Nutzen-Spillover ergeben. Historisch betrachtet trifft dieses Argument für Bundesstraßen auch durchaus zu. So verbanden die Bundesautobahnen im Jahr 1949 lediglich ausgewählte Regionen miteinander und bildeten nur zusammen mit den Bundesstraßen ein Bundesfernstraßennetz. Nachdem sich inzwischen ein leistungsfähiges Netz an Bundesautobahnen entwickelt und sich das überregionale Verkehrsaufkommen dorthin verlagert hat, bestätigen aktuelle Gutachten, „dass die Bundesautobahnen seit Längerem – erst recht im Jahre 2004 – für den Fernverkehr weitgehend die Funktion erfüllen, die die Bundesfernstraßen bei der Gründung der Bundesrepublik Deutschland teilweise leisteten. Die Bundesstraßen haben überwiegend ihre ursprüngliche Fernverkehrsbedeutung verloren" (Bundesrechnungshof, 2004, 21). Aus fiskalföderalistischer Sicht heißt das, dass in diesem Bereich eben keine signifikanten Spillover zwischen den Bundesländern mehr vorliegen und die Länder folglich sämtliche Kompetenzen in Bezug auf die Bundesstraßen erhalten sollten. Allerdings beliefen sich die entsprechenden Ausgaben des Bundes für Bau, Betrieb und Erhaltung der Bundesstraßen im Jahr 2004 noch auf mehr als 2,1 Milliarden Euro (Bundestag, 2005, 36).

Unter fiskalföderalistischen Gesichtspunkten sollte der Bund somit die Finanzierungs- und Entscheidungsverantwortung im Bereich der Bundesstraßen vollständig den Ländern überlassen, Bau und Unterhaltung der Bundesautobahnen jedoch weiterhin aus dem ihm zustehenden Steueraufkommen bestreiten. Da Bundesstraßen in ihrer verkehrspolitischen Bedeutung auf einer Stufe mit den Landesstraßen stehen und Letztere von den Ländern finanziert werden, wäre auch keine Kompensationsleistung des Bundes im Zusammenhang mit einer entsprechenden Kompetenzübertragung wünschenswert.

Was soll der Staat bei Aufgaben tun, die er im Grundsatz regeln müsste, bei deren Durchführung er aber auf die nachgeordneten Gebietskörperschaften angewiesen ist, denen er jedoch gleichzeitig die tatsächlich anfallenden Kosten nicht erstatten sollte? Die Antwort darauf kennt die Agency-Theorie (Richter/Furubotn, 1997). Wenn der Bund als Prinzipal den Ländern oder Gemeinden als Agenten die Erfüllung einer bestimmten Aufgabe überträgt und er nicht direkt die Handlungen der Agenten kontrollieren kann, ist die Frage, welches Entlohnungs- respektive welche Kompensationsstruktur des Agenten eine effiziente Aufgabenerfüllung gewährleistet, überraschend einfach zu beantworten. Ökonomisch betrachtet liegt dann nämlich eine Prinzipal-Agent-Beziehung mit Moral-Hazard-Problemen vor. Die effiziente Lösung besteht in diesem Fall darin, dass der Agent diese Aufgabe und ihre Kosten übernimmt und dafür eine Pauschalzahlung als Kompensation erhält, was genau dem Konzept der Ausführungskonnexität entspricht. Pauschalzahlung bedeutet zunächst nur, dass der nachgeordneten Gebietskörperschaft nicht die tatsächlichen Kosten der Aufgabenerfüllung erstattet werden dürfen. Die Pauschalzahlungen können sich zum Beispiel am Durchschnitt der Ausgaben aller Gebietskörperschaften orientieren. Pauschalzahlungen liegen auch dann vor, wenn in einem Steuerverbund, der die Gesamtsteuereinnahmen eines föderalen Staates nach festen Schlüsseln auf die Teilregionen verteilt, die mit der Durchführung der Aufgabe beauftragte Gebietskörperschaft die Ausgaben aus ihrem eigenen Steueranteil finanzieren muss. Nach dieser Logik ist in Deutschland die Sozialhilfe geregelt. Der Bund hat die Regelungskompetenz und legt einen Anspruch für jeden Bürger bundesweit fest. Die Kommunen sind mit der Durchführung beauftragt und müssen die Ausgaben aus ihren eigenen Einnahmen bestreiten. Dafür erhalten sie Anteile an der Umsatz- und an der Einkommensteuer. Der feste Schlüssel an den Gesamtsteuereinnahmen stellt den Lump-Sum-Charakter der Finanzierung grundsätzlich sicher.[19] Insofern liegt hier grundsätzlich ein ökonomisch sinnvolles institutionelles Arrangement und gleichzeitig ein Beispiel für einen Fall vor, in dem die Ausführungskonnexität dem Prinzip der Veranlassungskonnexität überlegen ist.

Die Lösung des fiskalföderalistischen Moral-Hazard-Problems

Übersicht 1.6

Die Grundidee dieser Lösung lässt sich durch eine Reinterpretation des Selling-out-Falls aus der Agency-Theorie ableiten (Mas-Colell et al., 1995, 482 f.). Es wird folgende Situation betrachtet: Der Bund möchte ein öffentliches Projekt realisieren, dessen sozialer Ertrag z beträgt und dessen Durchführung ein Bundesland übernimmt. Die Gesamtkosten K belaufen sich auf $K = k - \alpha e$, wobei k eine zufällige Kosteneinflussgröße (zum Beispiel unsichere Baukosten) und $\alpha > 0$ einen Parameter angibt, der den Einfluss der Einsparungsanstrengungen e („effort") des Landes auf die Gesamtkosten ergibt. Dem Land entstehen bei seinen Anstrengungen „Effortkosten" in Höhe von v(e) mit $v', v'' > 0$. Es ist leicht nachzuweisen, dass der sozial optimale Wert e* der Anstrengungen durch die Bedingung $\alpha = v'$ bestimmt wird. Der erwartete soziale Überschuss aus dem Projekt beträgt dann $z - E(k(e^*))$, wobei E(.) den Erwartungsoperator angibt. Das Problem des Bundes besteht nun darin, dass er nur die Gesamtkosten K, nicht aber k und e beobachten kann. Um das Land dennoch zu veranlassen, den optimalen Wert e* zu wählen, muss das Land die gesamten Kosten K des Projekts tragen. In diesem Fall hat es einen Anreiz, e* zu realisieren, um seine eigenen Kosten zu minimieren. Als Ausgleich (um, technisch gesprochen, die Partizipationsbeschränkung des Landes zu erfüllen) gewährt der Bund dann unabhängig von den anfallenden tatsächlichen Kosten eine Pauschalzahlung, indem er zum Beispiel im Rahmen der Steuerverteilung auf Steueraufkommen verzichtet. Dies entspricht dem Prinzip der Ausführungskonnexität. Schließlich kann man noch überlegen, wie sich die Konnexität im Fall eines risikoaversen Bundeslandes gestaltet. Wenngleich die Bestimmung der optimalen Lösung hier komplexer ausfällt, gilt doch allgemein, dass die optimale Konnexität immer eine Kostenbeteiligung des Landes vorsieht, also eine reine Veranlassungskonnexität auch in dieser Situation nicht effizient sein kann.

In der Praxis ist eine solche Trennung der Kompetenzen nur für diejenigen Leistungen sinnvoll, bei denen Handlungsspielräume bezüglich der Festlegung der Höhe bestehen. Bei der Beurteilung der Gestaltungsmöglichkeiten ist nur entscheidend, ob eine Gebietskörperschaft in einer Gesamtsicht ihrer Möglichkeiten Einfluss auf die Ausgabenhöhe hat. So können die Kommunen in Deutschland beispielsweise die Höhe der Sozialhilfeausgaben beeinflussen, obwohl das Gesetz die Leistungsansprüche je Empfänger festschreibt. Der Spielraum besteht darin, durch eine sinnvolle Gesamtpolitik auf regionaler Ebene, das heißt über ein Zusammenspiel von Schuldner- und Familienberatung, Einrichtung von Kindertagesstätten, Arbeitsvermittlung bis hin zu wirtschaftsfreundlichen Rahmenbedingungen, die Zahl der Empfänger zu minimieren und zudem durch strenge Bedürftigkeitsprüfungen die Zahlungen je Fall so gering wie möglich zu halten.

Kann eine nachgeordnete Ebene jedoch keinen nennenswerten Einfluss auf die Höhe der Transfers ausüben, so ist es aus ökonomischer Perspektive unerheblich, wer die Maß-

---

[19] Eine völlig andere Frage ist, ob die derzeitige vertikale Steuerverteilung insgesamt aufgabengerecht ist. Auch müssen zur abschließenden Beurteilung der Frage, ob die Ausgaben für Sozialhilfe bei den Kommunen wirklich Lump-Sum-finanziert sind, die Umverteilungen auf Länderebene und vor allem die Wirkungen des kommunalen Finanzausgleichs berücksichtigt werden.

nahme finanziert. Der Zentralstaat kann die Finanzierung hier über direkte Kostenerstattungen oder durch die Bereitstellung hinreichender Steuermittel sicherstellen. Ein solcher Fall liegt beispielsweise bei der Abwicklung von Entschädigungszahlungen vor, deren Ursachen in der Vergangenheit liegen und deren Höhe nicht mehr vom aktuellen Verhalten abhängt.

Ein in der Literatur noch wenig bearbeitetes Feld ist die Frage nach dem optimalen Dezentralisierungsgrad und der richtigen Kompetenzzuweisung von Regulierungen, wie in den Bereichen des Arbeitsschutzes, Arbeitsrechts, Baurechts oder ähnlicher Felder.[20] Diese weisen Eigenschaften klassischer öffentlicher Güter auf, etwa Grenzkosten von null für einen zusätzlichen Nutzer, sind aber gleichzeitig wichtige Instrumente im wirklichen Wettbewerb der Regionen. Die Bundesländer verfügen aktuell jedoch kaum über Instrumente, um die Standortattraktivität für Unternehmen im Bereich Regulierung oder gesetzliche Rahmenbedingungen zu verbessern. Der Grund dafür ist möglicherweise, dass regional unterschiedliche Regulierungen Transaktionskosten bei Unternehmen verursachen, wodurch die originären Wettbewerbsvorteile überkompensiert werden können.

4.5 Regelung der Finanzierungskompetenz

Welche föderale Ebene sollte nun die Finanzierungskompetenz erhalten oder, einfacher ausgedrückt, wer soll die Zeche bezahlen? Die bisherige Analyse zeigt, dass die Antwort sehr differenziert ausfallen muss. Deshalb ist ein Blick auf vier verschiedene Grundmodelle einer föderalen Finanzordnung und eine bewertende Sicht auf ihre relativen Vor- und Nachteile sinnvoll. Als Beurteilungskriterien müssen

- die Sicherstellung einer aufgabenangemessenen Finanzausstattung,
- die Möglichkeit der Durchsetzung von Umverteilungszielen,
- das Ausmaß der fiskalischen Externalitäten sowie
- die Anreize für Bail-out-Strategien

beachtet werden. Anhand dieser Kriterien werden in den folgenden Abschnitten die vier idealtypischen föderalen Finanzierungssysteme

- fiskalische Autonomie,
- vertikaler Steuerverbund,
- ausgleichsorientierte Einnahmenverteilung und
- fiskalischer Unitarismus

beurteilt. Die ersten drei Modelle sind durch weitgehende autonome Haushalts- und Verschuldungsrechte der einzelnen Teilstaaten einer Föderation gekennzeichnet. Im letzten Modell existieren faktisch ein zentraler Haushalt und eine einheitliche Steuerpolitik. In Kapitel 2 werden auf dieser Basis das deutsche System und insbesondere dessen Effekte beschrieben und bewertet.

---

[20] Kapitel 6 greift diese Thematik im Zusammenhang mit der regionalpolitischen Standort- und Ansiedlungspolitik auf.

4.5.1 Modell I: Fiskalische Autonomie

Eine sehr radikale Form einer Finanzverfassung, die auf weitgehende Autonomie der beteiligten Gebietskörperschaften setzt, weist zwei Charakteristika auf: fiskalische Selbstverantwortung und föderale Mandate. Fiskalische Selbstverantwortung bedeutet, dass jede Gebietskörperschaft einen selbstständigen Haushalt aufstellt, für den sie allein verantwortlich ist. Es gibt weder vertikale oder horizontale Transfers noch Haushaltsnothilfen bei einer Überschuldung der Gebietskörperschaft. Die Durchsetzung der Regelungskompetenz für die Aufgaben, die auf der gesamtstaatlichen Ebene erfüllt werden sollen, wird durch föderale Mandate organisiert, das heißt die zentrale Ebene (der Bund und/oder die Gemeinschaft der Gliedstaaten) gibt ein Pflichtenheft vor, welches die nachgeordneten Gebietskörperschaften zu erfüllen und selbst zu finanzieren haben.

Die Gebietskörperschaften einer Ebene, zum Beispiel die Bundesländer, stehen bei einem solchen System im Steuerwettbewerb zueinander. Jeder einzelne Gliedstaat ist für die Erhebung der zur Finanzierung öffentlicher Leistungen notwendigen Steuern selbst verantwortlich und muss deshalb über umfassende Steuerkompetenzen verfügen. Daraus ergibt sich ein Steuerwettbewerb über Steuerarten sowie Steuerbemessungsgrundlagen und Steuersätze.

Ist die Föderation mehrstufig aufgebaut, zum Beispiel mit einer zentralen Ebene (dem Bund) und mehreren Teilstaaten (den Ländern), sind zwei verschiedene Finanzierungssysteme denkbar: ein Steuerwettbewerb, bei dem jede hierarchische Ebene eine eigene Steuerkompetenz hat, und ein Dotationssystem. Beim Dotationssystem werden die notwendigen Ausgaben der zentralen Ebene von den Gliedstaaten erstattet, etwa durch eine direkte Kostenübernahme oder in Form von Pauschalzahlungen. Wenn man die EU-Finanzierung als Lump-Sum bezeichnen kann, wäre die EU-Finanzverfassung im Kern ein Beispiel für das Modell einer weitgehenden fiskalischen Autonomie der Gliedstaaten.[21]

Der Vorteil des Modells einer fiskalischen Autonomie besteht darin, dass jede Gebietskörperschaft die Steuereinnahmen, die zur Finanzierung einer präferenzengerechten Menge öffentlicher Leistungen notwendig sind, generieren kann. Dieses Modell entspricht folglich dem Wettbewerb der Regionen, der Vielfalt zulassen will. Auch ergeben sich hier keine durch einen Steuerverbund verursachten fiskalischen Externalitäten in Form von Common-Tax-Revenue-Pool-Effekten, da die Steuereinnahmen vollständig derjenigen Ebene zufließen, welche die Steuer erhebt. Zudem sind wegen des fehlenden Haftungsverbundes keine Bail-out-Strategien zu erwarten. In einem mehrstufigen föderalen System können jedoch fiskalische Externalitäten in Form von Common-Tax-Base-Pool-Effekten auftreten, wenn mehrere Fisken auf dieselbe Steuerbasis zugreifen.

Technologische Externalitäten können in diesem Modell theoretisch durch Federal Mandates gelöst werden: Jedem Teilstaat kann die Bereitstellung von bestimmten Mindeststandards bei öffentlichen Leistungen (Umweltschutz, Bildungsstandards) oder Ver-

---

[21] Die Finanzverfassung der EU entspricht nicht vollständig diesem Modelltyp. Zwar verfügt die EU einerseits nur über sehr begrenzte Kompetenzen in der Steuerpolitik und regelt viele Politikbereiche über Federal Mandates (die Verpflichtung zur Umsetzung von EU-Richtlinien in nationale Gesetze sind nichts anderes als föderale Mandate), sie hat aber andererseits einen eigenständigen Haushalt und bestimmt einige Politikbereiche, zum Beispiel die Agrarpolitik, allein und besitzt sehr weitgehende Gestaltungsmöglichkeiten einer „Wirtschaftspolitik mit Geld".

sorgungsniveaus (Sozialhilfe) vorgeschrieben und dadurch das Trittbrettfahrerverhalten der Teilstaaten eingeschränkt werden. Abgesehen von praktischen Umsetzungsproblemen verbleibt aber ein Finanzierungsproblem. So ist nicht sichergestellt, dass die Steuerquellen der einzelnen Gliedstaaten ausreichen, um die aus den föderalen Vorgaben resultierenden Verpflichtungen zu erfüllen. Konkurse von einzelnen Gebietskörperschaften können deshalb nicht ausgeschlossen werden. Es muss abschließend nicht besonders hervorgehoben werden, dass bei fiskalischer Autonomie interregionale Umverteilungsziele nicht erreicht werden können, denn dieses Modell verzichtet ex definitione auf einen Einnahmenverbund. Alle nachfolgend vorgestellten Modelle unterscheiden sich gerade durch die Einnahmenverbünde von der fiskalischen Autonomie.

4.5.2 Modell II: Vertikaler Steuerverbund

Das Modell eines vertikalen Steuerverbundes ist durch ein einheitliches Steuersystem für alle Gebietskörperschaften gekennzeichnet. Die Steuereinnahmen werden zwischen den verschiedenen Ebenen einer Föderation (zum Beispiel dem Bund und den Ländern) ohne Steuerwettbewerb nach einem festen Schlüssel verteilt. Dabei erhält entweder jede Ebene einen festgelegten Anteil von jeder Steuer (Verbundsystem) oder aber die vollständigen Einnahmen bestimmter Steuerarten (Trennsystem).[22]

Der Vorteil einer vertikalen Steuerverteilung ist, dass jede Gebietskörperschaft eigene Steuereinnahmen hat und damit eigene oder von der Zentralebene zugewiesene Aufgaben finanzieren kann. Es ist deshalb grundsätzlich möglich, den einzelnen Ebenen einer Föderation eine den Aufgaben angemessene Finanzausstattung zu gewähren. Bei vertikalen Steuerverbünden fällt die Trennung von Durchführungs- und Finanzierungskompetenz – etwa mit dem Ziel, die genannten Prinzipal-Agent-Probleme lösen zu können – leichter, da die Anteile an bestimmten Steuerarten, welche der Finanzierung einer zentral festgelegten Aufgabe (zum Beispiel Sozialhilfe) dienen, als Lump-Sum-Transfer interpretiert werden können.

Verbundsysteme können grundsätzlich flexibel ausgestaltet und an veränderte Bedingungen angepasst werden. Wenn sich die Finanzbedarfe der verschiedenen Ebenen durch Aufgabenverlagerungen oder strukturelle Änderungen verschieben, kann dies durch eine entsprechende Anpassung der Steueranteile berücksichtigt und korrigiert werden. Im deutschen System vollzieht sich diese Variabilität über die Anpassung der Umsatzsteueranteile zwischen Bund und Ländern. Die Verteilung ist so zu wählen, dass jede Ebene die notwendigen Ausgaben mit den laufenden Einnahmen decken kann. Da das notwendige Ausgabenniveau jedoch empirisch nur schwer zu ermitteln ist, degeneriert dieses System langfristig faktisch zu einem reinen Deckungsquotensystem, bei dem diejenige Ebene höhere Anteile am Steueraufkommen erhält, die bei gegebenen Einnahmen die höchsten Ausgaben und damit die höchsten Defizite verbucht. Damit verkehrt sich der theoretische Vorteil des Steuerverbundes in der Praxis zu einem Nachteil: Jede Ebene verspürt Anreize, ihre Ausgaben zu erhöhen, da diese durch höhere Anteile am Gesamtsteueraufkommen gedeckt werden.[23]

---

[22] Im Gegensatz zu ausgleichsorientierten Einnahmenverteilungssystemen werden bei vertikalen Steuerverbünden die Steuereinnahmen einer Region (zum Beispiel eines Bundeslandes) nur zwischen dieser Region und der übergeordneten Gebietskörperschaft geteilt. Es gibt keine horizontalen Steuerverteilungen zwischen den Gliedstaaten einer Ebene.

Für die Steuerpflichtigen wirkt transaktionskostensenkend, dass es wegen des fehlenden Steuerwettbewerbs ein einheitliches Steuersystem gibt. Auch greifen nicht mehrere Fisken auf eine Steuerbasis zu, weshalb weder pekuniäre noch fiskalische Externalitäten in Form von Common-Tax-Base-Pool-Effekten auftreten. Steuerverteilungssysteme sind jedoch zwingend mit Common-Tax-Revenue-Pool-Effekten verbunden: Jede zusätzliche Einnahme muss mit den anderen Gebietskörperschaften geteilt werden. Das Beispiel in Übersicht 1.7 mag dies illustrieren.

Common-Tax-Revenue-Pool-Effekte im Steuerverbund

Übersicht 1.7

Wir unterstellen eine Föderation mit einem Zentralstaat und fünf Regionen. Es gibt zwei Steuerarten (eine Umsatz- und eine Einkommensteuer). Beide Ebenen erhalten je die Hälfte der Einnahmen und die Gliedstaaten ein Fünftel des Anteils ihrer Ebene. Eine Region soll eine Investition in Höhe von 1 Euro tätigen, die je 50 Cent zusätzliche Einnahmen bei der Einkommen- und Umsatzsteuer haben soll. In einem Verbundsystem fließen diesem Land Einnahmen von 10 Cent zu (ESt: 50 Cent · 0,5 · 0,2; USt: 50 Cent · 0,5 · 0,2). Die restlichen 90 Cent fließen den anderen Gebietskörperschaften zu. Sie entsprechen exakt der fiskalischen Externalität, die durch die Einnahmenverteilungsregel des Steuerverbundes verursacht wird. Da die Region die gesamten Investitionsausgaben in Höhe von 1 Euro zu tragen hat, aber nur 10 Cent zusätzliche Steuereinnahmen in die eigene Kasse fließen, hat sie rein fiskalisch betrachtet keinen Anreiz, diese Investition zu tätigen. In einem Trennsystem, bei dem zum Beispiel die Einkommensteuer der nachgeordneten Ebene zufließt, ergibt sich ein vergleichbares Problem. Auch hier würden dem investierenden Land nur 10 Cent Einkommensteuer zufließen.

Steuerverbünde weisen – ebenso wie das System fiskalischer Autonomie – das Problem auf, dass interregionale Umverteilungen und die Internalisierung von technologischen Externalitäten nur schwer organisierbar sind, wenngleich auch hier Federal Mandates das Problem teilweise entschärfen können. Es ist zwar mittels einer angemessenen Verteilung der Steuereinnahmen möglich, die Zentralinstanz oder die Gruppe der Gliedstaaten den Aufgaben gemäß mit Steuermitteln auszustatten, doch die Möglichkeit der Zahlungsunfähigkeit eines einzelnen Gliedstaates besteht weiterhin.

Vertikale Steuerverbünde allein können darüber hinaus ebenso wenig wie das System fiskalischer Autonomie das Problem der Internalisierung technologischer Spillover lösen. Sie müssen daher um ein System vertikaler Zuweisungen oder Mischfinanzierungen ergänzt werden, damit das Problem zumindest konzeptionell bewältigt werden kann. Zudem ist nicht garantiert, dass jeder Gliedstaat exakt die Steuereinnahmen erzielen kann, die zu einer präferenzengerechten Bereitstellung öffentlicher Leistungen notwendig wären. Der Einfluss des einzelnen Landes auf die Höhe der Steuereinnahmen ist gering, weil im Verbundsystem die Steuerarten, die Steuerbemessungsgrundlagen, die Steuersätze und natürlich die vertikalen Verteilungsquoten festgeschrieben sind. Ein einzelnes Land kann sein Steueraufkommen nur indirekt beeinflussen, indem es zum Beispiel durch eine bestimmte

---

[23] Voraussetzung dafür ist allerdings ein abgestimmtes Verhalten zwischen den einzelnen Gliedstaaten einer Ebene. Für ein Land allein kann diese Strategie gefährlich sein, wenn seine isolierte Ausgabenerhöhung entweder keine nennenswerte Änderung der Steuerverteilung bewirken kann oder – falls doch – die Nettoeffekte zu gering ausfallen, weil die Region die höheren Einnahmen mit anderen Regionen teilen, die Ausgabenerhöhung jedoch allein finanzieren muss.

Politik Veränderungen in der Höhe der Steuerbemessungsgrundlage – also der Einkommen, der Gewinne oder der Umsätze – in der Region bewirkt. Dieser fehlende direkte Einfluss repräsentiert einen entscheidenden Nachteil gegenüber Systemen mit fiskalischer Autonomie. Der Nachteil kann aber durch eine Kombination der Modelle I und II behoben werden, da vertikale Steuerverbünde auch die Möglichkeit eines Steuerwettbewerbs eröffnen. Dabei besitzen zum Beispiel die Gliedstaaten bei sonst unveränderten Bedingungen das Recht, die Steuersätze zu bestimmen. Pekuniäre oder Common-Tax-Revenue-Pool-Externalitäten können dadurch zumindest gemildert und negative Common-Tax-Base-Pool-Effekte verhindert werden. Dafür muss lediglich sichergestellt werden, dass nur eine Ebene das Besteuerungsrecht und die jeweils andere Ebene entsprechend ihrem Schlüssel die Steueranteile erhält.

4.5.3 Modell III: Ausgleichsorientierte Einnahmenverteilung

Als dritte Variante einer Finanzverfassung ist denkbar, dass alle Steuereinnahmen des Staates zentral gesammelt und nach bestimmten Kriterien verteilt werden. Werden die Steuereinnahmen einheitlich nach einem bestimmten Maßstab, zum Beispiel Einwohnerzahlen oder Wirtschaftskraft, verteilt, liegt eine ausgleichsorientierte Einnahmenverteilung vor. Diese ist immer mit interregionalen Umverteilungen von reichen zu armen Ländern verbunden. Technisch wird diese Umverteilung durch einen Finanzausgleich erreicht, in dessen Rahmen reiche Regionen Teile ihrer hohen Steuereinnahmen nach einem bestimmten Tarif an ärmere Länder abführen. Im Extremfall, wenn beispielsweise jeder Gliedstaat unabhängig von der originären Steuerkraft den Durchschnitt erhält, kann ein Finanzausgleich sämtliche Einnahmenunterschiede kompensieren und jedem Teilstaat je Einwohner oder je Einheit Wirtschaftskraft die gleichen Steuereinnahmen zur Verfügung stellen. Natürlich kann ein Finanzausgleich auch weniger extrem ausgestaltet sein und nur einen Teil des Unterschieds zwischen armen und reichen Ländern, zum Beispiel 50 Prozent der Differenz zum Durchschnitt, durch horizontale Transfers ausgleichen.

Neben diesen rein einnahmenorientierten Finanzausgleichssystemen existieren noch sogenannte bedarfsorientierte Systeme. Hier werden besondere Lasten von Teilstaaten, zum Beispiel eine ungünstige Sozialstruktur der Einwohner und Belastungen durch hohe Arbeitslosigkeit oder einen ungewöhnlich niedrigen oder besonders hohen Agglomerationsgrad, durch regelgebundene Transferzahlungen ausgeglichen.

Der Vorteil von Finanzausgleichssystemen besteht darin, dass interregionale Verteilungsziele erreicht werden können. Zudem kann sichergestellt werden, dass jede Gebietskörperschaft eine zur Erfüllung ihrer Aufgaben angemessene Finanzausstattung erhält. Dieser Vorteil fällt gerade bei Finanzverfassungen wie in Deutschland, die keinen Steuerwettbewerb kennen, aber den einzelnen Gebietskörperschaften zentral die Erfüllung vieler Aufgaben überantworten, ins Gewicht. Da ausgleichsorientierte Einnahmenverteilungssysteme ohne Steuerwettbewerb auskommen[24], haben diese Finanzverfassungen kein Problem mit pekuniären Externalitäten oder negativen Common-Tax-Base-Pool-Effekten.

---

[24] Ab einer bestimmten Ausgleichsintensität wäre Steuerwettbewerb gar nicht mehr sinnvoll, weil ein einzelnes Land durch seine Steuerpolitik die eigenen Steuereinnahmen nicht beeinflussen kann und damit der Wettbewerbsidee der Boden entzogen wird.

Eine Lösung für die Internalisierung von technologischen Externalitäten bieten steuerkraftorientierte Finanzausgleichssysteme nicht, da die Transfers nicht zweckgebunden sind und lediglich Unterschiede in der Wirtschafts- oder Finanzkraft ausgleichen. Mit Ausnahme der aus den Transfers resultierenden Einkommenseffekte, die zu einer Anhebung sämtlicher staatlicher Ausgaben führen, ist nicht zu erwarten, dass Empfängerländer die Ausgaben gerade in den Bereichen erhöhen, die mit technologischen Externalitäten verbunden sind. Eben diese Effekte werden in individuell rationalen Kalkülen nicht berücksichtigt, sodass durch einen Finanzausgleich auch keine interregionalen, technologisch bedingten Externalitäten internalisiert werden können. Auch diese Finanzverfassungen bedürfen ergänzend eines Zuweisungs- oder Mischfinanzierungssystems.

Die Nachteile von ausgleichsorientierten Einnahmenverteilungssystemen wiegen schwer. Zum einen können die Gliedstaaten keine präferenzengerechte öffentliche Leistung bereitstellen, weil kein Land individuell notwendige, sondern lediglich mehr oder weniger am Durchschnitt orientierte Steuereinnahmen erhält. Zum anderen behindern die Finanzausgleichssysteme Wettbewerbslösungen, weil die fiskalischen Erfolge solcher Strategien nicht dem betreffenden Land zugute kommen, sondern mit allen anderen geteilt werden müssen, sodass, technisch gesprochen, Common-Tax-Revenue-Pool-Externalitäten entstehen. Im Extremfall muss ein Land jede zusätzlich erwirtschaftete Einheit Steuergelder in einen gemeinsamen Topf zahlen und erhält dafür nur einen Anteil in Höhe seines Finanzbedarfs zurück. Werden zum Beispiel alle Steuereinnahmen einer Föderation gleichmäßig pro Kopf verteilt und hat ein Land einen Einwohneranteil von 10 Prozent, gehen bei einem vollständig nivellierenden Finanzausgleich von jedem Euro zusätzlicher Steuereinnahmen 90 Cent an andere. Die Grenzabschöpfung einer zusätzlichen Steuereinnahme, die nichts anderes ist als eine Common-Tax-Revenue-Pool-Externalität, ist extrem hoch.

Ein einfaches Finanzausgleichsmodell Übersicht 1.8

Die Wirkungen eines Finanzausgleichs lassen sich verdeutlichen, wenn man einen einfachen linearen Ausgleichstarif der Form

$FA_i = \alpha(T_i - \delta_i T)$ mit $\alpha \geq 0$ für $T_i \leq \delta_i T$ und $\alpha < 0$ für $T_i > \delta_i T$

betrachtet, wobei T_i die Steuereinnahmen des Bundeslandes i, T die Steuereinnahmen aller Länder, α den linearen Ausgleichstarif und δ_i den Einwohneranteil des Landes i kennzeichnen.

Länder nehmen mit einer im Vergleich zum Finanzbedarf größeren Steuerkraft die Rolle eines Zahlerlandes und bei umgekehrter Relation die Rolle eines Empfängerlandes ein. Empfängerländer mit Steuereinnahmen (T_i), die niedriger sind als der Finanzbedarf des Landes, der hier als Einwohneranteil (δ_i) multipliziert mit Steuereinnahmen aller Länder definiert ist[25], erhalten einen Finanzausgleich in Höhe der Differenz zwischen Steuereinnahmen und Finanzbedarf multipliziert mit dem Ausgleichssatz α. Erhöht nun ein Land seine Steuereinnahmen um ΔT_i, verändern sich seine Transfers respektive Zahlungen gemäß

$\Delta FA_i = \alpha \, \Delta T_i (1 - \delta_i)$.

---

[25] Damit wird ein pro Kopf gleicher Finanzbedarf unterstellt.

Setzt man die entsprechenden Werte $\alpha = 0{,}5$ und $\delta_i = 0{,}1$ ein, so ergibt sich eine Grenzbelastung einer zusätzlichen Einheit Steuereinnahmen in Höhe von 0,45, das heißt, 45 Cent je Euro Steuermehreinnahmen fließen entweder durch erhöhte Zahlungen (Zahlerland) oder geringere Transfers (Empfängerland) ab. Es ist leicht zu sehen, dass diese Grenzbelastungen mit steigenden Einwohneranteilen δ_i abnehmen, weil größere Länder einen höheren Anteil an dem erhöhten Gesamtsteueraufkommen erhalten. Die Grenzabschöpfungen im Finanzausgleich fallen zumindest in diesem Grundmodell umso größer aus, je höher die Abschöpfungsquote α und je kleiner das Land ist. Bei einem Einwohneranteil von 5 Prozent und α von 95 Prozent beträgt die Marginalbelastung rund 90 Prozent. Kapitel 2 Abschnitt 4 zeigt, dass marginale Abschöpfungsquoten dieser Größenordnung im deutschen Finanzausgleich für kleine Länder die Regel sind.

Es ist unmittelbar ersichtlich, dass Finanzausgleich und Steuerwettbewerb zumindest dann unvereinbar sind, wenn die Abschöpfungsraten hoch sind oder der Ausgleich sich an den tatsächlichen Einnahmen orientiert. Ein Steuerwettbewerb, bei dem die Erträge faktisch durch eine „Steuer auf die Steuereinnahme" weggenommen werden, ist ökonomisch sinnlos (Baretti et al., 2002). Die Modelle I und III stehen daher in Konflikt miteinander. Nur komplizierte Regelungen, wie eine Orientierung des Ausgleichs an standardisierten Steuereinnahmen, eröffnen gewisse Möglichkeiten der Koexistenz.

4.5.4 Modell IV: Fiskalischer Unitarismus

Die unitaristische Finanzverfassung sieht weder Steuerwettbewerb noch Verschuldungsrechte für nachgeordnete Gebietskörperschaften vor und repräsentiert mithin den extremen Gegenpol zum System fiskalischer Autonomie. Da lediglich die zentrale Ebene fiskalische Kompetenzen erhält, können in diesem System keine fiskalischen Externalitäten auftreten. Da jede Region einer Föderation Finanzmittel zugewiesen bekommt und damit die Haushaltsbudgets fixiert werden, können die Regionen ihre präferenzengerechten Bündel öffentlicher Leistungen nur innerhalb dieses Budgetrahmens bestimmen. Außerdem haben die Länder kaum Anreize, öffentliche Aufgaben effizient wahrzunehmen, weil die fiskalischen Erträge externalisiert werden. Unitaristische Systeme verzichten somit vollständig auf die Vorteile des Wettbewerbs der Regionen.

5 Entwicklung eines IW-Gesamtkonzepts zum Thema Föderalismus

Das vorliegende Grundlagenkapitel hat die wesentlichen Erkenntnisse der Literatur des Fiskalföderalismus präsentiert und die hieraus resultierenden Anforderungen an die Konstruktion eines föderalen Systems aufgezeigt. Diese Darstellung bietet den folgenden Kapiteln für die Analyse konkreter Politikbereiche des bundesdeutschen Föderalismus eine Referenz, anhand derer sie bei ihrer Untersuchung die wesentlichen Fragestellungen und Probleme in Bezug auf die föderale Kompetenzverteilung überprüfen können.

Insbesondere ist in der Analyse zu hinterfragen, inwieweit die aktuelle und auch die in der Föderalismusreform geplante Zuordnung von Kompetenzen zu den einzelnen Gebietskörperschaften (EU, Bund, Länder, Gemeinden) nach ökonomischen Kriterien zu rechtfertigen ist, in welchen Bereichen besonders gravierende Verstöße gegen fiskalföderalistische Prinzipien zu konstatieren sind und welche Gestalt gegebenenfalls eine alternative Aufteilung der Kompetenzen annehmen könnte. Zentral ist dabei die Frage nach politikbereichspezifischen Spillover-Effekten und gegebenenfalls nach dem Ausmaß der Heterogenität regionaler Präferenzen oder anderer regionaler Charakteristika.

Des Weiteren ist die These zu prüfen, ob die deutsche Finanzverfassung tatsächlich dem Prinzip der Ausführungskonnexität folgt und ob die Länder über keinen oder einen zu geringen faktischen Ermessensspielraum bei der Umsetzung der zugewiesenen Aufgaben verfügen. Sollte Letzteres der Fall sein, so müssten vor einer Einführung von Wettbewerbsmodellen zunächst Handlungsspielräume geschaffen werden. Unter Berücksichtigung der entsprechenden Rahmenbedingungen wäre zu untersuchen, inwieweit die Einführung eines Steuerwettbewerbs auf Länderebene, zum Beispiel durch Zuschläge zu der Einkommensteuer, Effizienzsteigerungen erwarten ließe.

Die Bestandsaufnahme des bundesdeutschen Föderalismus deutet im Lichte der Ergebnisse der fiskalföderalistischen Literatur darauf hin, dass insbesondere eine Reduzierung der Mischfinanzierungen und Mischverantwortlichkeiten durch eine konsequente Zuordnung einer Aufgabe entweder auf die zentrale oder auf die untere Ebene zu Effizienzsteigerungen führen würde. Bei der entsprechenden Beschreibung des Status quo und der Entwicklung von Reformoptionen ist nach Möglichkeit zwischen Regelungs-, Durchführungs- und Finanzierungskompetenz zu unterscheiden.

Federal Mandates, also die zentrale Festlegung dezentral durchzuführender und mit eigenen Steuern zu finanzierender Aufgaben, bieten ein aus ökonomischer Sicht probates Mittel zur Internalisierung interregionaler Spillover. Im Verhältnis der EU zu ihren Mitgliedstaaten sind sie bereits ein bewährtes Instrument, in Deutschland jedoch werden sie bisher kaum angewendet. Zu diskutieren wäre daher ein möglicher Einsatz dieses Politikinstruments in den verschiedenen Bereichen des deutschen Förderalsystems mit der Konsequenz, dass sich der Zentralstaat bei einem geringeren Budget stärker auf die Rolle des Regelsetzers beschränkt.

Auch wird in den folgenden Kapiteln unter Aspekten fiskalischer Externalitäten die Frage nach der optimalen Steuerverteilung zu prüfen sein. Zu ermitteln ist beispielsweise, welche Ebene die besonders BIP-elastischen Steuern erhalten sollte. So könnte eine Verminderung der Länderanteile an der Umsatz- und eine Erhöhung der Anteile an der Einkommensteuer die fiskalischen Externalitäten auf Länderebene reduzieren. Ein Wettbewerb der Regionen würde jedoch fordern, dass primär immobile Faktoren besteuert werden müssen. Wenn die Länder auch weiterhin die meisten Staatsaufgaben übernehmen sollen und ihr Peronalkostenanteil daher hoch bleibt, bräuchten sie zur Finanzierung folglich eine Steuer mit geringer Elastizität.

Der bundesdeutsche Finanzausgleich leidet insbesondere unter prohibitiven Grenzbelastungen. Eine Reform sollte in jedem Fall solche Elemente beinhalten, die zu einer Senkung der Grenzbelastungen führen. Eine mögliche Option wäre, dass Länder mit sehr hohem Rückstand einen Teil des Steueraufkommens finanzausgleichsfrei behalten dürfen. Darauf aufbauend müsste der Ausgleichstarif radikal gesenkt werden. Zu prüfen ist außerdem, inwieweit ein Finanzausgleich die Internalisierung von vermuteten Externalitäten erreichen kann. Dazu könnten bestimmte Ausgabenarten wie Investitionen oder Bildung mit einem höheren Gewicht belegt werden und damit einen höheren Ausgleichsbedarf begründen.

Es sollte schließlich auch diskutiert werden, welche Instrumente zur Schuldenbegrenzung und zur Einhaltung einer „nachhaltigen Finanzpolitik" auf Länderebene geeignet sind. Für den Fall einer Überschreitung der Verschuldungsgrenze könnten beispielsweise die Einwohner eines Landes mittels einer zusätzlichen Steuer zur Schuldentilgung herangezogen werden.

Zusammenfassung

- Unter fiskalföderalistischen Aspekten sollte die zentrale Ebene (Bund) umso eher Regelungskompetenzen erhalten, je ähnlicher die Präferenzen und je deutlicher die Wechselwirkungen einer Politik zwischen den Teilstaaten (Bundesländern) sind. Umgekehrt sollten hierarchisch nachgeordnete Ebenen umso eher Kompetenzen erhalten, je unterschiedlicher die Präferenzen und je geringer die Wechselwirkungen einer Politik zwischen den Bundesländern sind.
- Eine strikt disjunkte Aufgabenverteilung, bei der Regelungs-, Durchführungs- und Finanzierungskompetenz auf einer föderalen Ebene zusammenfallen (Veranlassungskonnexität), kann nur in Ausnahmefällen zu einer optimalen Lösung führen. Insbesondere das Vorliegen von Informationsasymmetrien und Prinzipal-Agent-Beziehungen zwischen den föderalen Ebenen favorisiert eine Aufteilung der Kompetenzen auf verschiedene Hierarchieebenen (Ausführungskonnexität).
- In einem fiskalföderalistischen System können unterschiedliche Arten von Externalitäten auftreten. Technische Externalitäten äußern sich beispielsweise in Nutzeninterdependenzen verschiedener Teilstaaten; Common-Tax-Revenue-Pool-Externalitäten entstehen in einem Mischsystem der Steuerverteilung, Common-Tax-Base-Pool-Externalitäten bei gleichzeitigem Zugriff mehrerer Gebietskörperschaften auf ein und dieselbe Steuerbasis.
- Das föderale System in Deutschland ist durch eine weitgehende Zentralisierung der Regelungskompetenz charakterisiert. Da zusätzlich Elemente der Ausführungskonnexität vorherrschen, kann es als Exekutivföderalismus bezeichnet werden, der von einem komplexen Zuweisungs- und Mischfinanzierungssystem innerhalb eines vertikalen Steuerverbunds ohne relevanten Steuerwettbewerb begleitet wird. Des Weiteren ist der bundesdeutsche Fiskalföderalismus durch einen in der horizontalen Dimension stark nivellierenden Finanzausgleich gekennzeichnet, dessen vertikale Dimension aufgrund des bündischen Prinzips stark ausgeprägte Elemente eines fiskalischen Unitarismus aufweist.
- In wesentlichen Bereichen wie der Verkehrs- oder Kulturpolitik werden die Kompetenzen nicht nach fiskalföderalistisch wünschenswerten Kriterien verteilt. Vielmehr werden Leistungen in diesen Bereichen über den Bund finanziert, obwohl sie signifikante Spillover zwischen den nachgeordneten Gebietskörperschaften vermissen lassen und demzufolge besser von diesen selbst finanziert werden sollten.

Literatur

Alesina, Alberto / Spolaore, Enrico, 1997, On the Number and Size of Nations, in: Quarterly Journal of Economics, Vol. 112, S. 1027–1056

Alesina, Alberto / Wacziarg, Roman, 1999, Is Europe Going Too Far?, NBER Working Paper, No. 6883, Cambridge/Mass.

Baretti, Christian / Huber, Bernd / Lichtblau, Karl, 2002, A Tax on Tax Revenue: The Incentive Effects of Equalizing Transfers: Evidence from Germany, in: International Tax and Public Finance, Vol. 9, S. 631–649

Besley, Timothy / Coate, Steven, 2003, Centralized Versus Decentralized Provision of Local Public Goods: A Political Economy Approach, in: Journal of Public Economics, Vol. 87, S. 2611–2637

Blankart, Charles B., 1999, Reform der Finanzverfassung: Ein steiniger Weg, in: Morath, Konrad (Hrsg.), Reform des Föderalismus, Frankfurt am Main, S. 151–155

Buchanan, James, 1950, Federalism and Fiscal Equity, in: American Economic Review, Vol. 40, S. 583–599

Bundesrechnungshof, 2004, Gutachten zur Neuordnung der Verwaltung im Bundesfernstraßenbau, Kommissionsdrucksache 0082, S. 21

Bundestag, 2005, Straßenbaubericht 2005 – Unterrichtung durch die Bundesregierung, Drucksache 16/335, S. 36

Caillaud, Bernard / Julien, Bruno / Picard, Pierre, 1996, National vs European Incentive Policies: Bargaining, Information and Coordination, in: European Economic Review, Vol. 40, S. 91–111

Coase, Ronald, 1960, The Problem of Social Cost, Journal of Law and Economics, Vol. 3, S. 1–44

Crémer, Jacques / Estache, Antonio / Seabright, Paul, 1996, Decentralizing Public Services: What Can We Learn from the Theory of The Firm?, in: Revue d'Économie Politique, Vol. 106, S. 37–60

Dahlby, Bev, 1996, Fiscal Externalities and the Design of Intergovernmental Grants, in: International Tax and Public Finance, Vol. 3, S. 397–412

Dur, Robert / Roelfsema, Hein, 2003, Why Does Centralisation Fail to Internalise Policy Externalities?, Tinbergen Institute Discussion Paper, Amsterdam

Ellingsen, Tore, 1998, Externalities vs Internalities: A Model of Political Integration, in: Journal of Public Economics, Vol. 68, S. 251–268

Feist, Holger, 2000, Arbeit statt Sozialhilfe, Tübingen

Feldstein, Martin / Vaillant, Marian, 1994, Can State Taxes Redistribute Income?, NBER Working Paper, No. 4785, Cambridge/Mass.

Gilbert, Guy / Picard, Pierre, 1996, Incentives and Optimal Size of Local Jurisdictions, in: European Economic Review, Vol. 40, S. 19–41

Goodspeed, Timothy, 2002, Bailouts in a Federation, in: International Tax and Public Finance, Vol. 9, S. 409–421

Gramlich, Edward, 1993, A Policymaker's Guide to Fiscal Decentralization, in: National Tax Journal, Vol. 46, No. 2, S. 229–235

Huber, Bernd, 1999, Föderaler Wettbewerb: Möglichkeiten und Grenzen, Arbeitspapier, Universität München

Huber, Bernd / **Lichtblau**, Karl, 1999, Reform der deutschen Finanzverfassung – die Rolle des Konnexitätsprinzips, in: Hamburger Jahrbuch für Wirtschafts- und Gesellschaftspolitik, 44. Jg., S. 69–93

Inman, Robert / **Rubinfeld**, Daniel, 1998, Subsidiarity and the European Union, NBER Working Paper, No. 6556, Cambridge/Mass.

Kessing, Sebastian / **Konrad**, Kai / **Kotsogisannis**, Christos, 2005, FDI and the Dark Side of Decentralization, Mimeo, Working Paper, Berlin

Kolstad, Charles / **Wolak**, Frank, 1983, Competition in Interregional Taxation: The Case of Western Coal, in: Journal of Political Economy, Vol. 91, S. 443–460

Lockwood, Ben, 2002, Distributive Politics and the Costs of Centralisation, in: Review of Economic Studies, Vol. 69, S. 313–337

Lülfesmann, Christoph, 2002, Central Governance or Subsidiarity: A Property Rights Approach to Federalism, in: European Economic Review, Vol. 46, S. 1379–1397

Mas-Colell, Andreu / **Whinston**, Michael / **Green**, Jerry, 1995, Microeconomic Theory, New York

Oates, Wallace, 1972, Fiscal Federalism, New York

Oates, Wallace, 1999, An Essay on Fiscal Federalism, in: Journal of Economic Literature, Vol. 37, S. 1120–1149

Pauly, Mark, 1973, Income Redistribution as a Local Public Good, in: Journal of Public Economics, Vol. 2, S. 35–58

Prud'homme, Rémy, 1995, The Dangers of Decentralization, in: World Bank Research Observer, No. 10, S. 201–220

Qian, Yingyi / **Weingast**, Barry, 1997, Federalism as a Commitment to Preserving Market Incentives, in: Journal of Economic Perspectives, Vol. 11, S. 83–92

Richter, Rudolf / **Furubotn**, Eirik, 1997, Neue Institutionenökonomik, Tübingen

Sala-i-Martin, Xavier / **Sachs**, Jeffrey, 1992, Fiscal Federalism and Optimum Currency Areas: Evidence for Europe from the United States, in: Canzoneri, Matthew B. et al. (Hrsg.), Establishing a Central Bank, Issues in Europe and Lessons from the U. S., Cambridge u. a. O., S. 195–219

Seabright, Paul, 1996, Accountability and Decentralisation in Government: An Incomplete Contracts Model, in: European Economic Review, Vol. 40, S. 61–89

Statistisches Bundesamt, 2004, Kulturfinanzbericht 2003, Wiesbaden

SVR – Sachverständigenrat zur Begutachtung der gesamtwirtschaftlichen Entwicklung, 2005, Jahresgutachten 2004/05, Erfolge im Ausland – Herausforderungen im Inland, Wiesbaden

Tiebout, Charles, 1956, A Pure Theory of Local Expenditures, in: Journal of Political Economy, Vol. 64, S. 416–424

Tommasi, Mariano / **Weinschelbaum**, Federico, 2003, Centralization vs. Decentralization: A Principal-Agent Analysis, Leitner Working Paper, No. 2003-02, San Andrés

Wellisch, Dieter, 1995, Dezentrale Finanzpolitik bei hoher Mobilität, Tübingen

Wildasin, David, 1991, Income Redistribution in a Common Labor Market, in: American Economic Review, Vol. 81, S. 757–774

Williamson, Oliver, 1975, Markets and Hierarchies: Analysis and Antitrust Implications, New York

Kapitel 2

Ralph Brügelmann / Michael Tröger

Die deutsche Finanzverfassung

Inhalt

| 1 | Einleitung | 47 |

2	Die Finanzverfassung bis zur Föderalismusreform im Jahr 2006: Ein Rückblick	47
2.1	Die Verteilung der Aufgaben	48
2.2	Die Zuordnung der Finanzierungsverantwortung	50
2.3	Die Verteilung der Einnahmen	52

3	Die Föderalismusreform der Bundesregierung: Eine Zwischenbilanz	63
3.1	Reformen in der allgemeinen Gesetzgebung	64
3.2	Reformen bei Steuern und Finanzen	65

4	Handlungsfelder einer weiteren Föderalismusreform	67
4.1	Nationaler Stabilitätspakt: Prävention und Bewältigung von Haushaltskrisen	67
4.2	Erhöhung der regionalen Steuerautonomie	72
4.3	Anreizkompatible Neujustierung des Finanzausgleichssystems	74

Zusammenfassung 78

Literatur 79

1 Einleitung

Die Bundesrepublik Deutschland ist durch einen föderalen Staatsaufbau gekennzeichnet. Aufgaben und Zuständigkeiten werden – anders als bei zentralen Staatsorganisationen – Bund, Ländern und Gemeinden zugeordnet. Das Grundgesetz regelt die Verteilung der staatlichen Aufgaben, die Verteilung der Finanzverantwortung, also die Finanzierungszuständigkeit, und daran anknüpfend die Verteilung der staatlichen Einnahmen auf die Gebietskörperschaften.

Seit Langem jedoch hegen Politik und Öffentlichkeit Zweifel bezüglich der im Laufe der Jahre entstandenen gegenwärtigen Ausgestaltung der föderalen Ordnung. Die Einsicht in die Misere des deutschen Föderalismus ist in jüngster Zeit sogar derart gewachsen, dass sich die Politik des Problems angenommen und die grundlegende Reform der bundesstaatlichen Ordnung zu einem herausgehobenen politischen Thema erklärt hat. Nachdem zunächst im Dezember 2004 eine für die 15. Legislaturperiode geplante Föderalismusreform scheiterte, wurde diese von der neuen Bundesregierung ein weiteres Mal auf die Reformagenda gesetzt. 2006 konnten sich Bundestag und Bundesrat auf einen Kompromiss einigen, der erste Ansätze einer föderalen Entflechtung enthält. In dieser ersten Stufe der aktuellen Föderalismusreform wurden sogar bereits erste Reformmaßnahmen vereinbart. Eine Überholung des föderalen Finanzgeflechts indes wurde vorerst nicht auf die Reformagenda gesetzt. Jedoch wird seit Herbst 2006 über einen zweiten Teil der Föderalismusreform beraten. Eine gemeinsame Kommission von Bundesrat und Bundestag wird im Frühjahr 2007 ihre Arbeit aufnehmen und Reformvorschläge erarbeiten.

Um die gegenwärtige Reformdiskussion, die ersten Änderungen und die weiterhin bestehenden Defizite der föderalen Ordnung näher beleuchten zu können, wurde im vorangegangenen Kapitel zunächst aus ökonomischer Perspektive der Frage nachgegangen, welche Gestaltungsmöglichkeiten einer föderalen Verfassung genutzt werden sollten. Darauf aufbauend setzt sich das vorliegende Kapitel mit der Gestaltung der deutschen Finanzverfassung auseinander. In einem ersten Schritt wird deshalb zunächst die deutsche Finanzverfassung vor Inkrafttreten des ersten Teils der laufenden Föderalismusreform in ihren Grundzügen dargestellt. Auf dieser Grundlage werden dann in weiteren Schritten die Reformbedürftigkeit der Finanzverfassung aufgezeigt, die jüngsten Reformmaßnahmen beschrieben und bewertet sowie ausstehende Reformbereiche problematisiert.

2 Die Finanzverfassung bis zur Föderalismusreform im Jahr 2006: Ein Rückblick

Das föderale Staatswesen der Bundesrepublik Deutschland ist im Gegensatz zu einer zentralen Staatsorganisation dadurch gekennzeichnet, dass die Aufgaben und Zuständigkeiten auf eigenständige staatliche Ebenen aufgeteilt sind. Die Sicherung der Eigenständigkeit von Bund, Ländern und Gemeinden erfordert zum einen, dass die öffentlichen Aufgaben klar zugeordnet sind, und zum anderen, dass eine aufgabenadäquate Finanzausstattung gewährleistet wird (Henneke, 1998). Die Finanzverfassung regelt dementsprechend die Verteilung der Aufgaben, die Verteilung der Finanzierungsverantwortung und daran anknüpfend die Verteilung der staatlichen Einnahmen.[1] Im Folgenden wird rückblickend die Finanzverfassung bis zur Föderalismusreform 2006 kurz dargestellt.

2.1 Die Verteilung der Aufgaben

In einem föderalen Staat kommen für die Kompetenzverteilung mehrere Systeme in Betracht. Der bundesdeutsche Verfassungsgeber hat sich dabei bislang für eine Variante entschieden, bei der Sachgebiete der staatlichen Aufgaben gesondert jeweils nach den einzelnen Funktionsbereichen Gesetzgebung, Verwaltung und Rechtsprechung[2] auf den Bund oder auf die Länder aufgeteilt werden (Henneke, 1998). Dies hat zur Folge, dass aus dem Umstand, dass der Bund für eine bestimmte Materie die Gesetzgebungskompetenz innehat, nicht automatisch geschlossen werden kann, dass er diesbezüglich auch die Verwaltungskompetenz besitzt. Wie im Folgenden aufgezeigt wird, hat der Verfassungsgeber bis zur jüngsten Föderalismusreform die Kompetenzen so verteilt, dass das Schwergewicht der Gesetzgebung beim Bund liegt, während die Verwaltung überwiegend von den Ländern und den Kommunen wahrgenommen wird.

2.1.1 Die Verteilung der Gesetzgebungskompetenzen

Der Verfassungsgeber hat die Verteilung der Gesetzgebungskompetenzen auf Bund und Länder in Art. 70 ff. des deutschen Grundgesetzes (GG) geregelt. Gemäß Art. 70 Abs. 1 GG wird den Ländern nach den bisherigen Vorstellungen des Verfassungsgebers die Zuständigkeit für die Gesetzgebung zugesprochen, soweit das Grundgesetz nicht ganz ausdrücklich dem Bund die Gesetzgebungszuständigkeit verleiht.[3] Die ausdrücklichen Gesetzgebungskompetenzen finden sich dabei in Art. 71 bis 75 GG und, speziell für den Bereich der Steuern, in Art. 105 GG. Dabei wird zwischen ausschließlicher und konkurrierender Gesetzgebungskompetenz des Bundes unterschieden.

In den Bereichen ohne Steuern fallen unter die ausschließliche Bundesgesetzgebung – wie der Katalog in Art. 73 GG zeigt – bislang insbesondere solche Materien, die sinnvollerweise für das ganze Bundesgebiet einheitlich geregelt werden können oder sollten. Gemäß Art. 71 GG haben die Länder bisher hier nur dann die Gesetzgebungshoheit, wenn sie hierzu durch ein Bundesgesetz ermächtigt werden.

Bei der konkurrierenden Gesetzgebungskompetenz gemäß Art. 74 und 74a GG wurde hingegen sowohl dem Bund als auch den Ländern das Recht auf Gesetzgebung zugewiesen. Da jedoch eine gleichzeitige gesetzliche Regelung derselben Materie durch Bund und Länder ausgeschlossen ist, bestimmt Art. 72 Abs. 2 GG, dass die Länder nur dann über die Gesetzgebungshoheit verfügen können, wenn und soweit nicht die Herstellung gleichwertiger Lebensverhältnisse im Bundesgebiet oder die Wahrung der Rechts- und Wirtschaftseinheit im gesamtstaatlichen Interesse eine bundesgesetzliche Regelung erforder-

---

[1] Zu der grundsätzlichen Frage, wie diese Kompetenzen insbesondere unter ökonomischen Aspekten auf die einzelnen Gebietskörperschaften verteilt werden sollten, siehe auch Kapitel 1.
[2] Auf diese Staatsfunktion wird im Folgenden nicht näher eingegangen. Siehe dazu ausführlich die juristischen Arbeiten zum Beispiel von Häde (1996), Henneke (1998) sowie Kesper (1998).
[3] Dabei verfügen die Kommunen, als zur Exekutive gehörend, nicht über unmittelbare Rechtsetzungsbefugnisse.

lich macht. Allerdings war es bislang gemäß Art. 72 Abs. 3 GG möglich, eine bundesgesetzliche Regelung durch Landesrecht zu ersetzen, wenn die Erforderlichkeit der Regelung durch ein Bundesgesetz wegfällt.

Bislang wurden die Länder aber auch – den Vorstellungen des Verfassungsgebers folgend – über den Bundesrat an der Gesetzgebung des Bundes beteiligt. Denn viele Bundesgesetze bedürfen der Zustimmung des Bundesrats, vor allem wenn durch Regelungen des Verwaltungsverfahrens in den Wirkungskreis eingegriffen wird, der den Ländern vorbehalten ist.

In der Steuergesetzgebung – also dem Recht zur Festlegung der Steuersätze und Bemessungsgrundlagen – hat bislang gemäß Art. 105 GG der Bund die ausschließliche Gesetzgebungskompetenz über die Zölle und Finanzmonopole. Er besitzt die konkurrierende Gesetzgebung über die übrigen Steuern, wenn ihm das Aufkommen dieser Steuern ganz oder zum Teil zusteht oder die Voraussetzungen aus Art. 72 Abs. 2 GG gegeben sind. Die Länder haben hingegen die Befugnis zur Steuergesetzgebung über die örtlichen Verbrauch- und Aufwandsteuern, solange und soweit sie nicht bundesgesetzlich geregelten Steuern gleichartig sind. Dabei bedürfen Bundesgesetze, deren Aufkommen den Ländern oder den Kommunen ganz oder zum Teil zufließen, der Zustimmung des Bundesrats. Mit dieser Regelung stellt Art. 105 GG für Steuern bislang eine abschließende Spezialregelung dar, die der in Art. 70 ff. GG geregelten Gesetzgebungszuständigkeit vorgeht. Sie ist somit eine Sondernorm.

Aufgrund dieser verfassungsrechtlichen Vorgaben haben sich die Gesetzgebungszuständigkeiten im Laufe der Jahre zum großen Teil auf den Bund verlagert. Grund hierfür war vor allem die umfangreiche Inanspruchnahme des weitreichenden Katalogs der konkurrierenden Gesetzgebungskompetenzen des Bundes. In weitgehender Übereinstimmung mit den Ländern oder auch auf deren Wunsch hin konnte der Bund auf diese Weise wesentliche Regelungsmaterien zur Wahrung der Rechts- und Wirtschaftseinheit und der Einheitlichkeit der Lebensverhältnisse an sich ziehen.

2.1.2 Die Verteilung der Verwaltungskompetenzen

Die Kompetenzverteilung wurde bislang vom Verfassungsgeber systematisch ähnlich geregelt wie in Art. 70 ff. GG (Henneke, 1998). Die Verteilung der Verwaltungskompetenzen wird im Wesentlichen in den Abschnitten VIII und VIIIa des Grundgesetzes geregelt. Hinzu treten einige Sonderregelungen wie Art. 108 GG, welche die Finanzverwaltung betreffen. Diese verfassungsrechtlichen Vorgaben verweisen die Zuständigkeit für den Vollzug der Gesetze – im Gegensatz zu der Situation in der Gesetzgebung – überwiegend an die Länder.

Dies gilt auch für den Vollzug der Bundesgesetze. Diese werden gemäß Art. 83 ff. GG von den Ländern als eigene Angelegenheit und in bestimmten Fällen im Wege der Auftragsverwaltung wahrgenommen. Der Bund nimmt lediglich gemäß Art. 87 ff. GG bestimmte in der Verfassung genannte Aufgabenfelder zwingend oder kraft gesetzlicher Entscheidung in bundeseigener Verwaltung wahr.

Es ergaben sich somit bisher folgende Schwerpunkte bei der Aufgabenwahrnehmung durch Bund, Länder und Gemeinden:

- Der Bund ist vor allem dann zuständig, wenn eine Aufgabe ihrer Natur nach für das gesamte Bundesgebiet erbracht wird oder gleichwertige Verhältnisse innerhalb des Bundesgebiets geschaffen werden sollen. Aufgabengebiete des Bundes sind somit zum Beispiel die Landesverteidigung und das Verkehrswesen (Bundesautobahnen, Bundeswasserstraßen);
- Aufgabenschwerpunkte der Länder liegen demgegenüber beispielsweise in den Bereichen Schule, Hochschule und Polizei;[4]
- Die kommunalen Gebietskörperschaften erfüllen öffentliche Aufgaben der örtlichen Daseinsvorsorge.

2.2 Die Zuordnung der Finanzierungsverantwortung

Zwischen der Aufgabenverteilung, der finanziellen Lastenverteilung und der Einnahmenverteilung gibt es in allen föderalen Staaten einen engen Zusammenhang, denn ohne Rückgriff auf die Ausgabenverantwortung können die Einnahmen nicht sachgerecht verteilt werden. Die finanzielle Lastenverteilung, also die Regelungen der Finanzierungszuständigkeit, ist somit das Bindeglied zwischen der Aufgabenverteilung einerseits und der Einnahmenverteilung andererseits.[5] Gemäß Art. 104a Abs. 1 GG sieht der Verfassungsgeber grundsätzlich vor, dass der Bund und die Länder die Ausgaben, die sich aus der Wahrnehmung ihrer Aufgaben ergeben, gesondert tragen.

Dieser Lastenverteilungsgrundsatz, der auch als Konnexität bezeichnet wird, vereinigt die Aufgabenzuständigkeit mit der Finanzierungsverantwortung einerseits und der Ausgabenlast andererseits. Der Aufgabenbestand einer Gebietskörperschaft bestimmt somit die Ausgabenlast und damit die erforderliche Finanzausstattung. Für diesen Grundsatz der strikten Trennung der Finanzierungsverantwortlichkeiten zwischen Bund und Ländern unter Einschluss der Kommunen gibt es aber Ausnahmen. So räumt der Verfassungsgeber dem Bund wegen dessen gesamtstaatlicher und gesamtwirtschaftlicher Verantwortung Kompetenzen zur Mitfinanzierung von Länderaufgaben ein.

Für bestimmte Aufgabenbereiche der Länder, die für die Entwicklung des Gesamtstaates von erheblicher Bedeutung sind, sieht die Verfassung bislang vor, dass sich der Bund an der Wahrnehmung und Finanzierung der Aufgabe beteiligt, wenn dies zur Verbesserung der Lebensverhältnisse erforderlich ist. Zu den in Art. 91a GG bezeichneten Gemeinschaftsaufgaben zählen der Ausbau und Neubau von Hochschulen, einschließlich Hochschulkliniken, die Verbesserung der regionalen Wirtschaftsstruktur sowie die Verbesserung der Agrarstruktur und des Küstenschutzes. Während die gemeinschaftliche Wahrnehmung bei diesen Gemeinschaftsaufgaben bei Vorliegen der Voraussetzungen zwingend ist, eröffnet der Verfassungsgeber mit Art. 91b GG die Möglichkeit, dass Bund und Länder bei der Bildungsplanung und der Forschungsförderung zusammenwirken. In den vergangenen Jahren belief sich der Beitrag des Bundes bei diesen Mischfinanzierungen auf rund 6 Milliarden Euro (Tabelle 2.1).

---

[4] Außerdem üben die Länder die Kommunalaufsicht aus und sind dafür verantwortlich, dass die Kommunen über eine ausreichende Finanzausstattung verfügen (siehe dazu auch den Beginn von Abschnitt 2.3 in diesem Kapitel).
[5] Zur Verteilung der Finanzierungslasten auf Bund und Länder siehe ausführlich zum Beispiel Henneke (1998).

Übersicht zu Bund-Länder-Mischfinanzierungstatbeständen

Tabelle 2.1

in Milliarden Euro*

Tatbestand	2003	2004	2005
Mischfinanzierung (Art. 91a GG)	2,8	2,4	2,6
– Hochschulbau	1,1	0,9	0,9
– Regionale Wirtschaftsstruktur	0,9	0,8	1,0
– Agrarstruktur und Küstenschutz	0,8	0,7	0,7
Bildungsplanung (Art. 91b GG)	0,1	0,1	0,1
Forschungsförderung (Art. 91b GG)	3,3	3,3	3,5
Geldleistungsgesetze (Art. 104a Abs. 3 GG)	8,5	9,0	10,4
– BAföG	0,8	1,0	1,0
– Wohngeld	2,7	3,0	1,1
– Erziehungsgeld	3,3	3,0	2,9
– Bundesbeteiligung an Leistungen für Unterkunft und Heizung	0,0	0,0	3,5
– Sonstiges	1,7	2,0	1,9
Finanzhilfen (Art. 104a Abs. 4 GG)	2,6	2,7	2,5
Insgesamt	**17,3**	**17,5**	**19,1**

* Zum Teil Sollansätze.
Quellen: BMF, 2004, 6; BMF, 2005a, 11; BMF, 2006c, 40 ff.

Mit Art. 104a Abs. 4 GG wurde dem Bund vom Verfassungsgeber darüber hinaus die Möglichkeit eröffnet, den Ländern sogenannte Finanzhilfen für besonders wichtige Investitionen der Länder und Kommunen zu gewähren. Die Zuweisung von Finanzhilfen wird jedoch an besondere Voraussetzungen geknüpft: Sie müssen entweder der Abwehr einer Störung des gesamtwirtschaftlichen Gleichgewichts oder dem Ausgleich regional unterschiedlicher Wirtschaftskraft im Bundesgebiet oder der Förderung des wirtschaftlichen Wachstums dienen. In den vergangenen Jahren musste der Bund für diesen Mischfinanzierungstatbestand rund 2,5 Milliarden Euro aufwenden.

Eine weitere Ausnahme vom Lastenverteilungsgrundsatz ergab sich bisher bei den sogenannten Geldleistungsgesetzen gemäß Art. 104a Abs. 3 GG. Soweit der Bund durch Bundesgesetze, die von den Ländern ausgeführt werden, Geldleistungen[6] gewährt, sieht der Verfassungsgeber die Möglichkeit vor, dass der Bund diese Ausgaben ganz oder teilweise trägt. Die finanziellen Aufwendungen des Bundes für diesen Mischfinanzierungstatbestand sind in der jüngsten Vergangenheit gestiegen. Im Jahr 2005 lagen sie bei knapp 10 Milliarden Euro. Eine weitere Ausnahme vom Lastenverteilungsgrundsatz sah der Verfassungsgeber bislang in Art. 104a Abs. 2 GG mit der Möglichkeit der sogenannten Bundesauftragsverwaltung vor. Hier trägt der Bund die Ausgaben, die sich daraus ergeben, dass die Länder Bundesgesetze im Auftrag des Bundes ausführen.

---

[6] Geldleistungen sind gegenleistungsunabhängige, einmalige oder laufende geldliche Zuwendungen an private oder öffentliche Empfangsberechtigte.

2.3 Die Verteilung der Einnahmen

Die Erfüllung der öffentlichen Aufgaben in der Bundesrepublik Deutschland, also die Wahrnehmung hoheitlicher Funktionen sowie die Bereitstellung öffentlicher Güter, obliegt Bund, Ländern und Gemeinden. Um die Ausgaben zu decken, die mit dieser Aufgabenverteilung verknüpft sind, stehen den Gebietskörperschaften verschiedene Einnahmenquellen zur Verfügung. Dazu gehören die Kreditaufnahme, Einnahmen aus wirtschaftlicher Tätigkeit sowie Gebühren und Beiträge. Die Haupteinnahmenquelle der öffentlichen Hand bilden jedoch – mit rund 452 Milliarden Euro im Jahr 2005 – die Steuern (BMF, 2006a). Die Verteilung der Steuereinnahmen auf Bund, Länder und Gemeinden ist somit von herausragender Bedeutung, um die finanzielle Grundlage für eine eigenständige Aufgabenerfüllung und politische Gestaltung in den Gebietskörperschaften zu schaffen und zu erhalten. Der Verfassungsgeber hat sich hier mit der Finanzverfassung für ein Verteilungssystem entschieden, das zwar die tragenden Säulen der Steuerertragsverteilung abschließend regelt, darüber hinaus aber Vorgaben für flexible Elemente enthält, deren Gestaltung im Detail dem Gesetzgeber überlassen wird.

Bislang werden die Steuern gemäß Art. 106 und 107 GG in einem System verschiedener aufeinander bezogener Stufen verteilt, denen jeweils eigene Verteilungsziele zugeordnet sind. Um eine aufgabengerechte Finanzausstattung der einzelnen Gebietskörperschaften zu sichern, führen diese zu einer immer feiner abgestimmten Finanzverteilung. Durch die Beteiligung des Gesetzgebers bei der Gestaltung ist über die Jahre aus vielen Kompromissen das Finanzausgleichssystem gewachsen. Es hat sich dabei zu einem auf den ersten Blick komplexen, wenig transparenten Finanzgeflecht entwickelt. Das Finanzausgleichssystem, dessen Regelungen sowohl auf Verfassungsnormen als auch auf gesetzlicher Umsetzung basieren, ist somit selbst für Fachleute oftmals nur schwer zu durchschauen. Dennoch handelt es sich bei dem Finanzausgleichssystem nicht um ein Konglomerat undurchschaubarer und mitunter unverbundener Regelungen, sondern um ein feingliedriges, ineinandergreifendes, äußerst sensibles Räderwerk.

2.3.1 Die vertikale Steuerertragsaufteilung

Die Verteilung der Steuereinnahmen auf die drei Ebenen Bund, Länder und Gemeinden bildet die erste Stufe im Finanzausgleichssystem. Sie wird bislang in Art. 106 GG geregelt. Für die Zuordnung der Steuereinnahmen stehen prinzipiell zwei Systeme zur Verfügung:[7]

- das Trennsystem: Hier wird jede Steuer einer Gebietskörperschaftsebene zugewiesen;
- das Verbundsystem: Hier werden die Steuereinnahmen nach Quoten auf die verschiedenen Ebenen verteilt. Diese sind dann mit bestimmten Anteilssätzen am Steueraufkommen beteiligt, wobei die Anteilssätze für alle in den Verbund einbezogenen Steuern gleich, aber auch unterschiedlich gestaltet sein können.

---

[7] Für einen ausführlichen finanzwissenschaftlichen Überblick siehe Lenk (1993). Zu der Problematik der Externalitäten siehe auch Abschnitt 3.1 in Kapitel 1.

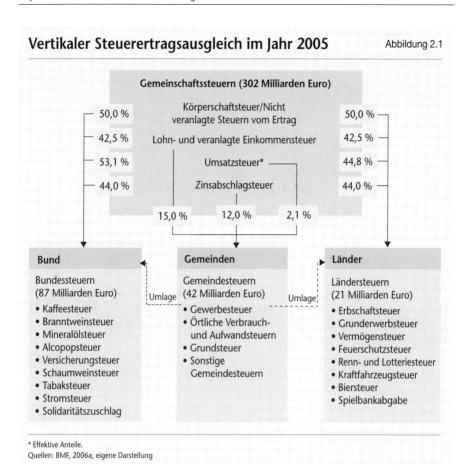

Um die Vorteile beider Modelle zu nutzen und ihre jeweiligen Nachteile zu vermeiden, ist in Art. 106 GG ein Mischsystem festgelegt.[8] Dieses folgt weder einer umfassenden Zuordnung der einzelnen Steuern nach dem Trennsystem noch einer generell quotenbezogenen Verteilung nach dem Verbundsystem (Abbildung 2.1). Das Grundgesetz weist gemäß Art. 106 Abs. 1 dem Bund grundsätzlich das Aufkommen der Verbrauchsteuern zu, sofern Art. 106 Abs. 2 und Abs. 3 GG keine anderen Regelungen enthalten.[9] Außerdem erhält der Bund das Aufkommen der Versicherungsteuer sowie des Solidaritätszuschlags. Die Bundessteuern weisen eine enge Verzahnung zu den Aufgaben des Bundes auf und können hinsichtlich ihrer Belastungswirkungen und ihres Aufkommens nicht auf Teilräume des Bundesgebiets bezogen werden.

Im Gegensatz dazu sind den Ländern bisher vor allem Steuern mit einem Bezug zur Wirtschaft des jeweiligen Landes und geringer Konjunkturreagibilität zugewiesen worden (Henneke, 1998). Ihnen steht gemäß Art. 106 Abs. 2 GG das Aufkommen der Verkehr-

---

[8] Zu den Vor- und Nachteilen siehe etwa Lenk (1993), Kesper (1998), Carl (1995), Henneke (1998), Häde (1996), Heinemann (2004) und Zimmermann (1999).
[9] Dies gilt insbesondere für die Umsatzsteuer, die als Gemeinschaftsteuer zwischen Bund, Ländern und Gemeinden aufgeteilt wird.

steuern[10], der Erbschaft-, Kraftfahrzeug- und Biersteuer sowie steuerähnliche Abgaben wie die Spielbankabgabe zu. Das Aufkommen der Realsteuern (Grund- und Gewerbesteuer) und der örtlichen Verbrauch- und Aufwandsteuern erhalten gemäß Art. 106 Abs. 6 GG die Städte und Gemeinden.

Die Steuern, die dem Modell des Trennsystems folgend den einzelnen Ebenen zugeordnet worden sind, haben überwiegend nur ein geringes Aufkommen. 2005 betrugen die Einnahmen aus spezifischen Bundes-, Länder- und Gemeindesteuern zusammen 150 Milliarden Euro. Auf das Verbundsystem hingegen entfielen 2005 mit rund 300 Milliarden Euro knapp 70 Prozent des gesamten Steueraufkommens. Dieser Teil umfasst die Einkommen-, die Körperschaft- und die Umsatzsteuer. Das Aufkommen dieser Steuerarten wird nach politisch ausgehandelten Quoten den Gebietskörperschaften zugeteilt (Abbildung 2.1). Für die Einkommen- und die Körperschaftsteuer gibt das Grundgesetz selbst die Verteilung auf Bund und Länder vor: Nach Art. 106 Abs. 3 GG fließen jeweils feste Anteile dem Bund und den Ländern zu. Seit der Finanzverfassungsreform von 1969 erhalten aber auch die Gemeinden einen Anteil am Einkommensteueraufkommen.[11] Als Kompensation dafür werden Bund und Länder am Aufkommen der Gewerbesteuer beteiligt.[12]

Bei der Umsatzsteuer hat das Grundgesetz das Beteiligungsverhältnis von Bund, Ländern und Gemeinden bislang bewusst offengelassen und so einen Handlungsspielraum im vertikalen Steuerverteilungssystem geschaffen. Das Grundgesetz schreibt in Art. 106 Abs. 3 und Abs. 4 lediglich unkonkretisierte Regeln für die Festlegung der Anteile vor. Die Anteile von Bund und Ländern werden entsprechend ihrer Finanzentwicklung[13] in mehrjährigen Abständen angepasst. Dabei orientiert man sich an den sogenannten Deckungsquoten von Bund und Ländern: Diese sind als das Verhältnis der jeweils laufenden Einnahmen zu den notwendigen Ausgaben definiert.

Für die Festsetzung des Beteiligungsverhältnisses am Umsatzsteueraufkommen sieht der Gesetzgeber bislang ein komplexes, mehrstufiges Verfahren auf der Grundlage des Finanzausgleichsgesetzes vor: In einem ersten Schritt erhält der Bund 5,63 Prozent als Bundeszuschuss zur gesetzlichen Rentenversicherung. Seit der Abschaffung der Gewerbekapitalsteuer im Jahr 1998 werden Städte und Gemeinden in einem zweiten Schritt gemäß Art. 106 Abs. 5a GG am verbleibenden Umsatzsteueraufkommen beteiligt, und zwar derzeit in Höhe von 2,2 Prozent. Vom Rest erhalten der Bund 49,6 Prozent und die Länder 50,4 Prozent. In einem letzten Schritt bekommt der Bund aus dem Länderanteil einen Festbetrag in Höhe von 2.323 Millionen Euro[14] als Ausgleich für die Übernahme der Annuitäten des Fonds „Deutsche Einheit" und als Kompensation für die Kosten, die durch die Zusammenführung von Arbeitslosen- und Sozialhilfe entstanden sind.

---

[10] Soweit sie nicht dem Bund oder Bund und Ländern gemeinsam zustehen.
[11] Dieser prozentuale Anteil variiert je nach der Erhebungsform. Bei der Lohnsteuer und der veranlagten Einkommensteuer erhalten die Gemeinden 15 Prozent und beim Zinsabschlag 12 Prozent. An der Kapitalertragsteuer und an der Körperschaftsteuer sind sie nicht beteiligt.
[12] Der kommunale Einkommensteueranteil wurde im Jahr 1969 eingeführt, um zusammen mit der Gewerbesteuerumlage die kommunale Einnahmensituation sowohl quantitativ als auch qualitativ zu verbessern (Zimmermann, 1988).
[13] Länder einschließlich ihrer Kommunen.
[14] Dieser Festbetrag galt bis einschließlich 2006.

2.3.2 Die horizontale Steuerertragsverteilung

Nach der Verteilung der Steuereinnahmen zwischen Bund, Ländern und Gemeinden müssen im zweiten Schritt die Einnahmen den einzelnen Gebietskörperschaften einer Ebene zugeordnet werden. Für die Aufteilung der den Ländern zustehenden Steuereinnahmen hat sich der Verfassungsgeber – wie schon bei der vertikalen Steuerertragsverteilung – für ein Mischsystem entschieden.

Bei der horizontalen Steuerertragsverteilung auf Länderebene geht das Grundgesetz in Art. 107 Abs. 1 vom Prinzip des örtlichen Aufkommens aus. Die Landessteuern sowie der Länderanteil an der Einkommen- und Körperschaftsteuer stehen den einzelnen Ländern dann zu, wenn diese Steuern von den Finanzbehörden in ihrem Gebiet erhoben werden. Ziel ist es, den Ländern das Steueraufkommen zuzuweisen, das der tatsächlichen Steuerkraft von Wirtschaft und Bürgern in ihrem Gebiet entspricht. Auf diese Weise kann das Land an den regionalen, also durch seine Unternehmen und Bürger erwirtschafteten Erträgen teilhaben sowie die Früchte seiner Wirtschafts- und Strukturpolitik selbst ernten (Henneke, 1998).

Korrektur der Ländereinnahmen im Jahr 2005 – Teil I   Tabelle 2.2

in Millionen Euro*

Land	Steuerzerlegung bei der			Umsatzsteuer-Vorwegausgleich
	Lohnsteuer	Zinsabschlagsteuer	Körperschaftsteuer	
Nordrhein-Westfalen	–1.991	677	160	–
Bayern	52	128	–43	–
Baden-Württemberg	–1.236	405	–255	–
Hessen	–1.836	–1.942	5	–
Hamburg	–2.148	43	–464	–
Niedersachsen	1.674	203	230	1.583
Rheinland-Pfalz	1.325	105	119	113
Schleswig-Holstein	1.022	144	16	201
Saarland	40	27	21	186
Bremen	–330	5	–0,4	–
Berlin	209	28	19	475
Sachsen	777	43	46	2.787
Sachsen-Anhalt	609	31	29	1.785
Thüringen	562	28	55	1.509
Brandenburg	853	57	39	1.512
Mecklenburg-Vorpommern	417	20	21	1.143
Summe	± 7.540	± 1.942	± 762	11.295

* Rundungsdifferenzen möglich.
Quelle: BMF, 2006b

Allerdings spiegelt das landesindividuelle Aufkommen – meist aufgrund steuertechnisch bedingter Besonderheiten – die regionale Steuerkraft in bestimmten Fällen nicht zutreffend wider. Derartige erhebungstechnische Differenzen zwischen der jeweiligen örtlichen Vereinnahmung und der wirklich vorhandenen Steuerkraft entstehen derzeit bei der Lohn- und Körperschaftsteuer sowie beim Zinsabschlag.[15] Das Grundgesetz verpflichtet daher in diesen drei Fällen den Gesetzgeber gemäß Art. 107 Abs. 1 zu einer Modifikation. Auf Grundlage des Zerlegungsgesetzes werden bei den genannten drei Steuerarten Umschichtungen zwischen den Ländern vorgenommen, um die ursprünglichen Verzerrungen zu beseitigen. Im Jahr 2005 wurden auf diese Weise rund 10 Milliarden Euro zwischen den Ländern umverteilt (Tabelle 2.2).

Bei der Umsatzsteuer hat der Verfassungsgeber bislang einen anderen Verteilungsmaßstab gewählt und weicht somit vom herrschenden Prinzip des örtlichen Aufkommens ab. Da die Umsatzsteuer eine allgemeine Verbrauchsteuer ist, die den privaten Endverbrauch belastet, wäre als wirtschaftliche Leistungsfähigkeit eines Landes die Konsumkraft der Landeseinwohner anzusehen. Allerdings wird die Umsatzsteuer nicht vom Verbraucher, sondern von den Unternehmen als indirekte Steuer abgeführt. Dadurch wird die Umsatzsteuer häufig nicht in dem Land vereinnahmt, in dem sich der Wohnsitz des Konsumenten befindet. Mangels Daten in den Finanzämtern ist eine Verteilung des Länderanteils an der Umsatzsteuer auf die einzelnen Länder nach dem privaten Endverbrauch, wie sie der Besteuerung nach der regionalen Wirtschaftskraft am ehesten entsprechen würde, letztlich nicht durchführbar (Carl, 1995). Aus diesem Grund wird der Länderanteil an der Umsatzsteuer gemäß Art. 107 Abs. 1 GG seit Jahren nach der Einwohnerzahl berechnet. Es wird also unterstellt, dass es keine gravierenden regionalen Unterschiede im umsatzsteuerpflichtigen Pro-Kopf-Verbrauch gibt und so die Einwohnerzahl als Indikator des regionalen Endverbrauchs herangezogen werden kann (Scherf, 2000). Dies reduziert zugleich die horizontalen Streuungseffekte zwischen den Ländern, die bei den übrigen Steuern durch die Verteilung nach dem Prinzip der örtlichen Vereinnahmung entstehen.

Um eine unterdurchschnittliche Ertragslage einzelner finanzschwacher Länder zu korrigieren, beinhaltet Art. 107 Abs. 1 einen Umsatzsteuer-Vorwegausgleich als Vorgriff auf den Finanzausgleich im engeren Sinne. Diese Umschichtung, die im Finanzausgleichsgesetz genauer geregelt ist, besteht in einem Verzicht aller Länder auf eine volle Aufteilung des Länderanteils. Die dadurch verbleibenden Mittel werden den Ländern zugewiesen, die lediglich unterdurchschnittliche Steuereinnahmen aufweisen. Gegenwärtig sieht der Gesetzgeber vor, dass mindestens 75 Prozent des Länderanteils an der Umsatzsteuer nach der Einwohnerzahl auf alle Länder aufgeteilt werden. Der Rest geht in Form von Ergänzungsanteilen, die mit einer komplizierten Rechenformel ermittelt werden, an die finanzschwachen Länder.[16] Im Jahr 2005 wurden über diesen Finanzausgleichsmechanismus mehr als 11 Milliarden Euro zwischen den Ländern umverteilt (Tabelle 2.2).

---

[15] Zu dieser Problematik vgl. insbesondere Lenk (1993), Henneke (1998), Häde (1996), Heinemann (2004), Hausner (2003), Carl (1995) und Liebig (2002).
[16] Eine ausführliche Darstellung und Analyse findet sich beispielsweise bei Fehr (2001), Lenk (2001), Fehr/Tröger (2003) und Tröger (2007).

Die Aufteilung der kommunalen Steuereinnahmen auf die einzelnen Städte und Gemeinden ist ebenfalls bisher vom Prinzip des örtlichen Aufkommens beherrscht. Dies gilt insbesondere für die Verteilung der Realsteuern und der sonstigen Gemeindesteuern auf die einzelnen Gemeinden, nicht jedoch für die Einkommen- und Umsatzsteuerbeteiligung. Gemäß Art. 106 Abs. 5 GG erhalten die Gemeinden einen Anteil am Aufkommen der Einkommensteuer, den die Länder an ihre Gemeinden auf der Grundlage der Einkommensteuerleistungen ihrer Einwohner weiterleiten. Gegenwärtig wird der kommunale Anteil an der Einkommensteuer nach einem bestimmten Schlüssel auf die einzelnen Gemeinden aufgeteilt. Auf diese Weise werden die redistributiven Ziele der Finanzverfassungsreform von 1969 umgesetzt. Der Anteil am Umsatzsteueraufkommen wird hingegen nach völlig anderen Kriterien festgelegt. Denn der Umsatzsteueranteil der Kommunen ist ein finanzieller Ausgleich für die Abschaffung der Gewerbekapitalsteuer. Daher ist hier in Art. 106 Abs. 5a GG eine Verteilung auf Grundlage eines orts- und wirtschaftsbezogenen Schlüssels vorgesehen.

2.3.3 Umverteilung zwischen den Ländern

Die Ausrichtung der horizontalen Steuerverteilung auf Länderebene am Prinzip der örtlichen Vereinnahmung hat Folgen – trotz nivellierender Instrumente insbesondere bei der Umsatzsteuerverteilung. Denn die Besonderheiten der einzelnen Länder schlagen sich durch strukturelle, historisch und geografisch bedingte Unterschiede mitunter beträchtlich in der Finanzausstattung der Länder nieder. Um dem verfassungsrechtlichen Ziel der Einheitlichkeit der Lebensverhältnisse durch die Angleichung der Finanzausstattungen der Länder näherzukommen, sieht der Verfassungsgeber bislang gemäß Art. 107 Abs. 2 GG einen solidarischen Finanzausgleich zwischen den Ländern vor. Die Gestaltung dieses sogenannten Länderfinanzausgleichs im engeren Sinne[17] obliegt dabei dem Gesetzgeber. Zahlreiche rechtliche Vorgaben und Entscheidungen des Bundesverfassungsgerichts setzen diesen Gestaltungsmöglichkeiten jedoch enge Grenzen.[18]

Auf der Basis des bündischen Einstehens füreinander im Föderalstaat werden bislang auf Grundlage des Finanzausgleichsgesetzes Finanzmittel zwischen den Ländern direkt umgeschichtet, allein 2005 knapp 7 Milliarden Euro (Tabelle 2.3). Die Ausgleichspflicht und die Ausgleichsberechtigung der einzelnen Länder sowie die Höhe der jeweiligen Transfers werden mithilfe einer komplexen Berechnung bestimmt. Ausgangspunkt und zentrale Messgröße für die Umverteilung ist die jeweilige Finanzkraft der Länder. Der Finanzkraftbegriff knüpft im Wesentlichen an die Einnahmensituation eines Landes an. Als Indikator für die Finanzkraft eines Landes wird eine Finanzkraftmesszahl gebildet, die sich aus Länderfinanzkraft und Gemeindefinanzkraft zusammensetzt; Letztere wird allerdings nur zu 64 Prozent berücksichtigt.

---

[17] Für eine ausführliche Darstellung und Analyse siehe zum Beispiel Fehr (2001), Lenk (2001), Fehr/Tröger (2003) und Tröger (2007).

[18] Da die Fachwelt sich mit diesen Vorgaben und den damit verbundenen Konsequenzen auseinandergesetzt hat, ist eine umfangreiche, vor allem juristisch geprägte Literatur entstanden. Zu den neueren Arbeiten zählen zum Beispiel Carl (1995), Häde (1996), Henneke (1998) und Kesper (1998).

Weil sich die Länder in ihrer Größe, ihrer Bevölkerungszahl und in ihrem Steueraufkommen stark unterscheiden, ist ein direkter Vergleich der Finanzkraft zwischen den Ländern ungeeignet (Geske, 2001). Denn dies würde dazu führen, dass die größeren Länder allein wegen ihres größeren Ertragsvolumens ausgleichspflichtig wären. Aus diesem Grund wird der Finanzkraftmesszahl eines jeden Landes eine landesindividuelle sogenannte Ausgleichsmesszahl als Indikator für den Finanzbedarf gegenübergestellt, die eine nach Maßgabe des Finanzausgleichsgesetzes definierte Sollgröße bildet. Die Ausgleichsmesszahl jedes Landes setzt sich aus einer Messzahl zum Ausgleich der Länderfinanzkraft und einer Messzahl zum Ausgleich der Gemeindefinanzkraft zusammen. Sie stellt die durchschnittliche Finanzkraft dar, die sich ergeben würde, wenn die Länder- und Gemeindeeinnahmen im Sinne des Finanzausgleichsgesetzes je Einwohner des Landes dem Bundesdurchschnitt entsprechen würden. Somit geht der Gesetzgeber von einem je Einwohner gleichen Finanzbedarf in allen Ländern aus (Scherf, 2000). Bei der Berechnung der Ausgleichs-

Korrektur der Ländereinnahmen im Jahr 2005 – Teil II   Tabelle 2.3
in Millionen Euro*

Land	Länderfinanzausgleich im engeren Sinn	Bundesergänzungszuweisungen			
		Fehlbetrag	Kosten politischer Führung	Strukturelle Arbeitslosigkeit	Neue Länder
Nordrhein-Westfalen	−487	−	−	−	−
Bayern	−2.219	−	−	−	−
Baden-Württemberg	−2.209	−	−	−	−
Hessen	−1.593	−	−	−	−
Hamburg	−377	−	−	−	−
Niedersachsen	359	195	−	−	−
Rheinland-Pfalz	292	152	46	−	−
Schleswig-Holstein	145	79	53	−	−
Saarland	112	52	63	−	−
Bremen	366	121	60	−	−
Berlin	2.441	763	43	−	2.003
Sachsen	1.007	381	26	319	2.746
Sachsen-Anhalt	580	220	53	187	1.657
Thüringen	573	214	56	176	1.507
Brandenburg	581	222	55	190	1.509
Mecklenburg-Vorpommern	428	160	61	128	1.110
Summe	± 6.885	2.558	517	1.000	10.553

* Rundungsdifferenzen möglich.
Quellen: BMF, 2006a, 169; BMF, 2006b

messzahl sieht der Gesetzgeber jedoch Abweichungen vor, indem er bei den Stadtstaaten und in einigen Flächenbundesländern eine „Einwohnerveredelung" vornimmt: Diese Länder können pro Einwohner einen überdurchschnittlichen Finanzbedarf geltend machen.

Das Verhältnis der Ausgleichsmesszahl zur Finanzkraftmesszahl ist Grundlage für die Bestimmung der Ausgleichspflicht oder Ausgleichsberechtigung sowie für die Höhe des Transfers. Zunächst werden für jedes Land Finanzkraft- und Ausgleichsmesszahl gegenübergestellt. Übersteigt die Finanzkraft- die Ausgleichsmesszahl, hat das Land einen Überschuss und ist ausgleichspflichtig. Umgekehrt, wenn also ein Fehlbetrag vorliegt, ist das Land ausgleichsberechtigt. Im nächsten Schritt werden dann zum einen die Ausgleichszuweisungen errechnet, welche die Fehlbeträge der ausgleichsberechtigten Länder verringern; zum anderen werden die Ausgleichsbeiträge bestimmt, durch die ein Teil der Überschüsse der ausgleichspflichtigen Länder abgeschöpft wird. Danach wird die Summe der ausgleichspflichtigen Finanzbeiträge ins Verhältnis zu dem sich aus der Summe der Ausgleichszuweisungen ergebenden Finanzbedarf gesetzt. Die Ausgleichsbeiträge der ausgleichspflichtigen Länder werden dann diesem Verhältnis angepasst, sodass sie in ihrer Summe genau dem durch die Höhe der Ausgleichszuweisungen bestimmten Finanzbedarf entsprechen. Neben dieser Harmonisierung sieht der Gesetzgeber eine Garantieklausel zum Schutz der ausgleichspflichtigen Länder vor, die deren maximale Abschöpfung auf 72,5 Prozent der Differenz zwischen der Finanzkraft- und Ausgleichsmesszahl des jeweiligen Landes beschränkt.

2.3.4 Umverteilung zwischen Bund und Ländern

Die Angleichung der unterschiedlichen finanziellen Leistungskraft der Länder ist mit dem Länderfinanzausgleich im engeren Sinne noch nicht abgeschlossen. Gemäß Art. 107 Abs. 2 GG kann der Bund leistungsschwachen Ländern Zuweisungen gewähren, um ihren allgemeinen Finanzbedarf zu decken. Diese sogenannten Bundesergänzungszuweisungen sind somit ebenfalls Ausdruck des bündischen Einstehens füreinander, hier allerdings im Verhältnis zwischen Bund und Ländern. Von dieser weiteren Korrekturmöglichkeit der Finanzverteilung unter den Ländern hat der Gesetzgeber bislang immer wieder Gebrauch gemacht. Zunächst als Ausnahmen geplant, wurden diese vertikalen Transfers in den Jahren nach der Finanzverfassungsreform von 1969 zur Dauereinrichtung.

Wie diese vertikalen Transfers im Einzelfall aussehen, ist zunächst einmal Sache des Gesetzgebers. Allerdings hat er – ähnlich wie beim Länderfinanzausgleich im engeren Sinne – durch zahlreiche mehr oder weniger konkrete verfassungsrechtliche und verfassungsgerichtliche Vorgaben nur wenig Gestaltungsspielraum.[19] Gegenwärtig werden die Bundestransfers auf Grundlage des Finanzausgleichsgesetzes sowohl als Instrument zum Ausgleich der allgemeinen Finanzkraftunterschiede als auch zur Abgeltung verschiedener Sonderbelastungen einzelner Länder oder Ländergruppen eingesetzt.[20] Im Jahr 2005 musste der Bund für diese vertikalen Transfers insgesamt rund 14,6 Milliarden Euro zur Verfügung stellen (Tabelle 2.3).

---

[19] Dazu siehe zum Beispiel Henneke (1998), Kesper (1998), Carl (1995) und Geske (2001).
[20] Für eine ausführliche Darstellung und Analyse siehe zum Beispiel Fehr (2001), Lenk (2001) sowie Tröger (2007).

Die sogenannten Fehlbetrags-Bundesergänzungszuweisungen dienen der Deckung des allgemeinen Finanzbedarfs. Solche Transfers erhalten diejenigen Länder, deren Finanzkraftmesszahl nach dem Finanzausgleich im engeren Sinne 99,5 Prozent der Ausgleichsmesszahl nicht erreicht. Bei diesen leistungsschwachen Ländern wird der Fehlbetrag zu 77,5 Prozent durch Bundestransfers ausgeglichen.

Bei den sogenannten Sonderbedarfs-Bundesergänzungszuweisungen verlässt der Gesetzgeber die rein einnahmenorientierte Betrachtungsweise und führt einen am tatsächlichen Bedarf orientierten Maßstab ein. Gegenwärtig werden drei Sonderbedarfs-Bundesergänzungszuweisungen gewährt:

1. Alle ostdeutschen Länder erhalten vertikale Transfers, damit sie ihre teilungsbedingten Sonderlasten aus dem bestehenden starken infrastrukturellen Nachholbedarf decken und die unterproportionale kommunale Finanzkraft ausgleichen können.
2. Die ostdeutschen Flächenländer bekommen eine Zuweisung, mit der Sonderlasten ausgeglichen werden sollen, die durch die strukturelle Arbeitslosigkeit und die daraus entstehenden Lasten bei der Zusammenführung von Arbeitslosen- und Sozialhilfe entstehen.
3. Zehn leistungsschwache kleinere Länder erhalten einen Ausgleich für die überdurchschnittlich hohen Kosten der politischen Führung.

2.3.5 Die kommunalen Finanzausgleichssysteme

Die Städte und Gemeinden sind mit der Wahrnehmung eigener sowie von Bund und Ländern übertragener Aufgaben betraut. Das Grundgesetz begründet aber bislang nur einen zweistufigen Staatsaufbau, in dem die Gemeinden und Gemeindeverbände als Bestandteile und Glieder der Länder gelten. Daher tragen die Länder trotz der Einbeziehung der Gemeinden in das System der vertikalen Steuerertragsaufteilung nach Art. 106 Abs. 5 bis Abs. 6 GG die Hauptverantwortung für eine aufgabengerechte kommunale Finanzausstattung (Henneke, 1998). Die Finanzverfassung verpflichtet deshalb gemäß Art. 106 Abs. 7 GG die Länder seit Jahren dazu, einen Binnenfinanzausgleich vorzunehmen, der die originären Einnahmen der kommunalen Gebietskörperschaften ergänzt.

Ziel eines derartigen kommunalen Finanzausgleichs ist es, in erster Linie die unvermeidlichen Mängel zu beseitigen oder abzuschwächen, die sich aus der Inkongruenz der Aufgaben und Ausgaben einerseits und den von der Wirtschaftsstruktur und von den Entscheidungen extrakommunaler Instanzen abhängigen Einnahmen andererseits ergeben (Zimmermann, 1988). Da die kommunalen Gebietskörperschaften nur unzureichend mit originären Einnahmen ausgestattet sind, soll der kommunale Finanzausgleich die Finanzmittel aufstocken und den Gemeinden und Gemeindeverbänden somit eine angemessene und ihrem Aufgabenbestand entsprechende Finanzausstattung sichern (Henneke, 1998).

Neben der Auffüllung der Finanzkraft soll der kommunale Finanzausgleich strukturbedingte, nicht aber autonom zu verantwortende Unterschiede in der Finanzausstattung angemessen verringern (Schwarz, 1997). Er soll also mithilfe einer Einnahmenredistribution dafür sorgen, dass die Kommunen eine annähernd gleiche Mindestversorgung mit öffentlichen Gütern gewährleisten können (Vesper, 2000). Neben diesen Hauptfunktionen, die im Wesentlichen einer Entfaltung und Sicherung der kommunalen Selbstverwaltungsgarantie gemäß Art. 28 Abs. 2 GG dienen, übernimmt der kommunale Finanzausgleich eine Reihe weiterer Aufgaben (Zimmermann, 1988). Dazu gehören der Ausgleich oder die Verrechnung externer Effekte, die durch die Erfüllung zentraler Aufgaben entstehen (raumordnungspolitische Funktion), die Bekämpfung lokaler und regionaler wirtschaftlicher Strukturschwächen (wirtschaftspolitische Funktion) sowie die Anregung oder Dämpfung der kommunalen Investitionstätigkeit im Sinne einer antizyklischen Finanzpolitik (konjunkturpolitische oder gesamtstaatliche Funktion).

Die kommunalen Finanzausgleichssysteme können diese vielfältigen Funktionen bislang nur dadurch erfüllen, dass die Länder einen weiten Ermessensspielraum bei der Gestaltung und Durchführung erhalten. So entscheidet bislang die Finanzverfassung gemäß Art. 106 Abs. 7 GG im Wesentlichen nur über das Ob einer Finanzverantwortung der Länder für die Finanzen ihrer Kommunen. Das Wie bleibt dagegen offen. Mit Ausnahme der Stadtstaaten Hamburg und Berlin haben alle Länder aufgrund ihrer verfassungsrechtlich begründeten ausschließlichen Gesetzgebungskompetenz landesindividuelle Finanzausgleichsgesetze erlassen, in denen die Gestaltung und Durchführung des jeweiligen kommunalen Finanzausgleichssystems konkretisiert wird (Inhester, 1998). Allerdings sind den Ländern in der Bundesrepublik Deutschland bei der gesetzgeberischen Gestaltungsfreiheit verfassungsrechtliche Schranken gesetzt. Diese ergeben sich insbesondere aus der verfassungsrechtlichen Garantie der kommunalen Selbstverwaltung gemäß Art. 28 Abs. 2 GG

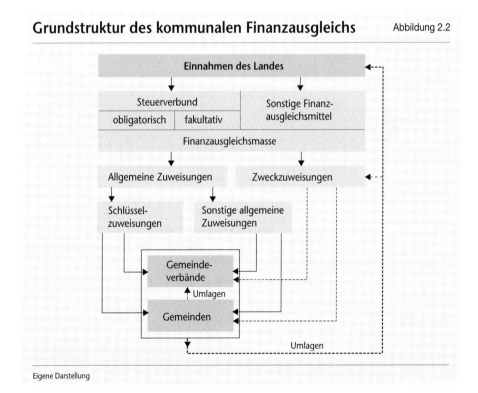

Grundstruktur des kommunalen Finanzausgleichs   Abbildung 2.2

Eigene Darstellung

und den Vorgaben der Landesverfassungen, dem Gleichheitsgebot gemäß Art. 3 GG sowie dem aus dem Rechtsstaatprinzip abgeleiteten Willkürverbot.[21]

Aufgrund der historischen Entwicklung und der rechtlichen Vorgaben weisen die länderspezifischen kommunalen Finanzausgleichssysteme trotz aller Eigenheiten im Detail die in Abbildung 2.2 dargestellte allgemeine Grundstruktur auf.[22] Den Ausgangspunkt eines jeden kommunalen Finanzausgleichssystems bildet die Finanzausgleichsmasse.[23] Die Vorgaben der Finanzverfassung im Grundgesetz verpflichten die einzelnen Länder mit ihren Gemeinden zu einem obligatorischen Steuerverbund. Bei diesem Verbund stellen die Länder ihren Gemeinden und Gemeindeverbänden einen Teil ihrer Einnahmen aus den Gemeinschaftssteuern zur Verfügung. Die Höhe dieses Anteils, die Verbundquote, kann jedes Land nach eigenem Ermessen festsetzen.

Des Weiteren weist die Finanzverfassung in Art. 106 Abs. 7 GG auf die Möglichkeit hin, dass die Länder diesen obligatorischen Steuerverbund nach ihrem Ermessen um eine prozentuale Beteiligung an weiteren sogenannten Verbundgrundlagen erweitern können. Ein solcher fakultativer Steuerverbund kann so aussehen, dass das Aufkommen aus bestimmten Landessteuern, die Landesanteile aus der Gewerbesteuerumlage sowie die Einnahmen oder Ausgaben der Länder im Länderfinanzausgleich im engeren Sinn und den Bundesergänzungszuweisungen dem obligatorischen Steuerverbund zugerechnet und mit diesem zu einem einheitlichen allgemeinen Steuerverbund verschmolzen werden. Er kann aber auch so aussehen, dass aus dem Aufkommen bestimmter Landessteuern sogenannte Sonderverbünde gebildet werden.

Von der Möglichkeit eines fakultativen Steuerverbunds haben die Länder im Laufe der Jahre in höchst unterschiedlichem Maße Gebrauch gemacht. Da die Finanzverfassung keine weiteren Vorgaben oder Optionen bezüglich der Herkunft der Finanzausgleichsmittel nennt (Henneke, 1998), treffen die Länder unterschiedliche Regelungen darüber, inwiefern noch weitere Landesmittel in den kommunalen Finanzausgleich einfließen. In einigen Ländern wird zudem eine Umlage von den Kommunen erhoben und der Finanzausgleichsmasse zugeführt. Die Finanzausgleichsmasse bedient dann das landesinterne Zuweisungssystem. In der Bundesrepublik Deutschland flossen so im Jahr 2004 insgesamt mehr als 47 Milliarden Euro von den Ländern an die Kommunen (BMF, 2006a).

Ein Teil der Finanzausgleichsmasse wird für Zweckzuweisungen verwendet. Damit werden spezifische Aufgaben finanziert. Sie sind zwar in den Finanzausgleichsgesetzen der Länder definiert, bieten aber ein verwirrendes Bild. Zum einen sind darin nicht nur Zuweisungen aus dem allgemeinen Steuerverbund, sondern auch aus Sonderverbünden und aus sonstigen Haushaltmitteln der Länder geregelt; zum anderen enthalten sie Zuweisungen für konsumtive und für investive Zwecke, teils klar voneinander getrennt, teils ohne erkennbares System. Ferner finden sich dort auch Zuschüsse und Kostenersatz-

---

[21] Für eine ausführliche und mitunter problemorientierte Diskussion dieser Vorgaben siehe Schwarz (1997), Inhester (1998) und Henneke (1998).
[22] Einen ausführlichen Überblick über die landesindividuellen kommunalen Finanzausgleichssysteme gibt zum Beispiel Zimmermann (1988). Zu den einzelnen Finanzausgleichssystemen siehe auch die jeweiligen Finanzausgleichsgesetze.
[23] Für eine ausführliche Darstellung und Analyse der landesindividuellen Regelungen bezüglich der Finanzausgleichsmasse siehe zum Beispiel Lenk/Rudolph (2003a).

leistungen. Und schließlich ist die Bindung der Kommunen hinsichtlich der Verwendung der Mittel teilweise von sehr unterschiedlicher Intensität.

Der andere Teil der Finanzausgleichsmasse wird für die Gewährung allgemeiner Zuweisungen verwendet. Es dominieren dabei die sogenannten Schlüsselzuweisungen. Sie stellen die wichtigsten Zuweisungen dar, weil mit ihnen die beiden oben genannten Hauptzwecke des kommunalen Finanzausgleichs verwirklicht werden sollen. Außerdem sind sie die kommunalpolitisch wertvollsten Zuweisungen, weil sie Gemeinden und Gemeindeverbänden als allgemeine Deckungsmittel zur freien Verfügung stehen. Die länderspezifischen Systeme der Schlüsselzuweisungen bilden somit das Herzstück des kommunalen Finanzausgleichs. Die Schlüsselzuweisungen werden nach einem objektivierten, in sich konsistenten Regelmechanismus verteilt. Die einzelnen Länder folgen bei dieser komplizierten Berechnung[24] trotz aller Eigenheiten im Detail einem Grundschema: Um die Höhe der Schlüsselzuweisungen einer Kommune zu ermitteln, wird ihre Finanzkraft und ihr Finanzbedarf bestimmt. Wenn der Finanzbedarf die Finanzkraft übersteigt, wird die Differenz zwischen beiden Größen teilweise ausgeglichen. Ist umgekehrt die Finanzkraft höher als der Finanzbedarf, erhält die betreffende Gebietskörperschaft keine Zuweisungen.[25]

Neben den zahlreichen Zuweisungen sehen die Länder auch ein System von Umlagen als Element des kommunalen Finanzausgleichssystems vor, um den vielfältigen landesindividuellen Zielen des kommunalen Finanzausgleichs gerecht zu werden. So sind zum einen verschiedene Zahlungsströme von unten nach oben innerhalb der kommunalen Ebene, also zwischen Gemeinden und Gemeindeverbänden, vorgesehen; zum anderen gibt es jedoch auch vielfältige Umlagen zwischen den Gemeinden oder Gemeindeverbänden und dem jeweiligen Land.[26]

3 Die Föderalismusreform der Bundesregierung: Eine Zwischenbilanz

In den vergangenen Jahren ist immer offensichtlicher geworden, dass die föderale Ordnung in Deutschland reformbedürftig ist: Die politischen Entscheidungsprozesse wurden langwieriger und komplexer; wichtige Reformvorhaben ließen sich nicht oder nur sehr begrenzt umsetzen. Ein Beispiel von hoher Relevanz ist die Blockade der Petersberger (Steuer-)Beschlüsse im Jahr 1998 durch die damalige Opposition im Bundesrat.

Im gleichen Jahr beschlossen die Regierungschefs der Länder, die föderale Aufgaben-, Ausgaben- und Einnahmenverteilung überprüfen zu lassen. Dies führte 2003 dazu, dass eine gemeinsame Kommission von Bundesrat und Bundestag zur Modernisierung der bundesstaatlichen Ordnung gebildet wurde. Es gelang in der nun zurückliegenden Legislaturperiode aber nicht, sich auf ein gemeinsames Reformkonzept zu einigen. Folglich blieben die Probleme ungelöst.

---

[24] Für eine ausführliche, mitunter formale Darstellung und Analyse dieser Berechnung siehe insbesondere Kuhn (1988; 1996).
[25] Einen Überblick über die Regelungen der landesindividuellen Schlüsselzuweisungssysteme geben zum Beispiel Lenk/Rudolph (2003b; 2004a; 2004b) sowie Scherf (2003).
[26] Zu den Umlagen der einzelnen kommunalen Finanzausgleichssysteme vgl. insbesondere Zimmermann (1988) und Inhester (1998).

Direkt nach dem Regierungsantritt nahm sich die große Koalition dieser Probleme aber wieder an. Bereits im Koalitionsvertrag fanden sich wesentliche Eckpunkte, welche die Kommission zuvor erarbeitet hatte. Im März 2006 wurde dann von Bundestag und Bundesrat ein Reformpaket beschlossen, das in Teilen bereits im gleichen Jahr in Kraft trat.

Als Hauptziel wurde dabei angesehen, die Verflechtungen von Bund und Ländern zu entwirren. Daher wurde der Anteil der im Bundesrat zustimmungsbedürftigen Bundesgesetze reduziert. Neben dieser die Gesetzgebung ganz allgemein betreffenden Reform wurde die Finanzverfassung an einzelnen Stellen geändert: Der Umfang der Mischfinanzierungen wurde verringert, die Grunderwerbsteuer reformiert und zudem der Grundstein für einen nationalen Stabilitätspakt gelegt.

3.1 Reformen in der allgemeinen Gesetzgebung

Hintergrund der Entflechtung der allgemeinen Gesetzgebungskompetenzen von Bund und Ländern war der Wunsch, die politischen Entscheidungsabläufe transparenter zu machen und Entscheidungsverantwortungen klarer zuzuordnen. Die Reform sollte „die föderalen Elemente der Solidarität und der Kooperation einerseits und des Wettbewerbs andererseits neu ausbalancieren" (Bundesrat, 2006). Zu diesem Zweck werden nun drei Bereiche des Grundgesetzes neu gefasst:

1. Die Rahmengesetzgebung nach Art. 75 GG wird abgeschafft.
2. Die Zustimmungsbedürftigkeit von Bundesgesetzen im Bundesrat gemäß Art. 84 GG wird abgebaut, jedoch werden auch neue Fälle der Zustimmungspflicht bei Bundesgesetzen hinzugefügt – mit erheblichen Kostenfolgen für die Länder.
3. Es wird eine Abweichungsgesetzgebung durch die Länder eingeführt.

Art. 75 GG, in dem die Rahmengesetzgebung des Bundes festgelegt war, wurde durch die Reform ersatzlos gestrichen. Die Rahmengesetzgebung beinhaltete das Recht des Bundes, den Ländern für Bereiche der konkurrierenden Gesetzgebung einen Handlungsrahmen vorzugeben, sofern der Bund das Recht zur Gesetzgebung nicht an sich gezogen hatte. Durch die Föderalismusreform werden 16 Gesetzgebungszuständigkeiten der ausschließlichen Gesetzgebungskompetenz der Länder zugeordnet. Dazu gehören zum Beispiel der Strafvollzug und der Ladenschluss. Sechs weitere Bereiche werden in die ausschließliche Gesetzgebungskompetenz des Bundes überführt, zum Beispiel das Melde- und Ausweiswesen. Leitlinie dieser Neuordnung war der grundsätzlich sinnvolle Ansatz, die Gesetzgebungskompetenz des Bundes in Bereichen von überregionaler Bedeutung zu stärken und die der Länder bei regional begrenzten Entscheidungen zu erweitern.

Art. 84 Abs. 1 GG wurde in zweierlei Hinsicht geändert. Früher besagte er lediglich, dass bei Bundesgesetzen, welche die Länder als eigene Angelegenheit ausführen, diese auch die Einrichtung der Behörden und das Verwaltungsverfahren regeln. Dabei konnte der Bund mit Zustimmung des Bundesrats abweichende Bestimmungen erlassen. Nun dürfen die Länder grundsätzlich von einer bundeseinheitlichen Bestimmung abweichen. Sollte in Ausnahmefällen eine bundeseinheitliche Regelung erforderlich sein, so bedarf sie weiterhin der Zustimmung des Bundesrats. Außerdem darf der Bund keine Aufgaben mehr direkt an die Gemeinden und Gemeindeverbände übertragen.

Zugleich wurde in Art. 104a Abs. 4 GG eine neue Zustimmungspflicht eingeführt. Sie bezieht sich auf Geldleistungen, geldwerte Sachleistungen und vergleichbare Dienstleistungen, zum Beispiel die Kinderbetreuung. Wenn die Länder entsprechende Bundesgesetze in eigener Angelegenheit oder im Auftrag des Bundes ausführen und die Ausgaben tragen müssen, ist die Zustimmungspflicht des Bundesrats vorgesehen. Dadurch können die Länder mitwirken, wenn ihnen finanzielle Verpflichtungen übertragen werden.

In einer Untersuchung hat der Wissenschaftliche Dienst des Bundestags die Auswirkungen dieser Reform für die 14. (1998 bis 2002) und 15. Legislaturperiode (2002 bis 2005) analysiert. Er kam zu dem Ergebnis, dass die Zustimmungsbedürftigkeit zwischen 1998 und 2002 von 55,2 Prozent auf 25,8 Prozent aller Gesetze gesunken ist. Zwischen 2002 und 2005 seien statt 51 Prozent sogar nur 24 Prozent der Gesetze zustimmungspflichtig gewesen (Georgii/Borhanian, 2006).

Die Abweichungsgesetzgebung im neu gefassten Art. 72 Abs. 3 GG betrifft die konkurrierende Gesetzgebung. Bisher hatten die Länder das Recht zur Gesetzgebung nur, wenn der Bund von seiner Zuständigkeit keinen Gebrauch machte. Nun können die Länder in einem genau abgegrenzten Katalog von Themen, etwa dem Naturschutz, eigene Regelungen treffen, auch wenn der Bund die Gesetzgebungskompetenz an sich gezogen hat.

Insgesamt werden so den Ländern mehr Freiräume zugestanden; es dürfte eine größere föderale Vielfalt entstehen. Inwiefern die neu geschaffene Zustimmungspflicht bei Geldleistungsgesetzen wieder zu Blockaden führt, bleibt allerdings abzuwarten. Trotzdem sind hinsichtlich der grundsätzlichen Verteilung der Gesetzgebungskompetenzen Schritte in die richtige Richtung erkennbar (vgl. für eine detaillierte Bewertung der einzelnen Themenfelder die Kapitel 3 ff.).

3.2 Reformen bei Steuern und Finanzen

Die Finanzverfassung wurde nur geringfügig geändert; die wenigen Änderungen beschränken sich zudem auf das absolut Notwendige. Dies gilt zumindest für den nationalen Stabilitätspakt. Nachdem Deutschland in den vergangenen vier Jahren das Defizitkriterium des Europäischen Stabilitätspakts verletzt hatte, wurde eine Aufteilung möglicher Sanktionen seitens der EU-Kommission auf die einzelnen Gebietskörperschaften unumgänglich. Bund und Länder haben sich nun auf den folgenden Verteilungsschlüssel geeinigt:

- Der Bund trägt 65 Prozent der Sanktionen;
- Die Länder übernehmen 35 Prozent. Von dieser Summe werden wiederum 35 Prozent auf alle Länder verteilt. Das einzelne Land wird gemäß seinem Anteil an der gesamten Einwohnerzahl Deutschlands belastet. Die übrigen 65 Prozent tragen die Länder entsprechend ihrem Verursachungsbeitrag. Länder, die kein übermäßiges Defizit haben, müssen sich lediglich an der Solidarhaftung beteiligen.

Die verbindliche Aufteilung möglicher Sanktionen ist sicherlich ein Fortschritt. Die bisher fehlende innerstaatliche Regelung hatte zur Folge, dass der Bund sämtliche Lasten allein zu tragen hat, denn er vertritt Deutschland gegenüber der Europäischen Union. Allerdings orientiert sich auch die neue Verteilung nur bedingt am Verursacherprinzip. So muss der Bund stets 65 Prozent der Sanktionen übernehmen, selbst wenn er isoliert einen ausgeglichenen Haushalt vorlegen würde. Umgekehrt sind über die Solidarhaftung auch Länder mit soliden Haushalten von Defiziten des Bundes betroffen.

Das gravierende Manko dieser Vereinbarung ist folglich, dass über die Verteilung der Sanktionen bestimmt wurde, ohne vorher festzulegen, welche Gebietskörperschaft in welchem Umfang zum Defizit beitragen darf. Erst nach einer solchen Festlegung hätten darauf aufbauend mögliche Sanktionen verteilt werden dürfen. So ist die politische Vereinbarung über den Verteilungsschlüssel zwar begrüßenswert, es fehlt ihr aber das konzeptionelle Fundament.

Anders liegt der Fall bei der Haftung für sonstige Verstöße gegen supranationales Recht oder völkerrechtliche Verpflichtungen. Hier soll grundsätzlich das Verursacherprinzip gelten: Es haftet nur die Gebietskörperschaft, die für das Fehlverhalten verantwortlich ist. Bei länderübergreifenden Finanzkorrekturen der EU gibt es allerdings einen Verteilungsschlüssel:

- 15 Prozent des Korrekturbetrags werden vom Bund getragen;
- 35 Prozent des Korrekturbetrags werden von den Ländern solidarisch getragen;
- 50 Prozent tragen die Länder, die die Mittel erhalten haben, nach dem Verursacherprinzip.

Die in Abschnitt 2.2 erläuterte Mischfinanzierung wurde ebenfalls reformiert. Die Gemeinschaftsaufgaben Hochschulbau und Bildungsplanung werden abgeschafft. Bis Ende 2019 erhalten die Länder allerdings Ausgleichszahlungen. Dies impliziert einen sehr langen Umstellungszeitraum. Es bleibt zudem offen, warum die übrigen Gemeinschaftsaufgaben unverändert beibehalten wurden. Auf deren Notwendigkeit und eventuellen Reformbedarf wird in den weiteren Kapiteln dieses Buchs eingegangen.

Insgesamt zeigt sich, dass sich durch die Vereinbarungen der großen Koalition zur Föderalismusreform zwar eine Vielzahl von Änderungen in der Kompetenzverteilung zwischen Bund und Ländern ergeben: Diese betreffen jedoch fast ausschließlich die Ausgabenseite. Das deutsche Steuersystem bleibt nahezu unverändert. Als einzige Änderung erhalten die Länder künftig das Recht, den Steuersatz der Grunderwerbsteuer selbst zu bestimmen. Dies ist zwar einerseits richtig, denn immobiles Kapital kann der Besteuerung nicht ausweichen und eignet sich deshalb besonders gut für eine regional differenzierte Besteuerung (stellvertretend Wildasin, 2000, 342 ff.). Andererseits hat diese Steuer bundesweit nur ein Aufkommen von rund 4,8 Milliarden Euro (2005). Dies ist zwar das Vierfache der bisherigen, in Tabelle 2.4 aufgelisteten Steuereinnahmen, für die bisher bereits eine regionale Entscheidungskompetenz besteht; zugleich sind es aber gerade 2,7 Prozent der Steuereinnahmen der Länder – mithin ein viel zu geringer Anteil, um tatsächlich von einer größeren Steuer- oder Einnahmenautonomie der Länder sprechen zu können. Auf der Einnahmenseite haben also de facto keine Reformen stattgefunden. Damit kann das Reformpaket schon jetzt – trotz positiver Ansätze auf der Ausgabenseite – als völlig unzu-

Aufkommen der Steuern mit Gesetzgebungskompetenz der Bundesländer

Tabelle 2.4

in Millionen Euro

	Aufkommen 2005	Ertragskompetenz
Getränkesteuer	1	Gemeinden
Hundesteuer	203	Gemeinden
Jagd- und Fischereisteuer	24	Kreise/Gemeinden
Schankerlaubnissteuer	1	Kreise/Gemeinden
Spielbankabgabe	684	Länder
Vergnügungsteuer	226	Gemeinden
Zweitwohnungsteuer	75	Gemeinden
Insgesamt*	**1.214**	

* Anteil an den Steuereinnahmen von Ländern und Gemeinden = 0,5 Prozent.
Quellen: Statistisches Bundesamt; eigene Berechnungen

reichend eingestuft werden. Die Probleme, die sich aus der deutschen föderalen Ordnung für die öffentlichen Haushalte ergeben, wurden somit nicht gelöst.

4 Handlungsfelder einer weiteren Föderalismusreform

Eine Fortsetzung der Reform des Föderalismus ist dringend erforderlich, da sonst die zentralen Probleme der deutschen Volkswirtschaft nicht gelöst werden können. Dieser Herausforderung wird die jetzt beschlossene Reform in ihrer Grundausrichtung, klare Zuständigkeiten und Verantwortlichkeiten zu schaffen, in Teilen durchaus gerecht. Allerdings sind es oft nur erste Anstöße, die – wie in den folgenden Kapiteln dieses Buchs aufgezeigt werden wird – in weiteren Schritten konsequenter angegangen und auch nachgebessert werden müssen. Nicht einmal in Ansätzen überzeugen kann hingegen, dass zentrale Fragen der Finanzverfassung in der Reform des Föderalismus bisher ausgeklammert worden sind.

4.1 Nationaler Stabilitätspakt: Prävention und Bewältigung von Haushaltskrisen

Derzeit stehen praktisch alle Gebietskörperschaftsebenen vor mehr oder minder großen Haushaltsproblemen. Folglich lag das gesamtstaatliche Defizit in den Jahren 2002 bis 2005 zwischen 3,3 und 4,0 Prozent des Bruttoinlandsprodukts. Zum einen entstehen dadurch verfassungsmäßige Konflikte, denn die Höhe der Neuverschuldung ist beim Bund auf die Höhe der Investitionen begrenzt und in den Länderverfassungen existieren ähnliche Regelungen (Deutsche Bundesbank, 2005, 26). Zum anderen beschränkt der Europäische Stabilitätspakt die höchstzulässige Neuverschuldung auf 3 Prozent des Bruttoinlandsprodukts.

Mit einer Überschreitung der 3-Prozent-Grenze ist ein Verfahren der EU-Kommission bei übermäßigem Defizit verbunden, das zu Sanktionen gegen Deutschland führen kann. In einem föderalen Bundesstaat ist deshalb zu klären, in welchem Umfang Bund, Länder und Gemeinden zum Defizit beitragen dürfen und in welchem Umfang sie die Sanktionen anteilig zu tragen haben, wenn die EU-Kommission solche verhängt.

Für die Verteilung möglicher Sanktionen wurde in der nun verabschiedeten Föderalismusreform eine Regelung gefunden.[27] Dies mag eine begrüßenswerte und auch notwendige Einigung sein, sie bildet aber nicht den Kerninhalt eines nationalen Stabilitätspakts. Sanktionen werden verhängt, wenn der Gesamtstaat, das heißt Bund, Länder, Gemeinden und die Sozialversicherungsträger, in der Summe die Bedingungen des Europäischen Stabilitätspakts verletzen. Folglich sollte ein nationaler Stabilitätspakt zunächst dafür sorgen, dass ein übermäßiges Defizit erst gar nicht entsteht. Als zweites Element müsste er Regelungen enthalten, wie das Defizit im Zweifelsfall zurückgeführt werden kann und welchen Beitrag die einzelnen staatlichen Ebenen zu leisten haben.

Anforderungen für die Umsetzung des Europäischen Stabilitätspakts auf nationaler Ebene

Übersicht 2.1

Basisanforderungen	Zusatzanforderungen
– Aufstellung von Stabilitätsprogrammen für den Gesamtstaat, durch die auf Basis realistischer Annahmen ein hinreichender Sicherheitsabstand zur 3-Prozent-Grenze gehalten wird – Installierung eines Frühwarnsystems – Möglichkeit zur schnellen Korrektur von Fehlentwicklungen	– Verbindliches Korrekturverfahren nach Einleitung eines Defizitverfahrens durch die EU-Kommission

Quelle: BMF, 2003, 3 ff.

Die deutsche Finanzverfassung tangiert beide Bereiche, die Basisanforderungen, die ex ante ein überhöhtes Defizit verhindern, wie auch die Zusatzanforderungen, die ein überhöhtes Defizit nachträglich korrigieren (Übersicht 2.1). In den vergangenen Jahren trugen Bund und Länder in einem durchschnittlichen Verhältnis von 60 zu 40 zum staatlichen Defizit bei. Die Haushalte der Städte und Gemeinden wiesen demgegenüber nur geringe Defizite auf (Deutsche Bundesbank, 2005). Folglich ist zunächst eine Aufteilung des höchstzulässigen Defizits auf Bund, Länder und Gemeinden festzulegen. Diesbezüglich haben sich der Bund und die Länder im Finanzplanungsrat 2002 auf eine Aufteilung des zulässigen Defizits im Verhältnis 45 (Bund und Sozialversicherungen) zu 55 (Länder einschließlich Gemeinden) geeinigt (BMF, 2003, 8). Dies entspricht einem Defizit von höchstens 1,35 Prozent des Bruttoinlandsprodukts für Bund und Sozialversicherungen sowie 1,65 Prozent für Länder und Gemeinden.

Blickt man weiter zurück, sind sogar noch wesentlich höhere Defizite des Bundes feststellbar. Auf ihn wird demnach die Hauptlast der Konsolidierung entfallen. Aber auch einige Länder werden ihr bisheriges Haushaltsgebaren in Zukunft ändern müssen. Zwar wurde die Höchstgrenze für alle Länder von 1,65 Prozent des Bruttoinlandsprodukts in den

---

[27] Siehe hierzu Abschnitt 3.2.

Beiträge der Gebietskörperschaftsebenen zum staatlichen Defizit[1]

Tabelle 2.5

Jahr	Finanzierungsdefizit in Prozent des Bruttoinlandsprodukts[2]			Anteile in Prozent	
	Staat	davon			
		Bund und Sozialversicherung	Länder und Gemeinden	Bund und Sozialversicherung	Länder und Gemeinden
1991	−2,9	−2,4	−0,4	85,3	14,7
1992	−2,5	−1,6	−0,9	64,9	35,1
1993	−3,0	−1,9	−1,1	63,8	36,2
1994	−2,3	−1,0	−1,3	42,3	57,7
1995[3]	−3,2	−1,8	−1,4	57,3	42,7
1996	−3,3	−2,2	−1,1	65,9	34,1
1997	−2,6	−1,5	−1,1	57,3	42,7
1998	−2,2	−1,7	−0,5	76,9	23,1
1999	−1,5	−1,3	−0,2	86,2	13,8
2000[4]	−1,2	−1,1	−0,1	93,7	6,3
2001	−2,8	−1,5	−1,3	52,5	47,5
2002	−3,7	−2,0	−1,7	54,1	45,9
2003	−4,0	−2,2	−1,8	55,0	45,0
2004	−3,7	−2,4	−1,3	64,3	35,7
2005	−3,3	−2,4	−1,0	71,1	28,9

[1] Rundungsdifferenzen möglich;
[2] Auf Basis der Volkswirtschaftlichen Gesamtrechnungen;
[3] Ohne die Übernahme der Treuhandschulden und der Schulden der ostdeutschen Wohnungswirtschaft in Höhe von 119,95 Milliarden Euro durch den Bund;
[4] Ohne die Erlöse aus der Versteigerung der UMTS-Lizenzen in Höhe von 50,82 Milliarden Euro.
Quellen: Statistisches Bundesamt 2006c; eigene Berechnungen

vergangenen drei Jahren nur einmal, nämlich 2003, überschritten. Die Defizite der einzelnen Länder variieren bei genauer Betrachtung aber erheblich.

Der Länderanteil kann entweder nach Einwohnern, nach den Haushaltsvolumina oder nach dem landesspezifischen Bruttoinlandsprodukt verteilt werden (BMF, 1994, 35 ff.). Der Wissenschaftliche Beirat beim Bundesministerium der Finanzen spricht sich aus Gründen der Einfachheit und Transparenz zwar für eine Verteilung nach Köpfen aus, sieht aber in einer Verteilung anhand des regionalen Bruttoinlandsprodukts den ökonomisch richtigen Verteilungsmaßstab. Denn das Bruttoinlandsprodukt eines Landes ist zugleich die Basis seiner Steuerkraft.[28] Zudem hat eine Aufteilung anhand des Bruttoinlandsprodukts den Vorteil, dass eine analoge Berechnung zum Defizit auf Bundesebene durchgeführt wird. Das bedeutet, dass die Kriterien für die Feststellung eines übermäßigen Defizits und die Verteilung des höchstzulässigen Defizits auf Bund und Länder sowie unter den Ländern identisch sind.

---

[28] Das ist allerdings nur in der Theorie zutreffend. Wichtige Gemeinschaftssteuern wie die Mehrwertsteuer werden nach Einwohnern auf die Länder verteilt. Daher plädiert beispielsweise die Bundesbank für eine Verteilung nach Einwohnern.

Finanzierungssalden der Bundesländer[1]

Tabelle 2.6

in Prozent des Bruttoinlandsprodukts

Land	Jahr		
	2003[2]	2004[3]	2005[3]
Nordrhein-Westfalen	−2,1	−1,7	−1,7
Bayern	−1,1	−0,3	−0,2
Baden-Württemberg	−0,8	−0,6	−0,6
Hessen	−1,4	−1,5	−0,5
Hamburg	−1,7	−1,4	−0,5
Niedersachsen	−2,3	−1,3	−1,7
Rheinland-Pfalz	−2,0	−1,7	−1,4
Schleswig-Holstein	−2,1	−1,6	−2,4
Saarland	−2,1	−2,1	−2,9
Bremen	−3,4	−4,1	−4,7
Berlin	−5,5	−3,7	−4,0
Sachsen	−0,7	−0,1	0,1
Sachsen-Anhalt	−3,0	−2,8	−2,4
Thüringen	−2,1	−2,6	−1,7
Brandenburg	−2,8	−1,5	−0,9
Mecklenburg-Vorpommern	−3,2	−1,8	−1,3

[1] In der Abgrenzung der Finanzstatistik, einschließlich Gemeinden;
[2] Gemäß den Rechnungsergebnissen des öffentlichen Gesamthaushalts 2003 (Statistisches Bundesamt, 2006a);
[3] Gemäß den vierteljährlichen Kassenergebnissen des öffentlichen Gesamthaushalts 2004 und 2005 (Statistisches Bundesamt, 2006b; 2005).
Quellen: Statistisches Bundesamt 2006a; 2006b; 2006c; eigene Berechnungen

Von den 16 Bundesländern haben es nur Bayern, Baden-Württemberg, Hessen und Sachsen geschafft, in den vergangenen drei Jahren die Defizit-Obergrenze von 1,65 Prozent des landesspezifischen Bruttoinlandsprodukts einzuhalten (Tabelle 2.6). Dabei erwirtschaftete Sachsen zusammen mit seinen Kommunen 2005 sogar einen geringfügigen Überschuss. Alle anderen Länder haben die zulässige Höchstmarke meist mehrfach über-

Kein Anspruch des Landes Berlin auf Sanierungshilfen

Übersicht 2.2

Am 19. Oktober 2006 hat das Bundesverfassungsgericht sein Urteil zum Berliner Normenkontrollantrag verkündet (BVerfG, 2006). In diesem Normenkontrollantrag ging es um die Frage, ob das Land Berlin ab dem Jahr 2002 Anspruch darauf hat, dass aufgrund einer extremen Haushaltsnotlage Sonderbedarfs-Bundesergänzungszuweisungen zur Haushaltssanierung gewährt werden.

Eine derartige Hilfestellung wurde in der Vergangenheit schon einmal geleistet. Bis zum Jahr 2004 erhielten nach dem Urteil des Bundesverfassungsgerichts vom 27. Mai 1992 Bremen und das Saarland Sonderbedarfs-Bundesergänzungszuweisungen zur Überwindung ihrer extremen Haushaltsnotlage. Derartige Sanierungsmittel werden angesichts der nur in Ausnahmefällen gegebenen Hilfeleistungspflicht der bundesstaatlichen Solidargemeinschaft (Bund und Länder) allerdings nur unter besonderen Bedingungen gewährt. So muss das betroffene Bundesland in der Vergangenheit unter anderem ausreichende Eigenanstrengungen unternommen haben, um eine drohende Haushaltsnotlage abzuwenden oder sich aus ihr zu befreien.

Das Bundesverfassungsgericht konnte eine derartige extreme Haushaltsnotlage für Berlin allerdings nicht feststellen. Vielmehr verwies das Gericht in seinem Urteilsspruch darauf, dass erfolgversprechende Möglichkeiten bestehen, aus eigener Kraft die vorhandenen Haushaltsengpässe zu bewältigen. Es ist dem Berliner Senat somit nicht gelungen, die Alternativlosigkeit von Sanierungshilfen hinreichend plausibel zu begründen. Zu den Konsolidierungspotenzialen merkte das Bundesverfassungsgericht folgende Punkte an:

1. Die Haushaltsprobleme Berlins lägen nicht so sehr auf der Einnahmenseite, sondern vor allem auf der Ausgabenseite. Trotz guter bis überdurchschnittlicher Einnahmen hätten die zahlreichen Konsolidierungsmaßnahmen es im Zeitraum 1995 bis 2004 nicht vermocht, die hohen Ausgaben zu senken. Nach Auffassung des Gerichts bestehen somit noch nicht ausgeschöpfte Einsparpotenziale.
2. In einem Stadtstaatenvergleich mit Hamburg zeige sich, dass in Berlin in einzelnen, vergleichbaren Aufgabenbereichen höhere Ausgaben anfallen. Diese Betrachtung untermauert nach Einschätzung des Gerichts somit die Vermutung, dass in Berlin noch unausgeschöpfte Einsparpotenziale existieren.
3. Das gleiche Problem sieht das Bundesverfassungsgericht bei den Einnahmen. Neben Privatisierungserlösen wird hier – mangels Alternativen (siehe Abschnitt 4.2) – lediglich vorgeschlagen, die Gewerbesteuereinnahmen über eine Anspannung des Gewerbesteuerhebesatzes zu erhöhen. Zu diesem Punkt ist allerdings kritisch anzumerken, dass aufgrund der hohen Grenzbelastungen des Finanzausgleichs die Mehreinnahmen Berlins – bewirkt durch höhere Steuersätze oder eine erfolgreiche Wirtschafts- und Standortpolitik – größtenteils wieder abgeschöpft werden (siehe Abschnitt 4.3). Auf diesen Umstand, dass der gegenwärtig stark an Verteilungszielen orientierte föderale Finanzausgleich Konsolidierungsbemühungen im Wege steht, geht das Bundesverfassungsgericht allerdings nicht ein.

schritten – Berlin und Bremen sogar um ein Vielfaches. 2003 lag das Haushaltsdefizit von Berlin mit 5,5 Prozent mehr als dreimal so hoch wie zulässig (Übersicht 2.2).

Dies ist vor allem die Konsequenz daraus, dass die Vereinbarung im Finanzplanungsrat von 2002 den Charakter unverbindlicher Richtwerte hat. Aber auch Elemente wie ein Frühwarnsystem und verbindliche Korrekturmechanismen fehlen völlig. „Insgesamt zeigt sich, dass der Deutsche Stabilitätspakt keine Funktionsbedingung hinreichend erfüllt. [...] Die deutschen Verstöße gegen den Europäischen Stabilitäts- und Wachstumspakt [...] sind so gesehen nicht nur zufälliger, sondern systematischer Natur" (BMF, 2003, 14).

Die Tabellen 2.5 und 2.6 weisen auf ein gravierendes Problem bei der Umsetzung des nationalen Stabilitätspakts hin: Die Ländergesamtheit hat 2004 und 2005 das maximal zulässige Defizit von 1,35 Prozent des Bruttoinlandsprodukts nicht überschritten, obwohl fünf Länder in einem der beiden Jahre über dieser Grenze lagen und acht Länder sie sogar in beiden Jahren überschritten. Damit bestehen Anreize für ein Free-Rider-Verhalten, das heißt einzelne Länder können die Verschuldungsgrenze überschreiten, ohne dass es zu einem erhöhten Defizit mit entsprechenden Folgen auf nationaler oder europäischer Ebene kommt. Es sollte aber bei allen Bundesländern sichergestellt sein, dass sie ihr Defizit unter 1,35 Prozent des landesspezifischen Bruttoinlandsprodukts halten. Ansonsten können mittelfristig in einzelnen Ländern gravierende Fehlentwicklungen auftreten, die sich unter Umständen nicht durch geeignete Maßnahmen kompensieren und vor allem nur auf lange Sicht betrachtet korrigieren lassen.[29]

Außerdem eröffnet die Haushaltsautonomie von Bund und Ländern diesen Gebietskörperschaften weitgehende Verschuldungsspielräume (Deutsche Bundesbank, 2005, 24 ff.). Die bestehenden nationalen Begrenzungen orientieren sich an der „goldenen Haushaltsregel", nach der die Neuverschuldung die Investitionen nicht übersteigen soll. Bei Einhaltung der Regel erhöht sich (theoretisch) das staatliche Vermögen mindestens im gleichen Maße wie die Verschuldung und die staatliche Netto-Vermögensposition verschlechtert sich nicht. Allerdings bestehen so vielfältige Möglichkeiten, diese Grenze zur Abwehr einer Störung des gesamtwirtschaftlichen Gleichgewichts zu überschreiten, dass sie de facto bedeutungslos geworden ist. Zudem fehlt eine Vorschrift, die verlangt, dass die Verschuldung bei günstiger konjunktureller Entwicklung wieder abgebaut wird.

Die strikte Begrenzung der Neuverschuldung von Bund und Ländern durch nationale Regelungen würde eine weitgehende und sehr grundlegende Neuordnung der Finanzverfassung notwendig machen. Hierzu existieren auch bereits detaillierte Vorschläge (stellvertretend BMWA, 2005, 21; Deutsche Bundesbank, 2005, 34 ff.) Es stellt sich aber die Frage, inwieweit diese im Interesse der Bundesländer liegen. Länder, welche die Defizitgrenzen bisher eingehalten haben und dies voraussichtlich auch künftig tun werden, dürften solchen Begrenzungen zustimmen – mithin eine deutliche Minderheit von derzeit drei Bundesländern. Die übrigen Länder können in einer strikten Begrenzung der Neuverschuldung lediglich eine Einschränkung ihrer politischen Handlungsfreiheit sehen. Deshalb präferiert der Wissenschaftliche Beirat beim Bundesministerium für Wirtschaft und Arbeit Verschuldungsgrenzen zwar grundsätzlich als Lösung, schlägt aber angesichts der politischen Komplikationen die Alternative vor, die bundesstaatlichen Beistandspflichten zu begrenzen (BMWA, 2005, 3). Dann würden die verschuldeten Länder über die Finanzmärkte diszipliniert werden, da sie für sich genommen eine geringere Bonität genießen und damit ein höheres Zinsniveau akzeptieren müssten, was die weitere Kreditaufnahme automatisch beschränken würde (BMWA, 2005, 34 ff.). Der Beirat beim Bundesministerium der Finanzen hat dagegen angeregt, einen Stabilitätsrat mit Befugnissen zur Ex-ante- und Ex-post-Überwachung der öffentlichen Haushalte zu schaffen (BMF, 2005b, 38).

4.2 Erhöhung der regionalen Steuerautonomie

Im Hinblick auf die Besteuerungskompetenzen könnte die deutsche Finanzverfassung für einen föderalen Staat kaum gegensätzlicher sein. Aufgrund der verfassungsrechtlichen Vorgaben hat sich im Laufe der Jahre eine Vorherrschaft des Bundes bei der Steuergesetzgebung entwickelt, denn mit Art. 105 GG wurden dem Bund sehr weitreichende, den Ländern dagegen nur enge Steuergesetzgebungskompetenzen eingeräumt.[30] Gemäß Art. 105 Abs. 2 GG darf der Bund von der konkurrierenden Gesetzgebung über die Steuern

---

[29] Anders ist dies bei einer Zertifikatslösung, bei der für die Ländergesamtheit eine Verschuldungsobergrenze festgelegt wird. Die einzelnen Bundesländer können dann über den Zukauf oder Verkauf von Zertifikaten über die individuelle Höhe ihrer Verschuldung bestimmen. Diese Regelung stellt allerdings nur die Kompensation sicher. Gegen langfristige Fehlentwicklungen bietet sie keinen Schutz (BMF, 2005b, 25).

[30] Für eine ausführliche Auseinandersetzung mit der Verteilung der Steuergesetzgebungskompetenzen siehe zum Beispiel Carl (1995), Hausner (2003), Häde (1996), Henneke (1998), Kesper (1998) und Zimmermann (1999).

Gebrauch machen, wenn ihm entweder das Aufkommen dieser Steuern nach Art. 106 GG ganz oder zum Teil zusteht oder die Voraussetzungen des Art. 72 Abs. 2 GG vorliegen. Hat der Bund also zumindest teilweise die Ertragskompetenz über eine Steuer, so kommt es im Unterschied zu der allgemeinen Regelung des Art. 72 Abs. 2 GG nicht darauf an, ob im gesamtstaatlichen Interesse eine bundesgesetzliche Regelung erforderlich ist. Damit ist die konkurrierende Gesetzgebung des Bundes bei derartigen Steuern – dazu zählen gegenwärtig die Bundessteuern sowie die für Bund, Länder und Gemeinden fiskalisch sehr bedeutenden Gemeinschaftssteuern – de facto der ausschließlichen Gesetzgebungsbefugnis des Bundes angenähert.

Demgegenüber besteht für Steuern, deren Erträge gemäß Art. 106 GG allein den Ländern oder den Kommunen zufließen, die Gesetzgebungskompetenz des Bundes nur bei Vorliegen der Voraussetzungen des Art. 72 Abs. 2 GG. Da diese Voraussetzungen im Allgemeinen vom Bundesverfassungsgericht sehr weit ausgelegt werden und gegenwärtig das Prinzip der Gleichmäßigkeit der Besteuerung gilt, ist die Erforderlichkeit einer bundesgesetzlichen Regelung fast nie zu verneinen, zumal dies neben der Wahrung der Rechtseinheit auch die Wahrung der Wirtschaftseinheit umfasst (Henneke, 1998). Aus diesem Grund hat der Bund auch eine nahezu umfassende Befugnis zur Gesetzgebung für jene Steuern, deren Aufkommen den Ländern oder Kommunen zufließt. Gegenwärtig werden also die Ländersteuern und die Realsteuern überwiegend nach bundeseinheitlichen Regelungen erhoben. Die Länder verfügen somit – mit Ausnahme der Grunderwerbsteuer – über keine nennenswerte autonome Steuerpolitik bei den Ländersteuern.[31] Lediglich die Kommunen haben eine gewisse Steuerautonomie bei einer quantitativ bedeutsamen Steuerquelle, weil sie die Hebesätze bei den Realsteuern verändern können. Die Vorherrschaft des Bundes bei der Steuergesetzgebung wird jedoch teilweise dadurch ausgeglichen, dass nach Art. 105 Abs. 3 GG Bundesgesetze über Steuern, deren Aufkommen den Ländern oder Kommunen ganz oder teilweise zufließt, der Zustimmung des Bundesrats bedürfen. Durch diese Regelung wirken die Länder gegenwärtig an der Steuerpolitik für die meisten Steuerarten mit.

Diese verfassungsrechtlichen Vorgaben und die damit einhergehenden Entwicklungen führen jedoch mittlerweile zu einer starken Einschränkung der finanziellen Handlungsmöglichkeiten von Bund und Ländern. Zudem wäre eine höhere Steuerautonomie für die Länder und die damit einhergehende Verantwortung für das individuelle Haushaltsgebaren auch eine unverzichtbare Bedingung, um einen nationalen Stabilitätspakt zu etablieren (BMWA, 2005, 38 ff.; BMF, 2005b, 23). Als Ergänzung zum ersten Teil der Föderalismusreform, in dem in kleinen Schritten die aufgaben- und ausgabenseitige Entflechtung angegangen wurde, ist daher eine größere Einnahmenautonomie von Bund und Ländern erforderlich.

Zu diesem Ziel führen mehrere Wege. Als radikale Lösung steht seit Langem der Vorschlag eines Trennsystems im Raum, welches das gegenwärtige Verbundsystem bei den Gemeinschaftssteuern ersetzen soll. Hierbei würden dem Bund die Gesetzgebungs-, Verwaltungs- und Ertragshoheit über die Umsatzsteuer zugewiesen, während die Länder ent-

---

[31] Gemäß Art. 105 Abs. 2a GG verfügen die Länder über die Gesetzgebungskompetenz bei den ertragsarmen örtlichen Verbrauch- und Aufwandsteuern, solange und soweit sie nicht bundesgesetzlich geregelten Steuern gleichartig sind.

sprechende Kompetenzen für die Einkommen- und Körperschaftsteuer erhielten. Gegen ein derartiges Trennsystem spricht allerdings einiges: Der bisherige Verbund bei den Gemeinschaftsteuern hat für alle beteiligten Gebietskörperschaftsebenen den Vorteil der Diversifikation und ist damit eine Absicherung gegen künftige unvorhersehbare Aufkommensschwankungen bei diesen Steuern (Henneke, 1998). Vom Übergang zu einem Trennsystem bei allen Steuern ist also abzuraten.

Als weitere Lösung könnte man – ausgehend von einer bundeseinheitlich festgelegten Bemessungsgrundlage bei der Lohn- und Einkommensteuer sowie der Körperschaftsteuer – für die Länder Zuschläge oder Abschläge vorsehen. Anders als in der gegenwärtigen Finanzverfassung wären bei diesen Zuschlagssteuern die Länder ertragsberechtigt. Ohne den Verbund und seine Vorteile infrage zu stellen, würde den Ländern auf diese Weise eine gewisse regionale Differenzierung ermöglicht, die sich an den Präferenzen und Bedürfnissen des jeweiligen Landes orientiert.

Außerhalb der Verbundsteuern besitzt der Bund – wie aufgezeigt – ein großes Maß an Kompetenz in Bezug auf ertragreiche Steuern, deren Aufkommen ihm allein zusteht. Bei den Ländern hingegen sieht die Situation anders aus. Daher besteht neben der Zuschlagsbesteuerung eine weitere Reformlösung darin, den Ländern die Gesetzgebung über Steuern, deren Aufkommen allein ihnen und ihren Kommunen zufließt, zu überantworten. Für eine bundeseinheitliche Regelung von Steuern auf völlig oder nahezu immobile Bemessungsgrundlagen gibt es aus ökonomischer Sicht wohl keinen Grund. Die im ersten Teil der Föderalismusreform beschlossene Steuerautonomie bei der Grunderwerbsteuer ist daher ein erster zaghafter Schritt in die richtige Richtung.

4.3 Anreizkompatible Neujustierung des Finanzausgleichssystems

Wie in Abschnitt 2.3 dargestellt, ist das deutsche Finanzausgleichssystem durch eine hohe Komplexität, Intransparenz und eine starke Verteilungsorientierung geprägt. Die Kehrseite eines derartigen nivellierenden Finanzausgleichssystems sind jedoch die aus der Steuertheorie bekannten hohen Grenzbelastungen. Analog zur Besteuerungstheorie kann man diese innerhalb des Finanzausgleichs als den Anteil der marginalen Steuermehreinnahmen einer Gebietskörperschaft definieren, der durch das föderale Umverteilungssystem abgeschöpft wird.[32]

Aufgrund der hohen Komplexität des Finanzausgleichssystems können diese Grenzbelastungen und Verbleibsbeträge der einzelnen Gebietskörperschaften gegenwärtig nur mittels numerischer Simulationen quantifiziert werden.[33] In Tabelle 2.7 sind nun zunächst für das Jahr 2005 exemplarisch die Verbleibsbeträge der einzelnen Länder bei der Lohn- und Körperschaftsteuer dargestellt. Bei den Berechnungen wurde unterstellt, dass die Lohn- und Körperschaftsteuereinnahmen jeweils um 1 Million Euro im Vergleich zum Status quo steigen.[34]

---

[32] Umgekehrt kann man natürlich auch die marginalen Beträge ausweisen, die in einer Gebietskörperschaft noch verbleiben.
[33] Huber/Lichtblau (1997; 1998) haben ein solches Verfahren erstmals systematisch auf Länderebene angewandt. Zu weiteren Arbeiten siehe insbesondere Huber/Lichtblau (2000), Baretti (2001; 2002), Fehr (2001), Fehr/Tröger (2003), Tröger (2007) und SVR (2001).
[34] Rückwirkungen über den obligatorischen und fakultativen Steuerverbund wurden zur Vereinfachung ausgeblendet. Eine derartige Berücksichtigung findet sich bei Fehr/Tröger (2003).

Grenzeffekte des Finanzausgleichs im Jahr 2005

Tabelle 2.7

in 1.000 Euro

Land	Lohn- und Einkommensteuer			Körperschaftsteuer		
	Netto-zufluss ins Land	davon		Netto-zufluss ins Land	davon	
		Landes-haushalt	Gemeinden		Landes-haushalt	Gemeinden
Nordrhein-Westfalen	348	198	150	283	283	0
Bayern	250	100	150	187	187	0
Baden-Württemberg	241	91	150	179	179	0
Hessen	244	94	150	189	189	0
Hamburg	199	49	150	139	139	0
Niedersachsen	117	−33	150	54	54	0
Rheinland-Pfalz	89	−61	150	28	28	0
Schleswig-Holstein	83	−67	150	21	21	0
Saarland	69	−81	150	8	8	0
Bremen	89	−61	150	33	33	0
Berlin	133	−17	150	81	81	0
Sachsen	133	−17	150	81	81	0
Sachsen-Anhalt	77	−73	150	17	17	0
Thüringen	122	−28	150	71	71	0
Brandenburg	123	−27	150	72	72	0
Mecklenburg-Vorpommern	72	−78	150	12	12	0

Quellen: BMF, 2006b; eigene Berechnungen

Sieht man die Länder und Gemeinden als Einheit, so liegen die Verbleibsbeträge bei der Lohnsteuer in einem Intervall von 69.000 bis 348.000 Euro. Betrachtet man hingegen nur den Landeshaushalt, so ergeben sich sogar in elf Ländern negative Verbleibsbeträge und damit eine Grenzbelastung von über 100 Prozent. Das heißt in mehr als der Hälfte der Länder verbleiben dem Finanzminister bei einem marginalen Anstieg der Einnahmen weniger Mittel als vorher im Landeshaushalt. Bei der Körperschaftsteuer sieht die Lage zwar geringfügig besser aus; die Verbleibsbeträge liegen in diesem Fall zwischen 8.000 und 283.000 Euro.[35] Allerdings bewegen sich die Grenzbelastungen mit Werten an die 100 Prozent ebenfalls auf einem sehr hohen Niveau.

Das Problem der konfiskatorischen Grenzbelastungen existiert auch auf Gemeindeebene. Aufgrund der Heterogenität der kommunalen Finanzausgleichssysteme ergibt sich jedoch eine landesindividuelle Grenzbelastungssituation. Für einige Länder liegen

---

[35] Zu der Frage, wie diese hohen marginalen Abschöpfungsquoten im Finanzausgleichssystem entstehen, siehe Fehr/Tröger (2003).

schon erste Analysen vor: Für die bayerischen Gemeinden bestimmt Tröger (2007) anhand numerischer Simulationen für das Jahr 2001 die Grenzbelastungssituation bei zusätzlichen Gewerbesteuereinnahmen. Aufgrund der teilweise nur sehr geringen Gewerbesteuereinnahmen in einigen Gemeinden wird bei den Berechnungen ein Anstieg der Steuerbemessungsgrundlage in Höhe von 10.000 Euro unterstellt. Es zeigt sich, dass die Grenzbelastungen in einem Intervall von 36 bis 138 Prozent liegen. Der Mittelwert liegt auf einem Niveau von 97 Prozent und rund die Hälfte der 2.056 Gemeinden hat eine Grenzbelastung von mindestens 100 Prozent. Ähnlich stellt sich die Situation in Baden-Württemberg und im Saarland dar. Anhand numerischer Simulationen ermittelt Baretti (2002) die Grenzbelastungssituation für die saarländischen Gemeinden im Jahr 1999 bei zusätzlichen Gewerbesteuereinnahmen in Höhe von 100.000 DM. Dabei zeigt sich, dass die Grenzbelastungen in einer Bandbreite von 55 bis 107 Prozent liegen. Der Mittelwert beträgt 81 Prozent, wobei acht Gemeinden eine Grenzbelastung von über 100 Prozent aufweisen.

Auf einem ähnlich hohen Niveau befindet sich die durchschnittliche Grenzbelastung, mit der die Gemeinden bei zusätzlichen Gewerbesteuereinnahmen in Baden-Württemberg konfrontiert werden. So berechnet Büttner (2003a; 2003b) einen Mittelwert von rund 80 Prozent. Da bei allen Eigenheiten im Detail die kommunalen Finanzausgleichssysteme in Deutschland eine vergleichbare Grundstruktur haben, muss befürchtet werden, dass in den übrigen Ländern eine ähnlich dramatische Grenzbelastungssituation vorherrscht.

Wichtig für die Beurteilung derartiger Grenzbelastungen sind ihre Auswirkungen. Grundsätzlich sollte ein Finanzausgleichssystem der Anforderung genügen, dass es das Entscheidungskalkül der politischen Entscheidungsträger nicht verzerrt (Baretti, 2001). Insbesondere sollte die Umverteilung von Finanzmitteln eine Gebietskörperschaft nicht davon abhalten, wirtschaftliche Aktivitäten für mehr Wachstum und Beschäftigung – sei es aktiv oder passiv – zu unterstützen und so die eigenen Steuerquellen zu pflegen. Traditionell wird aus Teilen der Politik und Wissenschaft die praktische Relevanz negativer Anreizwirkungen eines Finanzausgleichs bestritten. In jüngster Vergangenheit scheinen jedoch erste empirische Arbeiten für Deutschland und für andere föderative Staaten einen Teil der bereits zahlreich gewonnenen theoretischen Erkenntnisse zu belegen, wonach negative Anreizwirkungen des Finanzausgleichs in vielen Politikbereichen zu identifizieren sind.[36]

Mit Blick auf Deutschland finden Berthold et al. (2001) für die Länderebene einen negativen Zusammenhang zwischen den Zuweisungen innerhalb des Finanzausgleichs und dem Wirtschaftswachstum. Auch wenn eine direkte Überprüfung des Einflusses der Grenzbelastungen unterbleibt, werden die ermittelten negativen Wachstumseffekte des Finanzausgleichs doch regelmäßig auf seine negative Anreizwirkung zurückgeführt, die vor allem mit der hohen Grenzbelastung einhergeht. Baretti (2001) untersucht die Auswirkungen des Finanzausgleichs auf die wirtschaftspolitischen Anstrengungen und das Investitionsverhalten der Länder sowie die Effizienz der Steuerverwaltung, die gegenwärtig Ländersache ist. Demnach werden die landesspezifischen Wachstumsraten durch die Grenzbelastungen negativ beeinflusst. Ebenso kommt es durch die Grenzbelastung zu

---

[36] Für einen Überblick siehe Tröger (2007).

einer Begünstigung konsumtiver gegenüber investiven Staatsausgaben und darüber hinaus zu einer geringeren Effizienz der Steuerverwaltung.

Bei der Steuerpolitik der Gebietskörperschaften sind ebenfalls Anreizwirkungen des Finanzausgleichs zu verzeichnen. Mangels individueller Gestaltungskompetenzen der Länder spielt dieser Aspekt auf Länderebene jedoch bisher kaum eine Rolle. Mit Einführung der Steuerautonomie bei der Grunderwerbsteuer wird sich dies ab 2007 ändern. Dies zeigen die Erfahrungen bei der kommunalen Steuerautonomie. So kommt Büttner (2005) zu dem Ergebnis, dass eine höhere Abschöpfung im Finanzausgleich eine Gemeinde veranlasst, einen höheren Steuersatz bei der Gewerbesteuer festzusetzen. Zu einem ähnlichen Resultat kommt Baretti (2002) in seiner Analyse des Einflusses des Finanzausgleichs auf die Gewerbesteuerhebesatzpolitik der saarländischen Gemeinden. Die Anreizwirkungen des Finanzausgleichs bilden somit einen Erklärungsansatz für das Rätsel, dass ein „race to the bottom" in der kommunalen Steuerpolitik ausgeblieben und in den vergangenen Jahrzehnten eher das Gegenteil eingetreten ist. Angesichts dieser Anreizwirkungen wird die Notwendigkeit, das föderale Finanzausgleichsgeflecht anreizorientiert neu zu ordnen, noch einmal sehr deutlich.

Zusammenfassung

- Durch die Neuformulierung von Art. 105 GG wird den Ländern zukünftig das Recht eingeräumt, die Steuersätze der Grunderwerbsteuer selbst festzulegen. Durch diesen Reformschritt wird die bislang geringfügige Steuerautonomie der Länder erhöht. Wegen des niedrigen Steueraufkommens dieser Steuerart kommt diesem Reformschritt jedoch eine vergleichsweise geringe Bedeutung zu.
- Zukünftig ist auch geregelt, wie die Kosten möglicher Sanktionszahlungen an die Europäische Union im Falle eines übermäßigen Defizits auf Bund und Länder aufgeteilt werden. Aber weder die vorgesehene vertikale Verteilung der Kosten auf Bund und Länder noch die Bemessung des Solidar- und Verursachungsbeitrags bei der horizontalen Aufteilung auf die einzelnen Länder lassen sich ökonomisch begründen. Insbesondere erscheint fraglich, ob für die Länder tatsächlich Anreize gesetzt werden, übermäßige Defizite zu vermeiden.
- Die Verteilung von Sanktionszahlungen an die Europäische Union auf Bund und Länder als Konsequenz übermäßiger Defizite ist lediglich ein Baustein eines nationalen Stabilitätspakts. Unbeantwortet bleibt weiterhin die Frage, wie die Entstehung übermäßiger Defizite von vorneherein verhindert werden kann. Klagen einzelner Länder auf Sanierungshilfen – wie der jüngste Normenkontrollantrag des Landes Berlin – könnten dann der Vergangenheit angehören.
- Die Handlungsfreiheit von Bund und Ländern ist auch nach der Föderalismusreform stark eingeschränkt, da der Bund weiterhin meist die Zustimmung der Länder zu Steuergesetzänderungen einholen muss. Die Vorteile einer größeren Steuerautonomie bleiben somit unausgeschöpft.
- Das deutsche Finanzausgleichssystem ist immer noch durch eine hohe Komplexität und Intransparenz gekennzeichnet. Die gewählte Balance zwischen Verteilungs- und Allokationszielen führt gegenwärtig dazu, dass die Gebietskörperschaften mit konfiskatorischen Grenzbelastungen konfrontiert sind. Diese betragen oftmals über 100 Prozent. Empirische Untersuchungen zeigen dabei, dass negative Anreize für die Gebietskörperschaften geschaffen werden.
- Das Problem konfiskatorischer Grenzbelastungen liegt auch bei den Gemeinden vor. Eine anreizorientierte Reform des deutschen Finanzausgleichssystems sollte daher nicht nur Bund und Länder tangieren. Ebenso gehören die landesindividuellen kommunalen Finanzausgleichssysteme auf den Prüfstand.

Literatur

Baretti, Christian, 2001, Anreizwirkungen des Länderfinanzausgleichs – Theoretische und empirische Analyse, München

Baretti, Christian, 2002, Wird kommunale Standortpolitik bestraft? Die Anreizeffekte des kommunalen Finanzsystems, in: ifo Schnelldienst, 55. Jg., Nr. 7, S. 10–16

Berthold, Norbert / **Drews**, Stefan / **Thode**, Eric, 2001, Die föderale Ordnung in Deutschland – Motor oder Bremse des wirtschaftlichen Wachstums?, in: Zeitschrift für Wirtschaftspolitik, 50. Jg., Nr. 2, S. 113–140

BMF – Bundesministerium der Finanzen, 1994, Zur Bedeutung der Maastricht-Kriterien für die Verschuldungsgrenzen von Bund und Ländern, Gutachten des Wissenschaftlichen Beirats beim Bundesministerium der Finanzen, Schriftenreihe des Bundesministeriums der Finanzen, Heft 54, Bonn

BMF, 2003, Verbesserungsvorschläge für die Umsetzung des Deutschen Stabilitätspaktes, Stellungnahme des Wissenschaftlichen Beirats beim Bundesministerium der Finanzen, Schriftenreihe des Bundesministeriums der Finanzen, Heft 75, Bonn

BMF, 2004, Bund-Länder-Finanzbeziehungen auf der Grundlage der geltenden Finanzverfassungsordnung, Berlin

BMF, 2005a, Bund-Länder-Finanzbeziehungen auf der Grundlage der geltenden Finanzverfassungsordnung, Berlin

BMF, 2005b, Haushaltskrisen im Bundesstaat, Gutachten des Wissenschaftlichen Beirats beim Bundesministerium der Finanzen, Schriftenreihe des Bundesministeriums der Finanzen, Heft 78, Bonn

BMF, 2006a, Finanzbericht 2006, Berlin

BMF, 2006b, Der Finanzausgleich unter den Ländern für die Zeit vom 1.1.2005 – 31.12.2005, URL: http://www.bundesfinanzministerium.de/lang_DE/DE/Service/Downloads/Abt__V/Vorl_C3_A4ufige_20Abrechnung_20des_20L_C3_A4nderfinanzausgleichs_20f_C3_BCr_20das_20Ausgleichsjahr_202005,templateId=raw,property=publicationFile.pdf/VorlÃƒÂ¤ufige%20Abrechnung%20des%20LÃƒÂ¤nderfinanzausgleichs%20fÃƒÂ¼r%20das%20Ausgleichsjahr%202005 [Stand: 2006-09-05]

BMF, 2006c, Abschluss des Bundeshaushalts – Ist-Bericht, in: Monatsbericht des BMF, Berlin, Februar, S. 39–70

BMWA – Bundesministerium für Wirtschaft und Arbeit, 2005, Zur finanziellen Stabilität des deutschen Föderalstaates, Gutachten des Wissenschaftlichen Beirats beim Bundesministerium für Wirtschaft und Arbeit, URL: http://www.bmwi.de/BMWi/Redaktion/PDF/G/gutachten-zur-finanziellen-stabilitaet-des-deutschen-foederalstaates,property=pdf,bereich=bmwi,sprache=de,rwb=true.pdf [Stand: 2006-12-18]

Bundesrat, 2006, Föderalismusreform im Bundesrat, Pressemitteilung Nr. 43 vom 10. März 2006, URL: http://www.bundesrat.de/cln_050/nn_15474/DE/presse/pm/2006/043-2006.html__nnn=true [Stand: 2006-12-18]

BVerfG – Bundesverfassungsgericht, 1992, Urteil vom 27. Mai 1992 – BverfGE 86

BVerfG, 2006, Urteil vom 19. Oktober 2006 – 2 BvF 3/03, URL: http://www.bverfg.de/entscheidungen/fs20061019_2bvf000303.html [Stand: 2006-11-13]

Büttner, Thiess, 2003a, Kommunale Zuschläge bei Einkommen- und Körperschaftsteuer: Reformoptionen und Konsequenzen, Referat anlässlich des Symposiums „Kommunale Steuer- und Finanzreform" zur Feier des 75-jährigen Gründungsjubiläums des Finanzwissenschaftlichen Forschungsinstituts an der Universität zu Köln am 6. Dezember 2002

Büttner, Thiess, 2003b, Zur Aufkommens- und Budgetwirkung der gemeindlichen Steuerpolitik: Empirische Ergebnisse für baden-württembergische Gemeinden, Köln

Büttner, Thiess, 2005, The Incentive Effect of Fiscal Equalization Transfers on Tax Policy, CESifo Working Paper, No. 1404, München

Carl, Dieter, 1995, Bund-Länder-Finanzausgleich im Verfassungsstaat, Baden-Baden

Deutsche Bundesbank, 2005, Defizitbegrenzende Haushaltsregeln und nationaler Stabilitätspakt in Deutschland, in: Monatsbericht April, S. 23–38

Fehr, Hans, 2001, Fiskalische und allokative Konsequenzen des neuen Länderfinanzausgleichs, in: Wirtschaftsdienst, 82. Jg., Nr. 10, S. 573–579

Fehr, Hans / Tröger, Michael, 2003, Die Anreizwirkungen des Länderfinanzausgleichs: Reformanspruch und Wirklichkeit, in: Vierteljahreshefte zur Wirtschaftsforschung, 72. Jg., Nr. 2, S. 391–406

Georgii, Harald / Borhanian, Sarab, 2006, Zustimmungsgesetze nach der Föderalismusreform, Deutscher Bundestag, Wissenschaftliche Dienste (WD 3), Nr. 37/06 und Nr. 123/06, Berlin

Geske, Otto-Erich, 2001, Der bundesstaatliche Finanzausgleich, München

Häde, Ulrich, 1996, Finanzausgleich – Die Verteilung der Aufgaben, Ausgaben und Einnahmen im Recht der Bundesrepublik Deutschland und der Europäischen Union, Tübingen

Hausner, Karl Heinz, 2003, Vergleich des bundesstaatlichen Finanzausgleichs in Österreich und Deutschland vor dem Hintergrund der Ökonomischen Theorie des Föderalismus, Frankfurt am Main

Heinemann, André W., 2004, Die staatliche Aufgaben- und Einnahmenverteilung in der Bundesrepublik Deutschland: Geltendes Recht und grundlegende Reformmöglichkeiten zur Neuordnung, Frankfurt am Main

Henneke, Hans-Günter, 1998, Die Kommunen in der Finanzverfassung des Bundes und der Länder: Darstellung, Wiesbaden

Huber, Bernd / Lichtblau, Karl, 1997, Systemschwächen des Finanzausgleichs – Eine Reformskizze, in: IW-Trends, 24. Jg., Nr. 4, S. 24–44

Huber, Bernd / Lichtblau, Karl, 1998, Konfiskatorischer Finanzausgleich verlangt eine Reform, in: Wirtschaftsdienst, 78. Jg., Nr. 3, S. 142–147

Huber, Bernd / Lichtblau, Karl, 2000, Ein neuer Finanzausgleich – Reformoptionen nach dem Verfassungsgerichtsurteil, Beiträge zur Wirtschafts- und Sozialpolitik des Instituts der deutschen Wirtschaft Köln, Nr. 257, Köln

Inhester, Michael, 1998, Kommunaler Finanzausgleich im Rahmen der Staatsverfassung, Berlin

Kesper, Irene, 1998, Bundesstaatliche Finanzordnung: Grundlagen, Bestand, Reform, Baden-Baden

Kuhn, Thomas, 1988, Schlüsselzuweisungen und fiskalische Ungleichheit: Eine theoretische Analyse der Verteilung der Schlüsselzuweisungen, Frankfurt am Main

Kuhn, Thomas, 1996, Mechanismen des kommunalen Finanzausgleichs, in: Das Wirtschaftsstudium, 27. Jg., Nr. 7, S. 666–674

Lenk, Thomas, 1993, Reformbedarf und Reformmöglichkeiten des deutschen Finanzausgleichs – Eine Simulationsstudie, Baden-Baden

Lenk, Thomas, 2001, Finanzwirtschaftliche Bedeutung der Neuregelung des bundesstaatlichen Finanzausgleichs – Eine allokative und distributive Wirkungsanalyse für das Jahr 2005, Diskussionsbeiträge Nr. 26, Universität Leipzig

Lenk, Thomas / **Rudolph**, Hans-Joachim, 2003a, Die kommunalen Finanzausgleichssysteme in der Bundesrepublik Deutschland – Die Bestimmung der Finanzausgleichsmasse – vertikale Verteilungsprobleme zwischen Land und Kommunen, Arbeitspapier 24, Universität Leipzig

Lenk, Thomas / **Rudolph**, Hans-Joachim, 2003b, Die kommunalen Finanzausgleichssysteme in der Bundesrepublik Deutschland – Die Bestimmung des Finanzbedarfs, Arbeitspapier 25, Universität Leipzig

Lenk, Thomas / **Rudolph**, Hans-Joachim, 2004a, Die kommunalen Finanzausgleichssysteme in der Bundesrepublik Deutschland – Die Bestimmung der Finanzkraft, Arbeitspapier 26, Universität Leipzig

Lenk, Thomas / **Rudolph**, Hans-Joachim, 2004b, Die kommunalen Finanzausgleichssysteme in der Bundesrepublik Deutschland – Der Ausgleich zwischen Finanzbedarf und Finanzkraft, Arbeitspapier 27, Universität Leipzig

Liebig, Christoph, 2002, Die Umstellung der Lohn- und Einkommensteuer auf das Betriebsstätten-Prinzip – Eine Simulationsrechung zur Finanzkraftsteigerung des Stadtstaates Bremen, in: Elsner, Wolfram (Hrsg.), Neue Alternativen des Länder-Finanzausgleichs: Modellrechnungen und Gutachten unter besonderer Berücksichtigung der Stadtstaaten-Problematik, Frankfurt am Main, S. 69–90

SVR – Sachverständigenrat zur Begutachtung der gesamtwirtschaftlichen Entwicklung, 2001, Für Stetigkeit – Gegen Aktionismus, Jahresgutachten 2001/2002, Wiesbaden

Scherf, Wolfgang, 2000, Der Länderfinanzausgleich in Deutschland. Ungelöste Probleme und Ansatzpunkte einer Reform, Frankfurt am Main

Scherf, Wolfgang, 2003, Sachgerechte Verteilung staatlicher Finanzzuweisungen, Finanzwissenschaftliche Arbeitspapiere, Nr. 66/2003, Gießen

Schick, Gerhard, 2004, Steuerautonomie und Wirtschaftskraftausgleich, in: Wirtschaftsdienst, 84. Jg., Nr. 4, S. 230–235

Schwarz, Kyrill-Alexander, 1997, Der kommunale Finanzausgleich – Verfassungsrechtliche Grundlagen und Anforderungen, in: Der Gemeindehaushalt, 98. Jg., Nr. 2, S. 25–28

Statistisches Bundesamt, 2005, Vierteljährliche Kassenergebnisse des öffentlichen Gesamthaushalts, 1. bis 4. Vierteljahr 2004, Wiesbaden

Statistisches Bundesamt, 2006a, Rechnungsergebnisse des öffentlichen Gesamthaushalts, Wiesbaden

Statistisches Bundesamt, 2006b, Vierteljährliche Kassenergebnisse des öffentlichen Gesamthaushalts, 1. bis 4. Vierteljahr 2005, Wiesbaden

Statistisches Bundesamt, 2006c, Volkswirtschaftliche Gesamtrechnungen, Fachserie 18, Reihe 1.4, Inlandsproduktsberechnung, Detaillierte Jahresergebnisse 2005, Wiesbaden

Tröger, Michael, 2007, Reform der Gewerbesteuer und Finanzausgleich, Frankfurt am Main

Vesper, Dieter, 2000, Kommunalfinanzen und kommunaler Finanzausgleich in Brandenburg, Berlin

Wildasin, David E., 2000, Factor Mobility and Fiscal Policy in the EU: Policy Issues and Analytical Approaches, in: Economic Policy, Vol. 15, Issue 31, S. 339–378

Zimmermann, Franz, 1988, Das System der kommunalen Einnahmen und die Finanzierung der kommunalen Aufgaben in der Bundesrepublik Deutschland: Ein Grundriss, Köln

Zimmermann, Horst, 1999, Kommunalfinanzen: Eine Einführung in die finanzwissenschaftliche Analyse der kommunalen Finanzwirtschaft, Baden-Baden

Kapitel 3

Holger Schäfer

Föderale Zuordnungen in der Arbeitsmarktpolitik

Inhalt

1	Einleitung	85
2	Arbeitslosenversicherung	85
3	Grundsicherung für Arbeitsuchende	86
3.1	Regelungskompetenz	87
3.2	Finanzierung	89
3.3	Durchführungskompetenz	92
4	Reformmodelle	94
5	Schlussfolgerungen	96
	Zusammenfassung	98
	Literatur	99

1 Einleitung

Arbeitsmarktpolitik umfasst alle Aktivitäten, die zum Ausgleich von Angebot und Nachfrage auf dem Arbeitsmarkt beitragen sollen. Üblicherweise wird zwischen aktiver und passiver Arbeitsmarktpolitik unterschieden. Passive Maßnahmen bezeichnen Lohnersatz- und Transferleistungen, aktive Maßnahmen beinhalten Arbeitsvermittlung, Weiterbildung, öffentlich geförderte Beschäftigung usw. Unter diese Definition von Arbeitsmarktpolitik fällt ein breites Spektrum von Aktivitäten aller föderalen Ebenen – von der Kommune bis zur Europäischen Union. Nicht alle diese Aktivitäten werfen die Frage nach der föderalen Zuordnung auf. Wenn eine föderale Ebene arbeitsmarktpolitische Aktivitäten entfaltet und finanziert, berührt das nicht zwangsläufig andere Ebenen. Die Frage der (optimalen) Zuständigkeit stellt sich erst, wenn die Leistung gesetzlich verankert ist. Es gibt im Wesentlichen zwei gesetzlich vorgesehene Leistungssysteme mit arbeitsmarktpolitischer Relevanz: die Arbeitslosenversicherung und die Grundsicherung für Arbeitsuchende.

2 Arbeitslosenversicherung

Die Bundesagentur für Arbeit (BA) als Träger der Arbeitslosenversicherung verwaltet das größte Finanzvolumen, das für Arbeitsmarktpolitik ausgegeben wird. Für passive Leistungen werden rund 27 Milliarden Euro aufgewendet, was etwa 57 Prozent der Beitragseinnahmen entspricht. Das Budget für aktive Maßnahmen beträgt rund 13 Milliarden Euro, es wird aber seit einigen Jahren tendenziell verringert. Auch in Zukunft dürfte die Bedeutung der aktiven Arbeitsmarktpolitik im Rechtskreis des Sozialgesetzbuchs III (SGB III) eher abnehmen; denn die avisierte Senkung des Beitragssatzes zur Arbeitslosenversicherung und der Wegfall des Bundeszuschusses machen weitere Einsparungen erforderlich, die mangels Alternativen nur im Bereich der aktiven Maßnahmen erfolgen können.

Die Aufgabenverteilung von Bund, Ländern und Kommunen wird von der Arbeitslosenversicherung kaum berührt. Die Arbeitslosenversicherung wird von einer Agentur des Bundes administriert. Die Geschäftspolitik wird im Verwaltungsrat neben den Tarifpartnern von Vertretern der Bundesregierung kontrolliert. Dennoch vertritt die BA in erheblichem Maße die Interessen der Versicherten, nicht nur die des Bundes. Der gesetzliche Rahmen, den das SGB III vorgibt, kann auf flexible Weise ausgefüllt werden. Das wird nicht zuletzt durch den Paradigmenwechsel deutlich, der in der Geschäftspolitik der BA in den vergangenen drei Jahren festgestellt werden konnte. Wenn es strittige Fragen der Zuordnung von Kompetenzen gibt, betreffen sie in erster Linie Bund und Versicherte, nicht aber andere föderale Ebenen.

Das Verhältnis von Bund und Versicherten ist nicht uneingeschränkt geeignet, effiziente Strukturen herzustellen. Der Bund hat die Regelungskompetenz, da er – bei zustimmungspflichtigen Gesetzen in Kooperation mit den Ländern – die Regelungen im SGB III festlegt. Die finanziellen Folgen der gesetzlichen Bestimmungen müssen aber von den Versicherten der Arbeitslosenversicherung getragen werden. Seit der Einführung des

Sozialgesetzbuchs II (SGB II) muss der Bund auch indirekt kaum noch die Kosten der Arbeitslosigkeit finanzieren; denn die BA muss für jeden Arbeitslosen, der vom Arbeitslosengeld I (SGB III) in das Arbeitslosengeld II (SGB II) übertritt, einen einmaligen Aussteuerungsbetrag in Höhe der jährlichen Aufwendungen zahlen. Insofern erhält der Bund einen Anreiz, die Leistungen für Arbeitslose hoch zu bemessen. Ein Lösungsansatz für dieses Effizienzproblem besteht weniger in einer Reform der föderalen Aufgabenverteilung, sondern vielmehr in einer grundlegenden Reform der Arbeitslosenversicherung, die den Versicherungscharakter stärkt (vgl. Schäfer, 2006).

Der Einfluss der Länder beschränkt sich auf indirekte Möglichkeiten auf der Ebene der Regionaldirektionen. In Ergänzung zur aktiven Arbeitsmarktpolitik der BA verfolgen einige Länder eigene Arbeitsmarktprogramme, die in ihrem finanziellen Umfang aber bei Weitem nicht an die Größenordnung der Programme der Arbeitslosenversicherung heranreichen (Schmid/Blancke, 2001). Da es sich zudem um Maßnahmen handelt, zu denen die Länder nicht verpflichtet sind, stellt sich die Frage der Zuordnung in diesen Fällen nicht. Die Kommunen haben also gleichsam nur mittelbaren Einfluss auf die Agenturen für Arbeit vor Ort.

Eine Regionalisierung der Arbeitslosenversicherung im Sinne einer Zerschlagung der Bundesagentur in eigenständige regionale Einheiten unter Kontrolle von Ländern oder Kommunen wird selten ernsthaft in Erwägung gezogen. Zwar könnte damit die interregionale Umverteilung eingeschränkt werden; allerdings wirken viele Bereiche der Politik auf eine Angleichung der Lebensverhältnisse. Insofern wäre zu erwarten, dass die eingesparte Umverteilung an anderer Stelle ausgeglichen wird. Vor allem aber ist fraglich, ob eigenständige regionale Einheiten mit jeweils eigenem Verwaltungsapparat, eigenen Prozessen und Berichtssystemen dem Komplex eines überregionalen Arbeitsmarktes überhaupt gerecht werden können.

3 Grundsicherung für Arbeitsuchende

Die Grundsicherung für Arbeitsuchende nach SGB II ist in weit größerem Maße von föderalen Zuordnungsfragen betroffen als die Arbeitslosenversicherung. Anders als diese ist die Grundsicherung für Arbeitsuchende keine Sozialversicherung, sondern eine Fürsorgeleistung, die aus Steuermitteln finanziert wird. Die Frage der föderalen Aufgabenverteilung betrifft vorrangig Bund und Kommunen, mittelbar sind aber auch die Länder beteiligt. Das Problem der Zuordnung stellt sich auf drei verschiedenen Ebenen: der Regelungskompetenz, der Finanzierung und der Durchführungskompetenz. Entscheidend für ein effizientes System der Grundsicherung ist nicht nur, dass die dafür am besten geeignete föderale Ebene die Aufgabe übernimmt, sondern auch die Gewährleistung der Konnexität. Diese gibt es in zwei Ausprägungen: Veranlassungskonnexität und Ausführungskonnexität. Veranlassungskonnexität ist gegeben, wenn die föderale Ebene, die eine Leistung veranlasst, diese auch finanziert; Regelungskompetenz und Finanzierung fallen also derselben Ebene zu. Bei Wahrung der Ausführungskonnexität ist es hingegen erforderlich, dass Finanzierung und Durchführungskompetenz in einer Hand liegen (Lichtblau, 2001, 213).

3.1 Regelungskompetenz

Gegenwärtig wird die Regelungskompetenz für die Grundsicherung durch den Bundestag, also den Bund, ausgeübt. Die Höhe der Leistungen sowie andere relevante Regelungen sind im SGB II fixiert. Durch die Zustimmungspflicht des Bundesrats sind allerdings auch die Länder am Entscheidungsprozess beteiligt. Gänzlich unbeteiligt sind dagegen die Kommunen. Die geteilte Kompetenz durch Bundestag und Bundesrat erscheint nicht vollkommen problemlos. Die über ein Jahr dauernde Entstehungsphase des SGB II machte recht deutlich, dass die beiden föderalen Ebenen unterschiedliche Prioritäten setzen. Die Länder verstehen sich gegenüber dem Bund als Interessenvertretung der Kommunen. Sie haben ein eigenes Interesse an der finanziellen Entlastung der Kommunen, da dann ihre eigenen vertikalen Systeme des Finanzausgleichs weniger in Anspruch genommen werden müssen.

Für Arbeitsfähige übernimmt die Grundsicherung für Arbeitsuchende nach SGB II die Aufgabe der Sozialhilfe. Sie ist der letzte Rettungsanker, der ein Einkommen mindestens auf dem Niveau des soziokulturellen Existenzminimums ermöglicht. Hier gilt das Argument, dass Wettbewerbsföderalismus das Niveau der Sozialleistungen erodiert und daher eine bundeseinheitliche Regelung erforderlich ist (Huber, 2001, 5). Dadurch, dass die Empfänger von Sozialleistungen mobil sind, entstünde sonst ein „race to the bottom". Sie könnten dann die Region wählen, in der Sozialleistungen besonders großzügig ausfallen. Durch den Zuzug von Leistungsempfängern könnte die Region mit hohen Sozialleistungen aber das Leistungsniveau nicht aufrechterhalten und müsste sich dem niedrigeren Niveau anderer Regionen anpassen. Das gleiche Ergebnis würde sich einstellen, wenn die Steuerzahler die Region verließen, weil sie die vergleichsweise hohen Kosten der sozialen Sicherung tragen müssten. Eine weitere pekuniäre Externalität ergäbe sich, wenn die Steuerzahler einer Region mit niedrigen Sozialleistungen davon profitierten, dass in einer anderen Region die Sozialleistungen hoch sind (vgl. Kapitel 1, Abschnitt 3.1). Allgemein formuliert sorgen Externalitäten dafür, dass das Niveau der Sozialleistungen geringer ist als es ohne Externalitäten wäre. Mit einer bundeseinheitlichen Regelung wird einer wichtigen Externalität, der oben beschriebenen Migration, die Grundlage entzogen.

Dieser Argumentation könnte entgegengehalten werden, dass die Migrationsströme auch Lohnwirkungen haben. Durch die Zuwanderung der Transferempfänger in die Region mit hohen Sozialleistungen verringern sich ceteris paribus dort die Gleichgewichtslöhne, da angenommen werden kann, dass die Transferempfänger Anbieter von Arbeit sind. Handelt es sich bei den Migranten um Erwerbstätige mit ergänzendem Transferbezug, werden sie mit geringeren Löhnen konfrontiert, was die Attraktivität der Region verringert. Handelt es sich um Erwerbslose, kann zwar kein Lohndruck entstehen, aber dafür sinkt die Wahrscheinlichkeit, einen Arbeitsplatz zu finden. Auch dies lässt die Zuwanderung in die Region weniger attraktiv erscheinen.

Ohnehin erscheint die Annahme geringer oder gar nicht existenter Migrationskosten kaum adäquat. Gerade für Empfänger von Leistungen zur Grundsicherung, die über keine nennenswerten Ersparnisse verfügen, dürfte ein Umzug finanziell nicht ohne Weiteres umzusetzen sein. Dass die Mobilität von Transferempfängern begrenzt ist, zeigt auch die regionale Verteilung der Arbeitslosigkeit. Obwohl das Produkt aus dem Erwartungswert des Lohns und der Wahrscheinlichkeit, eine Arbeit zu finden, regional sehr stark differiert, findet Migration ganz vorwiegend zwischen benachbarten Regionen statt – oder aber es handelt sich um einen langfristigen Prozess.

Letztlich sind für die Migrationsentscheidung nicht nominale, sondern reale Einkommensunterschiede ursächlich. Die Vermutung, dass reiche Regionen mit hohen Einkommen und Preisen auch höhere Sozialleistungen zahlen, erscheint nicht unplausibel. Dies ergibt aber nicht notwendigerweise einen Migrationsanreiz, da die nominal niedrigen Sozialleistungen in der armen Region eine gleichwertige oder höhere Kaufkraft haben können als die nominal höheren Sozialleistungen in der reichen Region. Dies gilt auch dann, wenn von den Mietkosten als preisniveaubestimmende Variable abgesehen wird, da die Kosten der Unterkunft in jedem Fall durch die soziale Grundsicherung getragen werden (Roos, 2003).

Weniger einleuchtend erscheint hier das Argument von Berthold/Berchem (2005b, 207), dass unterschiedliche soziale Sicherungsniveaus effizient sind, da es regional unterschiedliche Präferenzen bezüglich der Höhe der Transferleistungen gebe. Das mag zwar für die Transferzahler zutreffen, im Falle der Transferempfänger erscheint es aber kaum vorstellbar, dass sie eine Präferenz für niedrigere Leistungen entwickeln. Auch der Einwand, dass eine finanzielle Beteiligung des Bundes die Gefahr einer Erosion der Sozialleistungen verhindere, kann nicht überzeugen. Denn in dem Maße, in dem sich der Bund finanziell beteiligt, schwinden auch die potenziellen Effizienzgewinne einer dezentralen Lösung.

Auch die Praxis in anderen Ländern liefert keine eindeutige empirische Evidenz. So ergibt sich aus den unterschiedlichen Sozialleistungssystemen der Bundesstaaten der USA kein unbestreitbarer Hinweis auf verstärkte sozialleistungsmotivierte Migration (vgl. Berchem, 2005, 360 ff.). Allerdings ist auch nicht erwiesen, dass es solche Sozialleistungsmigration nicht gibt. Zudem existieren Hinweise darauf, dass die Sozialgesetzgebung der US-Bundesstaaten interdependent ist: Die Regierungen der Bundesstaaten reagieren auf eine Reduzierung der Sozialhilfe in anderen Staaten mit einer Senkung im eigenen Staat (Saavedra, 1999; Brueckner, 1998). Insofern kommt es gar nicht erst zur Armutsmigration, weil die lokalen Einheiten diese antizipieren und schon im Vorfeld darauf reagieren.

Neben der absoluten Höhe der Transfers scheint aber auch die Gestaltung der Transfers, etwa mit obligatorischer gemeinnütziger Beschäftigung, von Bedeutung. Eine solche, nicht gesondert vergütete Beschäftigung kann ökonomisch wie eine Kürzung der Transferleistung wirken. Berthold/Berchem (2005a, 183) weisen zu Recht darauf hin, dass der Gestaltungsspielraum auch dazu genutzt werden kann, die Entstehung von Externalitäten zu verhindern. So schreibe das in der Schweiz angewandte „Heimatortprinzip" vor, dass die Transferleistungen nach einem Wegzug des Transferempfängers eine Zeit lang von der ursprünglichen Heimatgemeinde getragen werden müssen.

Aufgrund dieser Überlegungen sollte eine regionale Regelungskompetenz aus ökonomischen Erwägungen heraus nicht vollkommen ausgeschlossen werden. Durch Binnenmigration können sich zwar Externalitäten ergeben; sie sind aber möglicherweise nicht so gravierend, dass die Regelungskompetenz zentral organisiert sein müsste.

Externalitäten treten indes nicht nur durch Binnenmigration auf. Von Bedeutung können auch fiskalische Spillover sein. Wenn eine Kommune ihre finanziellen Verpflichtungen gegenüber Transferempfängern nicht erfüllen kann, müssen voraussichtlich übergeordnete Gebietskörperschaften einspringen. Zwischen Ländern und Kommunen sowie Ländern und dem Bund besteht zudem eine Reihe vertikaler und horizontaler Mechanismen des Finanzausgleichs, sodass eine untaugliche lokale Arbeitsmarktpolitik nicht unbedingt negative finanzielle Folgen für die Kommune haben muss.

Als Vorteile einer dezentralen Lösung im Zusammenhang mit der sozialen Grundsicherung werden häufig genannt (vgl. Berchem 2005, 312):

- Die Kommunen seien näher an den Betroffenen. Konle-Seidl (2005b, 577) weist darauf hin, dass es keine Belege für die Annahme gibt, dass Kommunalisierung mehr Arbeitsmarktnähe bringt. Der Behauptung kann außerdem entgegengehalten werden, dass eine zentrale Lösung auch durch subsidiäre Einheiten vor Ort administriert sein kann. Ein Beispiel dafür ist die Arbeitslosenversicherung. Sie ist zwar zentral organisiert, wird aber von lokalen Einrichtungen umgesetzt. Wenn die zentrale Regelungskompetenz Ziele vorgibt, welche die lokalen Einheiten flexibel und eigenverantwortlich verfolgen, spricht die Kenntnis der lokalen Gegebenheiten nicht prinzipiell gegen eine zentrale Regelungskompetenz.
- Die Gestaltung der sozialen Grundsicherung kann sich an lokalen Gegebenheiten wie dem Lohn- und Preisniveau ausrichten. Auch dieses Argument spricht nicht exklusiv für eine lokale Regelungskompetenz. Regional differenzierte Leistungssysteme sind auch unter einer zentralen Regelungskompetenz möglich. In diesem Fall könnte allerdings die horizontale Gerechtigkeit zwischen Steuerzahlern und Transferempfängern verletzt werden (Feist, 2000, 181). Neben diesen politischen Problemen bestehen möglicherweise auch rechtliche Einschränkungen (Oates, 1999, 1123).
- Es entsteht ein innovativer Wettbewerb um das beste System. Durch Nachahmung kann die Effizienz der Summe der Systeme steigen. Überdies können Experimente zur Evaluation von Transfersystemen auch von einer Zentralregierung ohne Beteiligung untergeordneter Ebenen durchgeführt werden. Unklar ist zudem, ob überhaupt genügend Anreize zum Experimentieren bestehen, wenn die lokalen Ebenen das fiskalische Risiko allein tragen müssen (Oates, 1999, 1132 ff.).

Eine eindeutige Empfehlung, welche föderale Ebene die Regelungskompetenz der sozialen Grundsicherung übernehmen sollte, kann die Theorie nicht geben. Die Notwendigkeit einer zentralen Regelung hängt vom Ausmaß der Externalitäten lokaler Lösungen ab. Wie groß diese sind, kann mangels empirischer Evidenz nicht abgeschätzt werden. Dazu wäre die empirische Bestimmung einer Migrationsfunktion für Transferempfänger erforderlich. Grundsätzlich erscheint damit die Zuordnung der Regelungskompetenz zu Bund, Ländern oder Kommunen gleichermaßen möglich. Dabei sollten jedoch gemischte Zuständigkeiten – wie es sie gegenwärtig mit der Zustimmungsbedürftigkeit von Bundestag und Bundesrat gibt – vermieden werden.

3.2 Finanzierung

Noch weniger eindeutig als die Regelungskompetenz ist die Frage der Finanzierung der Leistungen nach SGB II geregelt. Die sich überschneidenden Finanzierungsströme verschiedener Gebietskörperschaften haben ihren Ursprung in der Entstehung des Gesetzes. Ebenso wie die Durchführungskompetenz wurde auch die Finanzierung geteilt. Im Grundsatz zahlt der Bund die Aufwendungen für Regelleistungen des Arbeitslosengeldes II, für Sozialgeld, für arbeitsmarktpolitische Maßnahmen im Rechtskreis SGB II sowie für die Verwaltungsaufwendungen. Die Kommunen, die durch den Wegfall der Sozialhilfe für Erwerbsfähige entlastet wurden, mussten die Kosten der Unterkunft übernehmen. Für einen Einpersonenhaushalt ergibt sich ein Verhältnis von Regelleistung zu Kosten der Unterkunft von unter eins. Erst bei größeren Haushalten überwiegen die Regelleistungen. Insgesamt wurden im Dezember 2005 ganze 40,3 Prozent aller Kosten für Leistungen nach SGB II für Arbeitslosengeld II aufgewendet. 1,6 Prozent entfielen auf Sozialgeld, 33,2 Prozent auf die Kosten der Unterkunft und 24,5 Prozent auf Sozialversicherungsbeiträge.

Da im Zuge der Gesetzgebung den Kommunen eine effektive fiskalische Entlastung von 2,5 Milliarden Euro zugesagt wurde, musste sich der Bund bereit erklären, einen Teil der Kosten der Unterkunft zu übernehmen. Der Anteil wurde zunächst auf 29,1 Prozent fixiert. Im Laufe des Jahres 2005 sollte der Anteil überprüft und gegebenenfalls verändert werden. Die ohnehin schon dürftige Datenlage im Bereich der sozialen Grundsicherung durch die Kommunen erlaubte jedoch keine Revision. Unklar ist im Wesentlichen, ob eine fiskalische Belastung erst durch das Hartz IV-Gesetz entstanden ist oder ob sie auch im alten Leistungsrecht eingetreten wäre. Kommunen und Bund vertraten unterschiedliche Auffassungen darüber, wie hoch der Anteil des Bundes an den Kosten der Unterkunft sein muss, um die angestrebten 2,5 Milliarden Euro Entlastung für die Kommunen sicherzustellen (Kaltenborn/Schiwarov, 2005). Als Kompromiss wurde an dem einmal beschlossenen Anteil keine Änderung mehr vorgenommen, und er wurde für 2006 fortgeschrieben. Als Resultat wird das Arbeitslosengeld II zum größten Teil durch den Bund finanziert (Tabelle 3.1). Über den Aussteuerungsbetrag nach § 46 Abs. 4 SGB II greift der Bund indes auf Beitragsmittel der Arbeitslosenversicherung zurück.

Erschwert wird die Finanzierungsfrage noch durch den Umstand, dass Bund und Kommunen keine direkten Finanzbeziehungen unterhalten. Die Schaffung einer gesetzlichen Grundlage dafür scheiterte ebenso wie eine Neujustierung der Verteilung gemeinschaftlich erhobener Steuern. Als Resultat werden Ausgleichszahlungen des Bundes an die

Finanzierung der Leistungen nach SGB II im Jahr 2005 Tabelle 3.1
in Milliarden Euro

	Bund	Kommunen
Arbeitslosengeld II (inkl. Sozialgeld und Sozialversicherungsbeiträge)	25,0	–
Leistungen zur Eingliederung	3,6	–
Kosten der Unterkunft*	3,5	8,5
Verwaltungskosten	3,0	–
Summe	**35,1**	**8,5**

* Unter der Annahme, dass der Anteil des Bundes 29,1 Prozent der Gesamtkosten beträgt.
Quellen: BMF, 2006; eigene Berechnungen

Kommunen indirekt über die Haushalte der Länder vorgenommen. Zudem sollen die Einsparungen der Länder beim Wohngeld an die Kommunen weitergegeben werden. Ein weiterer indirekter Finanzierungsweg entsteht dadurch, dass die Kommunen die Kosten der Unterkunft nicht direkt den Empfängern erstatten, sondern an die BA überweisen, die für die Auszahlung aller Transferleistungen zuständig ist.

Insgesamt ergibt sich ein Bild vieler indirekter Zahlungsströme (Abbildung 3.1). Dadurch entstehen zahlreiche Reibungspunkte. So beklagen die Kommunen, dass die Länder nicht alle für sie bestimmten Gelder im Kontext des SGB II an sie weiterreichen. Auf der anderen Seite beklagt die BA, dass die Kommunen nicht ihre Anteile an den Kosten der Unterkunft begleichen, die von der BA vorgestreckt werden.

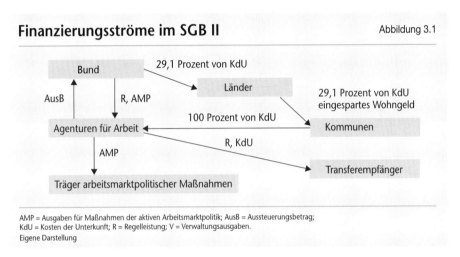

Abbildung 3.1: Finanzierungsströme im SGB II

AMP = Ausgaben für Maßnahmen der aktiven Arbeitsmarktpolitik; AusB = Aussteuerungsbetrag; KdU = Kosten der Unterkunft; R = Regelleistung; V = Verwaltungsausgaben.
Eigene Darstellung

Anders als bei der Regelungs- und Durchführungskompetenz stellt sich bei der Finanzierung nicht die Frage, welche föderale Ebene die Aufgabe am besten wahrnehmen kann. Vielmehr ist es zwingend erforderlich, dass die Finanzierung der Durchführungskompetenz folgt. Andernfalls wäre die Ausführungskonnexität nicht gewährleistet. Diese wiederum ist Voraussetzung dafür, dass die soziale Grundsicherung effizient administriert wird. Nur wenn die ausführende Gebietskörperschaft ein finanzielles Eigeninteresse an der sachgerechten und wirtschaftlichen Verwendung der Mittel hat, kann Verschwendung vermieden werden. Eine Verknüpfung von Regelungskompetenz und Finanzierung im Sinne einer Veranlassungskonnexität kann dies nicht leisten. Fällt die Durchführungskompetenz in eine andere Ebene, so hat die ausführende Gebietskörperschaft keine Anreize, die von einer anderen Gebietskörperschaft aufgebrachten Mittel wirtschaftlich einzusetzen (Huber, 2001, 6 f.). Im Gegenteil: Die ausführende Gebietskörperschaft wäre versucht, die Ausgaben gegebenenfalls auch unnötig auszuweiten, um den Mittelzufluss in die Region zu maximieren.

Die notwendige Verknüpfung von Durchführungskompetenz und Finanzierung kann nur gelingen, wenn es für beide Aufgaben eine klare Kompetenzzuweisung gibt. Gänzlich ungeeignet erscheint daher das gegenwärtige System, in dem überhaupt nicht klar ist, welche föderale Ebene welche fiskalische Verantwortung trägt. Derartige Mischfinanzierungen sind zu vermeiden.

3.3 Durchführungskompetenz

Die Aufgabenverteilung bei der Administration des SGB II wurde ähnlich inkonsequent gestaltet wie die Finanzierung. In der Regel ist für die Betreuung der Arbeitslosengeld II-Empfänger eine Arbeitsgemeinschaft zuständig, die sich aus Mitarbeitern der BA und der Kommune zusammensetzt. Eine eindeutig definierte Zuständigkeit, an der das Konnexitätsprinzip anknüpfen könnte, gibt es damit nicht. Diese ungeklärte Frage trug auch wesentlich dazu bei, dass viele Arbeitsgemeinschaften bis weit in das Jahr 2005 hinein faktisch nicht arbeitsfähig waren. Schon die rechtzeitige Auszahlung der Transferleistungen geriet zur Herausforderung. Es ergaben sich Probleme mit dem Status und der Entlohnung der Mitarbeiter aus Arbeitsagentur und Kommune sowie den Entscheidungskompetenzen (Wiechmann et al., 2005, 631). Von der im Gesetzgebungsprozess noch avisierten Verbesserung der Betreuung ist bis dato wenig zu erkennen. Erst in der zweiten Jahreshälfte 2005 wurden Voraussetzungen dafür geschaffen, dass kommunale Vertreter in den Job-Centern übergeordnete Kompetenzen erhalten. Das Problem der geteilten Zuständigkeit wird dadurch im Grundsatz aber nicht gelöst.

Einen konkurrierenden Ansatz stellt das sogenannte Optionsmodell dar. Maximal 69 Kommunen konnten die Administration des SGB II ganz in eigener Regie übernehmen. Da die Finanzierung jedoch nicht der Durchführungskompetenz folgte, kann nicht erwartet werden, dass sich aus dem föderalen Wettbewerb Effizienzgewinne ergeben. Eine belastbare Evaluation des Optionsmodells im Vergleich zum Modell der Arbeitsgemeinschaften gibt es noch nicht. Sie ist auch nicht absehbar, da allein schon die Datenerfassung an inkompatiblen Standards krankt. So ist es bislang nicht möglich, die Zahl der Arbeitslosen in den Optionskommunen im Datenverarbeitungssystem der BA zu verarbeiten.

Anders als bei der Frage der Regelungskompetenz ist die Frage, wer die Durchführung der Administration der sozialen Grundsicherung übernimmt, in geringerem Maße theoretisch zu fundieren. In der Literatur wird üblicherweise davon ausgegangen, dass die Betreuung durch die Kommunen effizienter erbracht werden kann als durch den Bund. Oft fehlt aber eine Begründung für diese Annahme (vgl. Huber/Lichtblau, 2002, 79) oder die Präferenz der kommunalen Durchführungskompetenz leitet sich aus einer Präferenz für die kommunale Regelungskompetenz ab (vgl. Berthold/Berchem, 2005a, 175). Beim Arbeitslosengeld II gibt es sowohl Argumente für eine Zuständigkeit des Bundes als auch für eine Zuständigkeit der Kommunen.

Für die Zuständigkeit des Bundes spricht, dass er mit einer bereits ausgebauten regionalen Verwaltung die Kompetenz auf dem Gebiet der Arbeitsvermittlung vorhält. Insbesondere bei der überregionalen Vermittlung hat eine bundesweit operierende Organisation wie die BA Vorteile gegenüber isoliert regional agierenden Einrichtungen. Angesichts der regional höchst unterschiedlichen Arbeitslosigkeit in Deutschland erscheint ein interregionaler Ausgleich von Arbeitsangebot und -nachfrage als notwendige Bedingung für die Behebung der Arbeitsmarktprobleme. Zudem haben Erfahrungen in anderen Ländern gezeigt, dass Leistungsgewährung und Arbeitsvermittlung in einer Hand zusammengefasst sein sollten (Konle-Seidl, 2005a, 5). Dagegen ließe sich einwenden, dass die Bedeutung der klassischen Vermittlung „durch Auswahl und Vorschlag" abnimmt. Vermittlungsdienstleistungen weisen zunehmend den Charakter einer Bereitstellung von Informationen (über Vakanzen oder Arbeitsuchende) auf (Schäfer, 2006, 14 f.). Diese Dienstleistung kann aber auch extern bezogen werden. Die Notwendigkeit einer Eigenerstellung und damit einer Beteiligung des Bundes ergäbe sich nicht.

Gegen die Zuständigkeit des Bundes spricht, dass die Größe der Arbeitsverwaltung unlösbare Steuerungsprobleme aufwerfen könnte. Dass dieses Argument nicht von der Hand zu weisen ist, zeigt der Zustand der Arbeitsverwaltung vor dem Beginn des Reformprozesses im Jahr 2002. Allerdings zeigt die Neuausrichtung, dass der Grad der Ineffizienz großer Behörden eine beeinflussbare Variable und keine Konstante ist. Die wissenschaftliche Evaluation bescheinigt der Neuausrichtung der BA durchaus Erfolge (Jacobi/Kluve, 2006). Problematisch im Hinblick auf die BA ist, dass sie als Träger der Arbeitslosenversicherung auch die Interessen der Versicherten vertritt oder zumindest vertreten sollte. Inwieweit sie die Rolle eines Agenten des Bundes übernehmen kann, ist fraglich.

Für die Zuständigkeit der Kommunen spricht, dass zur Wiedereingliederung Langzeitarbeitsloser in den ersten Arbeitsmarkt nicht ausschließlich Vermittlungsdienstleistungen erforderlich sind, sondern gegebenenfalls auch soziale Dienstleistungen, die traditionell eher von den Kommunen vorgehalten werden (Sucht- und Schuldnerberatung, Kinderbetreuung usw.). Bei kommunaler Zuständigkeit können diese Aufgaben aufeinander abgestimmt werden. Dagegen ließe sich einwenden, dass die Aufgaben durch den Bund und seine regionale Verwaltung von geeigneten Anbietern eingekauft werden können. Dieses Argument muss umgekehrt aber auch für die Vermittlungsdienstleistungen des Bundes gelten. Die externe Beschaffung sozialer Dienstleistungen kann – einen funktionierenden Markt vorausgesetzt – sogar weit effizienter sein als die Eigenerstellung.

Als Argument für die lokale Zuständigkeit wird des Weiteren häufig angeführt, dass die Kommunen „näher" an den Arbeitslosen sind und die Gegebenheiten vor Ort besser kennen. Informationsvorteile lokaler Einheiten sind zwar ein Argument für Durchführungskompetenzen vor Ort, aber kein zwingendes Argument für eine kommunale Zuständigkeit. Bei einer ausschließlichen Zuständigkeit des Bundes würden praktische individuelle Fragen auch nicht in Berlin entschieden, sondern von Agenturen des Bundes, die in der Regel durchaus regional verankert sind. Ein stärkeres Argument für die lokale Zuständigkeit ist dagegen der Hinweis, dass regionale Entscheidungsträger stärker von den negativen Folgen von Arbeitslosigkeit und Armut betroffen sind als zentrale Entscheidungsträger. Somit wäre der lokalen Ebene ein größeres Eigeninteresse an der Lösung der Probleme zu bescheinigen (Berthold/Berchem, 2005b, 197).

Die Erfahrungen in der Vergangenheit sprechen aber nicht unbedingt für eine kommunale Zuständigkeit. Denn die Sozialhilfe war eine weitgehend durch die Kommunen administrierte Leistung unter Wahrung der Ausführungskonnexität und teilweise auch der Veranlassungskonnexität. So konnten die Kommunen die Höhe und Gestaltung der Zuverdienstmöglichkeiten von Sozialhilfeempfängern selbst festlegen. Sie machten aber selten Gebrauch davon und hielten sich stattdessen an die Empfehlungen des Deutschen Vereins für öffentliche und private Fürsorge, die zu allem Übel Anreizgesichtspunkte nur ungenügend berücksichtigten (Peter, 2000). Eingliederungserfolge hielten sich insgesamt in Grenzen, obwohl in einigen Regionen erfolgreiche Strategien umgesetzt werden konnten. Viele quantitativ bedeutsame „Hilfe zur Arbeit"-Programme zielten indes vorrangig darauf ab, fiskalische Lasten an den Bund oder die Sozialversicherung zu verweisen (vgl.

Feist/Schöb, 2000). Eine wirklich umfassende systematische Evaluation der Maßnahmen hat in diesem Zusammenhang jedoch nie stattgefunden.

Ein eindeutiges ökonomisches Argument für die Durchführungskompetenz einer bestimmten föderalen Ebene gibt es nicht. Grundsätzlich kann die soziale Grundsicherung von allen drei föderalen Ebenen administriert werden. Die kommunale Lösung wäre anzustreben, wenn davon ausgegangen werden muss, dass eine zentrale Verwaltung nicht praktikabel ist. Diese Frage müsste im Kontext des Arbeitslosengeldes II aber noch untersucht werden. Im Hinblick auf die Wahrung des Konnexitätsprinzips, aber auch im Hinblick auf die Abläufe in den Arbeitsgemeinschaften, erscheint es hingegen unstrittig, dass die gegenwärtige Lösung einer geteilten Zuständigkeit kein sinnvolles Modell darstellt.

4 Reformmodelle

Ein eindeutiges Modell der optimalen Zuständigkeiten für die Grundsicherung gibt es nicht. In allen Kompetenzbereichen gibt es Argumente für und gegen die Zuständigkeit der jeweiligen föderalen Ebenen. Klar erscheint immerhin, dass die gegenwärtige Regelung mit gemischten Zuständigkeiten in allen Kompetenzbereichen nicht optimal sein kann. Für drei föderale Ebenen (Bund, Länder, Kommunen) ergeben sich rein rechnerisch 27 mögliche Kombinationen in den Zuständigkeitsebenen Regelungskompetenz, Finanzierung und Durchführungskompetenz. Nicht alle sind relevant. Die föderale Aufgabenverteilung lässt sich als Prinzipal-Agent-Situation auffassen (vgl. Kapitel 1, Abschnitt 3.3). Die föderale Ebene, welche die Regelungskompetenz innehat, fungiert als Prinzipal, während die Ebene mit der Durchführungskompetenz der Agent ist. Es erscheint unstrittig, dass – sofern nicht alle Aufgaben in einer Hand liegen – der Prinzipal eine übergeordnete föderale Ebene sein muss. Es ist beispielsweise kaum vorstellbar, dass die Kommunen eine Regelung festschreiben, mit deren Wahrnehmung sie den Bund beauftragen. Somit lässt sich die Anzahl der zu betrachtenden Reformmodelle bereits auf 18 reduzieren (Abbildung 3.2).

Reformmodelle als hierarchischer phylogenetischer Baum   Abbildung 3.2

Regelungs-kompetenz	B									L						K		
Finanzierung	B			L			K			B			L			K		
Durchführungs-kompetenz	B	L	K	B	L	K	B	L	K	L	K		L	K		K	K	K
Veranlassungs-konnexität																		
Durchführungs-konnexität																		
Modell-Nummer	1	2	3	4	5	6	7	8	9	10	11	12	13	14	15	16	17	18

B = Bund, L = Länder, K = Kommunen; dunkel unterlegt = trifft zu.
Eigene Darstellung

Effizient kann ein Zuständigkeitsmodell nur dann sein, wenn das Konnexitätsprinzip gewahrt wird. Vor diesem Hintergrund scheiden die Modelle 4, 6, 7, 8, 10, 11, 14, 16 und 17 aus, da sie weder Veranlassungs- noch Ausführungskonnexität gewährleisten. Da das Verhältnis zwischen Bund und Kommunen als Prinzipal-Agent-Situation aufgefasst werden kann, ist unter ökonomischen Gesichtspunkten die Ausführungskonnexität der Veranlassungskonnexität vorzuziehen. Die Kommunen und der Bund führen die ihnen zugewiesenen Aufgaben nur dann effizient aus, wenn sie die finanzielle Verantwortung dafür übernehmen (Huber/Lichtblau, 2002, 79). Daher bleiben als tragfähige Zuständigkeitsmodelle nur die Modelle 1, 5, 9, 12, 15 und 18.

Die Modelle 1, 12 und 18 bieten sowohl Ausführungs- als auch Veranlassungskonnexität. Sie kennzeichnen eine Situation, in welcher Bund, Länder oder Kommunen alle Aufgaben in Eigenregie wahrnehmen. Während Modell 1 das Problem der drohenden Ineffektivität der zentralen Verwaltung des Bundes mit sich bringt, hat Modell 18 zwar den Charme der Effizienzgewinne durch den Wettbewerbsföderalismus, beinhaltet jedoch, wie die Modelle 10 bis 18, das Risiko eines „race to the bottom". Die Gefahr einer Erosion der Sozialleistungen durch den föderalen Wettbewerb ist in den Modellen 12 und 15 sogar noch ausgeprägter als im Falle alleiniger kommunaler Zuständigkeiten. Denn die Migration in ein bestimmtes Bundesland ist einfacher als die Migration in eine bestimmte Kommune. Die Gefahr einer unpraktikabel großen Verwaltung ist bei Zuständigkeit der Länder zwar kleiner als bei der Zuständigkeit des Bundes, aber nicht vollkommen gebannt. Ohnehin erscheint es kaum angebracht, die Durchführungskompetenz auf Länderebene anzusiedeln. Während Bund und Kommunen mit Arbeitsagenturen und Sozialämtern zumindest teilweise über die notwendige Infrastruktur verfügen, müssten die Länder diese erst aufbauen. Dieses Argument spricht auch gegen Modell 5.

Modell 15 ist eine Mischform, die Wettbewerbsföderalismus zulässt und die Durchführungskompetenz samt Finanzierung an die Kommunen delegiert. Diese Aufgabenverteilung erscheint grundsätzlich möglich, bietet aber gegenüber der ausschließlichen Zuständigkeit der Kommunen keine Vorteile. Die Gefahr eines „race to the bottom" ist eher noch größer als bei einer kommunalen Regelungskompetenz, ohne dass kompensierende Vorteile bestünden. Modell 9 hingegen schaltet den Wettbewerbsföderalismus aus, wendet aber durch die Delegierung der Durchführung und Finanzierung an die Kommunen die Gefahr ab, dass eine zentrale Bürokratie ihre Aufgaben nicht angemessen wahrnehmen kann. Das Modell vermeidet somit sämtliche Risiken, die mit der Neuordnung der föderalen Aufgabenverteilung einhergehen, verzichtet allerdings auch auf mögliche Effizienzgewinne durch den Wettbewerb der Systeme. Die anderen diskutierten Reformmodelle sind nicht grundsätzlich ungeeignet, sondern beinhalten höhere Risiken, denen möglicherweise aber auch höhere Effizienzgewinne gegenüberstehen.

Ein weiteres Argument für das Modell 9 ist, dass relativ wenige Veränderungen hinsichtlich der Zuordnung gegenüber dem Status quo notwendig sind.[1] Die Durchführungskompetenz müsste nicht nur teilweise, sondern vollständig in die Hände der Kommunen übergehen, die dann auch die Finanzierung eigenverantwortlich übernehmen müssten. Die

---

[1] Dies gilt auch für das Modell 1.

Veränderungen in der Finanzierung dürften dabei die größten Probleme bereiten. Derzeit wird der größte Teil der Finanzierung durch den Bund getragen. Eine Übertragung der Aufgabe in kommunale Hände wirft damit also sofort die Frage nach der finanziellen Kompensation auf.

Da der Bund im Status quo zum größten Teil die Finanzierung der sozialen Grundsicherung übernimmt, könnte er die Kommunen finanziell entlasten, wenn Modell 9 umgesetzt wird. Entscheidend dabei ist, dass diese Kompensation nicht den Charakter einer jährlichen Ausgleichszahlung erhalten darf. In diesem Fall würde die Finanzierungskompetenz de facto auf den Bund übergehen und das Konnexitätsprinzip verletzt. Kompensiert werden kann also nur mit einem Transfer mit Lump-Sum-Charakter. Nur wenn die Kommunen den Erfolg oder Misserfolg ihrer Eingliederungspolitik finanziell tragen müssen, können sie ein Eigeninteresse an der Lösung des Problems entwickeln. Dazu muss einmalig zu einem Stichtag die finanzielle Kompensation des Bundes bemessen werden. Revisionen dieser Bemessung wären nicht möglich. Eine andere Möglichkeit besteht darin, den Verteilungsschlüssel für die gemeinschaftlich erhobenen Steuern zu ändern. Politökonomisch ist ein Modell der Teilung von Regelungs- und Durchführungskompetenz problematischer als ein Modell, das Veranlassungskonnexität gewährleistet. In Modell 9 werden die Kommunen bei ungünstiger Entwicklung der Ausgaben für die soziale Grundsicherung zusätzliche Mittel vom Bund oder den Ländern einfordern. Problematisch könnte auch das Fehlen moderner Controlling-Instrumente in den Kommunen sein.

5 Schlussfolgerungen

Arbeitsmarktpolitik wird in erster Linie mit der Arbeitslosenversicherung und der Grundsicherung für Arbeitsuchende betrieben. Im Falle der Arbeitslosenversicherung gibt es zwar Ineffizienzen, sie tangieren aber nicht die Aufgabenzuordnung der föderalen Ebenen. Vielmehr werden sie durch eine verfehlte Kompetenzzuordnung zwischen Bund und Versicherten hervorgerufen. Von Bedeutung für die Arbeitsmarktpolitik innerhalb der Föderalismusreform ist daher vorrangig die Grundsicherung für Arbeitsuchende.

Im SGB II stellt sich die Frage nach der Aufgabenzuordnung für die drei Ebenen Regelungskompetenz, Finanzierung und Durchführungskompetenz. Während die Finanzierung der Durchführungskompetenz folgen muss, ist bei der Regelungs- und Durchführungskompetenz zu überlegen, welche föderale Ebene die Aufgabe am effektivsten wahrnehmen kann. Die ökonomische Theorie kann auf diese Fragen keine eindeutige Antwort geben. Ob eine zentrale Lösung erforderlich ist, hängt von der Mobilität der Transferempfänger und vom Ausmaß des zentralen Steuerungsproblems ab. Klar erscheint immerhin, dass die gegenwärtige Praxis geteilter Zuständigkeiten nicht effektiv ist.

Aufschlussreicher ist daher eine Betrachtung möglicher Zuordnungskombinationen. Die Notwendigkeit der Wahrung der Durchführungskonnexität reduziert die Anzahl der möglichen Modelle bereits beträchtlich. Modelle, in denen die Länder die Regelungskompetenz haben, erscheinen grundsätzlich unterlegen, da sie in stärkerem Maße der Gefahr der induzierten Sozialleistungsmigration unterliegen. Auch die Durchführungskompetenz erscheint bei den Ländern nicht optimal aufgehoben. Sie müssten die notwendige Infrastruktur nahezu komplett neu aufbauen, während Bund oder Kommunen diese in großen Teilen bereits vorhalten. Mithin verbleiben drei Modelle, die a priori gleichermaßen geeignet erscheinen. Bei der alleinigen Zuständigkeit des Bundes besteht die Gefahr, dass die starke Zentralisierung zu Steuerungsproblemen führt. Die alleinige Zuständigkeit der Kommunen wiederum kann zu einer Erosion des Niveaus der sozialen Sicherung aufgrund von Binnenmigration der Transferempfänger führen. Ein Modell mit der Regelungskompetenz beim Bund und der Durchführungskompetenz (samt Finanzierung) bei den Kommunen vermeidet beide Probleme, schafft aber politökonomische Schwierigkeiten, die in der Vernachlässigung der Veranlassungskonnexität wurzeln.

Es kann keine eindeutige Empfehlung gegeben werden, welches der drei Modelle umgesetzt werden sollte, auch wenn einige Argumente für eine kommunale Zuständigkeit mit der Regelungskompetenz in der Hand des Bundes sprechen. Diese Frage erscheint jedoch für eine Reform der föderalen Strukturen in Deutschland nicht vorrangig. Entscheidend ist vielmehr, dass ein Übergang zu einer der diskutierten Alternativen eingeleitet wird. Alle Modelle bieten aufgrund der Wahrung der Durchführungskonnexität deutliche Effizienzvorteile gegenüber der geltenden Aufgabenverteilung. Die Durchsetzung des Konnexitätsprinzips muss das oberste Ziel der Reformbemühungen sein. In welcher Form dies geschieht, kann durchaus pragmatischen Erwägungen folgen.

Zusammenfassung

- Die Frage der föderalen Zuordnung von Kompetenzen stellt sich in der Arbeitsmarktpolitik in erster Linie bei der sozialen Grundsicherung.
- Eine effiziente Aufgabenverteilung muss dem Prinzip der Ausführungskonnexität folgen.
- Gegenwärtig ist die Grundsicherung für Arbeitsfähige durch gemischte Kompetenzen in den drei Ebenen Regelungskompetenz, Finanzierung und Durchführungskompetenz gekennzeichnet. Insofern gibt es für das Konnexitätsprinzip nicht einmal einen Ansatzpunkt.
- Bezüglich der Regelungs- und der Durchführungskompetenz gibt es Argumente sowohl für eine Zentralisierung (Zuständigkeit des Bundes) als auch für eine Dezentralisierung (Zuständigkeit der Kommunen). Eine eindeutige Empfehlung ergibt sich aus der ökonomischen Theorie nicht. Eine Zuständigkeit der Länder erscheint indes anderen Modellen durchweg unterlegen.
- Im Wesentlichen ergibt sich die Wahl zwischen drei Zuständigkeitsmodellen: (1) die alleinige Zuständigkeit des Bundes, (2) die alleinige Zuständigkeit der Kommunen sowie (3) die Regelungskompetenz durch den Bund und die Ausführungskompetenz durch die Kommunen.
- Die beiden ersten Zuständigkeitsmodelle sind mit Risiken behaftet: Starke Zentralisierung kann zum Verlust der Steuerungsfähigkeit des Systems führen, während Dezentralisierung die Gefahr eines „race to the bottom" der Sozialleistungen in sich birgt. Das dritte Modell vermeidet diese Risiken, weist jedoch politökonomische Risiken auf, die in der fehlenden Veranlassungskonnexität wurzeln.

Literatur

Berchem, Sascha von, 2005, Reform der Arbeitslosenversicherung und der Sozialhilfe – Markt, Staat und Föderalismus, Hamburg

Berthold, Norbert / Berchem, Sascha von, 2005a, Arbeitsmarktpolitik in Deutschland, Berlin

Berthold, Norbert / Berchem, Sascha von, 2005b, Lokale Solidarität – die Zukunft der Sozialhilfe?, in: ORDO – Jahrbuch für die Ordnung von Wirtschaft und Gesellschaft, Band 56, S. 193–216

BMF – Bundesministerium der Finanzen (Hrsg.), 2006, Abschluss des Bundeshaushaltes 2005 – Ist-Bericht, in: Monatsbericht des BMF, Februar, S. 39–67

Brueckner, Jan K., 1998, Welfare Reform and Interstate Welfare Competition: Theory and Evidence, The Urban Institute, Occasional Paper, No. 21, Washington D.C.

Feist, Holger, 2000, Arbeit statt Sozialhilfe, Tübingen

Feist, Holger / Schöb, Ronnie, 2000, Hilfe zur Arbeit – Lehren aus dem Leipziger Modell, in: Wirtschaftsdienst, 80. Jg., Nr. 3, S. 159–166

Huber, Bernd, 2001, Die Mischfinanzierungen im deutschen Föderalismus, Konrad-Adenauer-Stiftung, Arbeitspapier Nr. 48, Sankt Augustin

Huber, Bernd / Lichtblau, Karl, 2002, Zusammenführung von Arbeitslosen- und Sozialhilfe, in: Wirtschaftsdienst, 82. Jg., Nr. 2, S. 77–82

Jacobi, Lena / Kluve, Jochen, 2006, Before and After the Hartz Reforms: The Performance of Active Labour Market Policy in Germany, RWI Discussion Paper, No. 41, Essen

Kaltenborn, Bruno / Schiwarov, Juliana, 2005, Hartz IV: Föderale Lastenverteilung umstritten, Blickpunkt Arbeit und Wirtschaft, Nr. 3, Berlin

Konle-Seidl, Regina, 2005a, Steht man auf drei Beinen wirklich besser?, IAB-Kurzbericht, Nr. 15, Nürnberg

Konle-Seidl, Regina, 2005b, Arbeitsvermittlung zwischen Zentralisierung, Kommunalisierung und Privatisierung, in: Wirtschaftsdienst, 85. Jg., Nr. 9, S. 575–581

Lichtblau, Karl, 2001, Wer soll für was im Föderalismus verantwortlich sein?, in: Institut der deutschen Wirtschaft Köln (Hrsg.), Fördern und Fordern: Ordnungspolitische Bausteine für mehr Beschäftigung, Köln, S. 211–250

Oates, Wallace E., 1999, An Essay on Fiscal Federalism, in: Journal of Economic Literature, Vol. 37, No. 3, S. 1120–1149

Peter, Waltraut, 2000, Das deutsche Sozialhilfesystem: Im Spannungsfeld zwischen sozialer Fürsorge und Hilfe zur Arbeit, in: IW-Trends, 27. Jg., Nr. 2, S. 57–70

Roos, Michael W. M., 2003, Regional Price Levels in Germany, European Regional Science Association, Conference Paper, No. 511, URL: http://www.ersa.org/ersaconfs/ersa03/cdrom/papers/511.pdf [Stand: 2006-03-14]

Saavedra, Luz A., 1999, A Model of Welfare Competition with Evidence from ADFC, ZEW Discussion Paper, No. 99-27, Mannheim

Schäfer, Holger, 2006, Privatisierung der Arbeitslosenversicherung?, IW-Positionen, Nr. 20, Köln

Schmid, Josef / Blancke, Susanne, 2001, Arbeitsmarktpolitik der Bundesländer, Berlin

Wiechmann, Elke / Greifenstein, Ralph / Kißler, Leo, 2005, Die arbeitsorganisatorische Seite der Arbeitsmarktreform – ARGE und Option, in: WSI-Mitteilungen, 58. Jg., Nr. 11, S. 631–637

Kapitel 4

Oliver Stettes

Die föderale Ordnung im Bildungswesen:
Eine Analyse aus bildungsökonomischer Perspektive

Inhalt

1	Einleitung	103
2	Die gegenwärtige Ausgestaltung des Bildungsföderalismus	104
2.1	Die föderale Struktur der Finanzierung im Bildungswesen	104
2.2	Rechtliche Grundlagen und föderale Zuständigkeiten	106
3	Das Bildungswesen im Spiegel der Föderalismustheorie	110
3.1	Leitfaden zur Einschätzung der föderalen Ordnung im Bildungswesen	110
3.2	Die Funktionen von Bildung als Bewertungskriterien der föderalen Ordnung	113
3.3	Probleme und Risiken der künftigen föderalen Ordnung im Bildungswesen	116
4	Vorschläge für einen effizienten Bildungsföderalismus	121
4.1	Elementarbereich	122
4.2	Allgemeinbildende Schulen	123
4.3	Berufliche Bildung	124
4.4	Hochschulen	124
	Zusammenfassung	127
	Literatur	128

1 Einleitung

Die Föderalismusreform ist auf den Weg gebracht, auch im Bildungswesen. Das ursprünglich noch angedachte Kooperationsverbot, das dem Bund grundsätzlich den Weg dafür versperrt hätte, Finanzhilfen für eine Verbesserung der Bildung in Deutschland zu gewähren, ist zumindest im Hochschulbereich vom Tisch. Die Art und Weise des Entscheidungsprozesses nährt jedoch den Verdacht, dass die Neuordnung der föderalen Zuständigkeiten im Bildungswesen weniger von sachlichen Überlegungen geleitet wurde, sondern vielmehr politische Erwägungen im Vordergrund standen: Offensichtlich sollten Tauschgeschäfte die Zustimmung der Bundesländer zur Föderalismusreform garantieren – die Bildung ist auf dem Altar der föderalen Ordnung geopfert worden. Es bleibt die Frage, ob nicht mit der Föderalismusreform für das Bildungswesen eine große Chance verspielt worden ist. Die notwendige grundsätzliche Auseinandersetzung darüber, welche föderale Ebene aus bildungsökonomischer Perspektive welche politische Kompetenz haben sollte, wurde nämlich nicht geführt.

Das Bildungswesen spielt aus ökonomischer Perspektive eine wichtige Rolle für die Entwicklung des Wohlstands in Deutschland. Es ist jedoch seit längerer Zeit außerstande, die Humankapitalausstattung der Volkswirtschaft hinsichtlich Zahl und Qualität qualifizierter Fachkräfte zu verbessern. Dies zeigt sich vor allem darin, dass das Bildungswesen hierzulande in den neunziger Jahren keinen positiven Beitrag mehr zum im internationalen Vergleich ohnehin niedrigen wirtschaftlichen Wachstum geleistet hat (OECD, 2003). Auch der Blick in die Zukunft verheißt nichts Gutes: Aufgrund der demografischen Entwicklung wird das Verhältnis von jungen Absolventen der beruflichen und akademischen Ausbildung zu den aus dem Erwerbsleben ausscheidenden Fachkräften deutlich abnehmen. Die Folge: Die Zahl der qualifizierten Arbeitskräfte sinkt, selbst wenn deren Anteil an allen Erwerbstätigen steigt. Ohne eine deutliche Höherqualifizierung künftiger Jahrgänge – sowohl was die Zahl der Absolventen als auch was ihre Qualität angeht – ist eine Behebung der Wachstumsschwäche in den kommenden Jahrzehnten jedoch illusorisch (Klös/Plünnecke, 2006, 12).

Die erfolgreiche Höherqualifizierung in der Bevölkerung setzt voraus, dass die Leistungsfähigkeit des Bildungswesens in Deutschland in den kommenden Jahren deutlich verbessert wird. Momentan variiert das Potenzial der Bildungssysteme in den Bundesländern, wirtschaftliches Wachstum zu fördern, erheblich (Plünnecke/Stettes, 2006). Fraglich ist zudem, ob die bisher in die Wege geleiteten bildungspolitischen Reformen im Vorschulbereich und an den Schulen im Anschluss an den PISA-Schock einen hinreichenden Beitrag zur Verbesserung der Leistungsfähigkeit leisten können. Fraglich ist dies auch in Bezug auf die Veränderungen im Hochschulbereich, die spätestens mit den Urteilen des Bundesverfassungsgerichts zum Hochschulrahmengesetz[1] in Gang gesetzt worden sind.

Bildung ist ein kumulativer, pfadabhängiger Prozess; Entwicklungen und Ergebnisse auf der vorgelagerten Bildungsstufe haben massive Konsequenzen für die Entwicklungen und Ergebnisse auf der sich anschließenden Stufe der Bildungslaufbahn. Eine effektive

---

[1] BVerfG, 2 BvG 2/02 vom 27. Juli 2004 und 2 BvG 1/03 vom 26. Januar 2005.

und effiziente Steuerung des Bildungswesens sollte daher den gesamten Bildungsprozess erfassen – vom Elementarbereich über die schulische und berufliche Ausbildung bis zu den Hochschulen. Sie wird aber erschwert, wenn die bildungspolitischen Akteure ihre Reformmaßnahmen auf den einzelnen Stufen nicht aufeinander abstimmen. Eine solche mangelnde Abstimmung der Reformmaßnahmen ist umso wahrscheinlicher, je verschwommener die Zuständigkeiten für Bildung sind, und umso weniger wahrscheinlich, je klarer die Kompetenzen in der Bildungspolitik einem Akteur zugewiesen werden. Klare Kompetenzzuteilung ist das eine, die Übertragung der Verantwortung an den falschen Akteur das andere. Die in jüngster Zeit angestoßenen bildungspolitischen Maßnahmen lassen noch nicht erkennen, dass sie der Pfadabhängigkeit von Bildung gerecht werden. Zudem lassen sie die Frage offen, ob tatsächlich die richtigen Akteure handeln.

Die Entscheidungen über Regelung, Durchführung und Finanzierung bildungspolitischer Maßnahmen liegen in Deutschland in der Verantwortung verschiedener staatlicher Ebenen. Deshalb rückt die föderale Ordnung des gesamten Bildungswesens in den Blickpunkt und damit die Grundsatzentscheidung, ob Bildungspolitik dezentral oder zentral organisiert werden sollte. Mit einer Dezentralisierung der Kompetenzen in der Bildungspolitik – also der Übertragung der Verantwortlichkeit an die Bundesländer – wird die Hoffnung verbunden, dass sich die besten Antworten auf die bildungspolitischen Herausforderungen im intensiven föderalen Wettbewerb durchsetzen und nicht in einem koordinierten Vorgehen (Schwager, 2005; Herzog, 2006). Was aber passiert in dem Moment, wenn lediglich einige Länder auf den bildungspolitischen Pfad der Tugend einschwenken und andere Länder in einem suboptimalen Leistungsstand im Bildungswesen verharren? Oder wenn Länderegoismen Vorzug vor gesamtstaatlicher Vernunft erhalten? Mit anderen Worten: Eine dezentrale Aufgabenzuteilung verliert dann ihren Charme, wenn der Wettbewerb zwischen den Bundesländern nicht funktioniert und es daher nicht gelingt, auch aus gesamtwirtschaftlicher Sicht das bestmögliche Ergebnis zu erzielen. Eine Zentralisierung könnte einem unerwünschten Auseinanderdriften und Fehlverhalten der Bundesländer in der Bildungspolitik entgegenwirken. Sie steht jedoch unter dem Vorbehalt, dem Differenzierungsbedarf entgegenzustehen, der Gleichmacherei Vorschub zu leisten und keine effektiven Anreize für die Steigerung der Effizienz und Qualität im Bildungswesen zu setzen, weil der Wettbewerbsmechanismus ausgeschaltet ist (Schwager, 2005, 194 ff.).

2 Die gegenwärtige Ausgestaltung des Bildungsföderalismus

2.1 Die föderale Struktur der Finanzierung im Bildungswesen

Nach Angaben des aktuellen Bildungsfinanzberichts der Bund-Länder-Kommission für Bildungsplanung und Forschungsförderung wurden 2003 in Deutschland insgesamt 135,2 Milliarden Euro für Bildung ausgegeben, also 6,2 Prozent des BIP (BLK, 2006, 6). Für 2004 wird vorläufig aufgrund geringerer Bildungsausgaben der Bundesagentur für Arbeit (minus 1,9 Milliarden Euro) insgesamt ein Rückgang beim Ausgabenniveau (minus 1,2 Milliarden Euro) ausgewiesen. Beinahe ein Viertel der Ausgaben, 24,5 Prozent oder rund 33 Milliarden Euro, wurde von den privaten Haushalten für Kindergartenbeiträge,

Nachhilfe und Lernmittel sowie von den Unternehmen für berufliche Aus- und Weiterbildung getätigt. Von den restlichen 102,2 Milliarden Euro, die von der öffentlichen Hand bereitgestellt wurden, entfielen 16,2 Prozent (16,5 Milliarden Euro) auf den Bund, 64,2 Prozent (65,6 Milliarden Euro) auf die Bundesländer und 19,6 Prozent (20 Milliarden Euro) auf die Gemeinden (Tabelle 4.1). Darin enthalten sind auch die Versorgungs- und Beihilfeleistungen der öffentlichen Haushalte in Höhe von 8,8 Milliarden Euro.

Der differenzierte Blick auf die einzelnen Stufen der Bildungslaufbahn verdeutlicht, dass die Bundesebene bei der Grundfinanzierung von Bildung mit zwei Ausnahmen eine zu vernachlässigende Rolle spielt (Tabelle 4.1). Erstens: Bei der Gemeinschaftsaufgabe Hochschulbau hat der Bund bisher einen Teil der Kosten für die Errichtung von Fachhochschulen und Universitäten getragen. Im Zuge der Föderalismusreform wird diese Gemeinschaftsaufgabe gestrichen, allerdings erhalten die Bundesländer noch bis 2019 Bundesmittel, um die hinzugewonnenen Kompetenzen zu finanzieren. Das ursprünglich angedachte Kooperationsverbot ist mittlerweile vom Tisch. Das heißt der Bund kann weiterhin Mittel für den Wissenschaftsbetrieb zur Verfügung stellen, wenn auch nur nach Einwilligung aller Bundesländer. Die zweite Ausnahme: Der Bund trägt den Großteil der Finanzierungslast bei der Förderung sonstiger Bildungseinrichtungen – Zuschüsse an private Einrichtungen der Erwachsenenbildung, Zuschüsse der Bundesagentur für Arbeit (BA) an private überbetriebliche Aus- und Weiterbildungsstätten – und bei der Förderung der Bildungsteilnehmer (vor allem Kindergeldleistungen an erwachsene kindergeldberechtigte Bildungsteilnehmer, BA-Zuschüsse sowie das Schüler- und Studenten-BAföG). In

Bildungsbudget in der Finanzierungsbetrachtung 2003* Tabelle 4.1

Bildungsbereich	Ausgaben 2003 in Milliarden Euro				
	Staat				Private
	Bund	Länder	Kommunen	Insgesamt	
Elementarbereich	–	1,6	6,0	7,6	3,0
Allgemeinbildende Schulen	0,1	39,2	8,2	47,4	1,0
Berufliche Schulen	–	7,6	1,6	9,2	0,6
Duale Ausbildung	0,1	0,5	0,5	1,1	12,5
Hochschulen	1,3	10,7	–	12,0	0,7
Betriebliche Weiterbildung	0,3	0,8	0,5	1,6	8,6
Bildungsförderung	7,4	2,9	1,8	12,1	1,1
Sonstige Einrichtungen	7,2	2,4	1,5	11,2	0,6
Lernmittel, Nachhilfe	–	–	–	–	5,0
Bildungsbudget (in Prozent der öffentlichen Ausgaben)	16,5 (16,2)	65,6 (64,2)	20,0 (19,6)	102,2 (100)	33,0 –

* Rundungsdifferenzen möglich.
Quelle: BLK, 2006, 13

Tabelle 4.1 haben sich die für das Investitionsprogramm „Bildung und Betreuung" bereitgestellten Mittel von insgesamt 4 Milliarden Euro, mit denen seit 2003 und noch bis 2007 der Ausbau von Schulen zu Ganztagsschulen finanziell gefördert wird, noch nicht in einem höheren Bundesanteil an den Ausgaben im Schulbereich niedergeschlagen. Da das Kooperationsverbot lediglich für den Hochschulbereich aufgehoben wurde, ist dem Bund eine derartige Förderung in Zukunft verwehrt.

Die Finanzierungslast der öffentlichen Hand im Elementarbereich tragen überwiegend die Gemeinden; im Jahr 2003 belief sich ihr Anteil an der Finanzierung auf 78,9 Prozent. Im selben Jahr übernahmen sie zudem 17,3 Prozent der Ausgaben für allgemeinbildende und berufliche Schulen. Als sogenannter äußerer Schulträger sorgen die Kommunen für die Errichtung, die Organisation, den Unterhalt und die Verwaltung der Schulen. Bei den öffentlichen Ausgaben für die betriebliche Ausbildung, die bei staatlichen Einrichtungen absolviert wird, geht ein Drittel auf das Konto kommunaler Arbeitgeber. Die Gemeinden beteiligen sich schließlich auch an der Förderung von Bildungsteilnehmern und Bildungseinrichtungen. Hier ist ihr Anteil mit gut 14 Prozent allerdings deutlich geringer als jener der Länder und des Bundes.

Die Bundesländer übernehmen den Großteil der Finanzierung von Bildung in Schulen und Hochschulen. Als sogenannter innerer Schulträger kommen sie für die Kosten des Lehrpersonals auf; auch an den Universitäten tragen sie die laufenden Kosten der Lehre. In Zukunft sind sie außerdem allein verantwortlich für den Hochschulbau. Die Kompensationsmittel des Bundes werden nur bis 2013 zweckgebunden für den Hochschulbau reserviert, im Anschluss können sie auch für sonstige Investitionen ausgegeben werden. Zudem entfällt bereits ab 2007 die Verpflichtung, die Kompensationszahlungen durch eigene Landesmittel zu ergänzen, nur die Zweckbindung bleibt erhalten. Die Bundesländer tragen darüber hinaus ein knappes Fünftel der Ausgaben für die frühkindliche Bildung und mehr als die Hälfte der Ausgaben für die betriebliche Ausbildung in öffentlichen Einrichtungen. Von den staatlichen Zuschüssen an Bildungsteilnehmer und Bildungseinrichtungen entfallen jeweils knapp 23 Prozent auf die Bundesländer.

2.2 Rechtliche Grundlagen und föderale Zuständigkeiten

Der Bund trägt im Elementarbereich zwar keinerlei Finanzverantwortung, dennoch obliegt ihm hier die föderale Aufgabenverantwortung: Die frühkindliche Bildung, Betreuung und Erziehung fällt nach Lesart des Bundesverfassungsgerichts in den Bereich der öffentlichen Fürsorge (BVerfG 97, 332 ff.). Auf der Grundlage von Art. 74 Abs. 1 Nr. 7 des Grundgesetzes (GG) steht dem Bund innerhalb der konkurrierenden Gesetzgebung das Gesetzgebungsrecht zu, das er mit dem Kinder- und Jugendhilfegesetz (SGB VIII) sowie dem Tagesbetreuungsausbaugesetz (TAG) auch ausfüllt. Kernstück des SGB VIII ist der Rechtsanspruch auf Bereitstellung eines Betreuungsplatzes für Kinder ab einem Alter von drei Jahren bis zum Schuleintritt. Der Bund verpflichtet die Träger der öffentlichen Jugendhilfe[2], ein bedarfsgerechtes Angebot bereitzustellen und zu finanzieren. Er ist aber

---

[2] Zu den örtlichen Trägern der öffentlichen Jugendhilfe zählen die Kreise und kreisfreien Städte sowie nach Maßgabe des Landesrechts auch einzelne Gemeinden. Überörtliche Träger der öffentlichen Jugendhilfe werden ebenfalls durch Landesrecht bestimmt.

nicht berechtigt, zweckgebundene Finanzzuweisungen für reguläre Projekte und Angebote in der frühkindlichen Bildung und Betreuung an seine Auftragnehmer zu tätigen.[3] Die Träger der öffentlichen Jugendhilfe sollen auch die Qualität der Förderung in den Einrichtungen sicherstellen und durch angemessene Konzepte unterstützen und weiterentwickeln.

Der Bund überlässt es den Bundesländern, den Inhalt und den Umfang der öffentlichen Leistungen und Aufgaben im Elementarbereich durch eigenes Landesrecht zu konkretisieren. Dazu zählt etwa die Abgrenzung zwischen dem Betreuungsangebot in Tageseinrichtungen und in alternativen Formen der Betreuung wie der Tagespflege. Auch die Finanzierung der frühkindlichen Bildung – die Kostenerstattung bei Tageseinrichtungen in freier Trägerschaft oder die Gestaltung der Elternbeiträge – wird auf Landesebene geregelt. Die Bundesländer nutzen ihren Spielraum, indem sie eigene Gesetze über Kindertageseinrichtungen schaffen und spezifische Bildungspläne formulieren. Obwohl sich mittlerweile die Jugendministerkonferenz und die Kultusministerkonferenz (KMK) in einem „Gemeinsamen Rahmen der Länder für die frühe Bildung in Kindertageseinrichtungen" auf einheitliche Rahmenbedingungen für die frühkindliche Bildung geeinigt haben, sind die Bildungspläne sehr heterogen. Dies gilt zum Beispiel in Bezug auf den Anwendungsbereich und hier vor allem das Alter der Kinder und die Verbindlichkeit der vorgegebenen Ziele für die Einrichtungen (Anger/Seyda, 2006, 73). Die Bildung im Elementarbereich ist vor diesem Hintergrund hochgradig dezentralisiert und bietet viel Raum für Diversifikation (OECD, 2004, 22). Ihr fehlt jedoch trotz des bundesweiten Rechtsanspruchs auf einen Betreuungsplatz ab drei Jahren der gemeinsame Rahmen bei der Ausgestaltung des Inhalts und des Umfangs der öffentlichen Leistung, der in ganz Deutschland verbindliche Standards hinsichtlich der Qualität der frühkindlichen Bildung vorgibt.

Schulrecht ist Landesrecht. Dies ist dem Umstand geschuldet, dass die meisten Länder bei der Verabschiedung des Grundgesetzes im Jahr 1949 Kultur- und Schulangelegenheiten bereits grundsätzlich geregelt und durch Gesetze und Verordnungen abgesteckt hatten, um den jeweiligen historischen Traditionen Rechnung zu tragen (Klein, 2006, 100 f.). Die einzelnen Bundesländer regeln in Alleinverantwortung und autonom alle schulspezifischen Aspekte. Die Koordination dieser dezentralen Regelungen übernimmt die Kultusministerkonferenz der Länder, deren Beschlüsse jedoch lediglich als Empfehlungen zu verstehen sind, bestimmte schulpolitische Angelegenheiten in gleicher Weise zu behandeln und zu regeln. Bundesländer können deshalb weder verpflichtet noch für abweichendes Verhalten und systematische Defizite, die ihre Ursache in einem solchen Verhalten haben, sanktioniert werden. Die Regelung des Schulwesens ist daher von allen Bildungsstufen diejenige, in welcher der Föderalismus am ausgeprägtesten und die Eigenverantwortung der Bundesländer am höchsten ist.

Offen ist, ob der Bund die rechtliche Befugnis zu bildungspolitischen Eingriffen im Schulwesen hat, wenn er sich im Rahmen der konkurrierenden Gesetzgebung auf das „Recht der Wirtschaft" (Art. 74 Abs. 1 Nr. 11 GG) berufen würde, um einheitliche Rahmenbedingungen für die Herstellung gleichwertiger Lebensverhältnisse im Bundesgebiet zu gewährleisten (Behmenburg, 2003). In der beruflichen Bildung hat er auf dieser Grund-

---

[3] Ausgenommen wären lediglich Zuweisungen zur Finanzierung von Investitionen.

lage mit dem Berufsbildungsgesetz (BBiG) 1969 ordnend eingegriffen. Vor der Föderalismusreform förderte der Bund gemeinsam mit den Ländern zumindest innerhalb der Bund-Länder-Kommission für Bildungsplanung und Forschungsförderung (BLK) zahlreiche Sonderprogramme und Modellversuche, mit denen Innovationen erprobt und Entscheidungshilfen für die Weiterentwicklung des Bildungssystems gegeben werden sollten (Leschinsky, 2003, 166). Eine Bildungsgesamtplanung, wie sie im Rahmen der Gemeinschaftsaufgabe ursprünglich vorgesehen war, scheiterte hingegen am Widerstand der Bundesländer. Darüber hinaus regelte der Bund mittels der Hochschulrahmengesetzgebung den Hochschulzugang und übte indirekt einen Einfluss auf den Schulbereich aus. Obwohl der Bund kein inhaltliches Gestaltungsrecht ausübt, wurde ihm aus Effizienzerwägungen schließlich durch die Verfassung das Recht zugestanden, die Grundsätze für die Besoldung und die Versorgung im öffentlichen Dienst zu gestalten, und damit einen Kernbereich der schulpolitisch relevanten Regulierungen. Auf allen drei Gebieten – Bildungsplanung, Hochschulzulassung und Besoldung – hat die Föderalismusreform die bildungspolitische Verantwortung der Bundesländer gestärkt: Sowohl bei der Hochschulzulassung als auch bei der Besoldung können die Bundesländer neuerdings eigene Wege gehen. Die Gemeinschaftsaufgabe Bildungsplanung wird dadurch ersetzt, dass Bund und Länder bei der Feststellung der Leistungsfähigkeit des Bildungswesens im internationalen Vergleich und bei der Erstellung diesbezüglicher Berichte und Empfehlungen zusammenwirken können. Eine Verbindlichkeit ist jedoch nicht gegeben.

Die berufliche Ausbildung steht auf drei Säulen: berufliche Schulen, Ausbildungsberufe und Berufsvorbereitung (Werner, 2006, 191 und 196 ff.). Für die duale Berufsausbildung gilt das BBiG und für ausbildungsbegleitende Hilfen der BA das SGB II. Das Recht, den betrieblichen Anteil der Berufsausbildung zu regeln, liegt mithin auf Bundesebene. Der Bund trägt auch die rechtliche Verantwortung für die Berufsvorbereitung, die durch das BBiG und im SGB III geregelt wird. Für die Durchführung in Form berufsvorbereitender Maßnahmen ist die BA zuständig. Die Ausbildung an den beruflichen Schulen, also auch die Teilzeitberufsschule innerhalb des dualen Systems, fällt hingegen unter das Schulrecht der Bundesländer. Darüber hinaus existieren zahlreiche Förder- und Sonderprogramme des Bundes und der Länder (Werner, 2006, 198 und 206), mit denen überbetriebliche Bildungsstätten und überbetriebliche Lehrgänge der beruflichen Bildung gefördert werden, die zusätzliche Ausbildungsplätze schaffen oder ein vollzeitschulisches Ausbildungsangebot bereitstellen. Schließlich zählen noch das Berufsvorbereitungsjahr und das Berufsgrundbildungsjahr zu den Sondermaßnahmen der beruflichen Ausbildung; für sie sind die Bundesländer zuständig.

Während das BBiG formal keine Mindestanforderungen (zum Beispiel das Vorweisen eines bestimmten Schulabschlusses) an Bewerber für den Zugang in eine betriebliche Ausbildung stellt, gelten für den Zugang zu den beruflichen Schulen die Zugangsbedingungen, die in dem jeweiligen Schulgesetz eines Bundeslandes festgeschrieben sind. Mit der Novellierung des BBiG können die Bundesländer nun neuerdings Absolventen einer vollzeitschulischen Berufsausbildung zur Kammerprüfung zulassen, sofern der spezifische Bildungsgang als gleichwertig zur korrespondierenden dualen Ausbildung angesehen wird (Werner, 2006, 202).

In der (beruflichen) Weiterbildung existieren viele unterschiedliche staatliche Regulierungs- und Handlungsebenen; zusätzlich haben in diesem Bereich private Elemente ein starkes Gewicht (Weiß, 2006, 236 ff.); ein Beispiel sind private Bildungsanbieter. Die föderale Gesetzgebungskompetenz liegt wegen der Kulturhoheit zunächst bei den Ländern. Sie findet in den Schulgesetzen sowie den Erwachsenenbildungs- und Weiterbildungsgesetzen ihren Niederschlag. Der Bund kann jedoch im Sinne der konkurrierenden Gesetzgebung in den Bereichen außerschulische berufliche Bildung, individuelle Ausbildungsförderung, Entwicklung allgemeiner Grundsätze wissenschaftlicher Weiterbildung sowie Erforschung der Wirksamkeit von Weiterbildung und Erschließung neuer Aufgabenbereiche durch Modellvorhaben tätig werden (Nagel, 2004, 4). Ferner gelten auf Bundesebene vor allem auch die Regelungen des SGB III, das BBiG, die Handwerksordnung und viele Vorschriften mehr (Alt et al., 1994, 57).

Im Hochschulbereich sind Gesetzgebung und Verwaltung mittlerweile nahezu vollständig Aufgabe der Bundesländer. Dem Bund ist es im Sinne der konkurrierenden Gesetzgebung lediglich erlaubt, zur Herstellung gleichwertiger Lebensverhältnisse im Bundesgebiet und zur Wahrung der Rechts- oder Wirtschaftseinheit Rahmenregelungen für den Hochschulzugang und die Hochschulabschlüsse zu erlassen (Art. 74 Abs. 1 Nr. 33 GGneu). Den Bundesländern wird jedoch in Zukunft das Recht zugestanden, von bundesweiten Vorgaben abzuweichen (Art. 72 Abs. 3 Nr. 6 GGneu). Die bisher existierende Rahmengesetzgebungskompetenz für das Hochschulwesen wird mit der Föderalismusreform abgeschafft; Gleiches gilt für die Gemeinschaftsaufgabe Hochschulbau. Die Verantwortung für den Neu- und den Ausbau von Universitäten und Fachhochschulen wird vollständig an die Länder übertragen, die hierfür von 2007 bis 2019 Kompensationsmittel des Bundes erhalten.[4] Die Kompensationsmittel werden aber ab 2014 von der Zweckbindung der Verwendung im Hochschulbereich befreit. In Analogie zum Schulbereich sind die Einwirkungsmöglichkeiten des Bundes auf Besoldungs- und Versorgungsaspekte öffentlich Bediensteter an den Hochschulen künftig geringer. Lediglich im Rahmen der Gemeinschaftsaufgabe Forschungsförderung bleiben die Kompetenzen des Bundes unangetastet. Lässt man die Forschungsförderung außen vor, hat sich hinsichtlich der Hochschulbildung die Kompetenzverteilung zwischen Bund und Ländern jener im Schulbereich angenähert. Finanzhilfen sind aber auch nach der Föderalismusreform möglich; das Kooperationsverbot gilt im Unterschied zu den Schulen für den Hochschulbereich mit der zuletzt vorgenommenen Modifikation des Art. 91b GG nicht.[5]

Übersicht 4.1 fasst die föderale Aufgabenverteilung nach Verabschiedung der Föderalismusreform noch einmal schematisch zusammen. Mit der Föderalismusreform liegt die Gesetzgebungsbefugnis für die meisten Bildungsstufen bei den Bundesländern. Die Reform hätte damit das Ziel erreicht, die Verantwortlichkeiten in weiten Teilen des Bildungssystems klar einer staatlichen Ebene zuzuweisen. Lediglich in der beruflichen Bildung existiert eine Kompetenzteilung zwischen Bund und Ländern und nur bei der beruf-

---

[4] Ab 2013 überprüfen Bund und Länder gemeinsam, ob die Kompensationsleistungen bis 2019 noch in dem Umfang geleistet werden müssen.
[5] Die Kooperation in der Hochschulbildung setzt jedoch das Einverständnis aller Bundesländer voraus. Es ist deshalb unklar, ob damit die Tür für gemeinsame Vereinbarungen effektiv geöffnet oder faktisch verschlossen wird.

Schematische Darstellung der Kompetenzverteilung im Bildungsföderalismus

Übersicht 4.1

	Bund	Bundesländer	Gemeinden
Elementarbereich	Regelung (+)	Regelung + Finanzierung +	Durchführung + Finanzierung +
Allgemeinbildende Schulen		Regelung + Durchführung + Finanzierung +	Finanzierung +
Berufliche Bildung			
Berufliche Schulen		Regelung + Durchführung + Finanzierung +	Finanzierung +
Ausbildungsberufe	Regelung +		
Berufsvorbereitung	Regelung + Durchführung + Finanzierung +	Regelung + Durchführung + Finanzierung +	
Weiterbildung	Regelung + Durchführung + Finanzierung +	Regelung + Durchführung + Finanzierung +	
Hochschulen		Regelung + Durchführung + Finanzierung +	

+: Kompetenz einer föderalen Ebene; (+): de facto abgegebene Kompetenz.
Eigene Zusammenstellung

lichen Ausbildung im dualen System bleibt die Gesetzgebungshoheit beim Bund. Ob mit dieser föderalen Aufgabenstruktur auch die Leistungsfähigkeit des Bildungssystems in Deutschland gesteigert werden kann, ist jedoch fraglich. Die Erfahrungen der vergangenen Jahrzehnte legen eine gewisse Skepsis nahe, ob die Bundesländer dieser Aufgabe tatsächlich gewachsen sind. Für diese Skepsis sprechen nicht nur eine Reihe von Fehlentwicklungen, sondern auch einige Risiken, die sich durch die gewachsene Befugnis der Länder ergeben. Ausgewählte Fehlentwicklungen und Risiken werden im nachfolgenden Abschnitt skizziert.

3 Das Bildungswesen im Spiegel der Föderalismustheorie

3.1 Leitfaden zur Einschätzung der föderalen Ordnung im Bildungswesen

Für die Analyse des Bildungsföderalismus ist es notwendig, Fehlentwicklungen und Risiken, die aus der föderalen Aufgabenteilung resultieren, von jenen zu trennen, die sich durch inadäquate staatliche Eingriffe ergeben – unabhängig davon, auf welcher föderalen Ebene diese angesiedelt sind. In Kapitel 1 wurden drei Kriterien angeführt, anhand derer eingeschätzt werden kann, ob Aufgaben derzeit optimal auf die verschiedenen Gebietskörperschaften verteilt sind: regionale Rivalität/Nichtrivalität, regionale externe Effekte (Spillover) und Informationsasymmetrien.

3.1.1 Regionale Rivalität versus Nichtrivalität

Wenn sich die Wünsche, Einstellungen und Bedürfnisse der Bildungsnachfrager in den einzelnen Regionen beziehungsweise den Bundesländern unterscheiden (heterogene Präferenzen), birgt eine zentrale bildungspolitische Regelung die Gefahr, dass sie unterschiedliche Präferenzen übergeht. Der staatliche Eingriff ist in diesem Fall ineffizient und ineffektiv. Mit anderen Worten: Zwischen den Regionen existiert eine Rivalität darüber, welche Regulierungen gelten sollten, in welchem Umfang öffentliche Mittel einzusetzen sind und wie die damit verbundene Steuerlast verteilt werden sollte. Die Dezentralisierung bietet hingegen dem Bildungsnachfrager die Möglichkeit, in jene Gebietskörperschaft zu ziehen, deren Bildungswesen den eigenen Vorstellungen am nächsten kommt. Existieren viele verschiedene Bildungsregimes in räumlicher Nähe, ist nicht einmal ein Wechsel des Wohnorts notwendig; allein durch die Auswahl der Bildungseinrichtung fällt der souveräne Bildungsnachfrager seine Entscheidung für ein bestimmtes Bildungsregime.

Nichtrivalität herrscht im Umkehrschluss stets dann vor, wenn sich die Wünsche und Bedürfnisse der Bürger oder Bildungsnachfrager nicht unterscheiden (homogene Präferenzen). Man kann ferner dann von Nichtrivalität ausgehen, wenn bei einer räumlichen Ausdehnung bildungspolitischer Regulierungen Economies of Scale und Economies of Scope eintreten. Ein steigender Zentralisierungsgrad senkt dann die Transaktionskosten nicht nur auf staatlicher Seite, sondern auch aufseiten der privaten Akteure. Für Letztere sinken dann unter Umständen die Kosten für die Teilhabe an Bildungsprozessen, aber auch die Kosten für die Teilhabe an Marktprozessen, und zwar in diesem Kontext auf dem Arbeitsmarkt.

3.1.2 Regionale externe Effekte (Spillover)

Entscheidungskompetenzen auf die nächsthöhere föderale Ebene zu verlagern ist auch dann sinnvoll, wenn bei bildungspolitischen Maßnahmen zwischen den Regionen umfangreiche positive oder negative externe Effekte auftreten. Ein bildungspolitisches Beispiel für einen positiven externen Effekt ist der sogenannte Braindrain (Stettes, 2006, 56). Bei einer Bildungsinvestition fallen Aufwendungen und Erträge nicht nur zeitlich auseinander, die Erträge werden auch oft an einem anderen Ort realisiert als dort, wo die Aufwendungen entstanden sind. Eine Person nimmt dann in einer Region die öffentlich finanzierte Bildungsdienstleistung in Anspruch, wechselt jedoch nach dem Abschluss der Bildungsmaßnahme in eine andere Region. Da die erworbenen Kenntnisse dort eingesetzt werden, entstehen Wertschöpfung, Einkommen und Steuereinnahmen nicht in jener Region, welche die Voraussetzungen hierfür geschaffen hat. Da das Grundgesetz die Freizügigkeit der Bürger innerhalb Deutschlands schützt, besteht für die begünstigte Region weder eine Verpflichtung noch ein Anreiz, die ausbildende Region finanziell zu entschädigen. Das Zustandekommen einer Coase-Verhandlungslösung (vgl. Kapitel 1, Abschnitt 4.1) ist vor diesem Hintergrund unwahrscheinlich. Für jede Region ist die Position des Trittbrettfahrers die ökonomisch attraktivste, wodurch der Anreiz sinkt, ein eigenes Bildungsangebot in ausreichendem Umfang bereitzustellen. Aus Sicht des Staates wird dann insgesamt zu wenig Bildung angeboten.

Es entstehen aber auch negative regionale externe Effekte, wenn andere Regionen oder die Bundesebene mit dafür aufkommen müssen, Defizite von Bildungsteilnehmern, die ihre Ursache in inadäquaten und ineffizienten bildungspolitischen Maßnahmen in einem Bundesland haben, und deren Folgen nachträglich zu beseitigen. Auch in diesem Fall ist fraglich, ob Schadensverursacher und Geschädigte zu einer Coase-Verhandlungslösung finden, welche die Spillover-Effekte effektiv und effizient beseitigt. Lediglich ein überregionaler Sanktionsmechanismus könnte gewährleisten, dass potenzielle Schadensverursacher negative Folgewirkungen auf den Bund oder andere Bundesländer bereits im Vorfeld bildungspolitischer Eingriffe im Auge behalten.

3.1.3 Informationsasymmetrien

Bei staatlichen Eingriffen besteht stets das Risiko, dass die öffentliche Hand aufgrund von Informationsasymmetrien mit ihrem Eingriff einen größeren Schaden verursacht, als sie es mit der Duldung einer existierenden Marktunvollkommenheit, die erst zu dem Staatseingriff führte, getan hätte. Politik und Verwaltung besitzen nicht notwendigerweise die erforderlichen Informationen, um die angemessene bildungspolitische Maßnahme zu wählen; häufig liegen diese Informationen sogar nur auf dezentraler Ebene vor. Die Effektivität und Effizienz einer bildungspolitischen Maßnahme hängen zudem in aller Regel von den Gegebenheiten vor Ort ab, selbst wenn über die Eingriffsnotwendigkeit und die dafür zur Verfügung zu stellenden Mittel überregional Einvernehmen herrscht. In Analogie zu einem Unternehmen ist die Delegation von Entscheidungsbefugnissen und Verantwortlichkeiten bei homogenen Präferenzen dann zu befürworten, wenn die Kosten des Informationstransfers von der dezentralen Ebene, also von der Bildungseinrichtung, der Kommune oder dem Bundesland, zur zentralen Ebene größer sind als der Nutzen durch eine Entscheidung auf zentraler Ebene. In diesem Fall werden mögliche Größen- und Verbundvorteile durch die Transaktionskosten des staatlichen Eingriffs aufgezehrt.

Darüber hinaus ermöglichen lokal oder regional unterschiedliche Antworten auf das gleiche bildungspolitische Problem Bürgern und Politik einen nützlichen Vergleich. Er zeigt die Effektivität und Effizienz der spezifischen Maßnahmen auf, aber gegebenenfalls auch die Umstände, die zu ihrem Misserfolg geführt haben. Der Nutzen dieses dezentralen Vorgehens ist offensichtlich: Wenn eine falsche, ineffektive und ineffiziente Bildungspolitik auf eine bestimmte Region begrenzt ist, sind deren Folgekosten für die gesamte Gesellschaft geringer.

Für eine Verlagerung der Entscheidungsbefugnisse auf niedrigere föderale Ebenen spricht schließlich noch ein Befund: Der Bildungsnachfrager, sprich der Bürger, kann die dezentralen staatlichen Entscheidungsträger und ausführenden Verwaltungsorgane besser kontrollieren – und sanktionieren. Auch Kosten und Nutzen des Eingriffs sind leichter zu identifizieren, und je unmittelbarer jemand von einer Maßnahme betroffen ist, umso größer ist der Anreiz, Kosten und Zeit aufzuwenden, um sich über Vor- und Nachteile zu informieren. Dies ist vor allem auch vor dem Hintergrund wichtig, dass Politik und Bürokratie – unter Umständen mit unterschiedlicher Richtung – eigene Ziele verfolgen können, die dem öffentlichen Interesse – also dem Interesse der Bildungsnachfrager – zuwiderlaufen (Enste/Stettes, 2005, 11 f.). Der Wettbewerb der Ideen erschwert es auch spezifischen Interessengruppen, auf Kosten der Gesellschaft Partikularinteressen zu verfolgen (Stettes,

2006, 57). Durch die Zentralisierung wächst deshalb in einem Umfeld mit großen Informationsasymmetrien die Souveränität des Bildungsnachfragers und Bürgers.

3.2 Die Funktionen von Bildung als Bewertungskriterien der föderalen Ordnung

Ob und in welchem Umfang bei einem bildungspolitischen Eingriff zwischen den Regionen Rivalitäten existieren, externe Effekte zu erwarten sind oder Informationsasymmetrien die Effektivität und Effizienz beeinträchtigen, lässt sich klären, indem die Funktionen betrachtet werden, die Bildung zu erfüllen hat: Bildung dient der Sozialisation, dem Erwerb von Basiskompetenzen, der Aneignung von Humankapital beziehungsweise beruflichen Qualifikationen und der Verteilung von Bildungs- und Beschäftigungschancen.

3.2.1 Sozialisation

Bildung lässt den Menschen zum vollwertigen und mündigen Mitglied der Gesellschaft reifen. Die Sozialisation schafft erst durch ihre Vermittlung gemeinsamer Werte und Normen die Grundlage für ein kooperatives Miteinander in einer Gesellschaft, beugt Vermögensschäden infolge kriminellen oder nicht kooperativen Verhaltens vor und ermöglicht die Realisierung von Wohlfahrtsgewinnen durch vorteilhafte Tauschakte (Stettes, 2006, 37 ff.). Die Leitlinien und Grundsätze der Sozialisation sollten daher Gültigkeit für das gesamte Gemeinwesen besitzen und damit auf Bundesebene für alle Bundesländer verbindlich geregelt sein; sie sind ein klassisches überregionales öffentliches Gut. Rahmenregelungen auf Bundesebene bieten die Möglichkeit, regionalen Besonderheiten und Spezifika gerecht zu werden, sofern diese nicht dazu führen, dass die Erfüllung der Bildungsfunktion Sozialisation aus gesamtstaatlicher Perspektive gefährdet wird. Die Sozialisation besitzt ein hohes Gewicht in den frühen Stufen des Bildungsprozesses, das heißt in der frühkindlichen Betreuung und der Bildung im Elementarbereich sowie an den allgemeinbildenden Schulen (Anger/Seyda, 2006, 63 f.; Klein, 2006, 95 f.).

3.2.2 Erwerb von Basiskompetenzen

Jedes Mitglied der Gesellschaft erreicht erst durch Bildung die notwendige Ausbildungs-, Studier- und Beschäftigungsfähigkeit. Bildung vermittelt unabdingbare Basiskompetenzen im Lesen, im Sprachverständnis, in der Mathematik und den Naturwissenschaften sowie in der Fähigkeit, sich neues Wissen selbstständig anzueignen. Ohne Bildung ist der Erwerb von Humankapital nicht möglich. Basiskompetenzen haben zwar deshalb einen individuellen ökonomischen Wert, sind aber mit erheblichen externen Effekten verbunden und zeichnen sich überdies durch das Charakteristikum der Nichttrivialität aus (Stettes, 2006, 40 ff.). Zunächst senken vorhandene Basiskompetenzen die Kosten für den Erwerb von Humankapital. Wer jedoch vom Wissenserwerb profitiert (zum Beispiel künftige Arbeitgeber oder Kollegen) und an welchem Ort der Nutzen realisiert wird, ist zum Zeitpunkt des Erwerbs der Basiskompetenzen ganz ungewiss. Umfangreiche oder zumindest ausreichende Basiskompetenzen verringern die Wahrscheinlichkeit, dass ein Kind seinen potenziellen ökonomischen Nutzen durch abweichendes Verhalten (zum Beispiel Kriminalität) reduziert, erhöhen die Akzeptanz einer marktwirtschaftlichen

Ordnung und begrenzen die sozialpolitischen Folgekosten, die durch Arbeitslosigkeit und den Wunsch nach Umverteilung für die Gesellschaft dann entstehen, wenn die Menschen systematisch unterschiedliche Chancen auf die Teilhabe an Bildungsprozessen und am Arbeitsmarkt haben. Darüber hinaus profitiert die Gesellschaft von den wachsenden Möglichkeiten, sich auf unterschiedliche berufliche Tätigkeiten zu spezialisieren. Die Gesellschaft erzielt daher aus der Erfüllung der Bildungsfunktion Erwerb von Basiskompetenzen künftige Spezialisierungsgewinne. Dieser Nutzen ist überregional spürbar. In Analogie zur Sozialisation handelt es sich auch beim Erwerb von Basiskompetenzen um ein überregionales öffentliches Gut. Vermittelt werden Basiskompetenzen insbesondere im Elementarbereich und an den allgemeinbildenden Schulen (Anger/Seyda, 2006, 64 f.; Klein, 2006, 96 ff.).

3.2.3 Aneignung von Humankapital/beruflichen Qualifikationen

Jedes Mitglied der Gesellschaft kann auf dieser Basis in einer marktwirtschaftlichen Ordnung ein eigenverantwortliches, auf der eigenen wirtschaftlichen Leistungsfähigkeit beruhendes Leben führen. Durch Bildung entsteht Humankapital, das am Arbeitsmarkt angeboten und nachgefragt sowie in den Betrieben eingesetzt und vergütet wird. Dies gilt vor allem für die Qualifikationen, die in der beruflichen Bildung und an den Hochschulen erworben werden (Konegen-Grenier, 2006, 146; Werner, 2006, 194 ff.). Mit dem Erwerb beruflicher Qualifikationen verbessert das Individuum seine Einkommensperspektiven und seine Beschäftigungschancen (Becker, 1975; Reinberg/Hummel, 2005). Aufgrund dieser Eigenschaften ist Humankapital als ein privates Gut anzusehen. Der Erwerb von Humankapital kann jedoch mit Umständen verbunden sein, die einen staatlichen Eingriff erforderlich machen. Dazu zählen neben der Generierung von positiven externen Effekten – Erhöhung der Standortattraktivität, Förderung der Anpassungsflexibilität und Beschleunigung des technischen Fortschritts – die Eigenschaft von Bildung als Vertrauensgut, Unvollkommenheiten auf dem Kapitalmarkt sowie die Abhängigkeit des Investitionskalküls von der einkommensabhängigen Risikoeinstellung, sodass Verteilung und Allokation miteinander verknüpft sind (Stettes, 2006, 46 ff.). Wenn sich der Staat im Allgemeinen und eine Gebietskörperschaft auf einer bestimmten Ebene der föderalen Ordnung im Besonderen an der Finanzierung der Humankapitalinvestitionen beteiligen und deren Ausführung regulieren, sind folgende Fragen zu beantworten: An welchem Ort wirft die Bildungsinvestition ihre Erträge ab; wo rechnet sie sich aus regionalpolitischer Sicht? Sind die regionalen bildungspolitischen Regulierungen angemessen? Wirken sich diese positiv oder negativ auf andere Regionen aus?

3.2.4 Verteilung von Bildungs- und Beschäftigungschancen

(Aus-)Bildungseinrichtungen sowie Unternehmen/Betriebe, aber auch Verbraucher und sonstige interessierte Dritte werden durch Zeugnisse und Zertifikate in die Lage versetzt, die Leistungsfähigkeit von Personen und Leistungsanbietern einzuschätzen. Aus Sicht der Gesellschaft ist es sinnvoll, dass der Zugang zu bestimmten öffentlich finanzierten oder subventionierten Bildungsgängen einzelnen Personen dann versperrt bleibt, wenn deren erwarteter Nutzen- beziehungsweise Einkommenszuwachs nicht ausreicht, um die anfallenden Investitionskosten zu amortisieren. Darüber hinaus sind auch die Unternehmen bei der Personalrekrutierung darauf angewiesen, die Ausbildungs-, Leistungs- und Beschäftigungsfähigkeit von potenziellen Mitarbeitern einschätzen zu können. Andernfalls müssen sie sowohl bei der Entscheidung für oder gegen die Einstellung eines Bewerbers als auch bei der Bemessung des Einstiegsgehalts auf zusätzliche Verfahren zurückgreifen, um dessen Leistungsmerkmale zu ermitteln. Die Existenz von Zeugnissen und Zertifikaten spart nachfolgenden Bildungseinrichtungen, dem Staat und Privaten (Haushalten, Unternehmen) Transaktionskosten und erhöht die Mobilität qualifizierter Personen. Die Verteilungsfunktion von Bildung sorgt daher dafür, dass die individuellen und öffentlichen Ressourcen effizient eingesetzt werden und der Verteilungsspielraum für alle größer wird (Stettes, 2006, 43 und 47 f.). Voraussetzung hierfür ist jedoch, dass der räumliche Geltungsbereich der ausgegebenen Zeugnisse und Zertifikate möglichst groß ist und deren Zuverlässigkeit und Aussagekraft über regionale Grenzen hinweg gewährleistet wird. Deshalb ist grundsätzlich ein Mindestmaß an Einheitlichkeit bei der Verteilung von Zugangsbedingungen und Abschlüssen zwischen den Bundesländern und damit eine Lösung auf Bundesebene erforderlich. Diese sollte klare Rahmenvorgaben bezüglich der zu erwartenden Kompetenzen der Bildungsteilnehmer enthalten, auf deren Grundlage Zeugnisse und Zertifikate ausgestellt werden. Letztere bestimmen formal oder faktisch den Zugang der Individuen zu Bildungsgängen und Arbeitsplätzen und sind deshalb entscheidend für die Chancengerechtigkeit in einer marktwirtschaftlichen Ordnung. Die Verteilungsfunktion von Bildung ist besonders relevant an den allgemeinbildenden Schulen, den Hochschulen und bei der Regelung von Ausbildungsberufen in der beruflichen Bildung.

Die Funktionen von Bildung als Kriterien für die Beurteilung der föderalen Ordnung heranzuziehen hat den Vorteil, dass das Hauptaugenmerk der Funktionen auf dem Nutzen von Bildungsprozessen für die Gesellschaft und für den Einzelnen liegt. Sie tragen dem Umstand Rechnung, dass Bildung nicht nur aus individueller, sondern auch aus gesellschaftlicher Perspektive eine Investition darstellt. Die vier Bildungsfunktionen ermöglichen zudem eine zeitkonsistente Analyse der Bildungsprozesse in einer heterogenen Gesellschaft, weil sie als normative ordnungspolitische Fundierung die Erfahrungen eines Individuums oder die Zugehörigkeit zu einer bestimmten Gesellschaftsgruppe zu einem bestimmten Zeitpunkt ausblenden. Denn niemand weiß zu Beginn, welchen Werdegang er oder sie beschreiten wird, welche gesellschaftliche Stellung erreichbar ist und welche Talente und Begabungen sich durch Bildungsprozesse entfalten werden (Stettes, 2006, 37).

Erst wenn die vier Bildungsfunktionen effektiv und effizient erfüllt sind, können das Bildungswesen und die ihm zugrunde liegende föderale Ordnung zu Recht als qualitativ hochwertig und leistungsfähig bezeichnet werden, regionale, soziale und berufliche Mobilität garantieren und letztlich die Gewähr für Chancengerechtigkeit bieten. Das Gewicht der einzelnen Bildungsfunktionen ist – wie gezeigt – auf jeder Stufe der Bildungslaufbahn unterschiedlich hoch. Wenn Bildung in einem spezifischen Abschnitt der Bildungslaufbahn in allen Bundesländern die für diesen Abschnitt relevanten Funktionen erfüllt, kann aus ökonomischer Perspektive davon gesprochen werden, dass Lebensverhältnisse und Lebenschancen gleichwertig sind und die im Grundgesetz geforderte Rechts- und Wirtschaftseinheit im gesamtstaatlichen Interesse gewahrt bleibt.

3.3 Probleme und Risiken der künftigen föderalen Ordnung im Bildungswesen

Die künftige föderale Ordnung im Bildungswesen geht implizit davon aus, dass die Präferenzen der einzelnen Bundesländer heterogen sind und die Bildungspolitik kaum mit regionalen externen Effekten verbunden ist. Das ist an der Tatsache abzulesen, dass die bildungspolitische Verantwortung und Entscheidungsbefugnis mit Ausnahme der beruflichen Bildung auf die Bundesländer übertragen wurde (Abbildung 4.1). Auch im Hochschulbereich liegt die Entscheidungskompetenz in Zukunft prinzipiell bei den Bundesländern. Grundlage hierfür ist das Einstimmigkeitsgebot bei der Zustimmung der Bundesländer zur Beteiligung des Bundes an der Gemeinschaftsaufgabe Art. 91b Abs. 1 Nr. 2 GG „Förderung von Vorhaben der Wissenschaft und Forschung an Hochschulen".

Es ist jedoch fraglich, ob die Föderalismusreform dazu führen wird, die Missstände im Bildungswesen zu beseitigen und die Leistungsfähigkeit des Bildungswesens durch einen Wettbewerb der Bundesländer untereinander aus gesamtstaatlicher Perspektive zu verbessern. Vielmehr ist zu befürchten, dass die Reformmaßnahmen die Funktionen von Bildung, Bildungsteilnehmer zu sozialisieren, ihnen Basiskompetenzen und berufliche Qualifikationen zu vermitteln sowie Bildungs- und Beschäftigungschancen gerecht zu verteilen, untergraben werden. Für diese These sprechen die nachfolgenden ausgewählten Befunde.

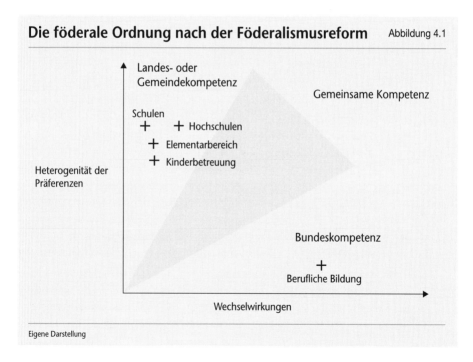

Die föderale Ordnung nach der Föderalismusreform — Abbildung 4.1

Eigene Darstellung

3.3.1 Kommunen

Die Kommunen übernehmen derzeit noch ein Fünftel der öffentlichen Ausgaben für Bildung, obwohl sie vor allem im Elementarbereich und bei den allgemeinbildenden und beruflichen Schulen keinen Einfluss auf die rechtliche Ausgestaltung der staatlichen Aufgabe ausüben können. Dies wäre lediglich dann zu rechtfertigen, wenn die Kommunen von den Erträgen dieser Bildungsinvestitionen auch profitieren, indem sie wegen ihrer Kinderbetreuungs- und Schulinfrastruktur ihre Attraktivität als Standort für Unternehmen und Familien steigern. Wegen des kommunalen Finanzausgleichs verbleiben die potenziellen Steuermehreinnahmen aber nur zu einem Teil in den Städten und Gemeinden (Vesper, 2005). Dies hat zur Folge, dass eine Gemeinde aus ökonomischen Erwägungen nur einen geringen Anreiz hat, die Infrastruktur im Elementar- und Schulbereich im erforderlichen Maß auszubauen und zu erhalten. Ein Blick auf den Familienatlas zeigt, dass die Betreuungslage aufgrund der Möglichkeiten zur Gestaltung des Rechtsanspruchs nicht nur zwischen den Bundesländern variiert, sondern auch innerhalb eines Bundeslandes beträchtliche Unterschiede zwischen den Gemeinden existieren (BMFSFJ, 2005, 7). Und trotz der Zuweisungen an die Kommunen durch das jeweilige Bundesland besteht bei den Schulgebäuden und der Innenausstattung vielerorts Sanierungs- und bei der Ausstattung mit elektronischen Medien erheblicher Investitionsbedarf (Klein, 2006, 110). Obwohl die Präferenzen der Regionen hinsichtlich Sozialisation und Erwerb von Basiskompetenzen im Elementarbereich und an den Grundschulen homogen sind und in großem Umfang regionale externe Effekte existieren, erhalten Kinder durch das gegenwärtige Regulierungs- und Finanzierungsregime – je nachdem, in welchem Bundesland sie wohnen – sehr ungleiche Startchancen. Die beiden genannten Bildungsfunktionen werden nicht in dem Maße erfüllt, wie dies aus gesamtstaatlicher Perspektive wünschenswert wäre.

3.3.2 Schulen

Die Bundesländer tragen die alleinige Verantwortung für die schulische Bildung. Die PISA-Studien haben gezeigt, dass der Anteil der 15-jährigen Jugendlichen in Deutschland, denen es an den erforderlichen Basiskompetenzen mangelt (Risikogruppe), bei mehr als einem Fünftel liegt und damit deutlich höher ist als in allen anderen west- und nordeuropäischen Ländern (PISA-Konsortium Deutschland, 2004). Die Unterschiede zwischen den Ländern sind beträchtlich, und der Anteil der Risikogruppen schwankt je nach Bereich (Mathematik und Lesen) zwischen gut 13 und 32 Prozent (PISA-Konsortium Deutschland, 2005, 63 und 92). Zugleich fällt beim Verlauf des Schulbesuchs im internationalen Vergleich auf, dass die Schüler hierzulande ihre Schullaufbahn zeitlich verzögert starten und beenden und dass das kumulierte Risiko eines Jugendlichen, bis zum zehnten Schuljahr ein Jahr wiederholen zu müssen, in den einzelnen Bundesländern zwischen 19,3 und 38,3 Prozent liegt (Klein, 2005, 63 f.).

Wenn aber junge Menschen nicht über die erforderlichen Basiskompetenzen verfügen, wenn sie die Schule verlassen, haben sie auch geringere Chancen, einen erfolgreichen Einstieg in die berufliche Ausbildung zu schaffen und diese erfolgreich abzuschließen. Sie unterliegen damit einem höheren Arbeitslosigkeitsrisiko. Die fiskalischen Kosten der mangelnden Ausbildungsreife, welche die Bundesländer im Schulwesen verantworten müssen, summieren sich auf rund 3,7 Milliarden Euro (Klein, 2005, 72). Darüber hinaus entstehen Folgekosten der nachschulischen Qualifizierung in erheblichem Umfang, die vom Bund, der BA und den Unternehmen getragen werden müssen. Deren direkte Kosten, die sie für die nachschulische Qualifizierung aufbringen, übersteigen mit knapp 1,9 Milliarden Euro jährlich (2004) deutlich die Aufwendungen der Länder (1,5 Milliarden Euro), die diese zusätzlich zur Reparatur der eigenen Versäumnisse aufbringen. Auch die betroffenen Jugendlichen tragen einen indirekten Vermögensschaden in Form von entgangenem Einkommen in Höhe von mehr als 1,5 Milliarden Euro, wenn man nur die 82.000 Schulabgänger ohne Abschluss im Jahr 2004 berücksichtigt (Plünnecke/Stettes, 2006, 20). Der föderalen Ordnung gelingt es also nicht, den Erwerb von Basiskompetenzen zu garantieren. Eltern und Schüler haben aber in der Regel nicht die Möglichkeit, Defiziten im regionalen Schulsystem durch die Wahl eines anderen Bildungsregimes auszuweichen. Die Transaktionskosten eines Umzugs in ein anderes Bundesland mit der gewünschten Qualität und dem präferierten bildungspolitischen Setting sind für viele angesichts der Gebundenheit an den Arbeitsort prohibitiv hoch. Die föderale Ordnung kann weder die fiskalischen Externalitäten, die durch die skizzierten Mängel im Schulwesen entstehen, effizient und effektiv internalisieren, noch kann sie die Bundesländer zu einem effizienten Umgang mit Steuermitteln veranlassen.

Negative fiskalische Externalitäten zwischen den Gebietskörperschaften entstehen jedoch nicht nur im unteren Bereich des Leistungsspektrums bei deutschen Jugendlichen, sondern auch im oberen. Bei den Gymnasiasten liegen die Leistungsunterschiede in den Regionen um eine halbe Standardabweichung auseinander (Neubrand et al., 2005, 76). Dies entspricht einem Leistungsniveauunterschied von einem Schuljahr. Offenkundig können die von der KMK beschlossenen Einheitlichen Prüfungsanforderungen für die Abiturprüfung (EPA), die zuletzt 2002 revidiert wurden, nicht verhindern, dass sie in den Ländern unterschiedlich interpretiert und angewendet werden (Klein, 2006, 99). Aufgrund der Unverbindlichkeit der EPA ist die Verteilungsfunktion momentan nicht ausreichend gesichert. Wenn jedoch die Studierfähigkeit von Abiturienten aus verschiedenen Bundesländern infrage gestellt ist, entstehen für das Bundesland, an dessen Hochschulen diese Studienberechtigten ihr Studium beginnen, erhebliche Folgelasten. Dazu zählen zusätzliche Transaktionskosten an den Hochschulen für das Screening der Studierfähigkeit von Studienplatzbewerbern sowie zusätzliche Kosten durch die Verlängerung von Studienzeiten und den vorzeitigen Abbruch des Studiums. Der Anreiz für die Bundesländer, Studienplätze bereitzustellen, wird somit verringert.

3.3.3 Hochschulen

Fiskalische Externalitäten werden im Zuge der Föderalismusreform noch aus einem anderen Grund bedeutsamer, denn die Bundesländer sind künftig nicht nur allein verantwortlich für den Hochschulbau, sondern können darüber hinaus auch den Hochschulzugang in Eigenregie regeln.

In der Hochschulausbildung existieren beträchtliche interregionale Wechselwirkungen in Form eines innerdeutschen Braindrains. Die Bildungsinvestitionen generieren durch die Mobilität von Hochschulabsolventen im Anschluss an das Studium häufig Einkommen und Wertschöpfung in anderen Bundesländern als in jenen, in denen die akademische Ausbildung absolviert und finanziert wurde: Ausbildungs- und Einsatzort fallen auseinander. Beispielsweise unterscheiden sich die Ersatzquoten der einzelnen Bundesländer beim Forschungspersonal (Verhältnis der MINT-Absolventen eines Jahrgangs zur Anzahl der

Beschäftigten in der Forschung) erheblich. Sie schwanken zwischen 7,8 Prozent in Bayern und 22,2 Prozent in Mecklenburg-Vorpommern (Abbildung 4.2). Es gibt einen signifikant negativen Zusammenhang zwischen der Höhe der Ersatzquote und der Bedeutung des Forschungsstandorts gemessen an der Zahl der Beschäftigten in der Forschung, aber auch der Patente[6] im Verhältnis zur Erwerbsbevölkerung. Dies impliziert, dass bereits heute die forschungsintensiven Standorte auf den Zuzug mobiler Hochqualifizierter angewiesen sind und von ihnen profitieren.

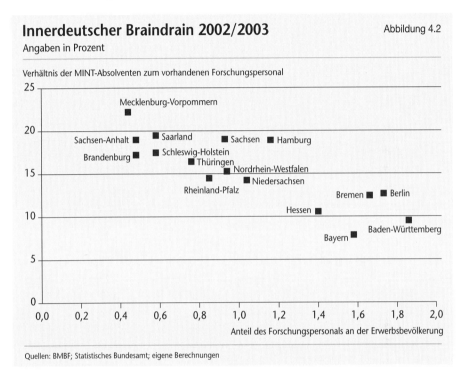

Abbildung 4.2

Quellen: BMBF; Statistisches Bundesamt; eigene Berechnungen

Die Problematik des innerdeutschen Braindrains lässt sich auch an der Entwicklung der Akademikerersatzquote – Zahl der Hochschulabsolventen in einem Jahr in Relation zur Zahl der Akademiker in der Bevölkerung im erwerbsfähigen Alter – ablesen. Zwischen 1998 und 2003 verzeichneten Baden-Württemberg (+5,3 Prozent), Bayern (+2,7 Prozent) und Hessen (+6,8 Prozent) deutliche Zuwächse bei der Zahl der Akademiker im erwerbsfähigen Alter, während die Zahl der Hochschulabsolventen im gleichen Zeitraum abnahm. Die steigenden Absolventenzahlen im Erhebungsjahr 2004 konnten den Rückgang der Akademikerersatzquote im Vergleich zu jener im Jahr 1998 nicht verhindern. Genau entgegengesetzt verlief die Entwicklung in den meisten ostdeutschen Bundesländern: Die Zahl der Akademiker im erwerbsfähigen Alter sank dort deutlich (Mecklenburg-Vorpommern: –6,6 Prozent, Sachsen: –2,0 Prozent, Sachsen-Anhalt: –16,4 Prozent und Thüringen: –7,1 Prozent), obwohl die Zahl der Hochschulabsolventen in diesen Bundesländern deut-

[6] iwd, 2006, 6 f.

lich gesteigert werden konnte. Dies impliziert erhebliche Wanderungsbewegungen hochqualifizierter Personen von Ost- nach Westdeutschland und dort insbesondere in die südlichen Bundesländer.

Einem Bundesland geht bei Wegzug des Hochschulabsolventen nicht nur die Möglichkeit verloren, die regionale Humankapitalinvestition zu amortisieren, sondern es wird aufgrund der gegenwärtigen Struktur des föderalen Finanzausgleichs auch noch zusätzlich bestraft. Dies zeigt folgendes Beispiel (Abbildung 4.3): Ein Hochschulabsolvent wandert nach Beendigung des Studiums von Rostock nach München, um seine Arbeitsstelle anzutreten. Pro Jahr zahlt er 10.000 Euro Lohnsteuer. Von diesem Betrag fließen zunächst knapp 4.200 Euro in den Bundeshaushalt. Das Land Bayern und die Kommunen im Freistaat erhalten zusammen gut 4.400 Euro. Der restliche Betrag wird über den horizontalen Länderfinanzausgleich auf die Bundesländer aufgeteilt. Da die Einwohnerzahl durch den Wegzug der Hochschulabsolventen sinkt, erhält Mecklenburg-Vorpommern pro Jahr knapp 2.200 Euro weniger als zuvor.

Durch den Rückzug des Bundes aus der Hochschulfinanzierung wird für ein Bundesland der Anreiz verstärkt, die Hochschulen auf die Forschung zu spezialisieren und den Ausbildungsauftrag zu vernachlässigen. Auf diese Weise erhöht es seine Attraktivität als

Unternehmensstandort und generiert mithilfe zugezogener akademischer Fachkräfte Verbundeffekte zwischen Hochschulforschung und Forschung sowie Hochschulforschung und Anwendung von Forschungsergebnissen in den Unternehmen vor Ort. Obwohl auch Hochschulen mit Forschungsschwerpunkt eine kritische Masse von Studierenden benötigen, um den Wissenschaftsbetrieb effektiv und effizient zu organisieren, besteht für ein Bundesland ein hoher Anreiz, die Kosten für die Hochschulausbildung in Grenzen zu halten, indem es den Zugang zu einem Studienplatz auf Studienberechtigte aus dem eigenen Bundesland oder Hochbegabte beschränkt. Die Möglichkeit hierzu erhalten die Bundesländer durch die Abweichungsgesetzgebung beim Hochschulzugang, durch eine Diskriminierung von Studienberechtigten beim Zugang zu Darlehen zur Finanzierung von Studiengebühren sowie durch regional gestaffelte Gebühren. Die Föderalismusreform verstärkt das sogenannte Gefangenendilemma: Die Finanzierung der Hochschulausbildung stellt aus regionalpolitischer Perspektive keine lohnende Investition dar, sodass aus gesamtwirtschaftlicher Perspektive zu wenige Hochschulplätze in Deutschland geschaffen werden.

4 Vorschläge für einen effizienten Bildungsföderalismus

Der vorangegangene Abschnitt hat gezeigt, dass die föderale Ordnung den homogenen Präferenzen der Bundesländer und den dort lebenden Bildungsnachfragern nicht gerecht wird. Sie ist auch nicht in der Lage, die in erheblichem Umfang existierenden regionalen externen Effekte zu internalisieren. Es besteht vielmehr die Gefahr, dass die Bundesländer als bildungspolitisch verantwortliche Akteure die Folgekosten einer ineffizienten und ineffektiven Bildungspolitik noch stärker auf Dritte (zum Beispiel andere Bundesländer, Unternehmen, Bildungseinrichtungen) verlagern. Die Steigerung der Leistungsfähigkeit des Bildungswesens setzt daher die Zentralisierung der bildungspolitischen Verantwortlichkeit und damit eine Verlagerung auf die Bundesebene voraus – nur so ist das gesamtstaatliche Interesse in Bildungsfragen zu wahren. Allerdings weiß der Bund nicht, welches die optimale bildungspolitische Maßnahme ist, um die Qualität der Bildung an Schulen und Hochschulen anzuheben und die Aussagekraft von Zeugnissen und Abschlüssen sicherzustellen, und was gleichzeitig allen Umständen und Anforderungen in den einzelnen Bundesländern genügt. Das Problem der Informationsasymmetrien bleibt also trotz homogener Präferenzen und regionaler externer Effekte virulent. Deshalb sollten auf Bundesebene lediglich verbindliche und kontrollierbare Rahmenvorgaben beschlossen werden, die von den Bundesländern konkretisiert und ausgefüllt werden und deren Umsetzung weitestgehend autonomen Bildungseinrichtungen obliegt (Abbildung 4.4). Im Sinne der „federal mandates" setzt ein effizientes und effektives Bildungssystem aus gesamtstaatlicher Perspektive eine föderale Verantwortungskaskade mit gemischter, aber eindeutiger Aufgabenverteilung für jede spezifische Gebietskörperschaftsebene voraus; diese Kaskade ist aber nicht zu verwechseln mit kollektiver Verantwortungslosigkeit (Stettes, 2006, 58). Deshalb sollte ein effektives und effizientes gesetzliches Sanktionsverfahren integriert sein, das greift, wenn ein Bundesland oder eine Bildungseinrichtung ihren öffentlichen Bildungsauftrag systematisch nicht erfüllt oder nicht erfüllen kann. In diesem Sinne werden die bildungspolitischen Akteure auf den unteren föderalen Ebenen in einen gesamt-

Verantwortungskaskade im Bildungsföderalismus — Abbildung 4.4

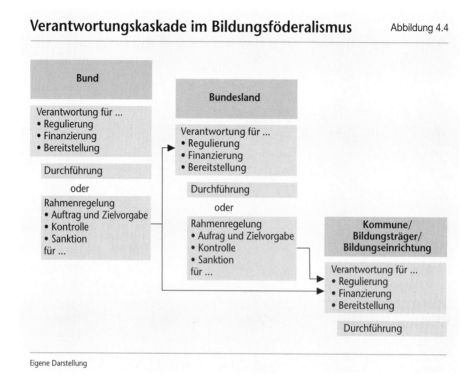

Eigene Darstellung

staatlichen Wettbewerbsrahmen eingebunden, der den Wettbewerb zwischen den Bildungseinrichtungen zum Wohle der gesamten Gesellschaft und vor allem der Teilnehmer fördert.

Was das für die jeweiligen Bildungsstufen im Einzelnen bedeutet, wird in den nachfolgenden Abschnitten deutlich.

4.1 Elementarbereich

Im Elementarbereich sollte der Bund die Finanzierung der Betreuung in den Kinderkrippen und Kindergärten bis zum letzten Jahr vor der Einschulung übernehmen. Um die Wahlfreiheit der Eltern effektiv zu stärken und die Betreuungseinrichtungen in einen qualitätssteigernden und ressourcensparenden Wettbewerb einzubinden, sollten die Mittel als Gutscheine an die Eltern vergeben werden. Eine Differenzierung der Gutscheinhöhe nach dem individuellen Förderbedarf wahrt dabei die Chancengerechtigkeit der Kinder und gleicht gegebenenfalls einen schwierigen sozioökonomischen Hintergrund aus.

Um den Bildungsauftrag im Elementarbereich zu stärken, ist bundesweit – in Analogie zur Schulpflicht – der verpflichtende, aber gebührenfreie Besuch einer Betreuungseinrichtung im letzten Jahr vor der Einschulung zu implementieren. Während dieses letzten Vorschuljahres sollten auf der Basis bundesweit geltender verbindlicher und für die Altersklasse angemessener Bildungsmindeststandards die Sprachstandsentwicklung gemessen und die vorhandenen Entwicklungsdefizite durch eine gezielte individuelle Förderung behoben werden. Damit sich der Übergang zur Schule reibungslos vollzieht, sollten die

Bundesländer – wie bisher – verbindliche Rahmenvorgaben in Eigenregie konkretisieren und die Umsetzung in den Bildungseinrichtungen in Analogie zu den allgemeinbildenden Schulen finanzieren. Eine Beteiligung der Kommunen an der Finanzierung kann daraufhin entfallen. Zusätzlich leistet der Bund Ausgleichszahlungen für einen besonderen Förderaufwand, der sich zum Beispiel aufgrund eines unterschiedlich hohen Anteils von Kindern mit Migrationshintergrund ergibt (Anger/Seyda, 2006, 87 f.). Ferner sollte er die Kosten für die Evaluation und die Qualitätssicherung übernehmen, anhand derer er überprüft, ob die Bundesländer ihre Vorgaben auch erfüllen.

4.2 Allgemeinbildende Schulen

Auch im Bereich der allgemeinbildenden Schulen ist die Einführung bundesweit einheitlicher Rahmenstandards notwendig, um die Ausbildungs- und Studierreife aller Absolventen zu sichern und die Vergleichbarkeit der Schulabschlüsse in ganz Deutschland zu gewährleisten. Die ausdrückliche Verneinung einer (Teil-)Verantwortung des Bundes für die schulische Bildung im Zuge der Föderalismusreform ist aus bildungsökonomischer Perspektive nicht angemessen. Deshalb sollten sich die Bundesländer zumindest auf Basis eines Staatsvertrags auf verbindliche Bildungsmindeststandards einigen, für deren Einhaltung jedes Bundesland verantwortlich ist. Dies impliziert, dass ein solcher Staatsvertrag auch die Modalitäten des Sanktionsverfahrens enthalten muss, das bei einem systematischen Verfehlen der gemeinsamen bildungspolitischen Ziele durch ein Bundesland greift. Das Sanktionsverfahren dient der effektiven und verursachergerechten Internalisierung der momentan existierenden fiskalischen Externalitäten, welche durch die mangelnde Ausbildungsreife und Studierfähigkeit von Schulabgängern beim Bund, bei der BA und in anderen Bundesländern entstehen. Es bewahrt so die Chancengerechtigkeit für Kinder und Jugendliche, Zugang zu nachfolgenden (Aus-)Bildungsmaßnahmen unabhängig vom Wohnort zu erhalten.

Die klare Kompetenzzuweisung unter eindeutigen und nachprüfbaren verbindlichen Rahmenvorgaben erfordert, dass die Bundesländer neben der Regulierung in Zukunft auch die Finanzierung der schulischen Bildung vollständig übernehmen. Dazu zählt neben der Finanzierung der Infrastruktur (einschließlich der der beruflichen Schulen) auch jene für die nachschulische Qualifizierung. Der Bund sollte sich lediglich bei der Förderung besonders bedürftiger Schüler und bei der Finanzierung von Institutionen und Instrumenten zur Entwicklung, Koordination, Evaluation und Kontrolle der Bildungsstandards in Form pauschalierter Zuweisungen beteiligen. Während die Finanzierung von Informations- und Kontrollinstrumenten für die neue Gemeinschaftsaufgabe nach Art. 91b Abs. 2 GG „Feststellung der Leistungsfähigkeit des Bildungswesens im internationalen Vergleich" auf einer festen rechtlichen Grundlage steht, muss zur Gewährung von Finanzhilfen durch den Bund das Kooperationsverbot für die schulische Bildung entweder innerhalb einer neu zu schaffenden Gemeinschaftsaufgabe Bildung oder durch Modifikation von Art. 104b außer Kraft gesetzt werden.

Die einzelnen Schulen und Schulträger sollten in Zukunft bei der Umsetzung der Bildungsziele weitreichende Handlungsfreiheit erhalten, um damit den spezifischen Anforderungen vor Ort effektiv und effizient gerecht werden zu können. Dazu zählt auch die Autonomie in personalpolitischen Fragen wie Einstellungen, Entlassungen, Personalentwicklung und Entgelt. Die Verlagerung der Kompetenz in Besoldungs- und Versorgungsfragen auf die Bundesländer durch die Föderalismusreform eröffnet die Möglichkeit, dass die Schulen innerhalb eines Bundeslandes und zwischen den Regionen in einen Wettbewerb um die besten Köpfe eintreten können, sofern die Bundesländer ihren Spielraum nutzen, die rechtlichen Voraussetzungen für eine ziel- und leistungsorientierte Besoldung der Lehrkräfte zu implementieren. Den Bundesländern obliegt es, den Schulen den geeigneten Rahmen für einen qualitätssteigernden Wettbewerb (zum Beispiel Lehrpläne, Zentralprüfungen) bereitzustellen, sie zu beaufsichtigen und zu kontrollieren.

4.3 Berufliche Bildung

Die Bundeskompetenz in der beruflichen (Aus-)Bildung ist aus bildungsökonomischer Perspektive angemessen, um die Mobilität der Beschäftigten zu erhalten und die Transaktionskosten für die Unternehmen zu reduzieren. Die Bundesländer sollten jedoch die allgemeinbildenden Schulabschlüsse an den beruflichen Schulen in die Sicherung der Qualitätsstandards einbeziehen. Lediglich bei der beruflichen Weiterbildung besteht kein Handlungsbedarf, föderale Verantwortlichkeiten zu reformieren. Die Gründe dafür sind die Diversität der beruflichen Weiterbildung, ihr Nutzen für Betriebe und Mitarbeiter, ihr Anwendungsbezug, die Beteiligung der Unternehmen als Intermediäre, die niedrigeren Informationsasymmetrien bei der Einschätzung der Qualität der Bildungsdienstleistung sowie die größere räumliche Mobilität der Bildungsnachfrager bei der Wahl der Bildungseinrichtung.

4.4 Hochschulen

Die mit der Föderalismusreform in die Wege geleitete Übertragung der öffentlichen Verantwortung für die Hochschulbildung an die Bundesländer ist wegen der Gefahr einer stärkeren Fehlsteuerung in der Lehre – Stichwort Rückführung der Lehrkapazitäten zugunsten von Forschungskapazitäten – mit großen Risiken behaftet und in der verabschiedeten Form aus bildungsökonomischer Perspektive abzulehnen. Dies gilt im Besonderen für die Abweichungsgesetzgebung in Fragen der Hochschulzulassung und der Hochschulabschlüsse, die zu einer Beeinträchtigung der Verteilungsfunktion führen können.

Die Beendigung der Gemeinschaftsaufgabe Hochschulbau ist zwar grundsätzlich zu begrüßen, denn die positiven Impulse, die von den Hochschulen in die regionale Wirtschaft ausstrahlen, rechtfertigen die alleinige Verantwortung der Bundesländer für die Grundfinanzierung von Universitäten und Fachhochschulen und ebenso für die Bereitstellung der Infrastruktur. Anstelle der Kompensationsleistung für den Hochschulbau bis 2019 hätten aber die freigewordenen Mittel des Bundes besser dem Einstieg in ein nachfragegesteuertes Finanzierungssystem auf Bundesebene dienen sollen. In Kombination mit zusätzlichen Zuweisungen der Bundesländer nach dem Königsteiner Schlüssel würde ein länderübergreifender Studiengutscheintopf den Anreiz für die Bundesländer schaffen, eine ausreichende Zahl von Studienplätzen bereitzustellen, und zwar unabhängig davon, in welchem Bundesland die Absolventen nach Abschluss ihres Studiums eine berufliche Tätigkeit aufnehmen. Ein nachfragegesteuertes Hochschulfinanzierungssystem würde damit auch dem Investitionscharakter der akademischen Ausbildung gerecht, bei der Kosten und Erträge nicht nur zeitlich, sondern auch räumlich auseinanderfallen.

Die Einführung von Studiengebühren in den einzelnen Bundesländern sollte durch Einrichtung eines bundesweiten Darlehens- und Stipendiensystems begleitet werden, um zu garantieren, dass der Zugang zu Refinanzierungsmöglichkeiten für alle Studierenden offen ist und nicht der ökonomische Familienhintergrund über eine Studienaufnahme entscheidet (Konegen-Grenier, 2006, 181 ff.). Es ist fraglich, ob die Bundesländer das erforderliche Finanzvolumen von jährlich rund 5 Milliarden Euro für Darlehen und Stipendien (Konegen-Grenier, 2006, 183) aufbringen können, um eine flächendeckende Refinanzierung der Gebühren zu ermöglichen. Länderspezifische Regelungen bergen die Gefahr, dass gebietsfremde Studienwillige bei der Vergabe von Stipendien und Darlehen diskriminiert werden. Auf Basis von Art. 74 Abs. 1 Nr. 13 GG könnte der Bund das Refinanzierungssystem rechtlich absichern und durch Umschichtung von BAföG-Mitteln sowie Kindergeld gegenfinanzieren.

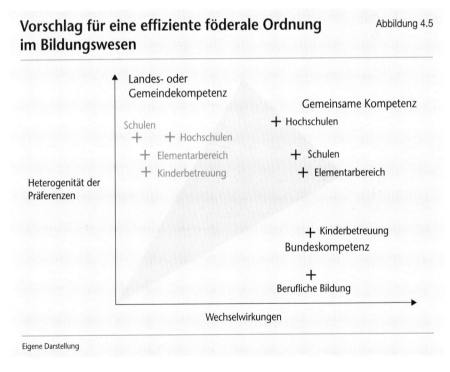

Abbildung 4.5: Vorschlag für eine effiziente föderale Ordnung im Bildungswesen

Eigene Darstellung

Eine optimale föderale Zuordnung von Kompetenzen sieht im Unterschied zur Richtung der Föderalismusreform eine beträchtliche Mitwirkung, Mitsprache und Mitverantwortung des Bundes vor (Abbildung 4.5). Dabei gilt im Grundsatz, dass die Einwirkungsmöglichkeiten des Bundes umso größer sein sollten, je früher sich eine Person in ihrer Bildungslaufbahn befindet, denn auf den ersten Stufen des Bildungsprozesses dominieren die Bildungsfunktionen Sozialisation und Erwerb von Basiskompetenzen, bei denen kaum interregionale Präferenzunterschiede, wohl aber starke regionale externe Effekte existieren. Im Bund beziehungsweise auf der Bundesebene sollten gerade im Elementarbereich und bei den allgemeinbildenden Schulen gemeinsame verbindliche Vorgaben für die Bundesländer geschaffen werden, innerhalb derer die Bundesländer ihr bildungspolitisches Setting frei gestalten können, um den Wettbewerb zwischen den Bildungseinrichtungen zu intensivieren, dabei aber die Chancengerechtigkeit beim Zugang zu nachfolgenden Bildungsprozessen zu wahren. Im Hochschulbereich ist ein intensiver Eingriff der Bundesebene weniger notwendig, weil die Mobilität der Bildungsteilnehmer im Vergleich zu den vorgelagerten Bildungsstufen relativ hoch ist und externe Effekte der Hochschulbildung in stärkerem Umfang räumlich begrenzt sind.

Zusammenfassung

- Die Föderalismusreform stärkt oder festigt die bildungspolitische Verantwortung der Bundesländer in allen Bildungsbereichen mit Ausnahme der beruflichen Bildung. Die Bundesländer regulieren im Auftrag des Bundes eigenständig die Umsetzung und Finanzierung der frühkindlichen Bildung und Erziehung. Sie besitzen die ausschließliche Gesetzgebungsbefugnis bei der Schulbildung und haben durch die Abschaffung der Hochschulrahmengesetzgebung und der Gemeinschaftsaufgabe Hochschulbau sowie durch die Implementierung der Abweichungsgesetzgebung deutlich mehr Verantwortung und Entscheidungsbefugnis als vor der Reform.
- Bei hoher interregionaler Homogenität der Präferenzen und starken regionalen externen Effekten ist eine überregionale bildungspolitische Entscheidungsbefugnis einer dezentralen Verantwortungszuweisung überlegen. Existieren jedoch bei zentraler Kompetenz große Informationsasymmetrien, sodass unklar ist, welches bildungspolitische Arrangement für die spezifische Region optimal ist, so ist eine Übertragung der Verantwortung auf eine untere Ebene effizient – sofern diese verbindlichen Vorgaben folgen muss und durch die übergeordnete Ebene kontrolliert und gegebenenfalls sanktioniert wird.
- Die künftige föderale Aufgabenverteilung mit ihrer Dezentralisierung missachtet interregional homogene Präferenzen und die Existenz von positiven oder auch negativen regionalen externen Effekten im Elementarbereich und im Bereich der schulischen Bildung. Ihr fehlt das bindende Element der Kontrolle und Sanktion, um das gesamtstaatliche Interesse in der frühkindlichen und schulischen Bildung zu wahren.
- Die föderale Struktur der Hochschulfinanzierung begünstigt das Trittbrettfahren eines Bundeslandes im Hinblick auf die Bereitstellung einer angemessenen Zahl von Studienplätzen. Ein auf Bundesebene angesiedeltes nachfragegesteuertes Finanzierungssystem über Gutscheine, Darlehen und Stipendien könnte auch bei dezentraler Verantwortung der Bundesländer für den Hochschulbau und die Grundfinanzierung der Hochschulbildung den Anreiz für die Länder aufrecht erhalten, eine ausreichende Zahl von Studienplätzen unabhängig davon bereitzustellen, ob die späteren Hochschulabsolventen in der Region verbleiben.
- In der beruflichen Bildung ist keine Verlagerung der im Grunde auf Bundesebene angesiedelten Kompetenz erforderlich.

Literatur

Alt, Christel / **Sauter**, Edgar / **Tillmanns**, Heinrich, 1994, Berufliche Weiterbildung in Deutschland: Strukturen und Entwicklungen, Bielefeld

Anger, Christina / **Seyda**, Susanne, 2006, Elementarbereich: Frühkindliche Bildung, Betreuung und Erziehung, in: Institut der deutschen Wirtschaft Köln (Hrsg.), Bildungsfinanzierung und Bildungsregulierung in Deutschland: Eine bildungsökonomische Reformagenda, Köln, S. 61–90

Becker, Gary S., 1975, Human Capital: A Theoretical and Empirical Analysis with Special Reference to Education, New York

Behmenburg, Ben, 2003, Bleibt Schulwesen Ländersache?, in: Recht der Jugend und des Bildungswesens, Nr. 2, S. 165–178

BLK – Bund-Länder-Kommission für Bildungsplanung und Forschungsförderung, 2006, Bildungsfinanzbericht 2004/2005, Bonn

BMFSFJ – Bundesministerium für Familie, Senioren, Frauen und Jugend, 2005, Potenziale erschließen – Familienatlas 2005, Berlin

Enste, Dominik / **Stettes**, Oliver, 2005, Bildungs- und Sozialpolitik mit Gutscheinen: Zur Ökonomik von Vouchers, IW-Analysen, Nr. 14, Köln

Herzog, Roman, 2006, Klarer Fortschritt, in: Kölner Stadtanzeiger, 23. Juni 2006, S. 10

iwd – Informationsdienst des Instituts der deutschen Wirtschaft Köln, 2006, Innovationsregionen: Wer hat's erfunden? Der Süden!, 32. Jg., Nr. 28, S. 6–7

Klein, Helmut E., 2005, Direkte Kosten mangelnder Ausbildungsreife in Deutschland, in: IW-Trends, 32. Jg., Nr. 4, S. 61–75

Klein, Helmut E., 2006, Allgemein bildendes Schulsystem: Deregulierung und Qualitätsstandards, in: Institut der deutschen Wirtschaft Köln (Hrsg.), Bildungsfinanzierung und Bildungsregulierung in Deutschland: Eine bildungsökonomische Reformagenda, Köln, S. 91–142

Klös, Hans-Peter / **Plünnecke**, Axel, 2006, Bildungsfinanzierung und Bildungsregulierung in Deutschland: eine bildungsökonomische Einordnung, in: Institut der deutschen Wirtschaft Köln (Hrsg.), Bildungsfinanzierung und Bildungsregulierung in Deutschland: Eine bildungsökonomische Reformagenda, Köln, S. 9–29

Konegen-Grenier, Christiane, 2006, Hochschule: Autonomie und nachfrageorientierte Finanzierung, in: Institut der deutschen Wirtschaft Köln (Hrsg.), Bildungsfinanzierung und Bildungsregulierung in Deutschland: Eine bildungsökonomische Reformagenda, Köln, S. 143–187

Leschinsky, Achim, 2003, Der institutionelle Rahmen des Bildungswesens, in: Cortina, Kai S. et al. (Hrsg.), Das Bildungswesen in der Bundesrepublik Deutschland, Hamburg, S. 148–213

Nagel, Bernhard, 2004, Das Rechtssystem in der Weiterbildung, in: Nuissl, Ekkehard / Krug, Peter (Hrsg.), Praxishandbuch Weiterbildungsrecht, Köln, S. 1–82

Neubrand, Michael / **Blum**, Werner / **Ehmke**, Timo / **Jordan**, Alexander / **Senkbeil**, Martin / **Ulfig**, Frauke / **Carstensen**, Claus H., 2005, Mathematische Kompetenz im Ländervergleich, in: PISA-Konsortium Deutschland (Hrsg.), PISA 2003 – Der zweite Vergleich der Länder in Deutschland: Was wissen und können Jugendliche, Münster u. a. O., S. 51–84

OECD – Organisation for Economic Co-operation and Development, 2003, The Sources of Economic Growth, Paris

OECD, 2004, Die Politik frühkindlicher Betreuung, Bildung und Erziehung in der Bundesrepublik Deutschland: Ein Länderbericht der Organisation für wirtschaftliche Zusammenarbeit und Entwicklung, Paris

PISA-Konsortium Deutschland, 2004, PISA 2003 – Der Bildungsstand der Jugendlichen in Deutschland: Ergebnisse des zweiten internationalen Vergleichs, Münster u. a. O.

PISA-Konsortium Deutschland, 2005, PISA 2003 – Der zweite Vergleich der Länder in Deutschland: Was wissen und können Jugendliche, Münster u. a. O.

Plünnecke, Axel / **Stettes**, Oliver, 2006, IW-Bildungsmonitor 2005 – Die Bildungssysteme der Bundesländer im Vergleich, in: IW-Trends, 33. Jg., Nr. 2, S. 3–18

Plünnecke, Axel / **Stettes**, Oliver, 2006, IW-Bildungsmonitor 2006 – Das Benchmarking der Bildungssysteme in den Bundesländern aus bildungsökonomischer Perspektive, Forschungsbericht für die Initiative Neue Soziale Marktwirtschaft, Köln

Reinberg, Alexander / **Hummel**, Markus, 2005, Vertrauter Befund: Höhere Bildung schützt auch in der Krise vor Arbeitslosigkeit, IAB-Kurzbericht 09/2005, Nürnberg

Schwager, Robert, 2005, PISA-Schock und Hochschulmisere – hat der deutsche Bildungsföderalismus versagt?, in: Perspektiven der Wirtschaftspolitik, 6. Jg., Nr. 2, S. 198–205

Stettes, Oliver, 2006, Bildungsökonomische Grundlagen: Investitionen in Humankapital, in: Institut der deutschen Wirtschaft Köln (Hrsg.), Bildungsfinanzierung und Bildungsregulierung in Deutschland: Eine bildungsökonomische Reformagenda, Köln, S. 31–60

Vesper, Dieter, 2005, Gibt es fiskalische Anreize für die Kommunen zum Ausbau der Kinderbetreuung?, in: DIW-Wochenbericht, 72. Jg., Nr. 3, S. 41–48

Weiß, Reinhold, 2006, Weiterbildung: Qualitätssicherung und Nachfrageorientierung, in: Institut der deutschen Wirtschaft Köln (Hrsg.), Bildungsfinanzierung und Bildungsregulierung in Deutschland: Eine bildungsökonomische Reformagenda, Köln, S. 227–266

Werner, Dirk, 2006, Berufsausbildung: Integrationsverbesserung und Qualitätssicherung, in: Institut der deutschen Wirtschaft Köln (Hrsg.), Bildungsfinanzierung und Bildungsregulierung in Deutschland: Eine bildungsökonomische Reformagenda, Köln, S. 189–226

Kapitel 5

Oliver Koppel

Föderale Aspekte der FuE- und Innovationspolitik

Inhalt

1	Einleitung	133
2	Marktversagen im Forschungs- und Innovationsbereich	133
2.1	Spillover	133
2.2	Unteilbarkeiten und Informationsasymmetrien	136
3	Öffentliche Forschungsförderung	137
3.1	Projektförderung	137
3.2	Institutionelle Förderung	142
Zusammenfassung		151
Literatur		152

1 Einleitung

Die Kompetenzen in den Politikbereichen, die als Schnittstellen der Innovationspolitik fungieren, liegen entweder beim Bund (Wettbewerbs- und Arbeitsmarktpolitik) oder bei den Ländern (Bildungspolitik). Die Zuständigkeit der föderalen Ebenen im Bereich Forschungs- und Innovationspolitik selbst ist dagegen in Deutschland nicht gesetzlich geregelt[1], sodass de facto eine Gleichberechtigung von Bund und Ländern vorliegt. Auch die Föderalismusreform sieht keine Änderung an diesem Status quo vor. Als Konsequenz dieser fehlenden klaren Kompetenzzuweisung werden beispielsweise außeruniversitäre Forschungseinrichtungen auf Grundlage des „kooperativen Föderalismus" gefördert, das heißt Bund und Länder wirken bei der Förderung von Einrichtungen wie der Max-Planck- und der Fraunhofer-Gesellschaft zusammen. Im Pakt für Forschung und Innovation wurden die Position dieser außeruniversitären Einrichtungen und vor allem die gemeinsame Finanzierungsverantwortung von Bund und Ländern nochmals gestärkt. Da im Bereich Forschung und Innovation keine föderale Kompetenzverteilung existiert, hat sich das derzeit vorliegende Muster der Forschungs- und Innovationsförderung im Laufe der Zeit ohne Einwirkung vorgegebener föderaler Einflüsse entwickelt. Das Ziel der folgenden Abschnitte ist, dieses Muster anhand der beiden dominanten Instrumente institutionelle Förderung und Projektförderung unter fiskalföderalistischen Kriterien zu beurteilen.

2 Marktversagen im Forschungs- und Innovationsbereich

Eine staatliche Förderung von Forschung und Entwicklung (FuE) und Innovationen kann unter ökonomischen Aspekten dann gerechtfertigt werden, wenn ein Marktversagen vorliegt, das zu einer ineffizienten Mittelverwendung führt. Dieser Abschnitt gibt einen Überblick über die im Forschungs- und Innovationsbereich vorherrschenden Gründe für das Marktversagen und deren Bedeutung für die Zuweisung föderaler Kompetenzen.

2.1 Spillover

In der naturwissenschaftlich orientierten Grundlagenforschung wird eine Spillover-Problematik deutlich, denn die Grundlagenforschung schafft definitionsgemäß die Voraussetzungen und damit die Basis für die nachfolgende anwendungsorientierte Forschung. Beispielsweise werden die dort erarbeiteten Ergebnisse in der Regel in Fachzeitschriften veröffentlicht und anschließend der Allgemeinheit zur Verfügung gestellt. Dieses Wissen bezieht sich meist auf wissenschaftliche Prinzipien und weist damit einen entsprechend hohen Abstraktionsgrad auf. Aufgrund der Nichtrivalität und der – letztlich auch intendierten – Nichtausschließbarkeit bei der Verwendung hat das in der Grundlagenforschung generierte Wissen den Charakter eines öffentlichen Gutes, sodass mit der Nutzung dieses abstrakten Wissens signifikante Spillover verbunden sein können (Arrow, 1962). Ein Indiz für Marktversagen, das sich aus der Nichtausschließbarkeit ergibt, ist die fehlende Möglichkeit, dieses Wissen exklusiv zu nutzen; im Laissez-faire-Gleichgewicht führt dies zu

---

[1] Mit Ausnahme der Länderkompetenz im Bereich Lehre und Forschung an Hochschulen (vgl. Kapitel 4).

einer Unterinvestition im FuE-Bereich. Staatliche Forschungsförderung kann derartige Spillover internalisieren und dazu beitragen, dass die sozialen Erträge der Grundlagenforschung bestmöglich ausgeschöpft werden.

Die Anmeldung eines Patents ist dagegen das Ergebnis einer anwendungsorientierten Forschungsleistung, da es sich hierbei um eine Erfindung handelt, die eine Umsetzung in marktfähige Produkte oder Produktionsprozesse anstreben sollte. Das Patent impliziert in diesem Zusammenhang ein (temporäres) Schutzrecht des intellektuellen Eigentums, das der Erfindung zugrunde liegt; das heißt, der Erfinder kann andere potenzielle Anwender über den Preismechanismus von der Nutzung dieses spezifischen Wissens ausschließen.[2] Bei adäquaten Rahmenbedingungen hinsichtlich des Schutzes intellektueller Eigentumsrechte liegen bei der anwendungsorientierten Forschung folglich primär private Erträge im FuE-Bereich vor.

Wegen der Problematik öffentlicher Güter wird die Grundlagenforschung nahezu weltweit entweder staatlich finanziert oder sogar von staatlichen Institutionen übernommen. Die Spillover haben den (erwünschten) Effekt, dass Wissen aus der Grundlagenforschung in die Privatwirtschaft fließt, deren Wissensstock hierdurch erhöht wird. In dem Versuch, diese Spillover zu quantifizieren, zeigt Tijssen (2001), dass privatwirtschaftliche Unternehmen bei der Entwicklung von etwa 20 Prozent ihrer Innovationen auf Forschungsergebnisse zurückgriffen, die zuvor in öffentlichen Forschungseinrichtungen erarbeitet worden waren. Die Analyse von Tijssen basiert unter anderem auf Patentanmeldungen von Unternehmen und untersucht, welche Fachpublikationen im entsprechenden Patentantrag zitiert werden. Cohen et al. (2002) bestätigen die Existenz derartiger Spillover in der Grundlagenforschung. Bei ihrer Befragung von Entscheidungsträgern in der FuE gab mehr als jeder fünfte Befragte an, bei den eigenen Innovationsprojekten innerhalb der vergangenen drei Jahre Ergebnisse und Methoden aus der öffentlichen Grundlagenforschung verwendet zu haben. Die aus fiskalföderalistischer Sicht besonders relevante Frage nach der räumlichen Dimension dieser Spillover wird unter anderem von Autant-Bernard (2001) analysiert. Sie untersucht Unternehmen aus dem Verarbeitenden Gewerbe und weist mittels einer ökonometrischen Schätzung zunächst positive Spillover der Grundlagenforschung auf private Forschungs- und Innovationsaktivitäten nach. Allerdings konzentrieren sich diese Spillover sehr deutlich in der unmittelbaren Umgebung der öffentlichen Forschungseinrichtung. Das heißt: Privatwirtschaftliche Forschungs- und Innovationsaktivität „benefits above all from public research conducted in the same geographical area" (Autant-Bernard, 2001, 1070).[3] Demgegenüber verursacht die Veröffentlichung wissenschaftlicher Forschungsergebnisse in Fachzeitschriften auch Spillover im wissenschaftlichen Sektor. Diese Spillover haben allein wegen der Distanz zwischen den Forschungsinstitutionen, welche die Veröffentlichungen nutzen könnten, eine viel größere räumliche Wirkung. Wie in der Privatwirtschaft konzentrieren sich jedoch auch die akademisch-wissenschaftlichen Spillover auf ähnliche Forschungsfelder.

---

[2] Eine vergleichbare Wirkung erzielt auch das Urheberrecht bei wissenschaftlichen und literarischen Texten.
[3] Zu einem vergleichbaren Ergebnis kommen Fritsch/Slavtchev (2005) bei ihrer Analyse der Forschungs-Spillover deutscher Universitäten und Fachhochschulen.

Speziell für Deutschland weisen empirische Untersuchungen darauf hin, dass Forschungs- und Innovationstätigkeiten zwar für signifikante regionale Spillover sorgen, die betroffenen Regionen aber deutlich kleinräumiger strukturiert sind als etwa die Bundesländer. Eckey/Türck (2005) beispielsweise grenzen deutsche Innovationsregionen mithilfe von Spillover-Effekten ab und identifizieren aufgrund einer ökonometrischen Analyse 22 räumlich abgeschlossene Innovationsregionen, innerhalb derer innovationsspezifische Spillover existieren. Solche Spillover existieren etwa im Bereich des spezifischen Humankapitals („tacit knowledge"), das ein Angestellter beim Wechsel des Arbeitgebers mitnehmen kann und das – vergleichbar einem öffentlichen Gut – vom neuen Arbeitgeber ohne monetäre Abgeltung verwendet werden kann. Zusätzlich wird in der Analyse von Eckey/Türck (2005) das technisch-formalisierte Wissen in Form von Patenten berücksichtigt. Den Untersuchungsergebnissen zufolge beschränkt sich dieses Wissen überwiegend auf die Wertschöpfung der eigenen Region und lässt keine signifikanten Spillover auf andere Regionen erkennen.[4]

Öffentliche Forschungseinrichtungen übernehmen eine wichtige Rolle im Technologietransfer, da die dort ausgebildeten Forscher ihre Karriere häufig in industriellen FuE-Laboren fortsetzen und das erworbene Know-how dort einsetzen. Beise/Stahl (1999) zeigen jedoch, dass diese Spillover-Funktion in Deutschland vor allem von Universitäten übernommen wird, wohingegen außeruniversitäre öffentliche Forschungseinrichtungen aufgrund langfristiger Verträge nur eine sehr geringe Personalfluktuation in der Forschung verzeichnen und folglich bei dieser Art des Technologietransfers Defizite aufweisen.

Die Forschung an öffentlichen respektive öffentlich finanzierten Forschungseinrichtungen wirkt sich zudem positiv auf die Beschäftigung in der Region aus. Zum einen ergibt sich ein mittelbarer positiver Beschäftigungseffekt durch den oben angesprochenen Wissensfluss, der sich indirekt in neuen Produkten und Prozessen der von der öffentlichen Forschung profitierenden Unternehmen niederschlägt; insbesondere Produktinnovationen sorgen für neue Arbeitsplätze – sowohl auf Ebene des innovierenden Unternehmens als auch auf der Branchenebene (Rammer et al., 2005). Zum anderen entsteht ein unmittelbarer positiver Beschäftigungsimpuls durch etwaige Ausgründungen aus öffentlichen Forschungseinrichtungen, der ebenfalls als Spillover interpretiert werden kann. Die auf problembezogene Forschungsergebnisse fokussierten öffentlichen Forschungsinstitute übernehmen oft die Rolle einer Inkubatoreinrichtung und fungieren so als Keimzelle für Unternehmensneugründungen. Bei einem derartigen Spin-off wird Wissen, das im Allgemeinen innerhalb der Forschungseinrichtung generiert wurde, in ein neues Unternehmen transferiert. Spin-offs werden mehrheitlich in direkter räumlicher Nähe zur Inkubatoreinrichtung gegründet. Ein Drittel aller Ausgründungen siedelt sich in einer Distanz von maximal zehn Kilometern und ein weiteres Drittel in einer Distanz zwischen zehn und 50 Kilometern zu der Inkubatoreinrichtung an (Egeln et al., 2002, 39 ff.). Neben den Spinoffs suchen aber auch andere Unternehmen die räumliche Nähe zu öffentlichen Forschungseinrichtungen. Audretsch/Lehman (2005) analysieren die Ansiedlungsentschei-

---

[4] Beise/Stahl (1999) argumentieren ebenfalls im Sinne derartiger Cluster, weisen jedoch darauf hin, dass die flächendeckende Vernetzung unter Verwendung moderner Informations- und Kommunikationstechnologie mittelfristig dieser räumlichen Konzentration entgegenwirken könnte.

dungen deutscher Unternehmen und zeigen, dass ein entscheidender Faktor eben diese räumliche Nähe zu einer Forschungseinrichtung ist, wenn diese einen ähnlichen Technologieschwerpunkt wie das Unternehmen selbst hat. Somit weisen auch die Beschäftigungseffekte aus öffentlicher Forschung eine signifikante räumliche Konzentration auf.

Die für den Wirtschaftssektor relevante räumliche Konzentration von Technologie- und Wissens-Spillover-Effekten der öffentlichen Forschung bestätigt den aus der Theorie regionaler Innovationspole bekannten Ansatz, nach dem sich die privatwirtschaftliche Forschungs- und Innovationsaktivität in Verbindung mit öffentlichen Forschungseinrichtungen desselben Forschungsschwerpunkts räumlich ballen sollte (Röhl, 2006).

2.2 Unteilbarkeiten und Informationsasymmetrien

Ein weiterer Grund für eine staatliche Förderung der Grundlagenforschung – neben der aus fiskalföderalistischen Sicht besonders relevanten Spillover-Problematik – ist das Problem der Unteilbarkeiten:[5] Besonders im naturwissenschaftlich-technischen Bereich existieren oft technologisch notwendige Mindestgrößen für FuE-Einrichtungen, sodass die FuE-Kapazitäten hier nur in Sprüngen variiert werden können. Zusätzlich zu fixkostenbedingten Größenvorteilen treten bei der privatwirtschaftlichen FuE wegen der prinzipiell gegebenen Möglichkeit, FuE-Ergebnisse für mehrere Produkte nutzbar zu machen, Verbundvorteile auf. Die Fixkostenbelastung, die mit der Einrichtung eines FuE-Labors einhergeht, ist vor allem für kleine und mittlere Unternehmen (KMU) ein Hindernis, das kontinuierlichen FuE-Aktivitäten entgegensteht (Czarnitzki, 2004).

Auch Informationsasymmetrien sprechen für eine staatliche Förderung der FuE. Sie existieren speziell im privatwirtschaftlichen Forschungs- und Innovationsbereich, und zwar zwischen Erfindern und Investoren. Gemäß der Problematik des „Market for Lemons" (Akerlof, 1970) können Fremdkapitalgeber (speziell Banken) das Marktpotenzial einer Erfindung häufig nicht zutreffend beurteilen und verlangen daher – unter Berücksichtigung des durchschnittlichen Ausfallrisikos eines Innovationsprojekts und des Forderungsausfalls, der wegen der immateriellen Qualität der FuE-Inputfaktoren im Falle des Scheiterns droht – eine zu hohe Verzinsung des zur Verfügung gestellten Kapitals. Sobald ein Unternehmen somit wegen fehlender Innenfinanzierungskraft auf externe Finanziers angewiesen ist, kann es zu einem Marktversagen bis hin zu einem Zusammenbruch des Marktes für FuE-Finanzierung kommen.[6] Da insbesondere KMU von den erläuterten Finanzierungsrestriktionen betroffen sind, könnten diese Unternehmen die primären Adressaten eines möglichen staatlichen Finanzierungsprogramms im FuE-Bereich sein.

Spillover, Unteilbarkeiten und Informationsasymmetrien repräsentieren gute Gründe für ein Engagement der öffentlichen Hand in der Forschungsförderung. Zusätzlich stellt sich aus fiskalföderalistischer Sicht die Frage, welche föderale Ebene am besten für die Überwindung der FuE-spezifischen externen Effekte und weiterer Verzerrungen geeignet ist und daher entsprechende Kompetenzen erhalten sollte. Diese Frage wird im Folgenden zunächst für die Projektförderung des Bundes und anschließend für die institutionelle Forschungsförderung des Bundes und der Länder analysiert.

---

[5] Zur allgemeinen Problematik von Unteilbarkeiten vgl. Fritsch et al. (2000).
[6] Vgl. Hall (2002) für einen Übersichtsartikel zur FuE-Finanzierung.

3 Öffentliche Forschungsförderung

Wie in Kapitel 1 erläutert, ist eine zentrale Erkenntnis in Bezug auf den Fiskalföderalismus, dass die zentrale Ebene eines föderalen Systems dann Kompetenzen erhalten sollte, wenn mit der entsprechenden Politik substanzielle Spillover einhergehen. Insbesondere vor diesem Hintergrund analysiert dieser Abschnitt die staatlichen Aktivitäten im Bereich der Förderung von Forschung und Innovation, und zwar anhand der Beispiele der direkten Projektförderung und der institutionellen Förderung von außeruniversitären Forschungseinrichtungen.

Im Jahr 2005 gab der Bund etwa 11 Milliarden Euro für die Förderung von Wissenschaft, Forschung und Entwicklung aus (Tabelle 5.1). Rund die Hälfte davon entfiel auf die sogenannte institutionelle Förderung und davon wiederum die Hälfte auf die Grundfinanzierung außeruniversitärer Forschungseinrichtungen wie die Institute der Max-Planck-Gesellschaft oder die Forschungszentren der Helmholtz-Gemeinschaft. Mehr als 3,7 Milliarden Euro flossen in die direkte Projektförderung; dazu steuerte das Bundesministerium für Bildung und Forschung (BMBF) mit 2,1 Milliarden Euro den Großteil bei. Weitere 330 Millionen Euro entfielen auf die indirekte Forschungs- und Innovationsförderung, für die in Deutschland im Wesentlichen das Bundesministerium für Wirtschaft und Technologie (BMWi) verantwortlich zeichnet; es unterstützt damit zum Beispiel technologieorientierte Unternehmensgründungen. Über branchen- und technologieoffene Programme werden zudem Kooperationen und Vernetzungen bei FuE-Aktivitäten zwischen Unternehmen sowie zwischen Unternehmen und Forschungseinrichtungen gefördert. Außerdem bietet das BMWi technologische Beratungsdienstleistungen speziell für mittelständische Unternehmen an. Eine indirekte Innovationsförderung in Form einer besonderen steuerlichen Förderung von FuE gibt es in Deutschland nicht.

Ausgaben des Bundes für Wissenschaft, Forschung und Entwicklung nach Förderarten

Tabelle 5.1

2005, in Milliarden Euro

Förderart	Ausgaben
Projektförderung	4.026,9
Institutionelle Förderung	5.213,2
Hochschulbezogene Förderung	1.066,0
Internationale bi- und multilaterale Zusammenarbeit	891,9
Insgesamt	11.198,0

Quelle: BMBF, 2005, 62

3.1 Projektförderung

Bei der Projektförderung existiert kein formaler Koordinationsmechanismus zwischen Bund und Ländern, sodass neben dem Bund auch die Länder Programme zur Förderung von Innovationen betreiben, beispielsweise spezielle Technologie- oder Existenzgründungsprogramme. Deren Zahl allein auf der Ebene der Bundesländer belief sich im

Jahr 2005 auf mindestens 125 (Europäische Kommission, 2005, 8). Die entsprechenden Aktivitäten der unterschiedlichen föderalen Ebenen unterliegen keiner formellen Koordinationsinstanz, welche die Maßnahmen in der Innovationsförderung aufeinander abstimmen würde, sondern es gibt lediglich informelle Treffen von Vertretern der jeweiligen Bundes- und Landesministerien. Aufgrund dieser fehlenden klaren Kompetenzverteilung und Koordination zwischen den föderalen Ebenen besteht die Gefahr, dass Länder und Bund inhaltsgleiche Projekte fördern; dadurch kann es zu einer Dopplung von Forschungsergebnissen kommen.[7]

Der überwiegend unternehmensorientierte Teil der Forschungsförderung des Bundes entfällt auf die direkte Projektförderung, das heißt in der Regel auf technologiespezifische Programme, die meist bestimmte Themenfelder fördern, etwa die Biotechnologie oder die Lebenswissenschaften. Vergeben werden die zugehörigen Forschungsmittel im Wesentlichen von sogenannten Projektträgern, das heißt über als Intermediäre fungierende Institutionen. Diese übernehmen im Auftrag der Ministerien die Durchführung der Projektförderung und sind in der Regel auch in die Konzeption der zugehörigen Programme eingebunden. Aktuell operieren 16 Projektträger; der wohl bekannteste ist der Projektträger Jülich, der dem Forschungszentrum Jülich zugeordnet ist und mit etwa 325 Mitarbeitern ein Budget von 619 Millionen Euro verwaltet (Aschhoff/Fier, 2005). Finanziert wird die Vergabe dieser Forschungsmittel im Wesentlichen durch das Bundesministerium für Bildung und Forschung und das Bundesministerium für Wirtschaft. So wendet das BMBF jährlich etwa ein Drittel der Forschungsgelder für die direkte und spezifische Technologieförderung auf, rund 1 Milliarde Euro davon für Projekte in der Nano-, Informations- und Kommunikationstechnologie sowie in der Biotechnologie.

3.1.1 Uniformität versus regionale Spezialisierung

Die weitgehende thematische Standardisierung der Innovationsförderung des Bundes spiegelt die in der Föderalismusliteratur kritisierte fehlende Sensitivität zentralisierter Politik bezüglich regionaler Heterogenität wider. Die Forschungslandschaft in Deutschland zeichnet sich aber eben nicht dadurch aus, dass jedes Bundesland ein ähnliches Portfolio von Forschungsschwerpunkten hat. In Niedersachsen zum Beispiel betrifft jede fünfte Patentanmeldung den Bereich Fahrzeuge, Schiffe und Flugzeuge, in Sachsen hingegen nur etwa jede dreißigste (Greif/Schmiedl, 2002, 20 f.). In Thüringen dominiert die Forschung rund um die optische Technologie mit einem Patentanteil von 20 Prozent, während auf diesen Technologiebereich in Rheinland-Pfalz lediglich 4,7 Prozent der Patentanmeldungen entfallen. Rheinland-Pfalz wiederum verfügt über eine gewachsene Stärke und Tradition in der Chemischen Industrie, deren Patentanteil mit 11,3 Prozent rund 16-mal so hoch ist wie im Saarland. Die sächsische Elektrotechnik und der baden-württembergische Maschinenbau sind weitere Beispiele für eine regionalisierte Spezialisierung in einzelnen Technologiebereichen.

---

[7] Wenngleich inhaltliche Informationen über die diversen Förderprogramme nicht in gebündelter Form vorliegen, so bietet der Bund mit der Förderdatenbank zumindest Informationen über die laufenden Programme im Bereich der Innovationsförderung.

Diese regionalen Spezifika in der Forschungsausrichtung der in den jeweiligen Bundesländern ansässigen Unternehmen und Forschungseinrichtungen sind im Sinne des Fiskalföderalismus als Heterogenität regionaler Präferenzen zu interpretieren und können innerhalb des herrschenden Systems der direkten Projektförderung über thematisch standardisierte Technologieprogramme des Bundes nicht ausreichend berücksichtigt werden. Insbesondere in der marktnahen Forschungs- und Innovationspolitik, bei der die Umsetzung in wettbewerbsfähige Produkte und Dienstleistungen im Vordergrund steht, stellt dieser Fakt eine Anmaßung von Wissen darüber dar, welche Projekte erfolgversprechend und damit förderungswürdig sind, die aus ordnungspolitischer Sicht abzulehnen ist. Kommt die relevante Resonanz auf unternehmerische FuE nämlich vom Staat statt vom Markt, so wird die aus gesamtwirtschaftlicher Sicht essentielle Lenkungswirkung der marktseitigen Nachfrage ausgeschaltet.[8]

Verfehlte Förderpolitik: TCP/IP versus ISO/OSI   Übersicht 5.1

Ein prominentes Beispiel für den volkswirtschaftlichen Schaden, der aus einer Anmaßung von Wissen durch die Politik entstehen kann, ist die Förderpolitik des damaligen Bundesministeriums für Forschung und Technik (BMFT) in der Informations- und Kommunikationstechnologie. Seit Mitte der achtziger Jahre förderte das BMFT in der Internettechnologie über Jahre hin ausschließlich solche Projekte, die den ISO/OSI-Standard verwendeten, da das BMFT diesen für den einzigen zukunftsfähigen Standard für Kommunikationsprotokolle hielt. Parallel hierzu avancierte jedoch das hauptsächlich in den USA entwickelte TCP/IP-Protokoll zum internationalen Standard und diffundierte zügig am internationalen Markt. Die einseitige Förderpolitik des BMFT führte schließlich dazu, dass deutsche Unternehmen sowohl enorme Entwicklungsaufwendungen abschreiben mussten als auch gravierende Wettbewerbsnachteile zu erleiden hatten, weil sie die von der Politik offenbar nicht für nötig befundenen Parallelentwicklungen unterlassen hatten.

Die generelle Uniformität der Projektförderung rechtfertigt die Einschätzung „that the German innovation system is [...] not flexible enough" (Europäische Kommision, 2005, 4). Selbst vermeintlich technologieoffene Programme enthalten Elemente einer Anmaßung von Wissen. Ein Beispiel: Obwohl die Förderung innerhalb des Programms InnoProfile nicht a priori auf bestimmte Technologien beschränkt wird, so ist für eine erfolgreiche Bewerbung um Fördermittel doch entscheidend, welcher thematische Schwerpunkt im Forschungsprojekt gewählt wird und wie sich dieser am wirtschaftlichen Schwerpunkt einer Region orientiert (Homepage BMBF). Warum aber sollte der Bund entscheiden oder gar besser als das jeweilige Bundesland respektive die beteiligten Akteure wissen, was nun genau der wirtschaftliche Schwerpunkt einer Region ist und wie dessen Zukunftschancen zu beurteilen sind?

Neben der häufig vorzufindenden Beschränkung in der thematischen Ausgestaltung der Programme werden bei der Förderung des Bundes häufig innovations- und regionalpolitische Zielsetzungen verquickt. So richten sich viele Programme exklusiv an Akteure

---

[8] Eine vergleichbare Kritik muss sich auch das 7. Rahmenprogramm der EU gefallen lassen, das als zentralisiertes Forschungsförderungsprogramm ebenfalls nur Themen und Branchen fördert, welche die EU-Politiker für relevant halten.

aus den neuen Ländern; als Beispiele seien die KMU-orientierten Programme InnoRegio und Inno-Watt und das oben bereits erwähnte, auf außeruniversitäre Forschungseinrichtungen abzielende Programm InnoProfile genannt. Werden jedoch, wie in diesen Fällen ausschließlich, solche „Vorhaben gefördert, die in einer benachteiligten Region durchgeführt werden" (Homepage Inno-Watt), so lässt dies ein dominantes Umverteilungsmotiv erkennen. Dies widerspricht aber der originären Aufgabe des Staates in der Technologieförderung, denn „in der Innovationspolitik sollte nicht der Ausgleichsgedanke der Regionalpolitik im Mittelpunkt stehen" (Röhl, 2006, 94).[9] In einem innovationspolitischen Ansatz sollte vielmehr eine effiziente Verwendung der eingesetzten Fördermittel in dem Sinne im Vordergrund stehen, dass diese auch dort eingesetzt werden, wo entsprechende Technologieprojekte die größten Aussichten auf Erfolg haben.

3.1.2 Defizitäre Evaluation

Viele der staatlichen Förderprogramme im Bereich Innovation unterliegen einem Evaluationsprozess; allerdings rekrutieren sich die Evaluatoren häufig aus dem Kreis staatlich finanzierter Forschungsinstitute. Außerdem werden im Zuge der Evaluation lediglich die tatsächlichen Teilnehmer der jeweiligen Programme befragt, das heißt diejenigen Unternehmen und externen Kooperationspartner, die sich erfolgreich um eine staatliche Förderung beworben haben.[10] Wegen dieser Vorselektion sind die nahezu durchweg positiven Ergebnisse der Programmevaluationen zu hinterfragen. In jedem Fall muss für eine differenzierte Beurteilung erstens berücksichtigt werden, dass die Maßnahmen der Projektförderung im Innovationsbereich nur einen Bruchteil der Unternehmen erreichen (vgl. Tabelle 5.2). Denn wenn – wie von den Firmen als Hauptgrund für das Ausbleiben oder Scheitern einer Bewerbung für Projektförderung genannt – die inhaltliche Standardisierung und der hohe bürokratische Aufwand der Technologieprogramme nur den wenigsten KMU eine Teilnahme ermöglichen, so kann dieses Instrument keine breitenwirksamen Innovationsimpulse setzen. Zweitens ist die Unabhängigkeit der Evaluatoren aufgrund ihrer finanziellen Abhängigkeit von den Ministerien, welche die Programmförderung betreiben, nicht gegeben, sodass sich die in der ökonomischen Literatur unter der Frage „Wer kontrolliert die Kontrolleure?" bekannte Problematik offenbart (Boadway/Wildasin, 1984).

Eine aktuelle Studie (IW Consult, 2006), für die Unternehmen unter anderem die Innovationsförderung in Deutschland bewerten sollten, hat gezeigt, dass 80 Prozent der staatlichen Mittel der Projektförderung an die Großunternehmen fließen. Von diesen empfängt etwa jedes dritte, von den kleinen Unternehmen hingegen lediglich jedes elfte entsprechende Fördermittel (Tabelle 5.2).

Zudem ist die Wahrscheinlichkeit eines Unternehmens aus den neuen Bundesländern, gefördert zu werden, 2,7-mal so hoch wie die eines Unternehmens aus den alten Ländern. Und ein Unternehmen, das auf dem Gebiet der neuen Technologien[11] tätig ist, hat sogar

---

[9] Vgl. auch die Ausführungen in Kapitel 6.
[10] Als Beispiele, die jeweils beide dieser Kriterien erfüllen, seien die Evaluationsberichte der Programme InnoRegio (Eickelpasch/Pfeiffer, 2004), InnoNet (Belitz et al., 2004) und Pro Inno (Kulicke et al., 2004) genannt.
[11] Hierzu zählen die Bereiche regenerative Energien, Medizin-, Bio-, Nano- und optische Technologie sowie Mikrosystemtechnik.

Förderwahrscheinlichkeiten nach Branche und Unternehmensgröße*

Tabelle 5.2

in Prozent

Größenklasse	Klein	Mittel	Groß	KMU	Sehr groß	Gesamt
Chemie	12,4	19,9	32,0	15,9	61,0	16,5
Metall- und Elektroindustrie	9,7	17,6	25,3	11,5	39,5	11,6
Maschinen- und Fahrzeugbau	11,2	14,8	31,2	12,8	53,7	13,0
Sonstige Industrie	5,3	12,4	16,8	6,7	27,4	6,8
Logistik	3,7	5,3	9,7	4,0	15,5	4,0
Unternehmensnahe Dienste	11,9	9,9	12,5	11,7	24,3	11,8
Insgesamt	**8,9**	**10,6**	**18,9**	**9,2**	**32,3**	**9,2**

* Kleine Unternehmen: bis 1 Million Euro Umsatz; mittlere KMU: 1 bis 50 Millionen Euro; größere KMU: 50 bis 250 Millionen Euro; sehr große Unternehmen: mehr als 250 Millionen Euro. Die berechneten Prozentangaben ergeben sich aus einer logistischen Regression.
Quelle: IW Consult, 2006

dreimal so hohe Chancen auf eine Förderung im Rahmen staatlicher Programme wie ein Unternehmen ohne diese Forschungsschwerpunkte.

Die oben genannte Studie bestätigt somit, dass die Projektförderung in Deutschland sehr selektiv ist. In Bezug auf Branchen, Regionen und Technologiefelder ist dies sicherlich auch politisch gewollt, weniger jedoch in Bezug auf die Größe der Unternehmen. Die Unternehmen selbst nehmen insbesondere die Standardisierung der Innovationsförderung des Bundes in Form einer Konzentration auf bestimmte, eingegrenzte Technologieklassen, die auch aus fiskalföderalistischer Sicht zu kritisieren ist, als starkes Hemmnis wahr. Die vorherrschende Politisierung, das heißt die Konzentration der Förderung auf einzelne Technologiebereiche, denen die Politik eine besondere Relevanz und Zukunftsfähigkeit unterstellt, ist neben dem Bürokratieaufwand ein Hauptkritikpunkt der Unternehmen in Bezug auf die staatliche Forschungs- und Innovationspolitik. Denn viele innovative Projekte bedienen sich interdisziplinärer Forschung und sind folglich nicht trennscharf einem Technologiefeld zuzuordnen. Eine Projektförderung innovativer Ideen scheitert daher aus Sicht von über 60 Prozent der nicht geförderten Unternehmen schlichtweg am Fehlen relevanter Programme (IW Consult, 2006).

Die Projektförderung in Deutschland ist somit aktuell durch einen hohen Zentralisierungsgrad und eine hohe Uniformität ihres Leistungsangebots charakterisiert. Aus Sicht der Unternehmen existieren zwar Spillover in der öffentlich finanzierten Forschung, jedoch sind diese Spillover in der Regel regional konzentriert. Bei der marktnahen Forschungs- und Innovationsförderung sollte der Bund somit aus fiskalföderalistischer Sicht allein die Aufgabe haben, Finanzierungsrestriktionen zu beseitigen. Entsprechend sollten die Mittel zur Finanzierung der FuE-Tätigkeiten von Unternehmen technologieoffen vergeben werden. An die Stelle des Bundes sollten in der industriellen, das heißt der technologiespezifischen und anwendungsorientierten Innovationsförderung, vielmehr die Länder treten, da diese zum einen besser in der Lage sind, entsprechende Programme an die regionalen Spezifika anzupassen, und zum anderen wegen regional konzentrierter Spillover auch am deutlichsten von den Ergebnissen der Innovationsförderung profitieren. In der Grundlagenforschung sollte der Bund dagegen durchaus themengebundene Programme auflegen. Adressaten dieser Förderung sollten jedoch nicht primär die Unternehmen, sondern die im Abschnitt 3.2 analysierten öffentlichen Forschungseinrichtungen sein.

Zusammenfassend lässt sich für die direkte Projektförderung in vielen Programmen des Bundes eine Uniformität im Sinne einer Beschränkung auf politisch vorgegebene Technologieklassen konstatieren. Wegen der Gefahr einer Anmaßung von Wissen und der Tatsache, dass die aktuelle Form der Projektförderung keine Breitenwirkung in Bezug auf das Innovationsverhalten von Unternehmen hat, ist diese Uniformität unter fiskalföderalistischen Aspekten zu kritisieren, da sie eine differenzierte Orientierung der Förderung an den spezifischen regionalen Spezialisierungsmustern und Präferenzen verhindert.

Aktuelle Studien zeigen, dass sich aus der Verknüpfung unternehmerischer und wissenschaftlicher Innovationsaktivität Spillover ergeben, die jedoch vornehmlich auf die jeweilige Region oder das Bundesland beschränkt sind. Die technologiespezifische und eher marktnahe Forschungs- und Innovationsförderung über Projekte – also auch die Verknüpfung regionaler Unternehmen und Forschungseinrichtungen – sollten daher vielmehr die Länder übernehmen, da diese die Erfordernisse und Präferenzen der lokal angesiedelten Unternehmen besser berücksichtigen können.

Die wesentliche Aufgabe des Bundes bei der Förderung anwendungsorientierter Forschung ist die Beseitigung von Kapitalmarktfriktionen bei der Finanzierung von Innovationen, da diese wegen des globalisierten Kapitalmarktes (kleine) Unternehmen in allen Bundesländern betreffen. Eine umsetzungsorientierte Förderung marktnaher unternehmerischer Innovationsaktivität durch den Bund sollte aber technologieoffen sein, um die negativen Konsequenzen einer Anmaßung von Wissen zu vermeiden. Eine solche technologieoffene direkte FuE-Förderung würde auch KMU zugute kommen.

Der bereits im Bundesbericht Forschung 2004 vorgestellte High-Tech-Masterplan hat sich zum Ziel gesetzt, die Rahmenbedingungen für technologieorientierte Unternehmensgründungen zu verbessern, innovative KMU durch zusätzliche, möglichst technologieoffene Forschungsprogramme zu unterstützen und das Zusammenspiel von öffentlicher Forschung und mittelständischen Unternehmen zu fördern. Er reflektiert die oben angesprochenen Finanzierungsprobleme kleiner Unternehmen der Spitzentechnologie im marktnahen Forschungs- und Innovationsbereich. Wenngleich derzeit erste Ansätze einer Bewegung weg von einer selektiven Technologieförderung zu erkennen sind, so spielt die Förderung in Form nicht technologiespezifischer Programme immer noch eine deutlich untergeordnete Rolle.

3.2 Institutionelle Förderung

Neben der Projektförderung vergeben Bund und Länder gemeinsam Forschungsmittel im Rahmen der institutionellen Förderung. Adressaten dieser Förderung sind außeruniversitäre Forschungseinrichtungen wie die Institute der Max-Planck-Gesellschaft (MPG), der Helmholtz-Gemeinschaft (HG), der Fraunhofer-Gesellschaft (FHG) und der Leibniz-

Gemeinschaft. Der Bund unterhält zusätzlich eigene Ressortforschungseinrichtungen, die entsprechend ihrer fachlichen Ausrichtung den jeweiligen Bundesministerien zugeordnet sind und für diese Forschungs- und zusätzliche hoheitliche Aufgaben übernehmen. Mit Ausnahme der FHG sollen die innerhalb der institutionellen Förderung unterstützten Forschungseinrichtungen vorwiegend Grundlagenforschung betreiben, dies gilt besonders für die MPG. Die Forschungseinrichtungen erhalten den größten Teil ihres Budgets von der öffentlichen Hand in Form einer Grundfinanzierung (Tabelle 5.3). Die Bedeutung der anwendungsorientierten Forschung der einzelnen Forschungsinstitute wird in Tabelle 5.3 anhand der Patentleistung und (eingeschränkt) anhand des Anteils eingeworbener Drittmittel dargestellt.

Institutionelle Forschungsförderung

Tabelle 5.3

	Max-Planck-Gesellschaft[1]	Helmholtz-Gemeinschaft	Fraunhofer-Gesellschaft	Leibniz-Gemeinschaft[2]
Budget (in Millionen Euro)	1.207,2	2.250	1.252,7	1.097,7
Institutionelle Förderung (in Millionen Euro)	965,0	1.605,5	419,6	764,6
– Bund	483,4	1.430,4	347,3	400,0
– Länder	481,6	175,1	72,3	364,6
Patentanmeldungen beim DPMA (im Jahr 2005)	60	302	407	k. A.
Drittmittelquote (in Prozent des Budgets)	13,5	30,0	50,0	18,7
Mitarbeiter	12.400	22.133	12.400	12.979

[1] Das Max-Planck-Institut für Plasmaphysik in Garching wird als Großforschungseinrichtung behandelt und der Helmholtz-Gemeinschaft zugerechnet (BMBF, 2005); [2] Zahlen in dieser Spalte für das Jahr 2004.
Quellen: Fraunhofer-Gesellschaft, 2006a, 10; Homepage Leibniz-Gemeinschaft; BMBF, 2005; Helmholtz-Gemeinschaft, 2005, 43 ff.; Max-Planck-Gesellschaft, 2005, 65 ff.; DPMA, 2005, 14

Die Förderung der Grundlagenforschung durch den Staat ist unter ökonomischen Aspekten insbesondere dann gerechtfertigt, wenn sich aus dieser Forschung signifikante Spillover zum Nutzen der Wissenschaft und der Gesellschaft ergeben. Eine solche Spillover-Wirkung kann beispielsweise dadurch entstehen, dass Wissen generiert und der Allgemeinheit zugänglich gemacht wird. Institutionell geförderte Forschungseinrichtungen können jedoch wegen der im Allgemeinen fehlenden Marktnähe der Grundlagenforschung und der verbundenen Spillover nicht unmittelbar über die Nachfrageseite beurteilt werden. Ihre Qualität kann aber dennoch durch den Einsatz eines externen Evaluationsmechanismus bewertet werden, der zu nutzenorientierten Leistungsanreizen führt und somit eine effizientere Verwendung der eingesetzten Mittel verspricht. Für die Beurteilung der Grundlagenforschung von Forschungseinrichtungen haben sich in der internationalen Praxis im Wesentlichen die nachfolgenden Kriterien etabliert:

- Veröffentlichungen von Forschungsergebnissen in den international anerkannten und referierten Fachzeitschriften,
- Einwerbung von Drittmitteln im Wettbewerb,
- Kooperationen mit universitären und anderen außeruniversitären Forschungseinrichtungen.

Die Qualität wissenschaftlicher Ergebnisse der Grundlagenforschung kann am besten von der wissenschaftlichen Gemeinschaft beurteilt werden. Den Standard bei der Evaluation und Qualitätssicherung von wissenschaftlichen Forschungsleistungen stellt das sogenannte Peer-Review-Verfahren dar, bei dem ein oder mehrere Forscher, die in einem vergleichbaren Forschungsfeld tätig sind und den Stand der Forschung aus eigener Erfahrung kennen, einbezogen werden.[12] Eine Veröffentlichung in international referierten Fachzeitschriften gibt sehr zuverlässig Auskunft über den Neuheits- oder Innovationsgrad einer Forschungsleistung. Auch die Spillover-Wirkung der Forschungsleistung kann beispielsweise anhand der Resonanz in der wissenschaftlichen Gemeinschaft und in der Industrie – in Form von Zitierungen in Veröffentlichungen oder bei Patentanmeldungen – geschätzt werden.

Die eingeworbenen Drittmittel einer Institution sind ein guter Indikator ihrer Nutzenorientierung und Vernetzung in der Forschung, da diese Mittel in der Regel in Konkurrenz zu anderen Projekten vergeben werden. Eine hohe Drittmittelquote zeigt für sich genommen lediglich an, dass ein Institut einen Teil seines Budgets variabel bestreitet, gibt jedoch keinen unmittelbaren Aufschluss über die Markt- und Anwendungsnähe seiner Forschung, da die Drittmittel hierfür hauptsächlich in der Privatwirtschaft eingeworben werden müssten.[13] Forschungseinrichtungen, die mit anderen vernetzt sind, signalisieren damit, dass sie sich mit zeitgemäßen Forschungsthemen beschäftigen und nach wissenschaftlichen Forschungsstandards arbeiten.

Unter Berücksichtigung der genannten Indikatoren sind in jüngster Zeit sämtliche öffentlich finanzierten außeruniversitären Forschungseinrichtungen vom Wissenschaftsrat evaluiert worden.[14] In Anlehnung an das zur Beurteilung der Qualität wissenschaftlicher Publikationen angewendete sogenannte Peer-Review-Verfahren waren die wissenschaftlichen Evaluatoren ausschließlich unabhängige internationale Experten der jeweiligen Forschungsrichtung. Die Daten dieser Evaluationen fließen in die folgenden Abschnitte über die Innovationstätigkeit besonders bedeutender naturwissenschaftlich-technisch orientierter außeruniversitärer Forschungseinrichtungen ein, sofern die Ergebnisse in diesem Zusammenhang für relevant erachtet werden.[15]

---

[12] Eines der wesentlichen Kriterien dieses Verfahrens ist die Unabhängigkeit des Gutachters von dem zu bewertenden Objekt, die bei Bewertung von Publikationen häufig durch wechselseitige Anonymität von Gutachter und Begutachtetem verstärkt wird.

[13] Der Anteil der Privatwirtschaft an den Drittmitteln der Leibniz-Gemeinschaft beträgt beispielsweise lediglich 19 Prozent; die übrigen Drittmittel speisen sich aus Projekten der EU, des Bundes oder von Stiftungen.

[14] Der Wissenschaftsrat ist das wichtigste wissenschaftspolitische Beratungs- und Evaluationsgremium in Deutschland. Er wurde 1957 gegründet und setzt sich paritätisch aus wissenschaftlichen Vertretern sowie Vertretern von Bund und Ländern zusammen.

[15] Die Institute der Leibniz-Gemeinschaft werden daher nicht separat betrachtet.

3.2.1 Helmholtz-Gemeinschaft

Den 15 Forschungszentren der HG obliegt es, Grundlagenforschung im naturwissenschaftlich-technischen und biologisch-medizinischen Bereich zu leisten. Im Jahr 2005 wurde ihre jährliche institutionelle Grundfinanzierung in Höhe von 1,6 Milliarden Euro zu 90 Prozent vom Bund und zu 10 Prozent von den Ländern getragen. Diese institutionelle Grundfinanzierung deckt etwa 70 Prozent des Budgets der HG (vgl. auch Tabelle 5.3).

Unter ökonomischen Gesichtspunkten kann die Forschungsförderung der Helmholtz-Zentren durch die öffentliche Hand mit dem Auftrag zur Grundlagenforschung, aber auch mit den bereits erwähnten Unteilbarkeiten im FuE-Bereich gerechtfertigt werden. Das Deutsche Elektronen-Synchrotron (DESY) in Hamburg ist ein Beispiel dafür. Aufbau und Betrieb solcher Einrichtungen der Großgeräteforschung gehen mit einer hohen Fixkostenbelastung einher; angesichts der sinkenden Durchschnittskosten ist ein privatwirtschaftliches Engagement hier nicht zu erwarten.

Die Tatsache, dass die staatliche Finanzierung der Helmholtz-Zentren mit fiskalföderalistischen Argumenten gerechtfertigt werden kann, sagt jedoch noch nichts über das hierfür notwendige Niveau geschweige denn die Effizienz des Mitteleinsatzes aus. So sah sich die HG längere Zeit mit dem Vorwurf konfrontiert, die Forschungsmittel an ihre Zentren nicht mittels eines Wettbewerbsverfahrens zu verteilen, sondern ausschließlich innerhalb der HG selbst, und zwar unabhängig von der Leistung der einzelnen Zentren (Wissenschaftsrat, 2001). Diese nicht vorhandene Konkurrenz bei der Mittelvergabe schlug sich insbesondere in einer fast vollständig fehlenden Vernetzung der Helmholtz-Zentren mit der Wirtschaft nieder. Mit dem Ziel, deutlich stärkere Anreize für eine „Einbeziehung problembezogener Grundlagenforschung" zu setzen, schlug der Wissenschaftsrat in der Evaluation vor, „die Grundfinanzierung einiger Helmholtz-Zentren auf circa ein Drittel zu senken und die restlichen Mittel ähnlich einer Projektförderung nach inhaltlichen Kriterien zu vergeben" (Wissenschaftsrat, 2001, 91). Während die HG ihren Auftrag zur Grundlagenforschung in Form wissenschaftlicher Publikationen gemäß dem Urteil des Wissenschaftsrats weitgehend erfüllt, weist er doch auf gravierende Defizite im Bereich des Technologietransfers in Form fehlender Ausgründungen, Fluktuation von Forschern in die Industrie und Kommerzialisierung der vorhandenen Patente hin.

Der Forschungsschwerpunkt der HG wird trotz der Forderung nach einer stärkeren Nutzenorientierung auch künftig wohl eher im Bereich der Grundlagenforschung liegen. Daher ist eine signifikante Förderung durch den Bund unter dem Aspekt der Spillover und der Unteilbarkeit zu rechtfertigen. Allerdings sollte mit Blick auf das Setzen von Anreizen für die HG der Struktur der Fördermittel mehr Beachtung geschenkt werden. So warnt der Wissenschaftsrat auf Basis seiner Evaluation außeruniversitärer öffentlicher Forschungseinrichtungen denn auch zu Recht vor einer leistungsunabhängigen Grundfinanzierung, da diese die Gefahr einer Orchideisierung birgt, das heißt einer Ausrichtung der Forschung auf Fragestellungen, denen jegliche Bedeutung für die Lösung von Problemen in der realen Welt abgesprochen wird. Den Instituten der HG sollte daher die Möglichkeit offen stehen, Budgetmittel aus den (Technologie-)Programmen des Bundes und der EU zu akquirieren. Für den Bund bedeutet dies, dass er die Mittel, die durch Kürzung der institutionellen Förderung frei werden, in Teilen zur Aufstockung seiner Programme verwenden sollte.

Eine spürbare Senkung der Grundfinanzierung durch die öffentliche Hand bei gleichzeitigem Zugang zu Projektmitteln von Staat und Industrie würde zudem der Tatsache Rechnung tragen, dass einige Helmholtz-Zentren neben der Grundlagenforschung auch anwendungsorientierte Forschung betreiben; die mehr als 300 Patentanmeldungen im abgelaufenen Jahr unterstreichen dies (Tabelle 5.3). Wenn die Helmholtz-Zentren wegen der Senkung der institutionellen Grundfinanzierung eine stärker anwendungsorientierte Grundlagenforschung betreiben, sind geringere Spillover zu erwarten. Daher sollte künftig der Anteil des Bundes an der Grundfinanzierung der Helmholtz-Zentren zulasten der Länder reduziert werden.

Einige Vorschläge des Wissenschaftsrats werden derzeit bereits umgesetzt, etwa in Form einer auf Wettbewerb unter den einzelnen Zentren ausgerichteten Neustrukturierung der HG. Die Implementierung einer regelmäßigen und systematischen Evaluation steht hingegen noch aus.

3.2.2 Max-Planck-Gesellschaft

Gemäß einem Zitat ihres Namensgebers, dass dem Anwenden das Erkennen vorausgehen müsse, betreibt die MPG primär Grundlagenforschung. Der Schwerpunkt der Forschung sind die Naturwissenschaften, die MPG forscht aber auch im Bereich der Geistes- und Sozialwissenschaften. Komplementär zur Forschung an Universitäten und Hochschulen widmen sich die Institute der MPG neuen und oft interdisziplinär orientierten Forschungsbereichen, die an Hochschulen noch nicht ausreichend repräsentiert sind. Die Institute der MPG erhielten 2005 eine Forschungsförderung in Höhe von 965 Millionen Euro, an der sich Bund und Länder paritätisch beteiligten. Diese Grundfinanzierung deckt etwa 80 Prozent des Budgets der MPG.

Die Erfolge der MPG in der Grundlagenforschung werden nicht zuletzt durch zahlreiche wissenschaftliche Auszeichnungen belegt. Gerade in der naturwissenschaftlich-technischen Forschung kann die MPG auf große Erfolge verweisen. Nur das Massachusetts Institute of Technology (MIT) hat in den vergangenen 20 Jahren mehr Nobelpreise in den Kategorien Physik, Chemie und Medizin erhalten (iwd, 2005). Zugleich nehmen die meisten Institute der MPG in ihren jeweiligen Fachbereichen sowohl quantitativ als auch qualitativ eine internationale Spitzenposition in Bezug auf die wissenschaftlichen Publikationen ein. Die Institute unterliegen einer regelmäßigen Evaluation durch unabhängige Fachbeiräte, deren Mitglieder sich ganz vorwiegend aus externen und internationalen Forschern rekrutieren. Mehr als die Hälfte der Fachbeiräte der MPG, welche die Arbeit eines Instituts alle zwei Jahre evaluieren, stammen aus dem Ausland.

Aufgrund ihrer Fokussierung auf Grundlagenforschung übernehmen die Institute der MPG nur eine untergeordnete Rolle an der Schnittstelle zwischen Wissenschaft und Wirtschaft. Eine nur minimale Bedeutung für den Technologietransfer wird der MPG insbesondere seitens der Unternehmen attestiert (Beise/Stahl, 1999). Wenngleich sporadisch die stärkere Ausrichtung der MPG auf anwendungsbezogene Forschung angeregt wird, so liegen deren Auftrag und Stärken doch primär in der Grundlagenforschung, die dank der engen Vernetzung der MPG innerhalb der wissenschaftlichen Gemeinschaft signifikante Spillover generiert. Daher sollte die MPG bei gegebenem Gesamtvolumen der institutionellen Förderung auch in erster Linie vom Bund finanziert werden. Eine Erhöhung des Bundesanteils wäre unter fiskalföderalistischen Aspekten angemessener als die bisherige paritätische Finanzierung.

3.2.3 Fraunhofer-Gesellschaft

Die Institute der FHG sind ausschließlich ingenieurwissenschaftlich orientiert und betreiben schwerpunktmäßig „anwendungsorientierte Forschung zum direkten Nutzen für Unternehmen" (Fraunhofer-Gesellschaft, 2006b). Der größte Teil ihres Budgets stammt aus Projektmitteln; über 60 Prozent dieser Mittel werben die Institute in Form von Auftragsforschung aus der Wirtschaft ein. Lediglich ein Drittel des Budgets in Höhe von insgesamt 1,25 Milliarden Euro steuern Bund und Länder bei. Aktuell fördert die öffentliche Hand die Institute der FHG mit 419,6 Millionen Euro, wobei 83 Prozent der Finanzierung vom Bund und 17 Prozent von den Ländern übernommen werden (BMBF, 2005, 28). Die Institute der FHG meldeten im Jahr 2005 ganze 407 Patente an (Tabelle 5.3) und waren an 32 Ausgründungsprojekten beteiligt (Fraunhofer-Gesellschaft, 2006a, 20). Von allen außeruniversitären Forschungseinrichtungen weist die FHG die höchste Relevanz im Technologietransfer auf.

Die Institute der FHG übernehmen aber nicht nur Forschungsaufgaben für Unternehmen, sie sind auch die wichtigste Quelle für Ausgründungen aus außeruniversitären Forschungseinrichtungen (Egeln et al., 2002). Ein Beispiel ist das Fraunhofer-Institut für Lasertechnik in Aachen, das mit zahlreichen Unternehmen aus der Region in Forschungskooperationen verankert ist und dessen Forschung Grundlage für die erfolgreiche Ausgründung zahlreicher Spin-offs in diesem Technologiebereich war (Handelsblatt, 2006).

Aufgrund der starken Anwendungsorientierung ihrer Forschung und der entsprechend regional konzentrierten und konzentrierbaren Spillover ihrer Forschungsergebnisse ist in fiskalföderalistischer Hinsicht weniger die Höhe, sondern die Struktur der Basisfinanzierung der Fraunhofer-Institute zu kritisieren. Der Anteil des Bundes von 83 Prozent suggeriert nämlich interregionale Spillover, die fiskalföderalistisch jedoch zweifelhaft sind. Anstelle des Bundes sollten folglich die Länder den Großteil der Finanzierung übernehmen, da deren Unternehmen in erster Linie von der Forschung der FHG profitieren. Eine mögliche Aufgabe für den Bund ergibt sich im Bereich des Technologietransfers der FHG: Angesichts der Kapitalmarktfriktionen bei der Finanzierung von Forschung und Entwicklung in jungen Kleinunternehmen könnte der Bund – ähnlich wie im High-Tech-Masterplan vorgesehen – einen bundesweiten Fonds für die Gründungsfinanzierung auflegen, der auch die Ausgründung aus Instituten der FHG unterstützt.[16]

3.2.4 Ressortforschungseinrichtungen

Innerhalb der institutionellen Forschungsförderung unterhalten der Bund respektive zahlreiche Bundesministerien überdies noch sogenannte Ressortforschungseinrichtungen wie die Bundesanstalt für Materialforschung und -prüfung (Bundesministerium für Wirt-

---

[16] Seit 2005 ermöglicht die FHG ihren Instituten den Zugang zu einem ausgründungsorientierten Risikokapitalfonds (Fraunhofer-Gesellschaft, 2006a, 20). Das geplante Volumen dieses Fonds ist jedoch auf 50 Millionen Euro begrenzt.

Förderung anwendungsorientierter Forschung durch den Bund – das Scheitern von Caesar

Übersicht 5.2

Einen ebenfalls stark anwendungsorientierten Forschungsauftrag besaß das mit 380 Millionen Euro vom Bund finanzierte Center for Advanced European Studies and Research (Caesar) zum Zeitpunkt seiner Gründung im Jahr 1995. Die intendierte Anwendungsorientierung lässt sich anhand der Vorgabe für Caesar-geförderte Forschungsprojekte, innerhalb von fünf Jahren von der Grundlagenforschung bis hin zur Erstellung eines Produkts und zur Ausgründung zu gelangen, ablesen. Die fachliche Ausrichtung der Forschung wurde nicht spezifiziert und somit nicht in die regionale Forschungsstruktur eingebettet – ein Widerspruch zu der aus der Theorie der Cluster abgeleiteten Forderung der bestmöglichen Anpassung einer Forschungseinrichtung an die regional vorhandenen Forschungsbedürfnisse. Folglich warb das Caesar-Institut auch lediglich ein Viertel seiner Drittmittel aus der Wirtschaft ein. Zudem wurde im gesamten Zeitraum des Bestehens von Caesar als eigenständigem Forschungsinstitut keine einzige Ausgründung erzielt; von 1999 bis 2003 wurden lediglich 33 Patente angemeldet (Wissenschaftsrat, 2004a, 8). Der für eine erfolgreiche Anwendungsorientierung essentielle Transfer von Forschungsergebnissen war somit unzureichend, insbesondere im direkten Vergleich mit der vom Bund in ähnlicher Höhe finanzierten Fraunhofer-Gesellschaft (Tabelle 5.2).

Das Caesar-Institut ist ein prominentes Beispiel für die Fehlallokation von Bundesmitteln in der anwendungsorientierten Forschungsförderung. Eingedenk des anwendungsorientierten Forschungsauftrags des Instituts und der regional begrenzten Spillover-Wirkung dieses Typs der Forschung war dessen Finanzierung durch den Bund mit fiskalföderalistischen Argumenten allerdings nicht zu rechtfertigen und kann lediglich als politökonomisch motiviert betrachtet werden – also als „Abschiedsgeschenk beim Regierungswechsel von Bonn nach Berlin" (Horstkotte, 2006).

schaft und Technologie), das Bundesamt für Seeschifffahrt und Hydrographie (Bundesministerium für Verkehr, Bau und Stadtentwicklung) oder das Militärgeschichtliche Forschungsamt (Bundesministerium der Verteidigung). Diese bundeseigenen Forschungseinrichtungen werden in der Regel komplett vom Bund grundfinanziert. Mit einem Budget von über 1,3 Milliarden Euro erhalten diese bundeseigenen Einrichtungen mehr als 20 Prozent der gesamten institutionellen Förderung des Bundes (BMBF, 2005, 62).

Ein Großteil der Ressortforschung dient der Vorbereitung von Gesetzesvorhaben oder der Erfüllung sonstiger Fachaufgaben der jeweiligen Ministerien. Die Forschungseinrichtungen sind bisher in die Geschäftsbereiche der Bundesministerien eingebunden; sie sollen in dieser Funktion Handlungsoptionen für staatliche Maßnahmen erarbeiten und als Ratgeber für politische Entscheidungen fungieren. Einzelne bundeseigene Forschungseinrichtungen haben eine besondere Funktion bei der Standardisierung übernommen, etwa im Bereich medizinischer Tests (Süddeutsche Zeitung, 2004). Zudem fungieren manche ressorteigenen Forschungseinrichtungen bei der Drittmittelvergabe als Projektträger, das heißt sie vergeben Forschungsgelder im Auftrag der jeweiligen Ministerien an Dritte.

Eine interne Erfolgskontrolle der Ressortforschungseinrichtungen nach dem Vorbild der MPG gestaltet sich schwierig, da die wissenschaftliche Forschung keine originäre Aufgabe von Ministerien ist und eine Kontrolle der wissenschaftlichen Validität und Qualität der Arbeitsergebnisse durch deren Vertreter daher nur in sehr begrenztem Umfang möglich ist. Eine externe Evaluation ausgewählter Ressortforschungseinrichtungen durch den Wissenschaftsrat (Wissenschaftsrat, 2004b) hat allerdings gravierende Defizite in der

Forschungsleistung sowie in der Einbindung in das deutsche, europäische und internationale Wissenschaftssystem offen gelegt. Die Tatsache, dass nur in Ausnahmefällen in Fachzeitschriften publiziert wurde, ist ebenfalls Beleg für eine fehlende oder zumindest stark mangelhafte Grundlagenforschungstätigkeit und entsprechend fehlende Forschungsspillover. Im Zuge der laufenden Evaluation konstatiert der Wissenschaftsrat für einzelne Ressortforschungseinrichtungen sogar, dass diese „vorwiegend Verwaltungstätigkeiten ohne engeren wissenschaftlichen Bezug" ausüben und fordert „eine grundlegende Neuausrichtung" (Homepage Wissenschaftsrat).

Wie bereits erwähnt, werden die Ressortforschungseinrichtungen nahezu vollständig vom Bund grundfinanziert. Wenn sie allerdings, wie die Ergebnisse des Wissenschaftsrats nahe legen, de facto nur in marginalem Umfang Aufgaben der Grundlagenforschung übernehmen, so ist unter fiskalföderalistischen Aspekten eine Vollfinanzierung nicht gerechtfertigt. In anderen Ländern wie den Niederlanden und der Schweiz, die vergleichbare Probleme bei einer ähnlichen Struktur der Ressortforschung hatten, wurden daher ehemals ressorteigene Forschungseinrichtungen institutionell aus den Ministerien ausgegliedert und fachlich korrespondierenden Fakultäten von Universitäten angegliedert (Zinkel/Strittmacher, 2003). Zugleich wurde ihre Grundfinanzierung deutlich reduziert, und sie wurden angehalten, Budgets verstärkt über das Einwerben von Projektmitteln zu bestreiten. In der Schweiz übernehmen Ressortforschungseinrichtungen Forschungsaufgaben und auch Beratungsleistungen im Auftrag der Regierung nur noch dann, wenn das übrige Wissenschaftssystem zuvor keine adäquaten Angebote zur Übernahme eines bestimmten Forschungsauftrags bereitgestellt hat. Wenn nun, wie im Fall der bundesdeutschen Ressortforschungseinrichtungen, die Grundlagenforschung einer Institution nur eine untergeordnete Rolle spielt und folglich keine signifikanten Spillover aus deren Tätigkeit zu erwarten sind, so kann diese international bereits erfolgreiche Regelung als Anwendung des unter fiskalföderalistischen Aspekten wünschenswerten Subsidiaritätsprinzips interpretiert werden.

Eine derartige Praxis, also spürbare Reduktion der Grundfinanzierung der bundeseigenen Forschungsinstitute bei gleichzeitiger Möglichkeit für die Institute, Drittmittel einzuwerben, wäre auch für Deutschland denkbar. Für das deutsche System schlägt Krull (2005) vor, „die Aufgaben der Ressortforschungseinrichtungen [...] wettbewerblich auf die Hochschulen zu übertragen oder sie institutionell mit den Hochschulen zu verknüpfen".

Angesichts der in Deutschland bereits sehr breiten Forschungs- und Beratungslandschaft wäre zu erwarten, dass die Einführung einer dem niederländischen und schweizerischen Beispiel entsprechenden Regelung auch hierzulande zu einer Effizienzsteigerung in der Mittelverwendung führen würde. Durch eine deutliche Reduktion der Grundfinanzierung würde auch der von den Ressortforschungseinrichtungen selbst wahrgenommene Wettbewerbsnachteil in Bezug auf die Einwerbung von Drittmitteln aus Ministerien entfallen, von denen derzeit „Anträge aus der Ressortforschung mit Verweis auf die institutionelle Förderung sehr restriktiv behandelt werden" (Arbeitsgemeinschaft der Ressortforschungseinrichtungen, 2006, 10). Die Ministerien würden den Teil ihrer Forschungsmittel, der für die gesetzlich geregelten hoheitlichen Aufgaben der bundeseigenen Forschungsinstitute nicht benötigt wird, über öffentlich ausgeschriebene Projekte vergeben, an denen sich auch die Ressortforschungseinrichtungen beteiligen könnten. Durch eine derartige Reform der bundeseigenen Forschungsinstitute könnte das gesamte Potenzial des Wissenschaftssystems für die wissenschaftliche Politikberatung genutzt und damit deren Qualität und Unabhängigkeit gestärkt werden.

Zusammenfassend ist zu sagen, dass das finanzielle Engagement des Bundes in der institutionellen Forschungsförderung insbesondere dort gerechtfertigt ist, wo Ergebnisse in der Grundlagenforschung erzielt werden. Da diese mit Spillover-Effekten einhergeht, könnte eine reine Länderkompetenz hier zu einer Unterversorgung führen. Im Vergleich der Forschungseinrichtungen, die von der institutionellen Förderung profitieren, zeigt sich auch, dass der Finanzierungsanteil der öffentlichen Hand mit dem Anteil der Grundlagenforschung steigt; nur bei den bundeseigenen Ressortforschungseinrichtungen ist dies nicht der Fall. Im Umkehrschluss ist der Anteil der öffentlichen Förderung also negativ mit der Anwendungsorientierung einer außeruniversitären Forschungseinrichtung, etwa mit deren Patenten und Drittmittelquote, korreliert (Tabelle 5.2). Diese Tatsache folgt der fiskalföderalistischen Logik, gemäß der geringere Spillover auch eine geringere öffentliche Förderung bedingen. Die Aufteilung der Finanzierung zwischen den föderalen Ebenen, das heißt zwischen Bund und Ländern, reflektiert jedoch nicht immer die tatsächlich auftretenden Spillover.

Mit Bezug auf die außeruniversitären öffentlichen Forschungseinrichtungen monieren unabhängige Experten wie der Wissenschaftsrat Defizite im Bereich des Technologietransfers und fordern eine stärkere Ausrichtung dieser Institutionen auf anwendungsbezogene Forschung, Ausgründungen und Kooperationen mit der Wirtschaft. Die Forderung nach einer stärkeren Marktorientierung ist auch in vielen Punkten gerechtfertigt. Allerdings hat sie unter fiskalföderalistischen Gesichtspunkten Konsequenzen für die Finanzierungsseite: Ein zunehmender Anwendungsbezug impliziert eine Verringerung der aus der Forschung resultierenden Spillover und aus fiskalföderalistischer Sicht somit eine deutlich stärkere Einbeziehung der Länder bei der Finanzierung der institutionellen Förderung.

Zusammenfassung

- Die privatwirtschaftlichen Forschungs- und Innovationsaktivitäten profitieren von der staatlichen respektive staatlich finanzierten Grundlagenforschung, jedoch in erster Linie von der öffentlichen Forschung, die einen engen geografischen Bezug zum Sitz des jeweiligen Unternehmens aufweist.
- In Deutschland gibt es in der anwendungsorientierten Forschung regional heterogene Spezialisierungsmuster. FuE-Aktivität induziert Spillover, jedoch ist der Wirkungsradius im Normalfall auf die Bundesländer beschränkt. Hinzu kommt, dass die direkte Projektförderung des Bundes durch Uniformität und Selektivität gekennzeichnet ist. Eine marktgeleitete Innovationspolitik sollte folglich überwiegend Ländersache sein, damit die Länder ihre Forschungspolitik den regionalen Unterschieden anpassen können.
- Außer bei den bundeseigenen Ressortforschungseinrichtungen entsprechen die Niveauunterschiede der institutionellen Forschungsförderung im Wesentlichen fiskalföderalistischen Kriterien, da Institutionen mit einem höheren Anteil an Grundlagenforschung auch mehr Förderung erhalten. Die Finanzierungsstruktur hingegen widerspricht – wie im Beispiel der anwendungsorientiert forschenden, jedoch primär durch den Bund finanzierten Fraunhofer-Gesellschaft – an manchen Stellen fiskalföderalistischen Prinzipien.
- Einige bundeseigene Ressortforschungseinrichtungen leisten weder einen nennenswerten Beitrag in der wissenschaftlichen Grundlagenforschung noch spielen sie aus Sicht der Unternehmen eine wichtige Rolle im Technologietransfer. Ihre vollständige Grundfinanzierung durch den Bund ist also unter fiskalföderalistischen Kriterien nicht gerechtfertigt und sollte deutlich reduziert werden.

Literatur

Akerlof, George, 1970, The Market for Lemons: Quality, Uncertainty and the Market Mechanism, in: Quarterly Journal of Economics, Vol. 84, S. 488–500

Arbeitsgemeinschaft der Ressortforschungseinrichtungen, 2006, Forschen, prüfen, beraten – Ressortforschungseinrichtungen als Dienstleister für Politik und Gesellschaft, URL: http://www.ressorforschung.de/res-media/positionspapier_stand_4_januar_2006.pdf [Stand: 2006-09-11]

Arrow, Kenneth, 1962, The Economic Implications of Learning by Doing, in: Review of Economic Studies, Vol. 29, S. 155–173

Aschhoff, Birgit / Fier, Andreas, 2005, Powerful or Powerless? The impact of public R&D grants on SMEs in Germany, ZEW Working Paper, Mannheim

Audretsch, David / Lehmann, Erik, 2005, Does the Knowledge Spillover Theory of Entrepreneurship Hold for Regions?, in: Research Policy, Vol. 34, S. 1191–1202

Autant-Bernard, Corinne, 2001, Science and Knowledge Flows: Evidence from the French Case, in: Research Policy, Vol. 30, S. 1069–1078

Beise, Marian / Stahl, Harald, 1999, Public Research and Industrial Innovation in Germany, in: Research Policy, Vol. 29, S. 397–422

Belitz, Heike / Eschenbach, Rüdiger / Pfirrmann, Oliver / Steinke, Hella, 2004, Evaluation der Maßnahme „Förderung von innovativen Netzwerken – InnoNet", Berlin

BMBF – Bundesministerium für Bildung und Forschung, 2005, Forschung und Innovation in Deutschland 2005, Fortschreibung der Daten und Fakten des Bundesberichts Forschung 2004, Berlin

BMBF – Bundesministerium für Bildung und Forschung, Homepage, URL: http://www.bmbf.de [Stand: 2006-09-11]

Boadway, Robin / Wildasin, David, 1984, Public Sector Economics, Boston

Cohen, Wesley / Nelson, Richard / Walsh, John, 2002, Links and Impacts: The Influence of Public Research on Industrial R&D, in: Management Science, Vol. 48, S. 1–23

Czarnitzki, Dirk, 2004, Das Innovationsverhalten von Unternehmen und die Rolle der Forschungs- und Technologiepolitik, Essen

Deutsches Patent- und Markenamt, 2005, Jahresbericht 2005, München

Eckey, Hans-Friedrich / Türck, Matthias, 2005, Deutsche Innovationsregionen, Volkswirtschaftliche Diskussionsbeiträge, Universität Kassel

Egeln, Jürgen / Gottschalk, Sandra / Rammer, Christian / Spielkamp, Alfred, 2002, Public Research Spin-offs in Germany – Summary Report, ZEW Dokumentationen, Nr. 03-04, Mannheim

Eickelpasch, Alexander / Pfeiffer, Ingo, 2004, InnoRegio: Unternehmen beurteilen die Wirkung des Förderprogramms insgesamt positiv, in: DIW-Wochenbericht, 71. Jg., Nr. 23, S. 1–4

Europäische Kommission, 2005, Annual Innovation Policy Trends and Appraisal Report – Germany 2004–2005, Brüssel

Fraunhofer-Gesellschaft, 2006a, Jahresbericht 2005, URL: http://www.fraunhofer.de/fhg/Images/FhG-JB-komplett_tcm5-63602.pdf [Stand: 2006-09-11]

Fraunhofer-Gesellschaft, 2006b, Homepage – Wir über uns, URL: http://www.fraunhofer.de/fhg/company/index.jsp [Stand: 2006-09-11]

Fritsch, Michael / Wein, Thomas / Ewers, Hans-Jürgen, 2000, Marktversagen und Wirtschaftspolitik, München

Fritsch, Michael / Slavtchev, Viktor, 2005, The Role of Regional Knowledge Sources for Innovation – An Empirical Assessment, Freiberger Arbeitspapiere, Nr. 15, Freiberg

Greif, Siegfried / Schmiedl, Dieter, 2002, Patentatlas Deutschland – Dynamik und Strukturen der Erfindungstätigkeit, München

Hall, Bronwyn, 2002, The Financing of Research and Development, in: Oxford Review of Economic Policy, Vol. 18, S. 35–51

Handelsblatt, 2006, Beilage „Mittelstand", in: Handelsblatt Nr. 111, 12. Juni 2006

Helmholtz-Gemeinschaft, 2005, Helmholtz-Gemeinschaft 2005: Programme – Zahlen – Fakten, URL: http://www.helmholtz.de/Downloads/3_Publikationen_und_Bibliotheken/Detailseite_Publikation/ Programme_Zahlen_Fakten_2005.pdf [Stand: 2006-09-11]

Horstkotte, Hermann, 2006, Alzheimer statt Aquaplaning, Spiegel Online, URL: http://www.spiegel.de/unispiegel/jobundberuf/0,1518,419453,00.html [Stand: 2006-06-18]

Inno Watt, Homepage, URL: http://www.euronorm.de/innowatt/inhalt/start/inno-watt07.shtml?navid=5; [Stand: 2006-09-11]

IW Consult, 2006, Forschungsförderung in Deutschland: Stimmen Angebots- und Nachfragebedingungen für den Mittelstand? – Gutachten der IW Consult GmbH Köln für die Stiftung Industrieforschung, Köln

iwd – Informationsdienst des Instituts der deutschen Wirtschaft Köln, 2005, Nobelpreise – Deutschland hat einen Leuchtturm, 31. Jg., Nr. 49, S. 8

Krull, Wilhelm, 2005, Eckpunkte eines zukunftsfähigen deutschen Wissenschaftssystems – Zwölf Empfehlungen, Positionspapier, Hannover

Kulicke, Marianne / Bührer, Susanne / Lo, Vivien, 2004, Untersuchung der Wirksamkeit von PRO INNO – PROgramm INNOvationskompetenz mittelständischer Unternehmen, Karlsruhe

Leibniz-Gesellschaft, Homepage, Zahlen und Fakten, URL: http://www.wgl.de/extern/organisation/ index_4.html [Stand: 2006-09-11]

Max-Planck-Gesellschaft, 2005, Jahresbericht 2005, URL: http://www.mpg.de/pdf/jahresbericht 2005/jahresbericht2005.pdf [Stand: 2006-09-11]

Rammer, Christian / Peters, Bettina / Schmidt, Tobias / Aschhoff, Birgit / Doherr, Thorsten / Niggemann, Hiltrud, 2005, Innovationen in Deutschland – Ergebnisse der Innovationserhebung 2003 in der deutschen Wirtschaft, ZEW Wirtschaftsanalysen, Band 78, Mannheim

Röhl, Klaus-Heiner, 2006, Innovationsregionen und sektorale Cluster, in: Institut der deutschen Wirtschaft Köln (Hrsg.), Wachstumsfaktor Innovation: Eine Analyse aus betriebs-, regional- und volkswirtschaftlicher Sicht, Köln, S. 77–96

Süddeutsche Zeitung, 2004, Forschung des Bundes hat schwere Mängel, in: Süddeutsche Zeitung, 30. Januar 2004, S. 1

Tijssen, Robert, 2001, Global and Domestic Utilization of Industrial Relevant Science: Patent Citation Analysis of Science-Technology Interactions and Knowledge Flows, in: Research Policy, Vol. 30, S. 35–54

Wissenschaftsrat, 2001, Systemevaluation der HGF – Stellungnahme des Wissenschaftsrates zur Hermann von Helmholtz-Gemeinschaft Deutscher Forschungszentren, Bonn

Wissenschaftsrat, 2004a, Stellungnahme zum Center of Advanced European Studies and Research (caesar), Bonn

Wissenschaftsrat, 2004b, Empfehlungen zur Entwicklung der Rahmenbedingungen der Forschung in Ressortforschungseinrichtungen, Bonn

Wissenschaftsrat, 2006, Pressemitteilung 14/2006, URL: http://www.wissenschaftsrat.de/presse/pm_1406.html [Stand: 2006-09-11]

Zinkel, Wolf / **Strittmatter**, Rolf, 2003, Ein Innovationsmarkt für Wissen und Technologie – Diskussionsbeitrag zur Neuausrichtung der Innovationspolitik der Schweiz, Zürich

Kapitel 6

Klaus-Heiner Röhl

Optionen für die deutsche Regionalpolitik:
Mehr regionaler Wettbewerb im Föderalstaat

Inhalt

1	Einleitung	157
2	Kompetenzverteilung der Staatsebenen in der Regionalpolitik und Auswirkungen der Föderalismusreform	157
2.1	Regionalpolitik: Ziele und Instrumente	158
2.2	Auswirkungen der Föderalismusreform auf die Regionalpolitik	162
3	Raumordnung und kommunale Selbstverwaltung	163
3.1	Grundlagen der Raumordnung in Deutschland	163
3.2	Die kommunale Selbstverwaltung und das Konnexitätsprinzip	165
3.3	Auswirkungen der Föderalismusreform auf die Raumordnung	166
4	Standort- und Ansiedlungspolitik	167
4.1	Regionalpolitische Spielräume in den Bundesländern	167
4.2	Ausgewählte Beispiele aus den Ländern	168
5	Zentralisierung versus regionaler Wettbewerb: Das Beispiel Flughafenplanung	170
6	Zur zukünftigen Ausgestaltung der Regionalpolitik und der Allokation regionalpolitischer Kompetenzen	173
6.1	Wachsender Einfluss der europäischen Strukturpolitik	173
6.2	Regionalpolitik „aus einem Guss" mit Wettbewerbselementen	173
	Zusammenfassung	176
	Literatur	177

1 Einleitung

Die Regionalpolitik in Deutschland wurde über Jahrzehnte vor allem als eine Politik des Ausgleichs verstanden, in der wirtschaftsschwache Regionen mit Steuermitteln gefördert wurden, um zu den stärkeren Regionen oder zumindest zum Durchschnitt des Landes aufzuschließen. Die wichtigsten Instrumente waren und sind Beihilfen für privatwirtschaftliche Investitionen und öffentliche Investitionen in die wirtschaftsnahe Infrastruktur, also vor allem Gewerbegebiete und Straßenanbindungen. Da diese Maßnahmen meist relativ kleinräumig ausgerichtet sind, fallen sie prinzipiell in die Zuständigkeit der Länder. Im Hintergrund steht jedoch das Verfassungsziel gleichwertiger Lebensverhältnisse, sodass die Regionalpolitik als gemeinsame Bund-Länder-Aufgabe definiert ist.[1] Durch die aktuelle Föderalismusreform ändert sich an der Kompetenzverteilung zwischen den staatlichen Ebenen zunächst wenig.

Von großer Bedeutung für die regionale Entwicklung ist auch die Raumordnung, in der staatlicherseits die geplante Nutzung von Flächen für Verkehrswege, Gewerbe, Wohnzwecke oder Erhalt von Grünflächen festgelegt wird. Auch die Raumordnung oder -planung[2] ist vom Prinzip her Länderaufgabe; der Bund liefert jedoch Vorgaben durch das Raumordnungsgesetz. Infolge der Föderalismusreform können die Bundesländer nun von den bundeseinheitlichen Vorgaben des Raumordnungsgesetzes abweichen. Hinzu kommt hier allerdings ein umfassendes Mitspracherecht der Kommunen, deren Selbstverwaltungsgarantie im Grundgesetz auch die Flächennutzung einschließt. Letztlich müssen Kompromisse zwischen den betroffenen staatlichen Ebenen gefunden werden. Neben der Regionalpolitik und der Raumordnung besitzen die Länder und Kommunen weitergehende Einflussmöglichkeiten in der Ansiedlungs- und Standortpolitik, die auf sehr unterschiedliche Weise genutzt werden.

Mittels einer stärker wettbewerbsorientierten Ausgestaltung der Regionalpolitik könnte daher das Dilemma der „organisierten Verantwortungslosigkeit", das durch die kooperatistische Organisation der Finanzierung und Aufgabenerfüllung im Rahmen der gemeinsamen Bund-Länder-Finanzierung der Regionalpolitik entstanden ist, vermindert werden.

2 Kompetenzverteilung der Staatsebenen in der Regionalpolitik und Auswirkungen der Föderalismusreform

Die Politikbereiche der Regionalpolitik und Raumordnung fallen in Deutschland nach Art. 30 Grundgesetz (GG) prinzipiell in die Zuständigkeit der Länder; Art. 28 GG legt darüber hinaus das Selbstbestimmungsrecht der Kommunen fest, denen kleinräumig damit auch regionalpolitische Aufgaben zukommen. Der Bund besaß bis zum Inkrafttreten der

---

[1] Die stark auf interregionalen Ausgleich bedachte Funktionsweise des deutschen Föderalismus kommt auch im Länderfinanzausgleich zum Ausdruck (vgl. Kapitel 2). Dass die Finanzverhältnisse zwischen der Bundesebene und den Gliedstaaten in föderal verfassten Ländern sehr unterschiedlich geregelt sein können, zeigt die Untersuchung von Schneider (2006).
[2] Der Begriff Raumordnung bezeichnet sowohl die bestehende Gliederung und Nutzung des Raumes als auch seine aktive Gestaltung durch Planungsmaßnahmen; in letztgenannter Bedeutung ist der Begriff synonym mit Regionalplanung.

Föderalismusreform[3] nach Art. 75 GG allerdings ein Recht zur Ausübung der Rahmenkompetenz bei der Raumordnung; mit der Verfassungsänderung ist die Raumordnung nun Teil der Abweichungsgesetzgebung der Länder. Die Länder sind in Art. 91a GG bisher schon als Träger der Regionalpolitik definiert. Da aber der regionale Ausgleich wegen der Verpflichtung zur Verfolgung gleichwertiger Lebensverhältnisse eine Bundesangelegenheit ist, ist die Regionalförderung eine gemeinsame Aufgabe von Bund und Ländern. Aufgrund des Selbstverwaltungsrechts der Kommunen ist die Raumordnungskompetenz der Länder jedoch auch „nach unten" beschnitten: Eine Gemeinde kann im Allgemeinen nicht gezwungen werden, bestimmte Flächennutzungspläne aufzustellen oder eben nicht aufzustellen. Vielmehr müssen die Länder gemeinsam mit der kommunalen Ebene nach einvernehmlichen Lösungen suchen.

Neben die Kompetenzverteilung auf Bund, Länder und Kommunen tritt als vierte Einflussebene noch die wachsende Bedeutung der Europäischen Union und ihrer Rechtsetzung, die außer in der Strukturpolitik insbesondere im Umweltrecht raumwirksam wird.[4] Mit der Föderalismusreform sollen die vielfältigen umweltrechtlichen Bestimmungen zwar in ein Umweltgesetzbuch des Bundes integriert werden, doch fällt nun auch das Umweltrecht unter die Abweichungsgesetzgebung, sodass die Länder partiell abweichende Regelungen treffen können (vgl. Kapitel 7).

Inzwischen haben sich die Institutionen der EU zu einer verstärkten Berücksichtigung des Subsidiaritätsprinzips bekannt, was die kontinuierliche Ausweitung ihrer Zuständigkeiten zulasten der Mitgliedsländer bremsen könnte, sofern es sich nicht um ein bloßes Lippenbekenntnis handelt. Möglicherweise stärkt eine verbesserte Berücksichtigung des Subsidiaritätsprinzips aber auch eher die nachgeordnete Ebene – in Deutschland also die Bundesländer – als die Mitgliedstaaten der EU. Letztere müssen sich in ihrer legislativen Kompetenz mehr und mehr mit der Umsetzung von EU-Richtlinien und Verordnungen begnügen, während die Regionen – nach EU-Nomenklatur die NUTS 2-Ebene – weitere Gestaltungsspielräume gewinnen könnten. Beispiele hierfür sind die aktuelle Föderalismusreform in Deutschland und die zunehmenden Autonomiebestrebungen der Regionen in Spanien. In traditionell zentralstaatlich verfassten Mitgliedsländern wie Frankreich sind die Regionen (Departements) allerdings weit davon entfernt, zusätzliche Kompetenzen zu übernehmen oder auch nur zu fordern.

2.1 Regionalpolitik: Ziele und Instrumente

Zu den Maßnahmen, mit denen die Politik in die regionalen Wirtschaftsstrukturen steuernd eingreifen will, gehört neben dem Bau von Infrastrukturen – vor allem Straßen, aber in geringerem Umfang auch Bahnstrecken, Flughäfen und Wasserstraßen – insbesondere die Förderung von Investitionen der Privatwirtschaft und der Aufbau „wirtschaftsnaher Infrastrukturen", also vor allem die Erschließung von Gewerbegebieten. Daneben

---

[3] Der Gesetzentwurf zur Änderung des Grundgesetzes (vgl. Deutscher Bundestag, 2006a) wurde am 7. Juli 2006 zusammen mit einem Begleitgesetz vom Bundestag und vom Bundesrat verabschiedet.
[4] Ein Beispiel ist die Verpflichtung Deutschlands, Naturschutzflächen nach der Habitat-Richtlinie auszuweisen. Da die Bundesländer bislang nicht ausreichend Flächen ausgewiesen haben, drohen Deutschland Strafzahlungen. Die Bundesrepublik ist in der Pflicht gegenüber der EU, obwohl der Bund im deutschen Föderalsystem die Länder nicht zwingen kann, den Verpflichtungen gemäß zu handeln.

zählen auch regional begrenzte Fortbildungsprogramme für Beschäftigte und Arbeitslose sowie die Förderung von Unternehmensgründungen, Innovationen und Netzwerken zu den regionalpolitischen Instrumenten. Darüber hinaus können politische Entscheidungsträger durch ihre Entscheidungen, an welchem Standort sie staatliche Einrichtungen ansiedeln, Einfluss auf die Regionalentwicklung nehmen.

Grundsätzlich dient die Regionalpolitik in Deutschland drei wirtschaftspolitischen Zielen: dem Ausgleichs-, dem Wachstums- und dem Stabilitätsziel (Übersicht 6.1).

Ziele der Regionalpolitik
Übersicht 6.1

Ausgleichziel:
Angestrebt wird die Förderung von Gebieten, deren Wirtschaftskraft pro Einwohner deutlich unter dem Bundesdurchschnitt liegt oder die aufgrund schlechter Wachstumsperspektiven in Gefahr sind, zurückzufallen. Das Ziel wird aus der Forderung nach „gleichwertigen Lebensverhältnissen" in Deutschland (Art. 72 und 106 GG) abgeleitet und steht im Zentrum der Regionalpolitik.

Wachstumsziel:
Im Mittelpunkt steht hier die Erhöhung des Wirtschaftswachstums durch die Mobilisierung nicht optimal genutzter Ressourcen. Ein optimaler Faktoreinsatz im Raum soll die gesamtwirtschaftliche Leistung maximieren. Um dies zu ermöglichen, sind in den einzelnen Regionen die richtigen Voraussetzungen zu schaffen. Dies geschieht zum Beispiel durch eine Verbesserung der infrastrukturellen Anbindung und durch Investitionen, die regionale Ungleichgewichte auf dem Arbeitsmarkt abbauen.

Stabilitätsziel:
Angestrebt wird die Erhöhung der wirtschaftlichen Stabilität durch Vermeidung einseitiger ökonomischer Strukturen in der regionalen Wirtschaft. Durch die Verstetigung der Wirtschaftsentwicklung auf breiter sektoraler Grundlage soll die Konjunkturanfälligkeit der Wirtschaft in der Region verringert werden.

Eigene Zusammenstellung

Insbesondere die Rolle des Wachstumsziels in der Regionalpolitik ist umstritten. Die Vorstellung, dass das gesamtwirtschaftliche Wachstum durch regionalpolitische Eingriffe gesteigert werden kann, beruht auf der Annahme, dass die Marktwirtschaft aufgrund von Kosten der Entfernungsüberwindung und den im Raum wirkenden externen Effekten ohne staatliche Eingriffe keine optimalen Ergebnisse erzielen kann. Auch wenn es theoretisch unbestritten ist, dass das Konzept der vollkommenen Konkurrenz nur in der „raumlosen" Ökonomie zutreffen kann, ist damit nicht gesagt, dass staatliche Entscheidungsträger durch regionalpolitische Maßnahmen wirklich eine Verbesserung des Wachstumspotenzials erreichen. Hinzu kommt der offensichtliche Zielkonflikt mit den anderen beiden Zielen der Regionalpolitik; die Vorstellung, dass Fördermaßnahmen für schwache Regionen langfristig das gesamtwirtschaftliche Wachstum erhöhen können, ließ sich empirisch nie belegen.

Zentrales Element der Regionalpolitik in Deutschland ist die sogenannte „Gemeinschaftsaufgabe zur Verbesserung der regionalen Wirtschaftsstruktur" (GA).[5] Auch die GA

---

[5] Der Begriff Gemeinschaftsaufgabe bezeichnet öffentliche Aufgaben, die von Bund und Ländern je zur Hälfte finanziert werden. Neben der Regionalförderung zählen hierzu der Küstenschutz und – bis zur Umsetzung der aktuellen Föderalismusreform – auch der Hochschulbau.

ist Ergebnis der letzten großen Reform des föderalen Systems Ende der sechziger Jahre, die mit einem Ausbau von Mischfinanzierungen den Weg in den kooperativen Bundesstaat ebnete. Mit dem Gesetz über die Gemeinschaftsaufgabe „Verbesserung der regionalen Wirtschaftsstruktur" (GRW) vom 6. Oktober 1969 wurde die Regionalpolitik zur gemeinsamen Bund-Länder-Aufgabe erklärt. Bis aber der erste gemeinsam erarbeitete Rahmenplan in Kraft trat, dauerte es dann noch bis 1972.

Schwerpunkt der GA ist die Gewährung von Zuschüssen für privatwirtschaftliche Investitionen sowie für (kommunale) Investitionen in die wirtschaftsnahe Infrastruktur. Während der Förderhöchstsatz für betriebliche Investitionen in kleine und mittlere Unternehmen (KMU) in den neuen Bundesländern bei 50 Prozent liegt, werden Investitionen in Infrastrukturprojekte mit bis zu 90 Prozent bezuschusst. In der GA sind neben der Investitionsförderung auch Landesprogramme für Beratungsmaßnahmen, Schulungen und Humankapitalbildung, Innovationen sowie Netzwerke förderfähig. In der angewandten Forschung und Entwicklung (FuE) kann die Unterstützung bis zu 500.000 Euro je Förderfall betragen, ansonsten sind außerhalb der Investitionsförderung aber relativ geringe Höchstbeträge von 20.000 bis 50.000 Euro festgelegt. Anders als etwa im Hochschulbau hat die GA in der Regionalpolitik jedoch den aktuellen Richtungswechsel hin zu einer stärkeren Entflechtung der Kompetenzen überdauert und bleibt auch zukünftig als Bund-Länder-Aufgabe erhalten. Folgende Aufgaben werden innerhalb der GA vom Planungsausschuss, einem paritätisch besetzten Steuerungsorgan von Bund und Ländern, übernommen und in jährlichen Rahmenplänen festgelegt:

- die Abgrenzung der Fördergebiete,
- die Festlegung der Kriterien für und die Zahl der Schwerpunktorte,
- die Höhe der Investitionszuschüsse beziehungsweise die Förderhöchstsätze,
- Ausfallbürgschaften und
- die Definition regionaler Aktionsprogramme.

Grundlage der Festlegung von Fördergebieten ist die Abgrenzung von Arbeitsmarktregionen (etwa 225). Um die Förderwürdigkeit zu bestimmen, werden diese Regionen entsprechend ihrer wirtschaftlichen und strukturellen Stärke in eine Rangfolge gebracht. Die Rangfolge der Förderregionen wird gemäß dem Konzept eines zusammengesetzten Gesamtindikators ermittelt. Bestandteile dieses Indikators sind die Arbeitslosenquote, der Bruttojahreslohn pro Kopf und ein ebenfalls zusammengesetzter Infrastrukturindikator (Übersicht 6.2).[6]

Die Höchstsätze der Investitionszuschüsse sind innerhalb der GA-Förderregionen gestaffelt (Übersicht 6.3). Sie reichen von 50 Prozent der Investitionssumme für KMU in den strukturschwächsten Regionen Ostdeutschlands bis zu 7,5 Prozent für mittlere Unternehmen (50 bis 249 Beschäftigte) in den westdeutschen Regionen, die von der EU nicht mehr als Fördergebiet anerkannt werden. Hintergrund ist die Herabsetzung des in Förder-

---

[6] Demgegenüber zieht die EU zur Beurteilung der Förderwürdigkeit von Regionen im Rahmen ihrer Strukturpolitik allein das Bruttoinlandsprodukt je Einwohner heran, wodurch es vor allem aufgrund von Ein- und Auspendlern sowie regionalen Unterschieden in den Preisniveaus zu Verzerrungen kommen kann.

Die Indikatoren zur Abgrenzung der GA-Förderregionen

Übersicht 6.2

Abgrenzung der Förderregionen bis 2006	
Regionalindikatoren für Arbeitsmarktregionen	Gewichtung
– Durchschnittliche Arbeitslosenquote[1] 1996 bis 1998	40 Prozent
– Einkommen der SV[2]-Beschäftigten pro Kopf 1997	40 Prozent
– Infrastrukturindikator	10 Prozent
– Erwerbstätigenprognose bis 2004	10 Prozent
Neuabgrenzung ab 2007	
Regionalindikatoren für Arbeitsmarktregionen	Gewichtung
– Durchschnittliche Arbeitslosenquote 2002 bis 2005	50 Prozent
– Bruttojahreslohn je SV-Beschäftigten 2003	40 Prozent
– Erwerbstätigenprognose 2004 bis 2011	5 Prozent
– Infrastrukturindikator	5 Prozent

[1] In den neuen Bundesländern: Unterbeschäftigungsquote;
[2] Sozialversicherungspflichtig.
Quelle: Deutscher Bundestag, 2006c, 20 ff.

regionen lebenden Bevölkerungsanteils durch die Europäische Kommission von rund 40 auf unter 35 Prozent. Da viele westdeutsche Regionen damit aus der Förderung ausgeschieden wären, hat der GA-Planungsausschuss neue Kategorien für Fördergebiete geschaffen, in denen Unternehmen zwar Hilfen aus der GA erhalten, allerdings nur solche, die nach EU-Regeln auch außerhalb regionaler Fördergebiete gestattet sind.

Im Jahr 2006 dürfen die 14 Bundesländer, die in den Genuss der GA kommen, insgesamt 1,17 Milliarden Euro an neuen Regionalfördermitteln vergeben. Hiervon entfallen

GA-Förderhöchstsätze

Übersicht 6.3

Folgende Förderhöchstsätze gelten für Investitionen der gewerblichen Wirtschaft:
Für die strukturschwächeren Regionen der neuen Länder (A-Fördergebiete):[1]
- 50 Prozent für kleine und mittlere Unternehmen
- 35 Prozent für sonstige Betriebsstätten[2]

In den strukturstärkeren Regionen in den neuen Ländern und der Arbeitsmarktregion Berlin (B-Fördergebiete):[1]
- 43 Prozent für kleine und mittlere Unternehmen
- 28 Prozent für sonstige Betriebsstätten[2]

In den westdeutschen Fördergebieten mit schwerwiegenden Strukturproblemen mit Genehmigung nach Art. 87 Abs. 3c EG-Vertrag (C-Fördergebiete):
- 28 Prozent für kleine und mittlere Unternehmen
- 18 Prozent für sonstige Betriebsstätten[2]

In den D- und E-Fördergebieten[3] auf der Grundlage der Verordnung der Europäischen Kommission für staatliche Beihilfen an kleine und mittlere Unternehmen oder der „De minimis"-Verordnung:
- 15 Prozent für Betriebsstätten von kleinen Unternehmen
- 7,5 Prozent für Betriebsstätten von mittleren Unternehmen

[1] In den A- und B-Fördergebieten leben je rund 50 Prozent der ostdeutschen Bevölkerung; [2] Für Großinvestitionen gelten größenabhängige Kappungen der Förderhöchstsätze; [3] Hierbei handelt es sich um Regionen, die von der EU nicht mehr als Fördergebiet anerkannt werden, die Förderhöchstsätze entsprechen daher den allgemeinen Beihilferegeln der EU.
Quelle: Deutscher Bundestag, 2006c, 22 f.

GA-Bewilligungsrahmen 2006

Tabelle 6.1

	Anteil GA in Prozent	Verpflichtungs-ermächtigung[1] (Millionen Euro)	EFRE-Mittel	Bewilligungs-rahmen (gesamt)[2]
Bayern	1,1	12,9	–	12,9
Bremen	0,6	7,2	–	7,2
Hessen	1,1	12,5	–	12,5
Niedersachsen	4,3	50,4	–	50,4
Nordrhein-Westfalen	4,2	49,3	–	49,3
Rheinland-Pfalz	0,7	8,6	–	8,6
Saarland	0,7	8,8	–	8,8
Schleswig-Holstein	1,5	18,2	–	18,2
GA-West gesamt	14,3	167,7	–	167,7
Berlin	10,0	117,6	15,0	132,6
Brandenburg	14,1	165,3	162,3	327,6
Mecklenburg-Vorpommern	11,1	130,6	117,7	248,3
Sachsen	21,9	257,7	130,5	388,2
Sachsen-Anhalt	15,2	178,4	155,0	333,4
Thüringen	13,4	156,9	84,0	240,9
GA-Ost gesamt[2]	85,7	1.006,5	664,5	1.671,0
GA gesamt[2]	100,0	1.071,5	664,5	1.736,0

[1] Verpflichtungsermächtigungen zur Bewilligung neuer Projekte für 2007 bis 2009; [2] Einschließlich EFRE-Verstärkungsmittel.
Quelle: Deutscher Bundestag, 2006c, 29

14,3 Prozent auf die acht Westländer. Die ostdeutschen Länder können zusätzlich zu 1 Milliarde Euro GA-Mitteln auf 664 Millionen Euro EU-Strukturmittel aus dem Europäischen Fonds für regionale Entwicklung (EFRE) zurückgreifen, die als Verstärkungsmittel für die GA eingeplant sind (Tabelle 6.1).

2.2 Auswirkungen der Föderalismusreform auf die Regionalpolitik

Durch die Föderalismusreform ändert sich an der Verteilung der Kompetenzen von Bund und Ländern in der Regionalpolitik selbst zunächst nichts (Holtschneider/Schön, 2005). Die GA zur Förderung der regionalen Wirtschaftsstruktur soll, im Gegensatz zum Hochschulbau, als eine Bund-Länder-Gemeinschaftsaufgabe erhalten bleiben. Insgesamt kommt es durch die Reform jedoch zu einer Entflechtung der Aufgaben von Bund und Ländern und insbesondere zu einer Zurückdrängung des Bundeseinflusses im Bereich der konkurrierenden Gesetzgebung, sodass die Länder mehr eigenständige Kompetenzen erhalten. Dies stärkt tendenziell den Wettbewerb unter den Ländern und im Raum.

Dabei sind mehrere Rechtsbereiche betroffen, die regionale Bezüge aufweisen: Teile des Umweltrechts, aber auch die Raumordnung sind – ebenso wie Teile des Hochschulrechts – aus der bisherigen Rahmengesetzgebung des Bundes (vormals Art. 75 GG) in die Abweichungsgesetzgebung (Art. 72 Abs. 3 neu GG, vgl. Deutscher Bundestag,

2006a) überführt worden. Hier dürfen die Länder künftig eigene abweichende Regelungen treffen, auch wenn der Bund von seiner Gesetzgebungsbefugnis Gebrauch gemacht hat. Betroffen sind die Bereiche Naturschutz- und Landschaftspflege, Bodenverteilung und Wasserhaushalt. Auf die Auswirkungen der Föderalismusreform im Bereich der Raumordnung wird im folgenden Kapitel eingegangen.

Zu einer Veränderung der Kompetenzzuordnung kommt es durch die Reform auch im Bereich des Wohnungswesens. Die soziale Wohnraumförderung wird durch die geplante Neufassung von Art. 74 Abs. 1 Nr. 18 GG in Länderzuständigkeit überführt. Ziel ist außerdem ein Abbau von Fehlsubventionen im Wohnungswesen durch die Möglichkeit dezentral angepasster Entscheidungen, da zum Beispiel die Wohnraumsituation in westdeutschen Wachstumszentren und ostdeutschen Abwanderungsregionen diametral entgegengesetzt ist. Wohngeldrecht, Altschuldenhilferecht (für ostdeutsche Wohnungsunternehmen) und Wohnungsbauprämienrecht verbleiben dagegen als Elemente der konkurrierenden Gesetzgebung.

Ohne eine gleichzeitige Reform des kooperativen deutschen Fiskalföderalismus, die in den Verhandlungen der vergangenen beiden Jahre ausgeklammert wurde (vgl. Kapitel 2), birgt diese an sich begrüßenswerte Stärkung des Wettbewerbs jedoch auch erhebliche Gefahren: Landesregierungen können sich mit erfolgreichen Projekten und üppig ausgebauten Infrastrukturen schmücken, für Fehler stehen jedoch die Gesamtheit der Länder und der Bund finanziell gerade.[7] Die positiven Entflechtungswirkungen durch die Föderalismusreform bedürfen daher ergänzend einer leistungsorientierten Neugestaltung des Länderfinanzausgleichs (LFA), bei der neben Anreizen zur sparsamen Mittelverwendung auf der Ausgabenseite auch endlich die Anreize auf der Einnahmenseite richtig gesetzt werden. Eine marginale Entzugsquote von bis zu 90 Prozent bezogen auf zusätzliche Einnahmen der Länder infolge des LFA, wie sie derzeit besteht, ist keine Motivation für eine solide Wirtschafts- und Finanzpolitik (vgl. Kapitel 2).

3 Raumordnung und kommunale Selbstverwaltung

3.1 Grundlagen der Raumordnung in Deutschland

Raumordnung kann sowohl als die Beschreibung einer gegebenen räumlichen Struktur wie auch als gezielte Tätigkeit planerischen Handelns im Sinne von Raum- oder Regionalplanung aufgefasst werden. Eine flächendeckende gesetzliche Raumordnung als ordnende politische Tätigkeit für die gesamte Fläche des Staatsgebietes gibt es in Deutschland erst seit der Zeit des Nationalsozialismus. Regionale Planungsaufgaben wurden aber speziell in Ballungsräumen schon seit Anfang des 20. Jahrhunderts von freiwilligen Zusammenschlüssen übernommen. Nach 1945 herrschte als Folge der Ideologisierung der Raumordnung durch die Nationalsozialisten eine Planungsabneigung vor. Dem stand aber die Notwendigkeit entgegen, dem Wiederaufbau einen organisatorischen Rahmen zu

---

[7] Ein Beispiel ist die Verwendung von Bundesmitteln zur Behebung der Haushaltsnotlage in Bremen für ein „Space Center" – Vergnügungs- und Wissenschaftspark mit Einkaufszentrum – statt zur Schuldentilgung. Nach dem Scheitern des mit rund 300 Millionen Euro Landesmitteln geförderten Projekts werden nun weitere Bundesmittel gefordert, denn schließlich besteht die Haushaltsnotlage weiter.

geben. Entsprechend der föderalen Struktur des neuen Staates geschah dies auf Landesebene. Nach 1950 wurden erste Landesplanungsgesetze erlassen.[8]

Eine neue Rechtsgrundlage erhielt die Raumordnung mit dem Raumordnungsgesetz (ROG) von 1965 und seiner Umsetzung und Präzisierung in Planungsgesetzen der Länder. Da die gesetzliche Raumordnung nur sehr begrenzt in die verfassungsmäßig garantierte kommunale Selbstverwaltung eingreifen darf, kommt der freiwilligen Regionalplanung in Kommunalverbänden eine erhebliche Bedeutung in Ballungsräumen zu, insbesondere für die Lösung von Flächennutzungs-, Entsorgungs- und Verkehrsproblemen (Röhl, 1998).[9] Die Raumordnung ist eine komplexe Materie, die Schnittpunkte zu anderen Planungen, beispielsweise der Stadtplanung, der Verkehrsplanung oder der Landschafts- und Umweltplanung, aufweist. Übersicht 6.4 stellt die Berührungspunkte der Raumordnung mit anderen öffentlichen Planungsbereichen dar, die ebenfalls einen räumlichen Bezug haben, etwa der Städtebau und die Verkehrsplanung.

Einordnung der Raumordnung in andere raumrelevante Planungsbereiche

Übersicht 6.4

Planungs-phase	Raum-ordnung	Städtebau	Verkehrs-planung	Landschaft	Umwelt
Bedarfs-planung	Raumord-nungs- oder Landesent-wicklungs-programm	Städtebauliche Rahmen-planung	Verkehrsbe-darfsplanung, (Bundes-)Ver-kehrswege-planung, Ver-kehrsentwick-lungsplanung	Landschafts-rahmen-planung	Umwelt-erheblichkeits-prüfung
General-planung	Regionales Raum-ordnungs-verfahren	Flächen-nutzungs-planung	Linien-bestimmung	Landschafts-planung	Umwelt-verträglich-keitsstudie
Detailplanung	Keine Detailplanung	Bebauungs-planung	Bauentwurfs-planung, Plan-feststellung	Grün-ordnungs-planung	Umwelt-verträglich-keitsprüfung

Quelle: Lohse/Lätzsch, 1997, 21

Das ROG dient der Verfolgung des Gleichheitsgebots in Art. 3 GG und der Verwirklichung gleichwertiger Lebensverhältnisse nach Art. 72 Abs. 2. Damit ist die Raumordnung eine Staatsaufgabe, die aber nach Art. 30 GG von den Ländern ausgeübt wird. Seit 1998 gilt ein novelliertes Raumordnungsgesetz, das mit dem Baugesetz zusammengefasst wurde. § 1 Abs. 1 ROG verpflichtet die Länder, für ihr Gebiet übergeordnete Raumord-

---

[8] Nordrhein-Westfalen, Hessen und Baden-Württemberg beließen es bei freiwilligen Zusammenschlüssen für die regionale Planungsebene, während sich Schleswig-Holstein und Niedersachsen für die staatliche Regionalplanung entschieden. 1970 führte Bayern eine gesetzliche Regionalplanung ein, die Planungsgemeinschaften mit Zwangsmitgliedschaft vorsah, 1972 folgte auch Baden-Württemberg. Nordrhein-Westfalen und Hessen verlagerten die Planungszuständigkeit auf die Bezirksregierungen.
[9] Ein Beispiel ist der wirtschaftsstarke Großraum Stuttgart. Nach einer Verwaltungsreform kam es im Großraum Stuttgart Mitte der siebziger Jahre zur Gründung eines „Nachbarschaftsverbandes". Dieser erwies sich jedoch trotz einiger guter Ansätze als den Problemen nicht gewachsen. Deshalb folgte Mitte der neunziger Jahre die Gründung des „Verbandes Region Stuttgart" mit weitreichenderen Kompetenzen.

nungspläne oder -programme aufzustellen. Gemäß § 6 schaffen die Länder durch eine Landesplanung die Rechtsgrundlagen für die Raumordnung. Nach § 8 müssen die Länder einen übergeordneten Plan für ihr Gebiet erstellen, den Raumordnungsplan. Die Ziele (§ 7 Abs. 1 ROG) sind in den meisten Bundesländern in Landesentwicklungsplänen festgelegt – und noch detaillierter in Regionalplänen, wenn ein Land Verflechtungsbereiche mehrerer hochrangiger zentraler Orte einschließt (§ 9 ROG).

Räumlich betrifft die Regionalplanung das Gebiet der Gemeinden; sie besitzen eigene Planungsrechte. Durch die Regionalplanung wird die kommunale Planungshoheit nach Art. 28 Abs. 2 GG potenziell erheblich eingeschränkt; der Verfassungsartikel gibt den Gemeinden das Recht, die Angelegenheiten der örtlichen Gemeinschaft eigenverantwortlich zu regeln. Es stellt sich daher die Frage, wo die Grenzen der kommunalen Selbstbestimmung zu ziehen sind. Nach Rechtsprechung des Bundesverfassungsgerichts fallen diejenigen Angelegenheiten unter die kommunale Selbstverwaltung, die eine Gemeinde „besonders" und nicht nur „wie alle Gemeinden" betreffen. Bei regionalen Planungsvorhaben dürfte eine Kommune jedoch im Regelfall besonders betroffen sein.[10]

Im Raumordnungsgesetz (§ 1 Abs. 3 ROG) wird der Interessenschutz für die Gemeinden durch das sogenannte Gegenstromprinzip erreicht: Dieses Prinzip wurde aus der Arbeit der freiwilligen Planungsverbände vor Einführung der staatlichen Regionalplanung abgeleitet. Die Freiwilligkeit bedeutete, dass die Interessen der einzelnen Gemeinden berücksichtigt oder Kompensationslösungen gefunden wurden, um Kommunen zur Zustimmung zu bewegen (Gruber, 1994). Da auch die heutige Regionalplanung immer wieder in die kommunale Zuständigkeit hineinreicht, gilt das Gegenstromprinzip weiterhin als Grundlage einer effektiven Regionalplanung, die nicht durch langwierige Prozesse vor Verwaltungsgerichten bestimmt wird. Der Selbstverwaltungsgarantie wurde formal dadurch Rechnung getragen, dass fast alle Landesplanungsgesetze eine unmittelbare Beteiligung betroffener Kommunen an der Regionalplanung vorsehen.

Die kommunale Selbstverwaltung ist ein Element des Wettbewerbsföderalismus auf der untersten Verwaltungsebene und sollte nicht weiter eingeschränkt werden, als es durch das Raumordnungsrecht und weitere gesetzliche Bestimmungen bereits geschehen ist. Damit das Wettbewerbsprinzip besser zum Tragen kommt, sollte jedoch auch die finanzielle Eigenständigkeit und Eigenverantwortlichkeit der Kommunen gestärkt werden. Wettbewerb unter den Gebietskörperschaften einer Ebene kann nur dann erfolgreich sein, wenn daraus resultierende finanzielle Belastungen nicht nachträglich auf die übergeordnete Ebene und die anderen Gebietseinheiten der gleichen Ebene abgewälzt werden können. Auf diese Problematik wird nachfolgend näher eingegangen.

3.2 Die kommunale Selbstverwaltung und das Konnexitätsprinzip

Nach Art. 28 Abs. 2 Satz 3 GG ist die finanzielle Eigenverantwortung der Kommunen Grundlage ihrer Selbstverwaltung. Die Gemeinden haben jedoch zahlreiche Aufgaben zu erfüllen, die ihnen durch Bundes- oder Landesgesetze übertragen wurden. Mit der Aufgabenverantwortung erhalten die Kommunen als unterste staatliche Ebene auch die Aus-

---

[10] Eine Einschränkung erfährt diese Selbstverwaltungsgarantie allerdings durch den Charakter der Angelegenheit: Eine Aufgabe, die eine Gemeinde berührt, ohne aber von ihr erfüllt werden zu können, fällt nicht unter die Bestimmung des Art. 28 Abs. 2 GG.

gabenverantwortung. Das Konnexitätsprinzip legt fest, dass den Kommunen mit der Zuweisung von Aufgaben auch die Möglichkeit gegeben werden muss, sie in finanzieller Hinsicht zu erfüllen (Wissenschaftliche Dienste, 2004). Dies bedeutet jedoch keine automatische und vollständige Kostenübernahme durch die übergeordnete Ebene, von der die jeweilige Aufgabe übertragen wurde. In einigen Landesverfassungen, etwa der nordrheinwestfälischen, gilt ein relatives Konnexitätsprinzip, das keine Verpflichtung zur vollständigen Kostenübernahme begründet. In anderen Ländern dürfen Aufgaben nur dann übertragen werden, wenn das Land als übertragende Ebene eine vollständige Kostenübernahme gewährleistet. Dieses „strikte Konnexitätsprinzip" gilt zum Beispiel in Schleswig-Holstein und Baden-Württemberg. In Niedersachsen hat der Landtag kürzlich den Übergang vom relativen zum strikten Konnexitätsprinzip beschlossen.

Bei der kommunalen Selbstverwaltung können die Gemeinden auch Art und Weise der Erfüllung übertragener Aufgaben selbst festgelegen. Aufgrund dieser sogenannten Ausführungshoheit ist ein vollständiger Kostenausgleich nicht unproblematisch: Die Kommune führt als Agent die Gesetze des Prinzipals Land aus und könnte bei einer vollständigen Kostenübernahme versucht sein, eine unnötig komplizierte Art der Erfüllung zu wählen (vgl. Kapitel 2).[11] Die Selbstverwaltung steht aber zugleich einer wirksamen Effizienzkontrolle durch die auftraggebende Staatsebene entgegen. Durch das relative Konnexitätsprinzip erhält die Gemeinde dagegen einen Anreiz, die vom Land übertragenen Aufgaben effizient umzusetzen, da ihr eingesparte Mittel verbleiben.

3.3 Auswirkungen der Föderalismusreform auf die Raumordnung

Wie oben angesprochen, soll mit der Föderalismusreform die Raumordnung aus der konkurrierenden in die abweichende Gesetzgebung überführt werden. Damit erhalten die Bundesländer mehr Spielräume, auch von den Vorgaben des ROG abweichende Landesplanungsgesetze zu beschließen. Die verfassungsrechtlichen Vorgaben, an denen sich das ROG orientiert hat – das Gleichheitsgebot in Art. 3 GG und die Verwirklichung gleichwertiger Lebensverhältnisse nach Art. 72 Abs. 2 – bilden allerdings auch weiterhin die Basis für die Erarbeitung neuer Landesplanungsgesetze. Die Länder könnten nun jedoch auf verbesserter rechtlicher Grundlage in einen Wettbewerb eintreten, um im Planungs- und Baurecht zu vereinfachen und schnelleren Verfahren überzugehen. Möglich wären zum Beispiel:

- feste Fristen für die Bearbeitung von Anträgen,
- ein zweistufiges Verfahren mit Genehmigungsfiktion bei Fristüberschreitung in der zweiten Stufe, wenn die Antragsunterlagen in der ersten Verfahrensstufe vollständig waren,
- ein Verzicht auf Prüfungen bei Haftungsübernahme des Antragstellers für den Fall der Nichteinhaltung von Vorschriften,
- eine Vereinfachung von Verfahren durch den Verzicht auf Doppelprüfungen durch mehrere Aufsichtsbehörden.

---

[11] Dass ein derartiger Anreiz zur Maximierung von Personal und Budget in Verwaltungen besteht, hat zuerst Parkinson (1957) beschrieben; das Phänomen wurde als „Parkinson's Law" bekannt.

Durch die Stärkung eines wettbewerblich organisierten Föderalismus auf regionaler Ebene können Bundesländer und Kommunen untereinander um die besten Ideen konkurrieren. Gute Ideen setzen sich auch in anderen Regionen durch, schlechte werden aussortiert. Hilfreich kann hierbei auch ein Verwaltungs-Benchmarking sein. Die Leistungen und Kosten der gewählten Verwaltungsverfahren und Lösungen von Ländern und Gemeinden werden nach einheitlichen Kriterien miteinander verglichen und die Ergebnisse publiziert. Dies dient dazu, Best Practices zu finden, und hilft, Anreize zur Verbesserung von Effizienz und Effektivität zu setzen (Röhl et al., 2005, 626).

Mit der Föderalismusreform wurden allerdings keine Voraussetzungen für weitergehende Abweichungen der Länderparlamente etwa von der Arbeitsgesetzgebung des Bundes geschaffen. Dabei war in den vergangenen Jahren noch eine viel weitergehende Verlagerung von Kompetenzen auf die Länder diskutiert worden: Zum Beispiel hatte der sächsische Ministerpräsident Milbradt (2004) die Heraufsetzung der Beschäftigtengrenze für den Kündigungsschutz auf 80 Mitarbeiter für die neuen Bundesländer ins Spiel gebracht, damit diese als quasi deregulierte „Sonderwirtschaftszonen" neue Wachstumskräfte entfalten können (Röhl, 2004).[12]

4 Standort- und Ansiedlungspolitik

4.1 Regionalpolitische Spielräume in den Bundesländern

Die Möglichkeiten der Landesregierungen, auf ihrem Staatsgebiet regionale Wirtschaftsförderung zu betreiben, sind aufgrund der EU-Beihilfekontrollen und der gemeinsamen Zuständigkeit von Bund und Ländern für die GA auf Maßnahmen der Standortpflege und der Ansiedlungspolitik beschränkt. Im Rahmen der GA haben die Länder aber Spielräume, welchen Vorhaben sie eine Förderung zubilligen. Es besteht zum Beispiel die Möglichkeit einer Konzentration von Fördermitteln auf „Leuchttürme" mit hoher Ausstrahlungskraft und auf industrielle Cluster.[13] Die Alternative zu einer solchen Konzentration ist eine Ausgleichspolitik zugunsten der Peripherie, wie sie zum Beispiel Brandenburg – ohne Erfolg – über lange Zeit versucht hat: Die Landesregierungen legen unter Einhaltung gewisser gemeinsam erarbeiteter Vorgaben die Schwerpunktregionen für Beihilfen fest, bemühen sich um die Anwerbung von Unternehmen und planen – lokal gemeinsam mit den Kommunen, überregional gemeinsam mit dem Bund – die notwendigen oder wünschenswerten Infrastrukturen. Trotz der vielfältigen Restriktionen durch europäische und bundespolitische Vorgaben können die Landesregierungen hier durchaus eigene Akzente setzen.

Zur Ansiedlungspolitik zählen auch Maßnahmen zur Förderung von Unternehmensansiedlungen unterhalb des Niveaus der GA-Investitionsbeihilfen. Neben Beihilfen

---

[12] Die oben genannten Punkte beziehen sich ausschließlich auf Landeskompetenzen in den Bereichen Raumplanung, Flächennutzung und Baurecht. Eine Diskussion der Zuordnung anderer Regulierungskompetenzen auf die verschiedenen staatlichen Ebenen vor dem Hintergrund einer weitergehenden Neuordnung des Föderalismus würde den Rahmen der vorliegenden Publikation sprengen. Vgl. hierzu jedoch Röhl (2004).

[13] Dies gilt zum Beispiel für den Aufbau der Mikroelektronik in Dresden mit einer Konzentration der Mittel auf die Werke zweier großer Hersteller.

für kleine und mittlere Unternehmen nach den „De minimis"-Förderregeln der EU[14] gehört hierzu zum Beispiel die Förderung von Clusterbildung durch Netzwerkkonferenzen, die die regionalen Potenziale bündeln sollen. Über Landesentwicklungs- und Bürgschaftsbanken werden Existenzgründungen unterstützt. Ferner zählen zur Ansiedlungsförderung Standortmessen und -marketing, nicht zuletzt im Ausland. Ein wichtiges Mittel der Ansiedlungspolitik ist auch die Standortwahl für landeseigene Einrichtungen. Hier kann mit größeren Erfolgsaussichten dem Ausgleichsgedanken Rechnung getragen werden als in der Wirtschaftsförderung, indem Landesbehörden in der Peripherie oder zumindest außerhalb der Hauptstadt angesiedelt werden.

4.2 Ausgewählte Beispiele aus den Ländern

Da die Darstellung der regionalpolitischen Konzepte und Zielsetzungen aller 16 Bundesländer den Rahmen der vorliegenden Publikation sprengen würde, wird nachfolgend eine Auswahl von Bundesländern und ihrer regionalpolitischen Schwerpunkte präsentiert. Im Vordergrund steht dabei nicht die Wiedergabe der in Landesplanungsgesetzen festgehaltenen Ziele – dort geht es eher um kleinräumige Landesplanung. Vielmehr sollen die Entwicklungsvorstellungen für die großräumige Standort- und Ansiedlungspolitik der betreffenden Landesregierungen für das Land beziehungsweise seine Zentren beleuchtet werden.

4.2.1 Bayern: Schwerpunktsetzung bei Forschung und Innovation

Die Staatsregierung des Freistaates Bayern setzt für die Landesentwicklung auf die Forschungspolitik, da sie in der Stärkung des Hochtechnologieclusters München und seinen Ausstrahlungseffekten auf andere Innovationsregionen des Landes den Schlüssel für die zukünftige Wettbewerbsfähigkeit und die Schaffung von hoch qualifizierten Arbeitsplätzen sieht. Privatisierungserlöse in Höhe von 5 Milliarden Euro wurden in den vergangenen Jahren überwiegend in Forschungseinrichtungen und in die Hochschulen investiert, der Landesetat wird dagegen weiterhin über Ausgabenkürzungen saniert.

Die regionale Forschungspolitik stärkt den Großraum München als bereits führenden deutschen FuE-Standort.[15] Auch für private Forschungszentren ist München weiterhin interessant, wie im Jahr 2004 die Entscheidung zur Ansiedlung des neuen Europa-Forschungszentrums von General Electric gezeigt hat. Auf die relativ ungünstige Wirtschaftsentwicklung in mehreren peripheren Regionen, etwa die Grenzregion zu Tschechien und Sachsen, und in den nördlichen Altindustrieregionen in Franken konnte aber bisher keine Antwort gefunden werden. Die positive Gesamtentwicklung des Freistaates ist fast ausschließlich auf die gute Entwicklung in Oberbayern zurückzuführen. Im regionalpolitischen Koordinatensystem konnte damit bislang nur das Wachstumsziel erreicht werden, da Bayern insgesamt zu den wachstumsstärksten Bundesländern zählt.

---

[14] Auch wenn prinzipiell alle Beihilfen für Unternehmen den EU-Wettbewerbsregeln unterliegen, wird bei geringfügigen Beihilfen auf eine Einzelprüfung durch die Europäische Kommission verzichtet. Dies gilt für den Fall, dass ein Unternehmen innerhalb eines gleitenden Dreijahreszeitraums insgesamt nicht mehr als 100.000 Euro erhält. Auch für diese Fälle behält sich die Kommission das Recht der Überprüfung vor (vgl. Europäische Kommission, 2001).

[15] Neben den starken Forschungsleistungen an Universitäten und privaten wie öffentlichen Instituten zählt hierzu auch der Forschungsreaktor Garching. Für eine Bewertung der Bedeutung des FuE-Clusters München siehe Röhl (2006).

4.2.2 Sachsen: Auf dem Weg zur Reindustrialisierung

Die erfolgreiche Standortpolitik in Sachsen seit 1990 kann als eine Mischung der bayrischen Konzentration auf die Stärkung von Forschung und Innovation im Lande und einer industriefreundlichen Clusterpolitik bezeichnet werden. Dabei wurde durch schnelle Entscheidungen nach 1990 an die Standortpotenziale aus der Zeit vor der Wende angeknüpft – allerdings nicht durch Konservierung „industrieller Kerne" der DDR-Industrie, sondern indem Investoren für neue Werke gefunden und diese angesiedelt wurden, bevor das Fachkräftepotenzial durch Abwanderung oder eine längere Phase ohne Beschäftigung verloren gehen konnte. Der Standort Dresden wurde zum führenden Hochtechnologiezentrum Ostdeutschlands mit rund 20.000 Beschäftigten im Bereich der Informations- und Kommunikationstechnologie ausgebaut. In Chemnitz und Südwestsachsen sind moderne Unternehmen der Fahrzeug- und Maschinenbauindustrie konzentriert, während der Schwerpunkt Leipzigs auf Dienstleistungen, Handel und Logistik liegt. Hier war die Entwicklung zunächst ungünstig, da sich die unternehmensnahen hochwertigen Dienstleistungen nicht wie erhofft in den neuen Ländern etabliert haben. Nach Ansiedlungserfolgen im Automobilbau und in der Logistik konnte Leipzig im Jahr 2006 aber auf einen Wachstumspfad einschwenken; die Arbeitslosigkeit ist zuletzt spürbar gesunken.

4.2.3 Brandenburg: Verpasste Chancen

Trotz der schwachen Wirtschaftsentwicklung in Berlin profitiert Brandenburg stark von seiner Lage. Als einziges ostdeutsches Bundesland konnte es in den vergangenen 15 Jahren den Bevölkerungsverlust infolge von Fortzügen und Geburtenrückgang annähernd durch die Suburbanisierung Berlins ausgleichen. Flächenintensive Betriebe verlagern ihre Produktion aus Westberlin nach Brandenburg und profitieren zusätzlich von den günstigeren ostdeutschen Arbeitskosten. Die brandenburgische Landesentwicklungsplanung hat lange versucht, gegen die Konzentration der Wirtschaft auf den Berliner „Speckgürtel" anzukämpfen, statt die Vorteile der Nähe zur Hauptstadt und der größten Agglomeration Deutschlands aktiv zu nutzen. Die Folge waren durch das Land geförderte Investitionsruinen in der Peripherie, wie die Rennstrecke Lausitzring, eine nie fertig gestellte Chipfabrik in Frankfurt an der Oder und das Projekt Cargolifter. Vertan wurde dagegen die Chance, durch den zügigen Bau eines Großflughafens Berlin-Brandenburg auf Brandenburger Gebiet einen Wachstums- und Arbeitsplatzmotor zu schaffen.[16] 15 Jahre nach der deutschen Einheit ist es erst im März 2006 durch einen Gerichtsentscheid gelungen, die Planung des neuen Flughafens rechtlich sicherzustellen. Ursprünglich sollte der Großflughafen im Jahr 2007 seinen Betrieb aufnehmen. 2005 schließlich steuerte die Landesregierung um und legte einen neuen Landesentwicklungsplan vor, der das Berliner Umland stärken und so die vorhandenen Lagevorteile nutzen soll. Die brandenburgische Landesentwicklungsplanung wird inzwischen eng mit dem Land Berlin abgestimmt; für die Zukunft streben die beiden Länder eine gemeinsame Raumplanung an.

---

[16] Der Flughafen Frankfurt am Main ist mit rund 65.000 Beschäftigten die größte Arbeitsstätte Deutschlands.

4.2.4 Hamburg: Das Konzept „wachsende Stadt"

Mit der Konzeption einer Entwicklungsplanung für Hamburg als „wachsende Stadt" (Hamburg, 2006) trägt der Senat einerseits der Realität Rechnung, denn seit mehreren Jahren gewinnt die Stadt wieder Einwohner hinzu und das Wirtschaftswachstum liegt über dem Bundesdurchschnitt. Andererseits wurde aber auch ein Mentalitätswandel eingeleitet, denn seit den siebziger Jahren standen auf der Problemagenda für die Regierung der Hansestadt eher Schrumpfung, wirtschaftliche Stagnation und Verlust der Industrie. Mit dem Ende der deutschen und europäischen Teilung 1990 hat sich jedoch die Lagegunst Hamburgs als Drehscheibe für Handel und Dienstleistungen stark verbessert. Das auf Wachstum ausgerichtete Landesentwicklungskonzept[17] ist vor allem als Binnenentwicklungsstrategie der Stadt durch Umnutzung von Flächen zu verstehen. Es ist eingebunden in die Planungen und Baumaßnahmen zur Erweiterung der Innenstadtflächen in Richtung Elbe unter Nutzung ehemaliger Hafenflächen. Die „Hafencity" umfasst zehn Bauabschnitte und wird bei Fertigstellung die Innenstadt um eine Fläche von 155 Hektar – 40 Prozent der aktuellen Innenstadtfläche – erweitern. Geplant sind 5.500 Wohnungen und 40.000 neue Büroarbeitsplätze.

Gespeist wird die expansive Entwicklungsstrategie von einem in den vergangenen Jahren überdurchschnittlichen Wirtschaftswachstum und einer Zunahme der Zahl der Arbeitsplätze. Es ist der Hansestadt gelungen, sich als internationaler Dienstleistungs- und Logistikstandort von der eher schwachen Wirtschaftsentwicklung in Norddeutschland abzusetzen. Hafen und Flughafen weisen hohe Wachstumsraten auf. Bei der Wohnfläche liegt Hamburg mit 36 qm je Einwohner an letzter Stelle aller Bundesländer (Bundesdurchschnitt 2005: 41,2 qm), sodass gerade bei wachsender Wirtschaft ein erheblicher Bedarf an hochwertigen innerstädtischen Wohnungen zu erwarten ist. Ob der zunehmende Wohnraumbedarf im Stadtgebiet befriedigt werden kann, ist aber trotzdem fraglich. Bei einer Annäherung der Pro-Kopf-Wohnfläche an den Bundesdurchschnitt ist trotz Ausweisung zusätzlicher Flächen für die Wohnnutzung in der Stadt eine verstärkte Suburbanisierung in den angrenzenden Kreisen Schleswig-Holsteins und Niedersachsens zu erwarten.[18]

5 Zentralisierung versus regionaler Wettbewerb: Das Beispiel Flughafenplanung

Die großräumigen Infrastrukturen, also Bundesautobahnen und -straßen, Bahnlinien und Wasserwege, werden in Deutschland im Rahmen der Bundesverkehrswegeplanung zentral geplant.[19] Dies ist sinnvoll, soweit Netzwerkeffekte und interregionale Externalitäten vorliegen. Bei Infrastrukturen unterhalb der bundesweiten Hauptverkehrsnetze ist der Nutzen einer zentralistischen Planung hingegen fraglich; dies gilt auch für viele Bundesstraßen, die nach dem Bau des Autobahnnetzes nur noch regionale Verkehrsfunktionen erfüllen.

---

[17] Der Stadtstaat Hamburg hat keinen Landesentwicklungsplan. Der Flächennutzungsplan folgt vom Grundprinzip her weiterhin dem in den zwanziger Jahren entwickelten Achsenkonzept. Nach jahrzehntelanger Konzentration auf die nordelbischen Gebiete wird heute jedoch ein stärkeres Gewicht auf die Flächen südlich der Elbe gelegt.
[18] Auch kreative Ideen wie eine „Living Bridge" mit bis zu 1.000 Wohnungen über der Elbe werden daran wenig ändern. Die „wachsende Stadt" Hamburg dehnt sich zunehmend zu einer norddeutschen Metropolregion aus.
[19] Die Planung beruht allerdings stark auf Bedarfsanmeldungen aus den Bundesländern, sodass es erhebliche Potenziale für eine Einflussnahme aus den Regionen gibt (vgl. Kapitel 2).

Deutlich wird die wettbewerbssteigernde Wirkung der Länderzuständigkeit zum Beispiel bei der Ausweisung von Regionalflughäfen, die im zurückliegenden Jahrzehnt – auch aufgrund der Konversion militärisch genutzter Flughäfen – in größerem Umfang von den Landesregierungen betrieben wurde. Kritisiert werden von verschiedener Seite ein Überangebot regionaler Kapazitäten und die Subventionierung von Landeplätzen für Billigflieger, die zu den etablierten Airlines an den traditionellen Flughafenstandorten in Konkurrenz treten. So fordert der Vorstandsvorsitzende der Fraport AG ein „Ende der Kleinstaaterei im Flugverkehr" und „einen Masterplan wie in Großbritannien" (Wirtschaftswoche 2006, 50). Ist diese Kritik gerechtfertigt, oder handelt es sich um Interessenpolitik?

Zu den grundsätzlichen Problemen der zentralen Entscheidung über die Bereitstellung öffentlicher Güter gehören Informationsasymmetrien: Die Zentrale ist unzureichend über heterogene regionale Präferenzen informiert, sodass es zu Über- und Unterversorgungen mit öffentlichen Gütern kommt (vgl. Kapitel 1). Da Flughäfen punktuelle Infrastrukturen sind, ist jedoch eine flächendeckende Bereitstellung mit dem öffentlichen Gut Regionalflughafen ohnehin unmöglich; stattdessen handelt es sich um eine politische Entscheidung für einen Standort X in einer bestimmten Region, welche die Standorte Y und Z in benachbarten Regionen ausschließt.[20] Wie die Praxis der Bundesverkehrswegeplanung zeigt, ist es jedoch eine Illusion anzunehmen, dass eine Zentralregierung derartige Entscheidungen unabhängig von politischen Einflüssen und Wünschen aus den Bundesländern nach messbaren, rein objektiven Kriterien treffen könnte.

Kritisiert wird der subventionierte Ausbau von Regionalflughäfen auch in einer Studie der DB Research (Heymann/Vollenkemper, 2005). Hier wird das Thema jedoch nicht unter regionalpolitischen Gesichtspunkten analysiert, sondern unter luftverkehrspolitischen und betriebswirtschaftlichen. Eine Stärkung der zentralen „Hubs" Frankfurt, München und Düsseldorf ist sicher wichtig für den Wirtschaftsstandort Deutschland. Allerdings erscheinen angesichts der Schwierigkeiten, eine Erweiterung der ausgelasteten Kapazitäten in Frankfurt rechtlich durchzusetzen, des jahrelangen Kampfes um die künstliche Beschränkung für das Landebahnsystem in Düsseldorf und der Verzögerungen bei Planung und Bau für einen neuen Großflughafen in Berlin freie Flughafenkapazitäten in den Regionen in einem anderen Licht. Sicher ist es nur in Ausnahmefällen möglich, den Erfolg des Flughafens Hahn bezüglich der Verkehrsentwicklung zu wiederholen[21]; trotzdem können die kleineren Flughäfen vielfältige regional- und verkehrspolitische Aufgaben erfüllen. Hierzu zählen die Verbesserung der Erreichbarkeit, die Schaffung von Arbeitsplätzen und die Entlastung kapazitätsbeschränkter Flughäfen. Durch EU-Recht ist zudem die dauerhafte Subventionierung der Nutzungsgebühren zum Anlocken von Fluggesellschaften – mit Ausnahme der am stärksten benachteiligten Regionen der EU – untersagt.[22] Dies

---

[20] Dies gilt jedenfalls dann, wenn die Zentralplanung das Nebeneinander mehrerer Flughäfen verhindern soll, das von den Kritikern dezentraler Entscheidungen bemängelt wird.
[21] Im Jahr 2005 zählte Hahn mehr als drei Millionen Passagiere und 2.000 Arbeitsplätze in einer wirtschaftsschwachen Region. Geplant ist eine Erweiterung auf acht Millionen jährlich unter Beteiligung des Hauptnutzers Ryanair an den Investitionskosten. Der Flughafen erwirtschaftet allerdings bislang Verluste.
[22] Vgl. auch die Entscheidung der Europäischen Kommission (2004) zum belgischen Flughafen Charleroi. Befristete Anlaufbeihilfen für den Betrieb sind erlaubt, wenn dadurch die Rentabilitätsschwelle (von etwa 1 bis 1,5 Millionen Passagieren) erreicht werden kann.

betrifft jedoch nur die Betriebskosten, für die Finanzierung der Flughafen-Infrastrukturen gelten weniger strenge Bestimmungen (Europäische Kommission, 2005).

Fehlinvestitionen in Flughäfen[23] oder andere wirtschaftsnahe Infrastrukturen wie Gewerbeparks, deren Kapazitäten später nicht ausreichend genutzt werden, sind vor allem deshalb ein Problem, weil die Bundesländer oder Kommunen im gegenwärtigen System letztlich nicht für ihre Schulden als Resultat ihrer Ausgabenentscheidungen geradestehen müssen. Sie können über den Länderfinanzausgleich und die faktische Bundesgarantie, bei Überschuldung einzuspringen, die Konsequenzen ihres Handelns auf den Bund und die anderen Länder abwälzen. Die fehlende Steuerautonomie durch das deutsche Finanz-Verbundsystem auf der Einnahmenseite der Länderhaushalte wird durch den fehlenden Sanktionsmechanismus für unverantwortliches Handeln auf der Ausgabenseite noch potenziert (vgl. Kapitel 2). Wird diese Überwälzungsmöglichkeit durch einen wettbewerbsorientierten Fiskalföderalismus aufgehoben oder zumindest stark eingeschränkt, scheint auch die „Kleinstaaterei" in der Raumplanung einschließlich der nicht durch den Bund geplanten Verkehrsinfrastrukturen wenig problematisch.[24] Netzinfrastrukturen mit landesübergreifender Bedeutung unterliegen ohnehin der Bundesverkehrswegeplanung und sind damit der Landesplanung entzogen. Fehlplanungen auf Landesebene, die allein auf Irrtümern oder falschen Erwartungen der Entscheidungsträger und nicht auf fehlerhaft gesetzten Anreizen beruhen, gibt es auch in der Privatwirtschaft.[25] Sie können genauso wenig als Argument für eine zentralistische Raumplanung herangezogen werden, wie Fehlentscheidungen in Unternehmen für die Einführung einer Zentralplanwirtschaft sprechen. Notwendig sind allerdings wirksame Sanktionsmechanismen bei finanzpolitischem Fehlverhalten der nachgeordneten staatlichen Einheit; auch die implizite Verpflichtung zum Bail-out durch die oberste Ebene kann bereits als Anreiz zum Schuldenmachen angesehen werden (vgl. Kapitel 1). Insgesamt kann der föderale Wettbewerb das Preis-Leistungs-Verhältnis von öffentlichen Gütern verbessern, die Anreize zur Privatisierung erhöhen – da die Erzielbarkeit von Monopolgewinnen seitens der öffentlichen Hand eingeschränkt wird – und die Innovation in der Verwaltung beschleunigen.

Im kommunalen Bereich gelten die gleichen negativen Wirkungen der Trennung von Finanzierung und Verantwortung wie auf Länderebene. Durch zweckgebundene Zuweisungen von Bund, Ländern und teilweise der EU[26] sollen die Kommunen in die Lage versetzt werden, größere Investitionen zu tätigen. Dies bietet – auch bei einer Mindest-Eigenbeteiligung der Gemeinde – einen Anreiz, teure und unnötig große Vorhaben zu planen,

---

[23] Werden die Investitionskosten in Flughäfen nicht über Nutzungsgebühren und andere Einnahmen, zum Beispiel aus der Vermietung von Geschäften, hereingeholt, so wird von einer Fehlinvestition gesprochen – im Gegensatz zu anderen Verkehrsinfrastrukturen wie Straßen, Bahnlinien und Kanälen, die in der Regel nicht durch Gebühren ihrer Nutzer finanziert werden. Die regionalpolitische Intention, die mit der Entscheidung verbunden war, den jeweiligen Regionalflughafen auszubauen, wird in den kritischen Studien jedoch nicht berücksichtigt und bewertet.
[24] Auch in der Theorie liefert der föderale Wettbewerb unter bestimmten Modellbedingungen eine effiziente Versorgung mit öffentlichen Gütern, also auch regionalen Infrastrukturen. Dies gilt, obwohl das reine Tiebout-Modell des „voting by feet" zur optimalen Auswahl regionaler Kombinationen aus öffentlichen Gütern und Steuern keine Lösung bietet, da die Besteuerung mobiler Faktoren nicht zur Finanzierung der Staatsaufgaben ausreicht (Huber/Lichtblau, 1999).
[25] Als Beispiel können die im Auktionsverfahren gebotenen und gezahlten Preise bei der Versteigerung der UMTS-Lizenzen im Jahr 2000 gelten.
[26] Die EU leistet hier Beihilfen über die Struktur- und Sozialfonds für benachteiligte Gebiete, zu denen auch die städtischen Regionen mit Anpassungsproblemen im Strukturwandel zählen.

damit „keine Mittel verfallen" und möglichst hohe Effekte in der lokalen (Bau-)Wirtschaft erzielt werden. Ein Beispiel sind die Infrastrukturinvestitionen innerhalb der GA, bei denen die Kommunen nur 10 Prozent selbst finanzieren müssen. Teurere und größere Projekte bewirken jedoch höhere Folgekosten für Betrieb und Wartung, die vor Projektdurchführung nicht selten bewusst oder unbewusst „kleingerechnet" werden. Langfristig werden die überdimensionierten Kommunaleinrichtungen für die Gemeinden zu einem finanziellen Klotz am Bein. Vielerorts verfallende Schwimm- und Sporthallen sind eindeutige Belege für diesen Effekt. Besser wäre es, wenn die Kommunen mehr Macht über ihre Finanzen erhielten – etwa in Form eines Zuschlagrechts zur Lohn- und Einkommensteuer – und dafür auch die Verantwortung für ihre Ausgabenentscheidungen und Investitionen einschließlich der Folgekosten tragen müssten.

6 Zur zukünftigen Ausgestaltung der Regionalpolitik und der Allokation regionalpolitischer Kompetenzen

6.1 Wachsender Einfluss der europäischen Strukturpolitik

Die Regionalpolitik in Deutschland wird immer stärker durch die Europäische Union mitbestimmt. Über die europäischen Strukturfonds EFRE (Europäischer Fonds für regionale Entwicklung) und ESF (Europäischer Sozialfonds) leistet die EU eigene Beihilfen in wenig entwickelten und vom Strukturwandel besonders betroffenen Regionen. In der Förderperiode 2000 bis 2006 betrugen die EU-Strukturmittel für Deutschland fast 30 Milliarden Euro. Zum Teil wurden diese Gelder als Verstärkungsmittel im Rahmen der GA zur Investitionsförderung in den neuen Bundesländern eingesetzt. Daneben gehören Infrastrukturausbau, Unterstützung kleiner und mittlerer Unternehmen sowie Bildung zu den Zielen der EU-Regionalpolitik.

Um einen Subventionswettlauf zwischen den Mitgliedstaaten zu verhindern, unterliegen die regionalpolitischen Maßnahmen der Mitglieder – etwa die GA in Deutschland und die ostdeutsche Investitionszulage – der europäischen Beihilfekontrolle. Die Förderhöchstsätze in den schwächeren Regionen der EU-Altmitglieder wurden abgesenkt, um eine Förderpräferenz der noch weit ärmeren osteuropäischen Beitrittsländer sicherzustellen. In der Förderperiode 2007 bis 2013 erhält Deutschland 23,5 Milliarden Euro Regionalförderung durch die EU, wovon etwa 14,3 Milliarden auf die neuen Bundesländer entfallen. Dies bedeutet eine Senkung um 20 Prozent gegenüber der vorherigen Förderperiode. Die Begrenzung des Umfangs des EU-Haushalts für den Zeitraum 2007 bis 2013 auf gut 1 Prozent des europäischen Bruttoinlandsprodukts hat vor allem die Strukturmittel getroffen, die angesichts der Unantastbarkeit der Agrarausgaben und der festliegenden Brüsseler Verwaltungsaufwendungen letztlich die Manövriermasse bilden.

6.2 Regionalpolitik „aus einem Guss" mit Wettbewerbselementen

„Ein grundsätzliches Problem besteht in der Mischfinanzierung dieses Politikbereichs durch den Bund, die Länder und die EU. Da Finanzierungs- und Kontrollverantwortlichkeiten nicht auf denselben Ebenen angesiedelt sind, gibt es systemimmanente Anreize, der

Förderung auch dann Erfolge zuzusprechen, wenn sie diese nicht hat", merken Lammers/Niebuhr (2002, 10) bezüglich des Finanzierungssystems der deutschen Regionalförderung an.

Durch die Föderalismusreform und den zunehmenden Einfluss der EU auf die Regionalförderung steht im Grunde auch die GA als je zur Hälfte von Bund und Land finanzierte regionale Investitionsförderung auf dem Prüfstand, selbst wenn die große Koalition zunächst eine Fortführung dieses Instruments beschlossen hat. Die auf die neuen Bundesländer beschränkte Investitionszulage, bei welcher der Finanzierungsanteil der Länder weit geringer ist, verfolgt ebenfalls das Ziel der regionalen Investitionsförderung, sodass die Überführung in ein neues Förderinstrument „aus einem Guss" nur folgerichtig wäre (vgl. Röhl, 2005, 30). Von den Forschungsinstituten (DIW et al., 2003, 178 ff.) wie auch vom Sachverständigenrat (SVR, 2004, 657) wird eine Abschaffung der Zulage befürwortet. Da – anders als bei der GA – ein Rechtsanspruch auf die Förderung durch die Investitionszulage besteht, werden starke Mitnahmeeffekte befürchtet. Die undurchsichtige Finanzierung – überwiegend durch den Bund und die alten Bundesländer – mindert der Prinzipal-Agent-Theorie zufolge das Interesse der neuen Bundesländer an einer effizienten Mittelverwendung. Durch den Rechtsanspruch der Unternehmen sind die Einflussmöglichkeiten hier jedoch ohnehin gering; deutlich wird die Interessenlage eher am erfolgreichen Einsatz der ostdeutschen Politik für eine Verlängerung der in ihrer Wirkung umstrittenen Förderung. Trotz der genannten Kritikpunkte gehört die Fortsetzung der Zulage über 2006 hinaus zu den Ergebnissen der Koalitionsverhandlungen zwischen Union und SPD (Koalitionsvertrag, 2005, 76). Im Juni 2006 wurde ein Entwurf des Investitionszulagengesetzes vom Bundestag verabschiedet, der eine Verlängerung bis Ende des Jahres 2009 vorsieht (Deutscher Bundestag, 2006b).

Das verfügbare Mittelvolumen der GA hat sich seit 2000 etwa halbiert. Das Gleiche gilt für das Auszahlungsvolumen der Investitionszulage durch die jüngste Gesetzesänderung zur Verlängerung über 2004 hinaus.[27] In Anbetracht sinkender Förderhöchstsätze und Volumina ist eine Überführung von GA und Investitionszulage in ein einheitliches Förderinstrument, das den zunehmend strengeren EU-Auflagen für Beihilfen gerecht wird, als ein wichtiges Element einer zukünftigen Regionalpolitik anzusehen.

Die Zuständigkeit der Länder für die Durchführung der Regionalpolitik und für die Raumplanung begünstigt prinzipiell den Wettbewerb im Raum und ist daher zu befürworten. Dies gilt auch für die Auswahl der zu fördernden Projekte nach der GA und die Schwerpunktsetzung innerhalb der Förderregionen durch die Landesregierungen. In Zukunft könnte die Regionalförderung noch stärker in den Zuständigkeitsbereich der Bundesländer verlagert werden. Als Ausgleich für den Verlust der Kofinanzierung durch den Bund im Rahmen der GA könnten die ärmeren Länder eine entsprechend höhere Mittelausstattung im Finanzausgleich erhalten, deren weitere Fortführung jedoch an nachprüfbare Erfolgskriterien gekoppelt sein sollte.

---

[27] Das Fördervolumen der Zulage ist durch die Einschränkung des Berechtigtenkreises, die Senkung der Förderhöchstsätze und den Rückgang der Investitionen in Deutschland von früher 2 Milliarden Euro pro Jahr auf weniger als 1 Milliarde zurückgegangen; der Bund sieht ab 2007 einen Finanzbedarf von noch rund 600 Millionen Euro.

Die Förderregionen müssten allerdings weiterhin wie bei der GA Bund und Länder gemeinsam und nach einheitlichen Kriterien für die Beurteilung der regionalen Wirtschaftskraft und des Wohlstandsniveaus auswählen. Die Fördergebiete unterliegen ebenso wie die regionalen Fördersätze der Genehmigung durch die EU – gemäß den europäischen Beihilferegeln. Damit ist eine Festlegung nach bundesweit einheitlichen Kriterien notwendig. Diese Zuordnung der Kompetenzen erscheint auch geeignet, um einen Subventionswettlauf zu verhindern, in dem die reichen Regionen die Nase vorn haben dürften.[28] Allerdings sollten die zur Regionalförderung berechtigten Länder nicht gezwungen werden, die Mittel für die Investitionsförderung oder für regionale Infrastrukturen einzusetzen – eine größere Freiheit bei der Mittelverwendung über Investitionen in die Bildung bis zum Schuldenabbau sollte prinzipiell möglich sein.[29]

---

[28] Außerdem können durch die Festlegung allgemeingültiger Grenzen für regionale Beihilfen pekuniäre Externalitäten eingedämmt werden, die durch interregionale Verlagerungseffekte entstehen (vgl. Kapitel 1). Die Gefahr derartiger Verlagerungen wird auch zunehmend im Zusammenhang mit der Förderung benachteiligter Regionen durch die EU-Strukturfonds thematisiert.

[29] Diese größere Freiheit bei der regionalen Mittelverwendung zielt nicht auf eine von mehreren Landesregierungen geforderte Ausweitung des Investitionsbegriffs, sondern auf Alternativen in der Mittelverwendung unter dem Vorbehalt, dass die Verschuldungsgrenzen durch Maastricht und nationale Verfassungsvorgaben eingehalten werden und die Bundesländer die Folgen ihrer Ausgabenentscheidungen selbst tragen müssen.

Zusammenfassung

- Die Regionalpolitik in Deutschland ist – der grundgesetzlichen Forderung nach gleichwertigen Lebensverhältnissen entsprechend – stärker dem Ausgleichs- als dem Wachstumsziel verpflichtet.
- Kern der Regionalpolitik ist die Investitionsförderung über die Gemeinschaftsaufgabe (GA) zur Förderung der regionalen Wirtschaftsstruktur. 2005 wurden in der GA insgesamt knapp 2 Milliarden Euro Fördermittel für Investitionszuschüsse und wirtschaftsnahe Infrastruktur vergeben; aktuell stehen rund 1,7 Milliarden Euro bereit.
- Die GA mit einer jeweils hälftigen Finanzierung durch Bund und geförderte Länder bleibt auch nach der Föderalismusreform erhalten.
- Die Raumordnung als Basis der Regionalplanung wird hingegen Teil der Abweichungsgesetzgebung mit dem Recht der Länder, zukünftig vom Raumordnungsgesetz des Bundes abzuweichen.
- Die Chance, ein einheitliches regionalpolitisches Förderinstrument aus GA und ostdeutscher Investitionszulage zu schaffen, wurde 2006 nicht genutzt; die Zulage ist trotz Expertenkritik noch einmal bis 2009 verlängert worden.
- Es sollte ein integriertes Förderkonzept aus den bisherigen Instrumenten GA und Investitionszulage entwickelt werden, das Ostdeutschland eine langfristige Entwicklungsperspektive bei reduzierten Fördersätzen eröffnet. Hierbei könnten industrielle Cluster mit einer regionalen Einbindung und Vernetzung der Unternehmen verstärkt Berücksichtigung finden.
- Die Finanzierung sollte bei wettbewerblicher Ausgestaltung des Fiskalföderalismus Ländersache werden, bei einer entsprechenden Anfangsausstattung der ärmeren Länder. Im gegebenen System könnte die Bund-Länder-Finanzierung zunächst fortgeführt werden.
- Die Festlegung der Förderregionen und -sätze sollte allerdings weiterhin Bund-Länder-Aufgabe bleiben, da diese von der EU nach ihren Beihilferegeln geprüft und genehmigt werden müssen.
- Die Entscheidung über Infrastrukturinvestitionen der Länder und Kommunen sollte weiter dezentralisiert werden, wobei die nachgeordneten Gebietskörperschaften aber die Verantwortung für die fiskalischen Folgen tragen müssen (entweder kein Bail-out oder wirkungsvolle Sanktionen).

Literatur

Deutscher Bundestag, 2006a, Entwurf eines Gesetzes zur Änderung des Grundgesetzes, Drucksache 16/813, URL: http://dip.bundestag.de/btd/16/008/1600813.pdf [Stand: 2006-07-18]

Deutscher Bundestag, 2006b, Entwurf eines Investitionszulagengesetzes 2007, Drucksache 16/1409, URL: http://dip.bundestag.de/btd/16/014/1601409.pdf [Stand: 2006-07-20]

Deutscher Bundestag, 2006c, Fünfunddreißigster Rahmenplan der Gemeinschaftsaufgabe „Verbesserung der regionalen Wirtschaftsstruktur" für den Zeitraum 2006 bis 2009, Unterrichtung durch die Bundesregierung, Drucksache 16/1790, URL: http://dip.bundestag.de/btd/16/014/1601790.pdf [Stand: 2006-07-20]

DIW – Deutsches Institut für Wirtschaftsforschung / Institut für Weltwirtschaft (IfW) / Institut für Arbeitsmarkt- und Berufsforschung (IAB) / Institut für Wirtschaftsforschung Halle (IWH) / Zentrum für Europäische Wirtschaftsforschung (ZEW), 2003, Zweiter Fortschrittsbericht wirtschaftswissenschaftlicher Institute über die wirtschaftliche Entwicklung in Ostdeutschland, Berlin u. a. O.

Europäische Kommission, 2001, Verordnung der Kommission über die Anwendung der Artikel 87 und 88 EG-Vertrag auf „De-minimis"-Beihilfen, Amtsblatt der Europäischen Gemeinschaften Nr. 69/2001 (EG), URL: http://eur-lex.europa.eu/LexUriServ/site/de/oj/2001/l_010/l_01020010113de00300032.pdf [Stand: 2006-08-10]

Europäische Kommission, 2004, Entscheidung 2004/393/EG der Kommission vom 12. Februar 2004 über die Vorteilsgewährung seitens der Region Wallonien und des Flughafenbetreibers BSCA zugunsten des Luftfahrtunternehmens Ryanair bei dessen Niederlassung in Charleroi, ABl. L 137 vom 30. April 2004, Brüssel

Europäische Kommission, 2005, Gemeinschaftliche Leitlinien für die Finanzierung von Flughäfen und die Gewährung staatlicher Anlaufbeihilfen für Luftfahrtunternehmen auf Regionalflughäfen – Mitteilung der Kommission Nr. 2005/C 312/01, URL: http://eur-lex.europa.eu/LexUriServ/site/de/oj/2005/c_312/c_31220051209de00010014.pdf [Stand: 2006-07-20]

Gruber, Meinhard, 1994, Die kommunalisierte Regionalplanung, Arbeitsmaterial der Akademie für Raumforschung und Landesplanung, Nr. 208, zugleich Dissertation an der Universität Erlangen/Nürnberg, Hannover

Hamburg – Freie und Hansestadt Hamburg, Senatskanzlei, 2006, Metropole Hamburg – wachsende Stadt, URL: http://www.wachsende-stadt.hamburg.de [Stand: 2006-07-25]

Heymann, Eric / **Vollenkemper**, Jan, 2005, Ausbau von Regionalflughäfen: Fehlallokation von Ressourcen, in: Deutsche Bank Research (Hrsg.), Aktuelle Themen, Nr. 337, Frankfurt am Main

Holtschneider, Rainer / **Schön**, Walter, 2005, Ergebnis der Koalitionsarbeitsgruppe zur Föderalismusreform – Verhandlungsergebnis zwischen Bund und Ländern auf der Basis der Gespräche von Franz Müntefering und Edmund Stoiber, o. O.

Huber, Bernd / **Lichtblau**, Karl, 1999, Reform der deutschen Finanzverfassung – die Rolle des Konnexitätsprinzips, in: Hamburger Jahrbuch für Wirtschafts- und Gesellschaftspolitik, 44. Jg., S. 69–93

Koalitionsvertrag zwischen CDU, CSU und SPD, 2005, Gemeinsam für Deutschland – mit Mut und Menschlichkeit, 11. November 2005, URL: http://www.bundesregierung.de/Content/DE/__Anlagen/koalitionsvertrag,property=publicationFile.pdf [Stand: 2006-09-07]

Lammers, Konrad / **Niebuhr**, Annekatrin, 2002, Erfolgskontrolle in der deutschen Regionalpolitik: Überblick und Bewertung, HWWA Report 214, Hamburg

Lohse, Dieter / **Lätzsch**, Lothar, 1997, Verkehrsplanung, in: Schnabel, Werner / Lohse, Dieter (Hrsg.), Grundlagen der Straßenverkehrstechnik und der Verkehrsplanung, Band 2, Berlin

Milbradt, Georg, 2004, Zukunft Ost – Chance für Deutschland: Ein Beitrag zur notwendigen Strategiediskussion, Dresden

Parkinson, Cyril N., 1957, Parkinson's Law: The Pursuit of Progress, London

Röhl, Klaus-Heiner, 1998, Gewerbeflächenmanagement in Agglomerationsräumen – Institutionelle Lösungsansätze und die Einflussmöglichkeiten der Regionalplanung, Diskussionsbeiträge aus dem Institut für Wirtschaft und Verkehr, Nr. 1/98, Dresden

Röhl, Klaus-Heiner, 2004, Sonderwirtschaftszonen als Instrument der Regionalentwicklung: Neue Ideen für die neuen Bundesländer, IW-Positionen, Nr. 10, Köln

Röhl, Klaus-Heiner, 2005, Entwicklung und Schwerpunkte der Regionalförderung in Deutschland, in: IW-Trends, 32. Jg., Nr. 1, S. 17–32

Röhl, Klaus-Heiner, 2006, Innovationsregionen und sektorale Cluster, in: Institut der deutschen Wirtschaft Köln (Hrsg.), Wachstumsfaktor Innovation: Eine Analyse aus betriebs-, regional- und volkswirtschaftlicher Sicht, Köln, S. 77–96

Röhl, Klaus-Heiner / **Kroker**, Rolf / **Lichtblau**, Karl, 2005, Bürokratieabbau: Ein geschlossenes Konzept fehlt, in: Wirtschaftsdienst, 85. Jg., Nr. 10, S. 622–627

Schneider, Hans-Peter, 2006, Finanzautonomie von föderalen Gliedstaaten und Kommunen – Ein internationaler Vergleich, Forum Föderalismus 2006 (Hrsg.), Hannover

SVR – Sachverständigenrat zur Begutachtung der gesamtwirtschaftlichen Entwicklung, 2004, Erfolge im Ausland – Herausforderungen im Inland, Jahresgutachten 2004/05, Wiesbaden

Wirtschaftswoche, 2006, Dampf im Kessel, Fraport-Chef Wilhelm Bender über die Zukunft des Frankfurter Flughafens, Nr. 3, S. 50–51

Wissenschaftliche Dienste des Deutschen Bundestages (Hrsg.), 2004, Konnexitätsprinzip, in: Der Aktuelle Begriff, Nr. 08/2004, Berlin, URL: http://www.bundestag.de/bic/analysen/index.html [Stand: 2006-05-15]

Kapitel 7

Hubertus Bardt

Umweltpolitik im Föderalismus

Inhalt

1	Einleitung	181
2	Kompetenzverteilung in der Umweltpolitik	181
2.1	Eigenschaften von Umweltgütern als Kriterium der föderalen Zuordnung	181
2.2	Föderaler Wettbewerb und Umweltschutz	183
3	Die Situation in Deutschland	185
4	Umweltkompetenzen nach der Föderalismusreform	188
Zusammenfassung		192
Literatur		193

1 Einleitung

Umweltpolitische Problemstellungen sind ohne Raumbezug nicht denkbar: Böden, Wasser oder Luft werden immer in mehr oder weniger klar zu bestimmenden Räumen genutzt. Damit sind auch die Wirkungen von Umweltbelastungen raumbezogen. Die Bandbreite reicht von lokalen Verschmutzungen bis hin zum weltweiten Klimawandel. Die Ursachen solcher Umweltveränderungen können am selben Ort zu finden sein wie die Wirkungen, aber auch weit davon entfernt. Rückstände im Boden – beispielsweise dort, wo früher Industrieanlagen standen – bleiben, sofern sie nicht vom Grundwasser weitergetragen werden, an einer Stelle und müssen als Altlasten entsorgt werden. Für die Wirkungen des Treibhauseffekts ist es dagegen irrelevant, an welchem Ort die verursachenden Emissionen freigesetzt werden. Diese unterschiedlichen Umweltwirkungen verlangen eine differenzierte Betrachtung konkreter Entscheidungsstrukturen. Kompetenzzuweisungen, die für großräumige Probleme der Umweltpolitik angemessen erscheinen, können sich für kleinräumige Fragestellungen als inadäquat erweisen.

2 Kompetenzverteilung in der Umweltpolitik

2.1 Eigenschaften von Umweltgütern als Kriterium der föderalen Zuordnung

Ein theoretisches Konzept, um Umweltprobleme zu lösen, ist das sogenannte Coase-Theorem: Demnach können Verhandlungen zwischen den Besitzern und Nutzern von Umweltgütern externe Effekte verhindern (vgl. Kapitel 1). Hierfür ist es jedoch notwendig, dass alle Beteiligten vollständig informiert sind und dass es keine Transaktionskosten gibt. Die Privatisierung von Umweltgütern und das Vertrauen auf Verhandlungslösungen reichen in der Praxis aber vielfach nicht aus. Die Politik macht daher in der entsprechenden Gebietskörperschaft Vorgaben und versucht so, Umweltschäden einzudämmen oder gänzlich zu vermeiden.

Das in der Ökonomie des Föderalismus geläufige Prinzip der fiskalischen Äquivalenz kann in der Umweltpolitik nur teilweise und unzureichend greifen. Es postuliert, dass die Repräsentanten jener Bürger für eine politische Entscheidung zuständig sein sollen, die auch Nutznießer der Regelungen oder der bereitgestellten öffentlichen Güter sind. Dieser Kreis von Personen soll außerdem die Finanzierungslasten tragen, welche die zusätzlichen staatlichen Leistungen mit sich bringen. Durch die Einheit von Entscheidern und Betroffenen soll sichergestellt werden, dass Lösungen gefunden werden, welche die Präferenzen der Entscheider und damit zugleich der Zahler berücksichtigen. Dadurch sollen auch die Leistungen möglichst effizient angeboten werden können. Zwar ähnelt die Bereitstellung von öffentlichen Umweltgütern der von anderen öffentlichen Gütern, die dem Prinzip der fiskalischen Äquivalenz folgend von den einzelnen Gebietskörperschaften produziert und verteilt werden; unter dem Aspekt des Verursacherprinzips stößt dieser Ordnungsmechanismus jedoch an Grenzen und muss hier modifiziert werden.

Gemäß dem Verursacherprinzip sollen die Verursacher von Umweltschäden dazu verpflichtet werden, die durch sie ausgelösten externen Kosten vollständig zu internalisieren.

Damit liegt jedoch keine Gleichrichtung der Interessen der Personen vor, die – der fiskalischen Äquivalenz folgend – zu einer mit entsprechenden Kompetenzen ausgestatteten Gebietskörperschaft zusammengefasst werden. In der traditionellen Sicht des Fiskalföderalismus dienen die Homogenität der Interessen nach innen und die Heterogenität von Interessen nach außen dazu, die einzelnen Gebietskörperschaften voneinander abzugrenzen (Döring/Fromm, 1997). Dies ist in der Umweltpolitik aufgrund der Nutzungskonkurrenz so nicht umzusetzen. Neben den Nutznießern müssen hier auch die Verursacher zu den Kostenträgern und Wählern der regionalen Gliederung gezählt werden, der die Kompetenzen für eine umweltpolitische Maßnahme zugeordnet werden. Entscheidend ist folglich die Streuung positiver und negativer Wirkungen, die von bestimmten Umweltproblemen ausgehen. Das Verursacherprinzip kann – ebenso wie konkurrierende Prinzipien – dann innerhalb der Gebietskörperschaft angewendet werden, die sich über die tatsächliche Betroffenheit von bestimmten Umweltproblemen definiert und nicht über den Wunsch nach umweltpolitischen Maßnahmen.

Die sachgerechte Zuordnung von umweltpolitischen Kompetenzen auf die einzelnen föderalen Ebenen sollte sich nach den jeweiligen Eigenschaften der betroffenen Umweltgüter richten. Im Falle der technischen Unteilbarkeit der bereitzustellenden Güter müssen die Kompetenzen zentralisiert werden. Dies betrifft sowohl die eigentliche Bereitstellung als auch die Organisation der Finanzierung. In diesem Fall ist es dezentralen Gebietskörperschaften nicht möglich, die Politik an die jeweiligen regionalen Präferenzen anzupassen. Damit entstehen Kosten in Form von unbefriedigten Präferenzen, wenn diese sich von Region zu Region unterscheiden.

Eng verwandt mit der technischen Unteilbarkeit von Umweltgütern ist die mögliche Existenz weiterer regionaler Umweltexternalitäten. Externe Effekte, sogenannte Spillover, können sowohl durch die Umweltnutzung als auch durch Umweltschutzmaßnahmen auftreten. So können durch eine Senke, bei der die Natur zur Aufnahme und Speicherung von Reststoffen genutzt wird, negative externe Effekte auf dem Territorium anderer Gebietskörperschaften entstehen. Ebenso können andere Regionen von dezentralen Umweltschutzmaßnahmen profitieren, ohne dass sie hierzu einen eigenen Beitrag leisten müssen. Auch Netzwerke können Spillover-Effekte erzeugen. In all diesen Fällen erscheint eine weitere Zentralisierung der umweltpolitischen Kompetenzen zweckmäßig.

Bei technisch teilbaren Umweltgütern ohne weitere regionale Externalitäten ist dagegen eine Zentralisierung höchstens bei homogenen Präferenzen sinnvoll – beispielsweise, wenn bei der Erstellung der Umweltgüter durch die Nutzung von Größenvorteilen niedrigere Gesamtkosten anfallen. Bestehen jedoch in Bezug auf Umweltgüter regional unterschiedlich ausgeprägte Präferenzen – zum Beispiel nach bestimmten Umweltschutzstandards –, können die gesetzlichen Vorgaben durch dezentrale Bestimmungen besser den Wünschen der Bürger angepasst werden (Karl, 1996, 140 ff.). Neben differierenden Präferenzen können auch unterschiedliche Kostenstrukturen und Umweltschäden ein Argument dafür sein, Umweltleistungen dezentral zu erbringen und damit gesetzgeberische Kompetenzen dezentral zu verteilen. Dies gilt insbesondere dann, wenn unterschiedliche Schäden zu variierenden Anpassungsanstrengungen führen – selbst wenn die Umweltpräferenzen in den einzelnen Regionen identisch sind.

Auch unter dem Aspekt der bürokratischen Aufwendungen eines dezentralen Umweltrechts ist über die richtige Zuordnung gesetzgeberischer Kompetenzen zu diskutieren. Denn unterschiedliche Regelungen und Standards können ein Mobilitätshindernis sein. Sie können etwa die Durchfahrt von Lastkraftwagen verhindern, die nicht allen infrage kommenden Anforderungen entsprechen. Auch Genehmigungsverfahren oder Kontrollroutinen können erheblich verkompliziert werden, wenn die Anforderungen verschiedener Gebietskörperschaften stark divergieren. Dies stellt für überregional tätige Unternehmen eine zusätzliche bürokratische Belastung dar, die den möglichen Nutzengewinnen der jeweiligen Wählerschaft entgegensteht. Insbesondere aus produktspezifischen Regulierungen entstehen zudem Gefahren für den freien Warenhandel, wenn jeweils der Standard des Bestimmungslandes, in das die Ware exportiert wird, gelten soll.

2.2 Föderaler Wettbewerb und Umweltschutz

Bei kleinräumigen oder regionalen Umweltproblemen wird gegen einen dezentralisierten Umweltschutz auch das Argument des ruinösen Umweltwettbewerbs ins Feld geführt. Dahinter steht die Befürchtung, dass die einzelnen Gebietskörperschaften ein Interesse an möglichst niedrigen Umweltstandards haben, um ansiedlungswilligen und heimischen Unternehmen im Standortwettbewerb besondere Vorteile zu bieten und somit einen Beitrag zur wirtschaftlichen Entwicklung der jeweiligen Region zu leisten. Da alle Gebietskörperschaften ähnliche Ziele verfolgen und daher vergleichbare Überlegungen anstellen, müsse es zu einem sich beschleunigenden Wettlauf hin zu den niedrigsten Umweltstandards kommen.

In einer demokratisch verfassten Gesellschaft ist jedoch davon auszugehen, dass die politischen Entscheidungsträger die wirtschaftlichen Interessen der Bevölkerung und die bestehenden Umweltschutzziele gemäß den Wählerpräferenzen tendenziell aufeinander abstimmen. Anderenfalls wäre damit zu rechnen, dass die Regierung bei der nächsten Wahl abgelöst und durch eine andere ersetzt wird, die eine – in den Augen der Wähler – bessere Gewichtung der unterschiedlichen Ziele vorzunehmen verspricht. Ein weitestgehender Verzicht auf umweltpolitische Standards zur Verbesserung der wirtschaftlichen Situation ist nur dann zu erwarten, wenn es keine Umweltpräferenzen in der Bevölkerung gibt oder wenn diese sich aufgrund fehlender demokratischer Strukturen nicht durchsetzen können (Karl, 1996, 151). So waren in den sozialistischen Planwirtschaften bis Anfang der neunziger Jahre deutlich schlechtere Umweltbedingungen zu beobachten als in den marktwirtschaftlichen Demokratien des Westens. Auch empirisch sprechen beispielsweise die allgemein strengen Umweltauflagen in Deutschland und die damit verbundene Vorreiterrolle gegen die These eines „race to the bottom" in der europäischen Umweltpolitik. Bei regionalen Umweltproblemen ergibt sich hieraus also kein prinzipielles Hindernis für eine auf dezentralen Gesetzgebungskompetenzen aufbauende Umweltpolitik.

Im Gegenteil: Aus dem Wettbewerb der Gebietskörperschaften im Umweltrecht können nicht unerhebliche Vorteile entstehen. Diese ergeben sich zum einen daraus, dass lokale Behörden nicht nur auf die regionalen Präferenzen der Bürger reagieren, sondern dass sie auch die umweltpolitischen Problemlagen vor Ort besser einschätzen können als zentrale Stellen. Zum anderen ermöglicht Wettbewerb zwischen Gebietskörperschaften ein ständiges Lernen voneinander. Unterschiedliche Konzepte können verfolgt und die besten auf andere Regionen übertragen werden. Auf diese Weise können für regionale Umweltprobleme Wege zu einer effizienteren Umweltpolitik entdeckt, erprobt und bekannt gemacht werden – also einer Politik, die Umweltziele mit möglichst geringem Aufwand für Bürger und Unternehmen erreicht (Kloepfer, 2004, 762).

Der Wettbewerb um die beste Umweltregulierung hat dabei zwei Zielgruppen. Zum einen richtet er sich an die Bürger, die mit ihrer Wahlentscheidung ihre umweltpolitischen Präferenzen durchsetzen können; zum anderen orientiert er sich an ansiedlungswilligen Unternehmen. Der Versuch, ein Unternehmen aus einem Bundesland durch niedrigere Umweltstandards in ein anderes Bundesland zu locken, wie es die These vom ruinösen Umweltwettbewerb unterstellt, dürfte jedoch zum Scheitern verurteilt sein – schon allein deshalb, weil im Zuge einer Standortverlagerung auch andere und billigere Standorte im Ausland ins Kalkül einbezogen werden und eine vollständige Abwanderung zu befürchten ist. Den Regionen muss es vielmehr darum gehen, den bestehenden Unternehmen durch eine angemessene und effiziente Umweltpolitik Entwicklungschancen zu belassen.

Indirekt werden durch den Standortwettbewerb um die Unternehmen aber auch die Präferenzen der Bürger mit berücksichtigt. Denn die Unternehmen stehen miteinander im Wettbewerb um qualifizierte Arbeitsplätze. Ein wichtiges Abgrenzungskriterium hierbei ist die Lebensqualität am jeweiligen Standort. Dazu gehört auch ein Umweltstandard, der den Präferenzen der Arbeitnehmer entspricht. Die niedrigsten Umweltstandards sind somit nicht zwangsläufig ein Wettbewerbsvorteil für ansiedlungswillige Unternehmen, ein dauerhafter Unterbietungswettbewerb der Regionen muss also kaum befürchtet werden.

Für die sinnvolle Bestimmung der Zuständigkeit einer föderalen Ebene ist daher die Dimension der regionalen Spillover, die von den jeweiligen Umweltproblemen ausgehen, entscheidend, außerdem das Ausmaß der durch übergreifende Regelungen entstehenden Internalitäten (Urfei/Budde, 2002, 5) sowie der zu erwartende bürokratische Aufwand für Behörden und vor allem für Unternehmen. Während bei regionalen Spillover-Effekten der Kreis jener, die von Umweltregulierung betroffen sind, kleiner ist als der Kreis der von den Umweltproblemen Betroffenen, ist es bei Internalitäten genau umgekehrt: Hier sind weniger Menschen mit den Umweltproblemen konfrontiert als die entscheidende Einheit im föderalen Gebilde umfasst. Es kommt zu Frustrationskosten, wenn die Betroffenen von den nicht Betroffenen überstimmt werden und den Umweltproblemen aus ihrer Sicht nicht ausreichend begegnet wird. Aber auch wenn die nicht Betroffenen überstimmt werden und sie die Lasten des Umweltschutzes zu tragen haben, ohne den Nutzen für sich zu sehen, kommt es zu Internalitäten und damit zu Frustrationskosten. Während Spillover tendenziell für eine weitere Zentralisierung von Umweltkompetenzen sprechen, geht von Internalitäten eine Tendenz zur Dezentralisierung aus (vgl. Kapitel 1).

Spillover und Internalitäten können nur dann völlig ausgeschlossen werden, wenn bei jedem Umweltproblem Verursacher, Betroffene, Wähler und Steuer- oder Abgabenzahler übereinstimmen – was bedeuten würde, dass eine Entscheidungsebene nur für ein ganz bestimmtes Problem zuständig und regional entsprechend zugeschnitten ist. Ein solches „single function government" kann eine optimale Bereitstellung der öffentlichen Umweltgüter sicherstellen, weder positive noch negative externe Effekte treten auf. Wenn die tatsächlichen Grenzen der Gebietskörperschaften diese Eigenschaften eines „single function government" erfüllen, ist dies jedoch höchstens ein zufälliges Zusammentreffen und nur in Einzelfällen möglich. Normalerweise entsprechen die föderalen Grenzen nicht den Grenzen von Umweltproblemen. Eine optimale Aufteilung der Kompetenzen minimiert die durch Spillover und Internalitäten entstehenden Kosten. Erster Anhaltspunkt dafür müssen die regionalen Wirkungen sein. Lokale Umweltprobleme sind vor Ort zu lösen, globale Umweltfragen bedürfen internationaler Aktivitäten. Eine differenzierte Zuordnung verlangt im Einzelfall eine umfassende Analyse der Umwelteffekte, zumal die Grenzen der Umweltwirkungen oftmals fließend sind, während die Grenzen der infrage kommenden Gebietskörperschaften feststehen und keine optimale Zuordnung im Sinne von „single function governments" zulassen.

3 Die Situation in Deutschland

Das deutsche Umweltrecht ist für Unternehmen heute vielfach unübersichtlich, kompliziert und bürokratisch. Zahlreiche Vorschläge für eine Deregulierung und Entbürokratisierung dieses Rechts liegen inzwischen vor (Kroker et al., 2004, 61 ff.). Diese betreffen vor allem die detaillierte Gestaltung einzelner Regelungen. Aber auch die grundlegende Zersplitterung des Umweltrechts trägt sicherlich nicht dazu bei, umweltpolitische Ziele unbürokratisch und wirtschaftsverträglich zu erreichen.

Die am Standort Deutschland tätigen Unternehmen sind in vielfältiger Weise von Umweltregulierungen betroffen. Dies gilt insbesondere für den Betrieb von industriellen Produktionsanlagen; hier sind bestimmte umweltrechtliche Genehmigungen für die Betriebserlaubnis erforderlich. Dabei werden vor allem die voraussichtlichen Emissionen der Anlagen begutachtet. Neben Luft- und Wassereinleitungen sind außerdem der zu erwartende Umgebungslärm sowie Einflüsse auf anliegende Naturschutzgebiete, den Wasserhaushalt und anderes mehr zu berücksichtigen. Derartige Genehmigungsverfahren können je nach Anlage viel Zeit in Anspruch nehmen; außerdem binden sie in großem Umfang personelle und finanzielle Ressourcen bei den antragstellenden Unternehmen. Ebenfalls Einfluss auf die Produktion haben generelle Regeln wie Umweltsteuern oder Zertifikate, die sich nicht auf einzelne Anlagen beziehen, aber in den Unternehmen dennoch Anpassungslasten, bürokratischen Aufwand und Kosten verursachen.

Neben dem produktionsbezogenen Umweltrecht gewinnt auch die produktbezogene Regulierung an Bedeutung. Dahinter steckt der Gedanke, dass von Produkten über ihren gesamten Lebenszyklus hinweg Umweltwirkungen ausgehen können – von der Herstellung über die Nutzung bis hin zur Entsorgung. Neben möglichen Emissionen werden hier etwa Abfallbestandteile oder der Energieverbrauch als regulierungsbedürftig angesehen. Für die produzierenden Unternehmen kann dies mit nicht unerheblichem zusätzlichen Aufwand verbunden sein, beispielsweise wenn die Lieferanten strenger überwacht werden müssen.

Das bestehende deutsche Umweltrecht ist jedoch nicht nur inhaltlich anspruchsvoll und komplex, sondern auch in seiner Struktur nicht sehr übersichtlich. Die Zersplitterung des deutschen Umweltrechts betrifft zunächst die formalen Zuständigkeiten der einzelnen Ebenen innerhalb unseres föderalen Systems aus Europäischer Union (EU), Bund und den Bundesländern inklusive der kommunalen Ebene.

Die EU hat eine erhebliche Bedeutung bei der Schaffung umweltpolitischer Rahmenbedingungen. Zwei Drittel der vom Bundestag verabschiedeten Gesetze in der Umweltpolitik entspringen sogenannten europäischen Impulsen (vgl. Kapitel 8, Abschnitt 3.1). Innerhalb Deutschlands gibt es eine komplizierte Kompetenzverteilung zwischen einzelnen Ebenen. In vielen Bereichen liegt die Kompetenz für die Rahmengesetzgebung beim Bund; deren Ausfüllung jedoch obliegt den Ländern. In verschiedenen Teilen des Umweltrechts haben die Länder von ihrer Gesetzgebungskompetenz umfangreich Gebrauch gemacht, was zu einer regionalen Vielfalt des Umweltrechts geführt hat (Kloepfer, 2003).

Aber nicht nur die politischen Entscheidungsstrukturen und die Regelsetzung sind komplex: Aus Sicht der Rechtsnutzer – also beispielsweise der Wirtschaft – ist vor allem die Komplexität des daraus resultierenden Rechts relevant. Die Zersplitterung des deutschen Umweltrechts zeigt sich insbesondere in der Vielfältigkeit der einzelnen Gesetze. Übersicht 7.1 zeigt eine Zusammenfassung ausgewählter wichtiger Bundesgesetze aus dem Geschäftsbereich des Bundesumweltministeriums.

Gesetze aus dem Geschäftsbereich des Bundesumweltministeriums (Auswahl)

Übersicht 7.1

Abkürzung	Gesetz
Allgemeiner Umweltschutz	
UAG	Gesetz über die freiwillige Beteiligung von Organisationen an einem Gemeinschaftssystem für das Umweltmanagement und die Umweltbetriebsprüfung – EMAS (Umweltauditgesetz)
UIG	Umweltinformationsgesetz
UStatG	Gesetz über Umweltstatistiken (Umweltstatistikgesetz)
UVPG	Gesetz über die Umweltverträglichkeitsprüfung
URaG	Umweltrahmengesetz
Abfallwirtschaft	
AbfVerbrG	Gesetz über die Überwachung und Kontrolle der grenzüberschreitenden Verbringung von Abfällen (Abfallverbringungsgesetz)
ElektroG	Gesetz über das Inverkehrbringen, die Rücknahme und die umweltverträgliche Entsorgung von Elektro- und Elektronikgeräten
HoheSeeEinbrG	Gesetz über das Verbot der Einbringung von Abfällen und anderen Stoffen und Gegenständen in die Hohe See (Hohe-See-Einbringungsgesetz)
KrW-/AbfG	Gesetz zur Förderung der Kreislaufwirtschaft und Sicherung der umweltverträglichen Beseitigung von Abfällen (Kreislaufwirtschafts- und Abfallgesetz)
Chemikalienrecht	
ChemG	Gesetz zum Schutz vor gefährlichen Stoffen (Chemikaliengesetz)
WaschMG	Gesetz über die Umweltverträglichkeit von Wasch- und Reinigungsmitteln (Waschmittelgesetz)

Abkürzung	Gesetz
Erneuerbare Energien/Klimaschutz	
EEG	Gesetz für den Vorrang Erneuerbarer Energien (Erneuerbare-Energien-Gesetz)
TEHG	Gesetz über den Handel mit Berechtigungen zur Emission von Treibhausgasen (Treibhausgas-Emissionshandelsgesetz)
ZuG 2007	Gesetz über den nationalen Zuteilungsplan für Treibhausgas-Emissionsberechtigungen in der Zuteilungsperiode 2005 bis 2007 (Zuteilungsgesetz 2007)
KyotoProtG	Gesetz zu dem Protokoll von Kyoto vom 11. Dezember 1997 zum Rahmenübereinkommen der Vereinten Nationen über Klimaänderungen (Kyoto-Protokoll)
Gewässerschutz	
AbwAG	Gesetz über Abgaben für das Einleiten von Abwasser in Gewässer (Abwasserabgabengesetz)
BBodSchG	Gesetz zum Schutz vor schädlichen Bodenveränderungen und zur Sanierung von Altlasten (Bundes-Bodenschutzgesetz)
WHG	Gesetz zur Ordnung des Wasserhaushalts (Wasserhaushaltsgesetz)
Immissionsschutz	
BImSchG	Gesetz zum Schutz vor schädlichen Umwelteinwirkungen durch Luftverunreinigungen, Geräusche, Erschütterungen und ähnliche Vorgänge (Bundes-Immissionsschutzgesetz)
BzBlG	Gesetz zur Verminderung von Luftverunreinigungen durch Bleiverbindungen in Ottokraftstoffen für Kraftfahrzeugmotore (Benzinbleigesetz)
FluLärmG	Gesetz zum Schutz gegen Fluglärm
Kerntechnische Sicherheit und Strahlenschutz	
AtG	Gesetz über die friedliche Verwendung der Kernenergie und den Schutz gegen ihre Gefahren (Atomgesetz)
StrVG	Gesetz zum vorsorgenden Schutz der Bevölkerung gegen Strahlenbelastung (Strahlenschutzvorsorgegesetz)
Naturschutz und Landschaftspflege	
BNatSchG	Gesetz über Naturschutz und Landschaftspflege (Bundesnaturschutzgesetz)
GenTG	Erstes Gesetz zur Neuordnung des Gentechnikrechts
CBD	Gesetz zum Übereinkommen über die Biologische Vielfalt (Bio-Diversitätskonvention)

Quellen: Bundesumweltministerium; eigene Zusammenstellung

Der gesamte zu beachtende Rechtskatalog ist jedoch noch erheblich umfangreicher, da zu den Bundesgesetzen auch Verordnungen, Landesgesetze und gegebenenfalls weitere europäische, direkt wirksame Rechtsakte hinzuzurechnen sind. Mit der Zersplitterung des Umweltrechts steigt nicht nur die Unübersichtlichkeit und damit die Gefahr von Rechtsunsicherheit; vielmehr besteht das Risiko von Widersprüchen innerhalb des Rechts sowie von unzureichend aufeinander abgestimmten Definitionen und Einzelregelungen.

Bereits in den neunziger Jahren wurde der Versuch unternommen, die bestehenden Umweltgesetze – soweit möglich – in einem einheitlichen Umweltgesetzbuch (UGB) zusammenzufassen. Zwischen 1992 und 1997 hat eine Sachverständigenkommission beim

Bundesumweltministerium einen umfangreichen Entwurf für ein Umweltgesetzbuch erarbeitet (BMU, 1997). Dieser wurde jedoch unter anderem aufgrund von strittigen Kompetenzfragen im Wasserrecht nicht umgesetzt. Neben der reinen Zusammenfassung sollten mit dem Umweltgesetzbuch noch weitere Ziele verfolgt werden; Verfahren sollten vereinfacht und Bürokratie abgebaut werden. Auch die Hoffnung, dass die ordnungsrechtlichen Regelungen flexibilisiert und die Eigenverantwortung der Unternehmen gestärkt werden könnten, wurde geäußert. Zudem wurde der Vorschlag diskutiert, mit der Zusammenfassung des Umweltrechts eine bessere Gesetzesfolgenabschätzung für zukünftige Umweltregulierungen zu institutionalisieren.

4 Umweltkompetenzen nach der Föderalismusreform

Mit der Föderalismusreform sollten eigentlich die Zuständigkeiten von Bund und Ländern klarer voneinander abgegrenzt werden. Insbesondere ging es darum, die Blockademöglichkeiten des Bundesrats abzubauen und so das Land insgesamt reformfähiger zu machen. Die vorliegenden Maßnahmen zur Neuordnung der Kompetenzen im Umweltrecht stimmen jedoch wenig hoffnungsvoll: Statt die Zuständigkeiten wirklich zu vereinfachen, wird der Kompromiss zur Neugestaltung des Föderalismus die umweltpolitische Lage weiter verkomplizieren. Denn für den Umweltbereich hat die Große Koalition nicht weniger als fünf verschiedene Kompetenzmodelle vorgesehen (Übersicht 7.2).

Nur in wenigen Bereichen sind die Zuständigkeiten zwischen dem Bund und den Bundesländern eindeutig aufgeteilt (Kloepfer, 2006). Beim Strahlenschutzrecht liegt beispielsweise die ausschließliche Gesetzgebungskompetenz beim Bund. Hier haben die Länder

Komplizierte Umweltgesetzgebung

Übersicht 7.2

Vorschläge der Großen Koalition zur Neuordnung der Gesetzgebungskompetenzen im Umweltrecht

Bundeskompetenz	Länderkompetenz
Ausschließliche Gesetzgebungskompetenz des Bundes – Strahlenschutz	Ausschließliche Gesetzgebungskompetenz der Länder – Sport- und Freizeitlärm – Lärm von Anlagen mit sozialer Zweckbestimmung
Konkurrierende Gesetzgebungskompetenz mit Erforderlichkeitsklausel – Abfallwirtschaft – Recht der Wirtschaft	
Konkurrierende Gesetzgebungskompetenz ohne Erforderlichkeitsklausel – Luftreinhaltung (sonstiger Lärm) – Lärmbekämpfung	
Konkurrierende Gesetzgebungskompetenz mit Abweichungsbefugnissen der Länder – Wasserhaushalt (außer stoff- oder anlagenbezogene Regelungen) – Naturschutz und Landschaftspflege (außer Grundsätze des Naturschutzes, Artenschutz und Meeresnaturschutz) – Raumordnung – Jagdwesen (außer Recht der Jagdscheine)	

Quellen: Sachverständigenrat für Umweltfragen, 2006; Koalitionsvertrag, 2005, 168 ff.; eigene Zusammenstellung

keine Entscheidungsbefugnisse. Umgekehrt ist der Sport- und Freizeitlärm Ländersache, ohne dass der Bund sich einmischen soll. Dies entspricht einer klaren Logik: Lokale Probleme sollen auf Länderebene gelöst werden, bundesweite Probleme auf Bundesebene.

Kompliziert bleibt die Kompetenzverteilung im Umweltrecht bei der konkurrierenden Gesetzgebung, bei der die Länder tätig sein können, soweit der Bund keine eigenen Regelungen vornimmt. Nach den Plänen der Koalition soll hierbei in den meisten Fällen die sogenannte Erforderlichkeitsklausel gelten. So soll die Rechtsetzung des Bundes in der Abfallwirtschaft oder im wichtigen Feld des „Rechts der Wirtschaft" an die Bedingung der strengen Erforderlichkeit geknüpft sein. In der Luftreinhaltung und der Lärmbekämpfung darf der Bund jedoch ohne diese Klausel innerhalb der konkurrierenden Gesetzgebung tätig werden. Eine dritte Variante der konkurrierenden Gesetzgebungskompetenz erlaubt den Ländern großzügige Abweichungsmöglichkeiten von den bestehenden Bundesgesetzen. Dies betrifft beispielsweise die Bereiche Raumordnung, Naturschutz und Landschaftspflege sowie Wasserhaushalt. Auch wenn bestimmte grundsätzliche – oder beim Wasserhaushalt stoff- und anlagenbezogene – Regelungen von den Abweichungsbefugnissen der Länder ausgenommen sind, werden für viele Rechtsgebiete aus dem Umweltrecht regional divergierende Regelungen befürchtet.

Zwei Problemfälle der vorgeschlagenen Neuregelung lassen sich identifizieren: zum einen die Erforderlichkeitsbedingung, zum anderen die Abweichungsbefugnisse der Länder, die an die Stelle der Rahmengesetzgebungskompetenz des Bundes treten. Weitere Problembereiche wie insbesondere die einheitliche Umsetzung des europäischen Umweltrechts können als Unterpunkt dieser beiden Fälle angesehen werden. Bei der Erforderlichkeitsbedingung liegt die Problematik insbesondere in der juristischen Auslegung: Eine regelungssetzende Tätigkeit des Bundes wird – mit der Festlegung der Bindung an die Erforderlichkeitsklausel in der Abfallwirtschaft und beim „Recht der Wirtschaft" – an sehr strenge Voraussetzungen geknüpft. Das Bundesverfassungsgericht hatte hierzu in den vergangenen Jahren konkretisierende Urteile gefällt.[1] So wird als Voraussetzung für eine Erforderlichkeit des Bundeseingriffs angesehen, dass sich die Gleichwertigkeit der Lebensverhältnisse stark auseinanderentwickelt und damit das Sozialstaatsgefüge beeinträchtigt wird. Auch erhebliche Rechtsunsicherheiten und unzumutbare Behinderungen im innerdeutschen Rechtsverkehr sowie enorme gesamtwirtschaftliche Nachteile können als Rechtfertigung einer bundeseinheitlichen Regelung innerhalb der konkurrierenden Gesetzgebung angesehen werden (Sachverständigenrat für Umweltfragen, 2006, 10 f.). Der Politik verbleibt trotz der prinzipiellen Einschränkung der Bundeskompetenzen ein hohes Maß an Unklarheit bezüglich der tatsächlichen Kompetenzverteilung, sodass Rechtsunsicherheiten zu befürchten sind. Diese müssen wiederum jeweils im Einzelfall gerichtlich geklärt werden.

Auch die weitgehenden Abweichungsbefugnisse der Länder dienen nicht der Vereinfachung des Umweltrechts. Dabei sind zwei Teilprobleme zu unterscheiden: Erstens wird eine weitere Zersplitterung des Umweltrechts befürchtet. Obgleich insbesondere Umweltverbände hierin die Gefahr eines Wettlaufs um die niedrigsten Umweltstandards oder zu-

---

[1] Einschlägig sind hier die beiden Urteile des Bundesverfassungsgerichts zum Altenpflegegesetz (BVerfG, 2 BvF 1/01 vom 24. Oktober 2002) und zur Juniorprofessur (BVerfG, 2 BvF 2/02 vom 27. Juli 2004).

sätzlicher bürokratischer Hürden durch umfangreiche Parallelgesetze in den einzelnen Bundesländern sehen, kann von einer dezentralen Kompetenzzuweisung aber auch mehr Wettbewerb um das effizienteste Umweltrecht erwartet werden. Dies gilt aber nicht nur für die Abweichungsgesetzgebung, sondern für jede Form von Landeskompetenzen im Umweltrecht. Zweitens können die spezifischen Folgen der Abweichungsbefugnisse der Länder in dieser Art der konkurrierenden Gesetzgebung in mögliche Rechtsunsicherheiten münden, da wechselseitige Einflussmöglichkeiten auf die Rechtslage bestehen. Bund und Länder können jeweils unabhängig voneinander das jeweils andere Recht zumindest partiell außer Kraft setzen. Dies gilt nicht nur für neue Regelungen, sondern auch für seit langem bestehende Gesetze.

Mit der Abweichungsbefugnis und der weiteren Dezentralisierung des Umweltrechts stellt sich die Frage nach der Sicherstellung einer rechtlich einwandfreien Umsetzung von europäischen Rechtsetzungen. Dies gilt insbesondere für EU-Richtlinien, die den Mitgliedstaaten bei der Umsetzung in nationales Recht teilweise erhebliche Entscheidungsfreiräume lassen. Um dennoch europarechtskonforme Gesetzeslagen zu gewährleisten, sollen die neu eingeführten EU-Haftungsregeln angewendet werden. Diese sehen beispielsweise Strafzahlungen vor, wenn sich die Länder nicht europarechtskonform verhalten. Solche glaubhaften Sanktionsdrohungen sind Voraussetzung dafür, dass es nicht zu umfangreichen regionalen Abweichungen von den europäischen Vorgaben kommt.

Neben den Prinzipien der Kompetenzaufteilung ist auch die richtige Zuordnung der Zuständigkeiten in Einzelfällen zu kritisieren:

- Für wichtige Bereiche des Umweltschutzes fehlt eine explizite Kompetenzzuweisung an den Gesetzgeber einer Ebene. Dies gilt zum Beispiel für die Aufgabenfelder Klimaschutz und Chemikalienrecht. Eine Rechtsgrundlage für eine Regelung muss daher für jedes Aufgabengebiet neu aus anderen Kompetenzen abgeleitet werden, was zu erheblichen Rechtsunsicherheiten führen kann. Dies gilt insbesondere dann, wenn die Regelungskompetenz aus den Vorgaben für das Recht der Wirtschaft abgeleitet werden muss, für das die strenge Erforderlichkeitsklausel zu beachten ist.
- Es erscheint wenig systematisch, dass die Grundsätze des Naturschutzes von den Abweichungsbefugnissen der Bundesländer ausgenommen sind, nicht jedoch die Grundsätze des Wasserhaushalts.
- Auch ist ökonomisch kaum begründbar, dass die Luftreinhaltung als grenzüberschreitende Aufgabe zu Recht von der strengen Erforderlichkeitsklausel in der konkurrierenden Gesetzgebung freigestellt wird, während der ebenfalls grenzüberschreitende Klimaschutz auf dem Recht der Wirtschaft basiert und daher der Erforderlichkeitsklausel unterliegt.
- Innerhalb des Wasserhaushalts ist der Hochwasserschutz nicht von den Abweichungsmöglichkeiten der Bundesländer ausgenommen. Gerade im Hochwasserschutz ist jedoch eine länderübergreifende Koordinierung unumgänglich, weil beispielsweise Deichhöhen und Überschwemmungsgebiete entlang der Flussläufe aufeinander abgestimmt werden müssen. Bei einer landesrechtlichen Kompetenz besteht einerseits die Gefahr mangelnder Koordination des Hochwasserschutzes, andererseits auch das

Risiko von Schutzmaßnahmen in einem Land, wodurch andere an dem betreffenden Gewässer liegende Bundesländer negativ betroffen werden.

Ein wesentliches Merkmal der Föderalismusreform ist der Versuch einer partiellen Dezentralisierung des Umweltrechts. Den Ländern werden tendenziell umfangreiche Rechtsetzungskompetenzen zugebilligt. Hiermit ist eine Möglichkeit gegeben, dem Ziel, mehr Wettbewerb um das beste und effizienteste Umweltrecht zu erreichen, näher zu kommen. Zudem steigen die Chancen auf Umweltregulierungen, die den unterschiedlichen Betroffenheiten und Präferenzen der Bürger der einzelnen Bundesländer entsprechen. Die Föderalismusreform zeichnet sich jedoch auch durch eine fehlende Vereinfachung der Kompetenzverteilung aus: Die Vermengung von Kompetenzen innerhalb der Rahmengesetzgebung ist durch eine Parallelität von Kompetenzen durch die Abweichungsbefugnisse der Länder ersetzt worden. Deshalb ist auch weiterhin von einem zersplitterten Umweltrecht auszugehen.

Zusammenfassung

- Die sachgerechte Zuordnung umweltpolitischer Kompetenzen auf die einzelnen föderalen Ebenen sollte sich nach den Eigenschaften der betroffenen Umweltgüter richten.
- Technische Unteilbarkeiten, Spillover-Effekte, unterschiedliche regionale Präferenzen und Kostendegressionen entscheiden darüber, ob bestimmte Umweltprobleme in zentraler oder dezentraler Verantwortung liegen sollten.
- Föderaler Wettbewerb kann zu effizienteren Umweltregulierungen führen. Die Angst vor einem Wettbewerb um die niedrigsten Umweltstandards ist nur dann berechtigt, wenn die Bevölkerung vor Ort keine Präferenzen für eine saubere Umwelt hat.
- Aus Sicht der Rechtsnutzer – also beispielsweise der Wirtschaft – ist nicht die Komplexität der Regelsetzung relevant, sondern die Komplexität des daraus resultierenden Rechts. Das deutsche Umweltrecht ist zersplittert.
- Ein wesentliches Merkmal der Föderalismusreform ist der Versuch einer partiellen Dezentralisierung des Umweltrechts. Den Ländern werden tendenziell umfangreiche Rechtsetzungskompetenzen zugebilligt.
- Die weitgehenden Abweichungsbefugnisse der Länder dienen nicht einer Vereinfachung des Umweltrechts. Auch eine einheitliche Umsetzung europäischen Rechts wird gefährdet.
- Die Kompetenzverteilung im Umweltrecht bleibt kompliziert. In vielen Fällen sind die Befugnisse des Bundes an die strenge Erforderlichkeitsklausel gebunden, wodurch eine bundeseinheitliche Rechtsetzung erschwert wird.

Literatur

BMU – Bundesministerium für Umwelt, Naturschutz und Reaktorsicherheit, 1997, Umweltgesetzbuch (UGB-KomE), Entwurf der Unabhängigen Sachverständigenkommission zum Umweltgesetzbuch beim Bundesministerium für Umwelt, Naturschutz und Reaktorsicherheit, Berlin

Döring, Thomas / **Fromm**, Oliver, 1997, Fiskalische Äquivalenz und Umweltpolitik – eine Anmerkung, in: Zeitschrift für Umweltpolitik, 20. Jg., Nr. 4, S. 563–572

Karl, Helmut, 1996, Föderalismus und Umweltpolitik; in: Gawel, Erik (Hrsg.), Institutionelle Probleme der Umweltpolitik, Zeitschrift für angewandte Umweltforschung, Sonderheft Nr. 8, Berlin, S. 139–156

Kloepfer, Michael, 2003, Umweltrecht in Bund und Ländern: Darstellung des deutschen Umweltrechts für die betriebliche Praxis – insbesondere die Abfallwirtschaft, Berlin

Kloepfer, Michael, 2004, Föderalismusreform und Umweltrecht, in: Natur und Recht, Heft 12, S. 759–764

Kloepfer, Michael, 2006, Föderalismusreform und Umweltgesetzgebung, in: Zeitschrift für Umweltrecht, Nr. 7-8, S. 338–340

Koalitionsvertrag zwischen CDU, CSU und SPD, 2005, Gemeinsam für Deutschland – mit Mut und Menschlichkeit, 11. November 2005, URL: http://www.bundesregierung.de/Content/DE/__Anlagen/koalitionsvertrag,property=publicationFile.pdf [Stand: 2006-09-07]

Kroker, Rolf / **Lichtblau**, Karl / **Röhl**, Klaus-Heiner, 2004, Abbau von Bürokratie in Deutschland: Mehr als die Abschaffung von Einzelvorschriften, IW-Analysen, Nr. 3, Köln

Urfei, Guido / **Budde**, Rüdiger, 2002, Die Geographie des Umweltföderalismus: Ein empirischer Ansatz zur Bestimmung effizienter Regelungsebenen der Umwelt und Naturschutzpolitik in Deutschland, RWI-Papiere, Nr. 78, Essen

Sachverständigenrat für Umweltfragen, 2006, Der Umweltschutz in der Föderalismusreform, Stellungnahme Nr. 10, Berlin

Kapitel 8

Berthold Busch

Die europäische Dimension: Deutschland und die Europäische Union im Mehrebenensystem

Inhalt

1	Einleitung	197
2	Verteilung der Kompetenzen zwischen der EU und den Mitgliedstaaten	197
2.1	Status quo der Kompetenzverteilung	197
2.2	Die Präferenzen der Einwohner in den Mitgliedstaaten	203
2.3	Kompetenzausstattung in Theorie und Praxis: Eine Bewertung	206
3	Der Einfluss der EU auf die Gesetzgebung in Deutschland	207
3.1	Unionsvorlagen im Bundestag und europäische Impulse für die deutsche Gesetzgebung	207
3.2	Der Europäische Gerichtshof	211
	Zusammenfassung	214
	Literatur	215

1 Einleitung

Die Europäische Union (EU) ist weder Bundesstaat noch Staatenbund: Für einen Bundesstaat fehlen ihr wesentliche Merkmale und Kompetenzen; durch die in vielen Politikbereichen verwendete Gemeinschaftsmethode hat sich die EU jedoch über einen Staatenbund mit rein intergouvernementalen Strukturen hinaus entwickelt. Wesentliche Elemente der Gemeinschaftsmethode sind das alleinige Initiativrecht der Kommission für Rechtsakte, in der Regel Entscheidungen mit qualifizierter Mehrheit im Rat, die Beteiligung des Europäischen Parlaments an der Rechtsetzung und die Zuständigkeit des Europäischen Gerichtshofs. Auch der Entwurf für den Verfassungsvertrag von 2004 hat an diesem Zustand nicht viel geändert. In Artikel I-1 werden sowohl die Bürgerinnen und Bürger als auch die Staaten Europas genannt, die ihre Zukunft gemeinsam gestalten wollen. Das Bundesverfassungsgericht hatte die EU 1993 in seinem Urteil zum Vertrag von Maastricht einen Staatenverbund genannt. Oft wird die EU auch als eine Institution „sui generis" oder als ein transnationales Gemeinwesen eigener Art bezeichnet. Das beschreibt die EU zwar treffend, sagt über ihr Wesen aber wenig aus.

Unstrittig ist, dass EU, Mitgliedstaaten sowie Regionen und Kommunen in den einzelnen Ländern Bestandteile eines europäischen Mehrebenensystems sind, die in einer vertikalen Ordnung zueinander stehen. Demzufolge kann und muss die Frage nach der Kompetenzverteilung zwischen diesen verschiedenen Ebenen gestellt werden. Bei der Beantwortung der (normativen) Frage, welche Ebene für die Bereitstellung öffentlicher Güter zuständig sein soll und wie die Politikbereiche den verschiedenen Entscheidungsebenen zugeordnet werden sollen, kann die ökonomische Theorie des Föderalismus hilfreich sein (vgl. Kapitel 1). Im vorliegenden Kapitel wird dagegen empirisch vorgegangen und gefragt, wie die Aufgaben zwischen der EU und ihren Mitgliedstaaten tatsächlich verteilt sind und welche Spielräume den einzelnen Ländern noch für eine eigenständige Politik verbleiben. Danach kann auch die Frage beantwortet werden, ob diese Verteilung den Schlussfolgerungen der ökonomischen Theorie des Föderalismus entspricht.

2 Verteilung der Kompetenzen zwischen der EU und den Mitgliedstaaten

2.1 Status quo der Kompetenzverteilung

Bei der Kompetenzverteilung zwischen der EU und den Mitgliedstaaten gilt das Prinzip der begrenzten Einzelermächtigung: Die EU kann nur in Bereichen tätig werden, die ihr in den Verträgen zugewiesen wurden und auch nur in dem dort vorgesehenen Ausmaß. Die EU unterscheidet sich dadurch von einem Bundesstaat, dass sie nicht grundsätzlich jede Materie gesetzlich regeln kann (Streinz, 2005, 183). Den Verträgen lässt sich zwar entnehmen, dass zwischen ausschließlichen und nicht ausschließlichen Zuständigkeiten der EU unterschieden wird (Bieber et al., 2005, 100); eine ausdrückliche Kompetenzverteilung zwischen der EU und ihren Mitgliedstaaten, etwa in Form einer Aufzählung, ist darin aber nicht enthalten. Die Kompetenzverteilung lässt sich daher nur ermitteln, indem die einzelnen Vertragsartikel ausgewertet werden. In der juristischen Literatur (Calliess,

1995, 696; Müller-Graff, 2004, 148; Streinz, 2005, 55) werden folgende Bereiche zu den ausschließlichen Kompetenzen der EU gezählt:

- Gemeinsamer Zolltarif und Gemeinsame Handelspolitik,
- Rechtsangleichung im Binnenmarkt,
- Geld- und Währungspolitik für die Mitglieder der Währungsunion,
- grenzüberschreitender Verkehr, Kabotage und Dienstleistungsfreiheit von Verkehrsunternehmen,
- Beihilfenkontrolle,
- Fischerei-Erhaltungsmaßnahmen,
- internes Organisations- und Verfahrensrecht der EU.[1]

Ausschließliche Zuständigkeit der EU bedeutet, dass die Mitgliedstaaten in diesen Bereichen nicht mehr handlungsbefugt sind, sofern sie nicht von der EU dazu ermächtigt werden (Streinz, 2005, 59). Bei den nicht ausschließlichen Gemeinschaftszuständigkeiten behalten die Mitgliedstaaten Regelungskompetenzen, sie dürfen jedoch nicht in Widerspruch zum Gemeinschaftsrecht geraten (Müller-Graff, 2004, 148). Hierzu gehören etwa die Agrarpolitik, der freie Personen-, Dienstleistungs- und Kapitalverkehr sowie die Niederlassungsfreiheit, die Wettbewerbspolitik und der Verkehr (Streinz, 2005, 60). Auch bei steuerlichen Vorschriften, dem Umweltschutz, in der Sozialpolitik sowie der Finanz- und Wirtschaftspolitik hat die EU Kompetenzen.

Bei den nicht ausschließlichen Zuständigkeiten kann die EU jedoch nur in dem Umfang tätig werden, wie sie dazu durch die einzelnen Vertragsvorschriften legitimiert ist. In der Sozialpolitik beispielsweise bestimmt der EG-Vertrag, dass die Gemeinschaft und die Mitgliedstaaten folgende Ziele verfolgen:

- Förderung der Beschäftigung,
- Verbesserung der Lebens- und Arbeitsbedingungen,
- angemessener sozialer Schutz,
- sozialer Dialog,
- Entwicklung des Arbeitskräftepotenzials,
- Bekämpfung von Ausgrenzungen.

Um diese Ziele zu verwirklichen, unterstützt und ergänzt die Gemeinschaft die Tätigkeit der Mitgliedstaaten auf genau beschriebenen Gebieten.

In der Finanzpolitik setzt der Stabilitäts- und Wachstumspakt den Mitgliedstaaten Grenzen für die Staatsverschuldung. Zur Wirtschaftspolitik gibt der Vertrag den Mitgliedstaaten lediglich vor, dass sie diese als eine Angelegenheit von gemeinsamem Interesse betrachten und im Rat koordinieren. Außerdem gilt bei den nicht ausschließlichen Zuständigkeiten das in Art. 5 Abs. 2 EG-Vertrag kodifizierte Subsidiaritätsprinzip, wonach die

---

[1] Diese Abgrenzung ist allerdings nicht unumstritten. So gibt es unterschiedliche Auffassungen in Bezug auf die Agrarpolitik, die Außenzuständigkeit in Verkehrsfragen und die Rechtsangleichung im Binnenmarkt (Müller-Graff, 2004, 148).

Gemeinschaft in den Bereichen, die nicht in ihre ausschließliche Zuständigkeit fallen, nur tätig wird, „sofern und soweit die Ziele der in Betracht gezogenen Maßnahmen auf Ebene der Mitgliedstaaten nicht ausreichend erreicht werden können". Bei den ausschließlichen EU-Zuständigkeiten wird das Subsidiaritätsprinzip dagegen nicht angewendet.

In dem von der Regierungskonferenz 2004 beschlossenen Entwurf für einen europäischen Verfassungsvertrag wird erstmals ausdrücklich zwischen einer ausschließlichen Zuständigkeit der Union und einer geteilten Zuständigkeit unterschieden, und es werden einzelne Bereiche aufgelistet. Die Zuordnung der Zuständigkeiten ändert jedoch nichts an der bisherigen Kompetenzverteilung. Der einschlägige Artikel I-13 fasst die aktuelle Kompetenzlage bei den ausschließlichen Unionszuständigkeiten zusammen und fügt keine neuen Kompetenzen hinzu (Fischer, 2005, 140 ff.) Diese Beurteilung fällt jedoch nach Auswertung des dritten Teils der EU-Verfassung, der die Politikbereiche der EU beschreibt und die Arbeitsweise der Union regelt, anders aus: In Teil III der EU-Verfassung wurden die Bereiche mit geteilter Zuständigkeit erweitert. Dazu gehören die Raumfahrtpolitik (Art. 254), die Energiepolitik (Art. 256), der Tourismus (Art. 281), der Sport (Art. 282), der Katastrophenschutz (Art. 284) und die Unterstützung nationaler Verwaltungstätigkeiten (Art. 285) (Blankart, 2005, 50 f.). Dagegen wurde von der Möglichkeit, Kompetenzen auf die Mitgliedstaaten zurückzuverlagern, kein Gebrauch gemacht. Diese Möglichkeit war im Mandat des Europäischen Rates von Laeken vom Dezember 2001 enthalten, mit dem der Konvent zur Erarbeitung einer europäischen Verfassung einberufen worden war.

Als erstes Zwischenergebnis kann festgehalten werden, dass die Mitgliedstaaten in ganz erheblichem Ausmaß Kompetenzen an die EU abgetreten haben. Eine umfangreiche Auswertung zum Ausmaß der Europäisierung staatlicher Aufgaben (Schmidt, 2005, 129 ff.), die auch einen zeitlichen Vergleich ermöglicht, kommt zu folgenden Ergebnissen: Für 18 Politikbereiche[2] wurde der Umfang der EU-Zuständigkeit dargestellt, wobei die Spannweite von „0 = Alleinregelung durch den Nationalstaat" bis „3 = vollständige Europäisierung" reicht. Zu den Politikbereichen, die der nationalstaatlichen Entscheidungsbefugnis heute entzogen sind, zählen demnach die Außenwirtschafts- und die Agrarpolitik, die vier den Binnenmarkt konstituierenden Freiheiten sowie die Währungs- und die Wettbewerbspolitik. Am geringsten ist der Einfluss der EU dagegen bei Bildung und Wissenschaft, auf dem Arbeitsmarkt sowie in der Innen- und Justizpolitik.

Abbildung 8.1 zeigt, dass die EU insgesamt einen erheblichen Einfluss auf die Politik in den Mitgliedstaaten ausübt: 10 von 18 der hier berücksichtigten Politikbereiche werden von der EU dominiert (Wert: 2) oder sind vollständig europäisiert (Wert: 3). Der zeitliche Vergleich zeigt, wie sich die Kompetenzen von der nationalstaatlichen auf die europäische Ebene verlagert haben. 1968, im Jahr, in dem die Zollunion der damaligen Europäischen Wirtschaftsgemeinschaft (EWG) vollendet wurde, waren nach dieser Einschätzung lediglich die Außenwirtschaftspolitik, die Regulierung der Agrarmärkte und der freie Güter- und Dienstleistungsverkehr ausschließliche EU-Aufgaben. In 14 von 18 Politikbereichen waren dagegen die Mitgliedstaaten allein zuständig (Wert: 0) oder dominierten die Ent-

---

[2] Schmidt (2005, 138 ff.) verwendet insgesamt 70 einzelne und aggregierte Indikatoren. Für die Abbildung 8.1 wurde daraus eine Auswahl getroffen.

Ausmaß der EU-Zuständigkeit für einzelne Politikbereiche 1968 und 2004

Abbildung 8.1

0: Alleinregelung durch Nationalstaat; 1: Nationalstaat dominiert; 2: EU-Ebene dominiert;
3: Vollständige Europäisierung

* GASP: Gemeinsame Außen- und Sicherheitspolitik.
Quellen: Schmidt, 2005, 138 ff.; eigene Zusammenstellung

scheidungen. Die Ausweitung der EU-Kompetenzen war teils ein automatischer oder schleichender Prozess, sie war vor allem aber politisch gewollt und vollzog sich im Wesentlichen auf der Grundlage von vier Vertragsänderungen, die von Regierungskonferenzen beschlossen und von den Mitgliedstaaten ratifiziert wurden:

- die Einheitliche Europäische Akte von 1986,
- der Maastricht-Vertrag über die Europäische Union von 1992,
- der Vertrag von Amsterdam von 1997 und
- der Vertrag von Nizza 2001.

Nimmt man als Indikator für die Regulierungstätigkeit der Europäischen Union die Anzahl der derzeit in der EU geltenden Rechtsakte[3] und ihre Aufteilung nach Sachbereichen, ergibt sich der in Abbildung 8.2 dargestellte Sachverhalt.

Grundlage der Abbildung 8.2 ist eine Recherche in der Online-Datenbank EUR-Lex (vormals CELEX)[4] der EU vom 14. März 2006. In dieser Datenbank sind die Rechtsvor-

---
[3] Vgl. zu dieser Vorgehensweise Alesina et al. (2005, 275 ff.).
[4] http://europa.eu.int/eur-lex/lex/de/index.htm [Stand: 2006-03-14].

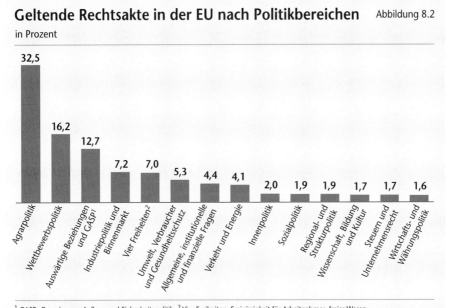

¹ GASP: Gemeinsame Außen- und Sicherheitspolitik; ² Vier Freiheiten: Freizügigkeit für Arbeitnehmer, freier Waren-, Dienstleistungs- und Kapitalverkehr.
Quellen: Datenbank EUR_Lex (Stand: März 2006); eigene Zusammenstellung

schriften der EU nach 20 verschiedenen Sachgruppen untergliedert, die hier zu 14 Gruppen zusammengefasst worden sind. Erfasst wurden alle Rechtsakte des Sekundärrechts, das heißt ohne Vorschriften in den Verträgen (das Primärrecht) und ohne internationale Übereinkünfte. Es wurden 25.181 an diesem Stichtag geltende Rechtsvorschriften des Sekundärrechts ermittelt – dazu zählen Richtlinien, Verordnungen, Beschlüsse und Entscheidungen sowie sonstige Rechtsakte. Davon entfielen 32,5 Prozent auf die Landwirtschaft und die Fischerei. Bei der Bewertung dieser Zahl ist allerdings zu berücksichtigen, dass bei den landwirtschaftlichen Rechtsakten auch die sogenannten ephemeren Regulierungen enthalten sind. Darunter versteht die EU „Rechtsakte der laufenden Verwaltung im Bereich der Agrarpolitik, die normalerweise nur eine begrenzte Geltungsdauer haben". So wurden im Jahr 2004 im Bereich der Landwirtschaft (ohne Fischerei) 507 Verordnungen in Kraft gesetzt, 313 Verordnungen wurden in diesem Zeitraum ungültig.

An zweiter Stelle der Rechtsetzungsaktivitäten der EU steht die Wettbewerbspolitik mit 16,1 Prozent. Dieser Bereich ist für die EU mit einer großen Anzahl von Rechtsakten verbunden, weil sie über weitreichende Kompetenzen bei der Wettbewerbsaufsicht über Unternehmen, aber auch bei der Kontrolle staatlicher Beihilfen verfügt. Diese Kompetenzzuweisung folgt aus der Aufgabe der Kommission, für das Funktionieren des Europäischen Binnenmarktes zu sorgen. In den Kategorien Gemeinsame Außen- und Sicherheitspolitik (GASP) und Auswärtige Beziehungen sind zwei Einflüsse bedeutsam: Zum einen werden auch die Rechtsakte der gemeinsamen Handels- und Entwicklungspolitik hier subsumiert, zum anderen hat die EU – beginnend mit dem Vertrag von Maastricht 1992 – im Bereich der GASP zunehmend Kompetenzen erhalten, obwohl diese Politik überwiegend im Bereich der intergouvernementalen Zusammenarbeit angesiedelt ist. Der Anteil der Rechtsetzungstätigkeit der EU, der auf die Wirtschafts- und Währungspolitik entfällt, liegt nur bei 1,6 Prozent. Auf den ersten Blick ist dies erstaunlich; der niedrige Wert kann aber damit erklärt werden, dass dieses Politikfeld schon sehr detailliert im EU-Vertrag, also im Primärrecht, verankert ist und somit in einem geringeren Maße sekundärrechtlicher Regulierungen bedarf (Alesina et al., 2005, 299). Überdies ist die Geldpolitik ein Politikbereich, der in der Verantwortung der Europäischen Zentralbank liegt, die nicht mithilfe von Richtlinien oder Verordnungen handelt.

EU-Gesetzgebung nach Politikbereichen

Tabelle 8.1

Anzahl der Rechtsakte des Sekundärrechts (Jahr, in dem das Dokument angenommen wurde)

	1971–1975	1976–1980	1981–1985	1986–1990	1991–1995	1996–2000	2001–2005
Agrar und Fischerei	1.057	2.520	5.165	6.878	6.657	4.909	4.238
Auswärtige Beziehungen und Gemeinsame Außen- und Sicherheitspolitik (GASP)	423	1.096	2.369	2.395	1.955	1.732	2.057
Wettbewerbspolitik	114	134	249	336	649	1.508	1.614
Allgemeine, institutionelle und finanzielle Fragen	95	151	257	273	461	848	843
Umwelt, Verbraucher- und Gesundheitsschutz	32	76	116	238	358	519	732
Vier Freiheiten*	802	1.701	2.016	1.843	1.390	877	649
Industriepolitik und Binnenmarkt	151	444	440	411	440	713	611
Verkehr und Energie	126	239	224	199	270	292	303
EU-Innenpolitik	0	0	6	7	73	238	283
Wirtschafts- und Währungspolitik	37	47	60	26	18	154	246
Steuern und Unternehmensrecht	18	26	49	58	116	130	198
Wissenschaft, Bildung und Kultur	14	40	73	104	180	136	159
Sozialpolitik	82	87	143	173	131	161	154
Regional- und Strukturpolitik	7	21	90	225	391	191	151
Alle Politikbereiche	**2.958**	**6.582**	**11.257**	**13.166**	**13.089**	**12.408**	**12.238**

* Freizügigkeit für Arbeitnehmer, freier Waren-, Dienstleistungs- und Kapitalverkehr.
Quellen: Europäische Kommission, Datenbank EUR-Lex; eigene Berechnungen

Eine Längsschnittanalyse anhand der Datenbank EUR-Lex zeigt, dass die Regulierungstätigkeit der EU – gemessen an der Anzahl der Rechtsakte – deutlich gestiegen ist. Im Zeitraum von 1971 bis 1975 wurden insgesamt 2.958 Richtlinien, Verordnungen und Entscheidungen sowie sonstige Rechtsakte erlassen, in der Fünfjahresperiode von 2001 bis 2005 waren es demgegenüber 12.238 (Tabelle 8.1). Gemessen am Höhepunkt in den Jahren 1986 bis 1990, als 13.166 Rechtsakte angenommen wurden, ist die Regulierungstätigkeit in der EU leicht zurückgegangen. Eine Aufteilung in die Politikbereiche gemäß Abbildung 8.2 zeigt, dass der Rückgang vor allem auf die Entwicklung in der Agrarpolitik und der Fischerei sowie auf die Gesetzgebung im Bereich der vier Freiheiten (freier

Personen-, Waren-, Dienstleistungs- und Kapitalverkehr) zurückzuführen ist. Überdies lässt sich eine deutliche Zunahme der nicht wirtschaftlichen Aktivitäten der EU ablesen – gemessen an der Regulierungstätigkeit in der Umweltpolitik, dem Verbraucher- und Gesundheitsschutz, der Innenpolitik sowie in den Bereichen Wissenschaft, Bildung und Kultur. In der GASP hat die bereits erwähnte Kompetenzausweitung durch den Vertrag von Maastricht zu einer stark gestiegenen Rechtsetzung auf EU-Ebene geführt. In diesem Politikfeld stieg die Zahl der Rechtsakte von 55 im Zeitraum von 1991 bis 1995 auf 586 in der Periode von 2000 bis 2005.

Auffallend ist, dass die Regulierungstätigkeit der Europäischen Union damit deutlich stärker zugenommen hat als die Ausgaben im EU-Haushalt (Alesina et al., 2005, 290). In der ersten Hälfte der siebziger Jahre betrug der Anteil der EU-Ausgaben am gemeinsamen Bruttoinlandsprodukt 0,51 Prozent, stieg auf 1,10 Prozent in der zweiten Hälfte der neunziger Jahre und liegt aktuell bei rund 1 Prozent. Die Aufgaben der EU haben somit nur eine geringe Ausgabenintensität, der europäische Staatsanteil ist entsprechend niedrig (Zimmermann/Henke, 2005, 235). Dies ist ein Hinweis darauf, dass einer Ausgabenexpansion auf europäischer Ebene durch das bestehende Eigenmittelsystem enge Grenzen gesetzt sind. Das deutet wiederum darauf hin, dass die EU versucht, ihren Einfluss über Regulierungen auszuweiten, da der Weg über die Ausgaben versperrt ist. Eine vollständige oder anteilige Finanzierung des EU-Haushalts durch eine eigene EU-Steuer würde dies ändern, weil sich die EU dann nicht mehr über Beiträge finanzieren würde, die aus den nationalen Haushalten aufgebracht werden. Auf diese Weise würde sich die EU einen zweiten Kanal der Einflussnahme eröffnen. Forderungen nach einer EU-Steuer, wie sie jüngst wieder nach den Beschlüssen des Europäischen Rates zur finanziellen Vorausschau 2007 bis 2013 erhoben wurden, sind daher abzulehnen.

2.2 Die Präferenzen der Einwohner in den Mitgliedstaaten

Die Regulierungstätigkeit der EU soll nun mit den Präferenzen der Einwohner in den Mitgliedstaaten verglichen werden. Als Indikator für diese Präferenzen werden die Eurobarometer-Befragungen der Europäischen Kommission herangezogen.[5] Im Auftrag der Generaldirektion Presse und Kommunikation wird zweimal jährlich in allen Mitgliedstaaten eine umfangreiche Meinungsumfrage durchgeführt.[6] Einmal jährlich wird dabei für verschiedene Politikbereiche auch danach gefragt, ob der jeweilige Bereich von der nationalen Regierung oder gemeinsam innerhalb der EU entschieden werden soll. Die Ergebnisse der Umfrage, die von Oktober bis November 2004 durchgeführt wurde, sind aus Tabelle 8.2 zu ersehen.[7]

Es fällt auf, dass die Befragten für fast zwei Drittel der Politikbereiche eine Entscheidung auf EU-Ebene vorziehen. Darunter sind eine Reihe von öffentlichen Gütern, deren Bereitstellung auf EU-Ebene durchaus sinnvoll ist, weil der Nutzen einer zentralen Bereitstellung aufgrund nationaler Spillover hier höher ist, als wenn die einzelnen Mitglied-

---

[5] Vgl. dazu auch Alesina (2005, 284 ff.) und Ahrens/Meurers (2003, 24 ff.).
[6] http://europa.eu.int/comm/public_opinion/index_en.htm.
[7] Präferenzen können sich ändern. Ein Vergleich mit dem Eurobarometer 53 aus dem Jahr 2000 zeigt jedoch eine relative Stabilität der offenbarten Präferenzen.

Präferenzen für die Kompetenzverteilung innerhalb der EU

Tabelle 8.2

in Prozent

	Entscheidung	
	gemeinsam in der EU	durch die nationale Regierung
Kampf gegen den internationalen Terrorismus	86	11
Kampf gegen Menschenhandel und Ausbeutung von Menschen	81	16
Kampf gegen das organisierte Verbrechen	76	21
Kampf gegen Drogen	73	24
Humanitäre Hilfe	72	24
Informationen über die EU	71	22
Außenpolitik gegenüber Drittländern	68	25
Umweltschutz	67	29
Forschung in Wissenschaft und Technik	67	28
Währungsfragen	63	32
Unterstützung wirtschaftlich schwacher Regionen	60	35
Kampf gegen Armut und soziale Ausgrenzung	58	38
Einwanderungspolitik	58	37
Regelungen zum politischen Asyl	58	37
Verteidigung	57	38
Aufnahme von Flüchtlingen	56	40
Landwirtschafts- und Fischereipolitik	50	44
Demografische Herausforderungen angehen	48	44
Kampf gegen Arbeitslosigkeit	47	50
Verhinderung von Jugendkriminalität	39	57
Justiz	36	60
Grundregeln für Rundfunk, Fernsehen und Presse	34	59
Kulturpolitik	34	60
Gesundheits- und Sozialwesen	33	63
Bildung und Erziehung	33	62
Verhinderung von Kriminalität in den Städten	32	64
Polizeiwesen	30	66

Differenz zu 100: keine Meinung.
Quelle: Europäische Kommission, Generaldirektion Presse und Kommunikation, 2005, 35

staaten diese Güter produzierten. Von der Bekämpfung des internationalen Terrorismus sowie von der Außenpolitik gegenüber Ländern außerhalb der EU profitieren alle EU-Bürger ebenso wie von einer gemeinsamen Verteidigungspolitik. Zudem können hier auch Economies of Scale realisiert werden. Auch der Umweltschutz ist in vielen Bereichen heute ein grenzüberschreitendes Problem (zur Umweltpolitik vgl. Kapitel 7).

Deutlich geringer sind die Präferenzen für eine Kompetenz der EU beim Kampf gegen die Arbeitslosigkeit sowie im Gesundheits- und Sozialwesen, aber auch bei Kultur und Bildung (vgl. Kapitel 4). Alesina et al. kommen aufgrund der Auswertung der Eurobarometer-Umfragen zu dem Ergebnis, dass die Präferenzen der europäischen Bürger bezüglich der Aufgabenverteilung zwischen der europäischen und der nationalen Ebene eine bemerkenswerte Ähnlichkeit mit Aussagen theoretischer Modelle haben (Alesina et al., 2005, 287).

Es darf nicht übersehen werden, dass die in Tabelle 8.2 aufgeführten Prozentsätze Mittelwerte sind, hinter denen sich zum Teil erhebliche Extremwerte verbergen, die in einigen Politikbereichen eine beträchtliche Präferenzenheterogenität bezüglich der politischen Entscheidungsebene offenbaren. In Abbildung 8.3 sind die Spannweiten der Präferenzen dargestellt, indem neben dem Mittelwert für jeden Politikbereich auch der jeweils kleinste und größte Wert abgetragen wurde.

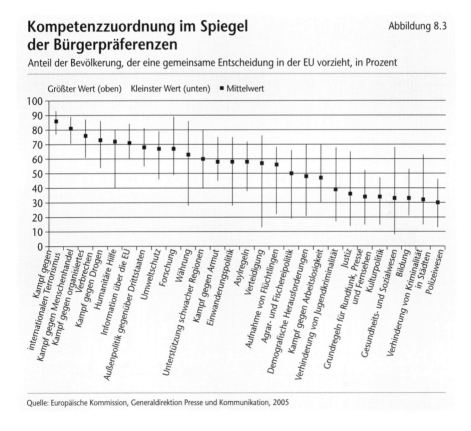

Quelle: Europäische Kommission, Generaldirektion Presse und Kommunikation, 2005

Es fällt zunächst auf, dass die Angaben zur Kompetenzzuordnung bei den drei Politikbereichen, die nach Meinung der Bürger in den Mitgliedstaaten ganz oben auf der EU-Aufgabenliste stehen sollten, nur wenig differieren. Große Präferenzenunterschiede sind dagegen in der Währungspolitik, bei der Verteidigung sowie im Gesundheits- und Sozialwesen festzustellen. Mit 28 Prozent fällt die Zustimmung zur gemeinsamen Währungspolitik im Vereinigten Königreich am geringsten aus (in Schweden, das ebenfalls nicht an der Währungsunion teilnimmt, sind es immerhin 40 Prozent), am höchsten in Belgien mit 86 Prozent. 68 Prozent der Einwohner Zyperns halten das Gesundheits- und Sozialwesen für eine europäische Aufgabe – gegenüber nur 8 Prozent bei den Finnen. In Finnland wiederum herrscht mit 13 Prozent die geringste Zustimmung zur gemeinsamen Verteidigungspolitik, während 76 Prozent der Letten eine solche Politik präferieren.

Der Erkenntniswert von Meinungsumfragen, die Präferenzen bezüglich der Zuordnung von Politikbereichen auf verschiedene Entscheidungsebenen offenlegen, ist freilich begrenzt. Denn unabhängig davon, ob die Einwohner der Mitgliedstaaten sich für eine europäische oder eine nationale Zuständigkeit aussprechen, wird damit nichts über die inhaltliche Gestaltung der Politik ausgesagt (Tabellini, 2003, 84). Am Beispiel der Meinungsverschiedenheiten unter den Mitgliedstaaten über die europäische Haltung zum Irak-Krieg wird dies deutlich; immerhin befürworteten fast 70 Prozent der Befragten eine gemeinsame europäische Außenpolitik.

2.3 Kompetenzausstattung in Theorie und Praxis: Eine Bewertung

Vergleicht man ungeachtet dieser Bedenken die Kompetenzausstattung und die Gesetzgebungsaktivitäten der EU mit den theoretischen Überlegungen aus der Föderalismusdiskussion und den im Eurobarometer offenbarten Präferenzen, lassen sich folgende Aussagen treffen:

Gemessen an der Regulierungstätigkeit (Abbildung 8.2) und an den Haushaltsmitteln steht die Gemeinsame Agrarpolitik immer noch an der Spitze der EU-Aktivitäten. Von 2000 bis 2004 machten die Ausgaben für die Landwirtschaftspolitik durchschnittlich 48,6 Prozent der Gesamtausgaben aus. Solange die Gemeinsame Agrarpolitik vorrangig mittels sogenannter Marktordnungen mit staatlicher Preisstützung und Einfuhrbeschränkungen betrieben wurde, war die Zuordnung auf die EU-Ebene wegen des Agrarbinnenmarktes sinnvoll, wenn man einmal vom ökonomischen Unsinn einer solchen Politik absieht. Die traditionelle Marktordnungspolitik ist jedoch in mehreren Reformschritten zum Teil durch eine Politik direkter Einkommensbeihilfen ersetzt oder ergänzt worden, hinzu kam eine ländliche Strukturpolitik. Staatliche Einkommensbeihilfen können und sollten besser national organisiert werden, da so den unterschiedlichen Gegebenheiten besser Rechnung getragen werden kann. Die Zuordnung der Agrarpolitik zur politischen Ebene der EU ist daher nicht mehr angemessen. Dies gilt in einem Europa mit 27 Mitgliedstaaten mit ganz unterschiedlichen ländlichen Strukturen auch für die ländliche Strukturpolitik.

Diese Aussage steht allerdings in einem gewissen Gegensatz zur Eurobarometer-Umfrage, bei der immerhin 60 Prozent der Befragten die Unterstützung wirtschaftlich schwacher Regionen zur EU-Aufgabe erklärten. Aber selbst wenn es Gründe dafür gibt, dass die EU eine Politik des wirtschaftlichen und sozialen Zusammenhalts betreiben sollte, heißt dies nicht, dass es in der bislang betriebenen Form geschehen muss. Eine Reihe empirischer Studien bescheinigt der EU-Kohäsionspolitik nur geringe Erfolge.[8]

---

[8] Für einen Überblick vgl. Busch (2004, 46 ff.).

Seit Längerem wird daher eine Reform der EU-Kohäsionspolitik gefordert, bei der die Strukturfonds durch einen Nettofonds ersetzt werden; in diesen zahlen nur die reichen Mitgliedstaaten ein, und nur die ärmeren Mitgliedstaaten erhalten daraus Finanzhilfen, die sie ohne mikroökonomische Verwendungsauflagen für regionalpolitische Zwecke einsetzen (zur Regionalpolitik vgl. Kapitel 6).

Die aktuelle Kompetenzverteilung zwischen der EU und ihren Mitgliedstaaten entspricht nicht durchgängig den Schlussfolgerungen aus der ökonomischen Theorie des Föderalismus, wie am Beispiel der Agrar- und Regionalpolitik deutlich wird (Cäsar, 2002, 29 ff.; Heinemann, 2005, 37 ff.). Wären die Versuche einzelner Mitgliedstaaten, der EU auch im Bereich der Wirtschafts- und Beschäftigungspolitik mehr Kompetenzen zulasten der Mitgliedstaaten einzuräumen, erfolgreich, würde diese Fehlverteilung noch verstärkt und das Subsidiaritätsprinzip noch stärker verletzt. Überdies würden damit auch die Präferenzen der EU-Bürger missachtet.

3 Der Einfluss der EU auf die Gesetzgebung in Deutschland

3.1 Unionsvorlagen im Bundestag und europäische Impulse für die deutsche Gesetzgebung

Die zunehmende Bedeutung der EU im europäischen Mehrebenensystem wird zunächst an der Zahl der sogenannten Unionsvorlagen im Bundestag deutlich. Unionsvorlagen, vormals EG-Vorlagen, sind Vorschläge für Richtlinien und Verordnungen, für Entscheidungen und Beschlüsse des Rates sowie Entschließungen des Europäischen Parlaments (Jaensch/Walther, 2005). Sie sind also ein Indikator dafür, in welchem Umfang der deutsche Gesetzgeber sich mit der Politik der EU-Ebene befassen muss. Unionsvorlagen werden vom Rat der EU an die Bundesregierung übersandt, die diese wiederum aufgrund

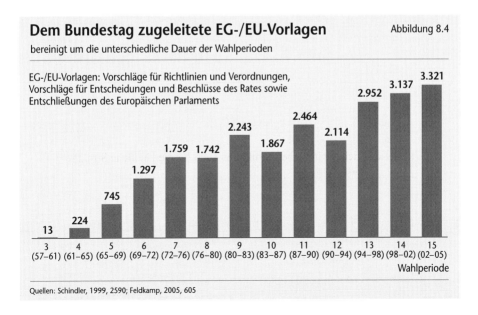

Abbildung 8.4: Dem Bundestag zugeleitete EG-/EU-Vorlagen

gesetzlicher Verpflichtungen[9] an den Bundestag übermittelt. Die Zahl der EG/EU-Vorlagen ist von 13 in der dritten Wahlperiode (1957 bis 1961) auf 2.491 in der 15. Wahlperiode gestiegen. Korrigiert man die Daten um die kürzere Dauer der 15. Wahlperiode, ergibt sich ein hypothetischer Wert von 3.321. Die Entwicklung im Zeitverlauf ist in Abbildung 8.4 wiedergegeben. Es zeigt sich ein stetiger, wenn auch von Schwankungen unterbrochener Anstieg der Unionsvorlagen im deutschen Parlament.

Im nächsten Schritt soll der Frage nachgegangen werden, in welchem Ausmaß die Politik in Deutschland durch die tatsächliche Kompetenzverteilung mit Vorgaben aus Brüssel gebunden wird. Hin und wieder wird behauptet, dass 70 bis 80 Prozent der deutschen (Wirtschafts-)Gesetze durch EU-Vorgaben bestimmt würden.[10] Zur Überprüfung dieser Behauptung wird die Gesetzgebungsstatistik des Bundes herangezogen. Gesetze, die aufgrund eines sogenannten europäischen Impulses zustande gekommen oder zumindest durch einen solchen mit initiiert worden sind, werden in dieser Statistik entsprechend gekennzeichnet. Zu den Impulsen zählen Richtlinien, die in Form eines deutschen Gesetzes umgesetzt werden müssen, Verordnungen – die zwar nicht umgesetzt werden müssen, weil sie unmittelbar in den Mitgliedstaaten gelten, die aber die Anpassung nationalen Rechts notwendig machen –, Ratsentschließungen, Kommissionsempfehlungen, Entscheidungen des Europäischen Gerichtshofs und intergouvernementale Abkommen zwischen EU-Mitgliedstaaten (Feldkamp/Ströbel, 2005, 601). Die Ergebnisse für die 10. bis 15. Wahlperiode sind in Tabelle 8.3 dargestellt.

In der zurückliegenden Wahlperiode wurden 40,4 Prozent aller Gesetze der innenpolitischen Ressorts[11] von einem europäischen Impuls (mit) verursacht. Diese Zahl ist von den zitierten 70 bis 80 Prozent zwar weit entfernt, lässt jedoch gleichwohl auf einen beträchtlichen EU-Einfluss auf die deutsche Gesetzgebung schließen. Überdurchschnittlich hoch ist dieser Einfluss in den Ressorts Umwelt, Naturschutz und Reaktorsicherheit sowie Verbraucherschutz, Ernährung und Landwirtschaft, aber auch in der Justiz. Im Ressort Wirtschaft und Arbeit waren europäische Impulse dagegen nur unterdurchschnittlich wirksam. Der hohe Prozentsatz im Landwirtschafts- und Ernährungsbereich verwundert nicht in Anbetracht der EU-Kompetenzen auf diesem Gebiet. Dagegen mag der hohe Anteil im Umweltschutzbereich auf den ersten Blick überraschen; allerdings hat die EU nicht nur eigenständige Kompetenzen auf dem Gebiet der Umwelt, die Kommission ist durch den EG-Vertrag auch gehalten, bei ihren Vorschlägen zur Rechtsangleichung im Binnenmarkt von einem hohen Schutzniveau unter anderem im Umweltschutz auszugehen. Der hohe Prozentsatz im Ressort Justiz kann durch zwei Effekte erklärt werden: Zum einen hat dieses Ressort in der 15. Wahlperiode auch eine Reihe wirtschaftsrelevanter Gesetze verantwortet, zum Beispiel im Insolvenzrecht, im Urheberrecht, im Geschmacksmusterrecht oder im Recht des unlauteren Wettbewerbs. Zum anderen sind der EU seit

---

[9] Gesetz über die Zusammenarbeit von Bundesregierung und Deutschem Bundestag in Angelegenheiten der Europäischen Union (EUZBBG) vom 12. März 1993, Bundesgesetzblatt I, 1993, Seite 311.
[10] „Die Zuständigkeit der Europäischen Union umfasst heute große Gebiete der ehemals nationalen Wirtschaftspolitik der Mitgliedstaaten, insbesondere im Bereich der Wettbewerbspolitik. Rund 70 Prozent der nationalen Gesetzgebung in der Wirtschaftspolitik erfolgt inzwischen aufgrund von Vorgaben der EU" (Deutscher Bundestag, 2005).
[11] Das heißt ohne die Ressorts Auswärtiges, Entwicklungszusammenarbeit und Verteidigung.

Gesetze aufgrund eines europäischen Impulses

Tabelle 8.3

in Prozent aller Gesetze im jeweiligen Ressort

	10. Wahlperiode 1983–1987	11. Wahlperiode 1987–1990
Inneres	6,7	2,3
Justiz	9,8	37,5
Finanzen	22,9	25,6
Wirtschaft	16,7	14,3
Ernährung, Landwirtschaft, Forsten	64,7	33,3
Arbeit und Sozialordnung	3,0	5,7
Jugend, Familien, Frauen und Gesundheit	26,2	30,4
Verkehr	30,0	33,3
Post- und Fernmeldewesen	33,3	0,0
Raumordnung, Bauwesen und Städtebau	0,0	10,0
Bildung und Wissenschaft	0,0	0,0
Umwelt, Naturschutz, Reaktorsicherheit	20,0	66,7
Innenpolitische Ressorts insgesamt	**16,8**	**20,9**

Quelle: Schindler, 1999, 2385

	12. Wahlperiode 1990–1994	13. Wahlperiode 1994–1998	14. Wahlperiode 1998–2002
Inneres	13,8	11,6	18,9
Justiz	22,1	28,9	35,9
Finanzen	23,9	26,3	40,8
Wirtschaft[1]	21,7	34,8	47,2
Ernährung, Landwirtschaft und Forsten[2]	30,8	65,0	69,2
Arbeit und Sozialordnung	10,3	15,0	23,8
Familie und Senioren[3]	0,0	20,0	36,4
Frauen und Jugend	20,0	–	–
Gesundheit	54,2	17,6	20,0
Verkehr[4]	26,1	36,4	30,4
Umwelt, Naturschutz, Reaktorsicherheit	100,0	54,5	69,2
Post- und Telekommunikation[5]	50,0	71,4	–
Raumordnung, Bauwesen und Städtebau	9,1	9,1	–
Forschung und Technologie[6]	20,0	11,1	0,0
Innenpolitische Ressorts insgesamt	**24,0**	**27,1**	**35,3**

[1] Seit der 14. Wahlperiode: Wirtschaft und Technologie, 15. Wahlperiode: Wirtschaft und Arbeit;
[2] Seit 18. Januar 2001: Verbraucherschutz, Ernährung und Landwirtschaft;
[3] Seit der 13. Wahlperiode: Familie, Senioren, Frauen und Jugend;
[4] Seit der 14. Wahlperiode: Verkehr, Bau- und Wohnungswesen;
[5] Am 31. Dezember 1997 aufgelöst;
[6] Seit der 13. Wahlperiode: Bildung, Wissenschaft, Forschung und Technologie, seit der 14. Wahlperiode: Bildung und Forschung.
Quelle: Feldkamp/Ströbel, 2005, 601 f.

Gesetze aufgrund eines europäischen Impulses Tabelle 8.3 (Fortsetzung)

in Prozent aller Gesetze im jeweiligen Ressort

	15. Wahlperiode 2002–2005
Inneres	20,0
Justiz	45,2
Finanzen	40,0
Wirtschaft und Arbeit	37,5
Verbraucherschutz, Ernährung und Landwirtschaft	73,7
Gesundheit und Soziale Sicherung	28,6
Familie, Senioren, Frauen und Jugend	14,3
Verkehr, Bau und Wohnungswesen	41,7
Bildung und Forschung	0,0
Kultur und Medien	0,0
Umwelt, Naturschutz und Reaktorsicherheit	81,3
Innenpolitische Ressorts insgesamt	**40,4**

Quelle: Eigene Zusammenstellung nach GESTA

dem Maastrichter Vertrag zunehmend Kompetenzen in der Justiz- und Innenpolitik übertragen worden. Dies führte dazu, dass Deutschland in der 15. Wahlperiode unter anderem folgende Gesetze erlassen hat: das Gesetz zum internationalen Familienrecht, das Gesetz zur Umsetzung des Rahmenbeschlusses zur Terrorismusbekämpfung und das EG-Beweisaufnahmedurchführungsgesetz. Gar keinen Einfluss – gemessen an den Gesetzen mit europäischen Impulsen – hatte die EU bei Bildung und Forschung sowie bei Kultur und Medien.

Tabelle 8.3 erlaubt auch einen zeitlichen Vergleich. In der zehnten Wahlperiode (1983 bis 1987) lag der Anteil der Gesetze mit einem europäischen Impuls an allen Gesetzen der innenpolitischen Ressorts noch bei 16,8 Prozent und ist seither kontinuierlich gestiegen. Der zeitliche Vergleich auf Ressortebene wird allerdings dadurch erschwert, dass es verschiedene Ressortumbildungen gegeben hat[12], etwa bei Wirtschaft und Arbeit oder bei Familie, Senioren, Jugend und Frauen. Dennoch sind einige Tendenzaussagen möglich: Der europäische Einfluss war im Ressort Ernährung und Landwirtschaft schon immer recht hoch, bei der Umweltgesetzgebung lässt sich dies seit der elften Wahlperiode feststellen. Im Bereich Wirtschaft ist der größte Einfluss auf die deutsche Gesetzgebung in der 14. Wahlperiode (47,2 Prozent) zu verzeichnen. Der Rückgang in der 15. Wahlperiode mag mit der Zusammenfassung der Ressorts Wirtschaft und Arbeit zu erklären sein, weil bei Arbeit und Sozialordnung die europäischen Impulse einen eher geringen Einfluss hatten.

Interessant ist auch ein Blick auf die Entwicklung der absoluten Zahl der Gesetze mit europäischem Impuls. Waren es in der zehnten Wahlperiode noch 40, kam es in der elften Wahlperiode zu einem Anstieg auf 54 und in der zwölften Wahlperiode auf 83. Dies ent-

---

[12] Zu Einzelheiten vgl. die Anmerkungen zu Tabelle 8.3.

spricht einer prozentualen Veränderung um 35 bezichungsweise um 53,7 Prozent. Diese Entwicklung kann mit der Notwendigkeit nationaler Gesetzgebung infolge der Arbeiten am Binnenmarktprogramm der Gemeinschaft erklärt werden. In der 13. Wahlperiode stieg die Zahl der Gesetze mit europäischem Impuls nur leicht auf 92 an, nahm dann aber in der 14. Wahlperiode noch einmal um 55 Prozent auf 143 zu. Dafür dürften gesetzgeberische Tätigkeiten nach der Einführung der Europäischen Währungsunion mitverantwortlich sein.

Einschränkend ist allerdings darauf zu verweisen, dass die qualitative Bedeutung der europäischen Impulse und der jeweiligen Gesetze mit dieser Statistik nicht erfasst werden. Es kann auch keine Aussage darüber getroffen werden, inwieweit ein Tätigwerden des nationalen Gesetzgebers nicht mehr möglich ist, weil die Materie von der EU durch eine Verordnung geregelt wurde (Töller, 1995, 49). Verordnungen der EU gelten unmittelbar und müssen – anders als Richtlinien – nicht in nationale Gesetze umgesetzt werden, der nationale Gesetzgeber wird also nicht notwendigerweise beteiligt. Dazu nur einige wenige Zahlen: Von 1998 bis 2004 wurden – gemäß der Beantwortung einer schriftlichen Anfrage des Bundestagsabgeordneten Johannes Singhammer durch das Justizministerium – insgesamt 18.167 Verordnungen und 750 Richtlinien von der EU erlassen.[13] Im selben Zeitraum verkündete der Bund 1.195 Gesetze und 3.055 Rechtsverordnungen. 750 EU-Richtlinien sind gemessen an den 18.167 Verordnungen gerade einmal 4 Prozent. Dies entspricht wohl kaum dem im EU-Vertrag verankerten Subsidiaritätsprinzip (DIHK, 2005, 4).

3.2 Der Europäische Gerichtshof

Die Kompetenzverteilung zwischen der EU und den Mitgliedstaaten sowie die Kompetenzausübung durch Letztere werden auch vom Europäischen Gerichtshof (EuGH) beeinflusst. Der EuGH legt das Gemeinschaftsrecht aus und kontrolliert das gemeinschaftsrechtskonforme Handeln sowohl der Mitgliedstaaten als auch der Organe der EU (Geiger, 2000, 734 ff.). Dabei gilt der „axiomatische Grundansatz für den Vorrang" (Oppermann, 1999, 230) des Gemeinschaftsrechts vor nationalem Recht. Der EuGH hat in seinen Urteilen zudem wiederholt Rechtsfortbildung und Rechtsergänzung betrieben und ist damit auch zu einem Motor der Integration geworden (Streinz, 2005, 212).[14] Ein Beispiel für die zunächst kritisierte, später aber allgemein akzeptierte Rechtsfortbildung ist die Rechtsprechung des EuGH zur unmittelbaren Wirkung von Richtlinien (Streinz, 2004, 389). Anders als Verordnungen, die unmittelbar in jedem Mitgliedstaat gelten, sind Richtlinien zwar hinsichtlich des zu erreichenden Ziels verbindlich, Form und Mittel der Umsetzung sind aber den Mitgliedstaaten überlassen. Aufgrund der Rechtsprechung des EuGH kann sich jedoch ein Bürger eines Mitgliedstaates gegenüber Behörden und Gerichten auf die jeweiligen Richtlinienvorschriften berufen, auch wenn die Richtlinie noch nicht in nationales Recht umgesetzt worden ist (Streinz, 2005, 155).

An dieser Stelle kann kein Überblick über die juristische Literatur zur Rechtsprechungstätigkeit des EuGH gegeben werden.[15] Auf einige besonders markante Urteile

---

[13] Quelle: Schriftliche Information des Abgeordnetenbüros.
[14] Diese Rolle des EuGH ist freilich nicht unumstritten; zum Teil hat der EuGH auf diese Kritik auch reagiert und sie in seinen späteren Urteilen berücksichtigt (Streinz, 2004, 393).
[15] Vgl. Montag/Bonin (2005, 2898 ff.) und Schlachter (2005).

sei gleichwohl hingewiesen, weil sie zeigen, wie das Spannungsverhältnis zwischen EU-Kompetenzen und Kompetenzen der Mitgliedstaaten häufig zulasten Letzterer aufgelöst wird und damit die nationalen Zuständigkeiten eingeschränkt werden.

Bei der direkten Besteuerung liegen die Kompetenzen zwar bei den Mitgliedstaaten und nicht bei der EU; nach der Rechtsprechung des EuGH müssen die Mitgliedstaaten aber auch in den Bereichen, in denen sie ihre Zuständigkeit behalten haben, ihre Befugnisse am Primat des Gemeinschaftsrechts ausrichten (Bundesregierung, 2005, 5).[16] Da es zu Konflikten zwischen den nationalen Besteuerungssystemen und den vier Grundfreiheiten des Binnenmarktes kommen kann, hat der EuGH durch seine Rechtsprechung auch Einfluss auf die nationalen Besteuerungskompetenzen genommen. Beispiel: Grundsätzlich wenden die Mitgliedstaaten der EU bei der Unternehmensbesteuerung das Quellenlandprinzip an, das heißt dass Gewinne dort besteuert werden, wo sie anfallen. Bestrebungen der Mitgliedstaaten, die Verlagerung von Buchgewinnen ins Ausland und damit den Verlust von Steuereinnahmen zu verhindern, beispielsweise in Form der sogenannten Wegzugsbesteuerung, die eine Auflösung stiller Reserven bei Wegzug aus dem Inland vorsieht, diskriminieren aber grenzüberschreitende Investitionen gegenüber inländischen Anlagen und sind mit EU-Recht nicht vereinbar (Fuest, 2005, 21 f.).

Ein weiterer Bereich, in dem der EuGH die Zuständigkeiten der Mitgliedstaaten begrenzt hat, ist die Arbeitsmarkt- und Sozialpolitik (vgl. zur Arbeitsmarktpolitik Kapitel 3). Auch hier verfügt die EU an sich nur über geringe Kompetenzen. Sobald jedoch einzelstaatliche arbeitsmarktpolitische und sozialrechtliche Regelungen etwa dem Freizügigkeitsrecht für Arbeitnehmer tatsächlich oder scheinbar widersprechen, sind Konflikte programmiert. Ein besonders markantes Beispiel ist der Fall Paletta. In dieser Rechtssache hatte der EuGH 1992 entschieden, dass Arbeitgeber auch die Arbeitsunfähigkeitsbescheinigungen anerkennen müssen, die in anderen Mitgliedstaaten ausgestellt worden sind (Streinz, 2003, 6) – eine Entscheidung, die heftig kritisiert worden ist. Die Entscheidungen des EuGH im Arbeitsrecht (wie auch in anderen Rechtsgebieten) haben nicht nur das Recht der Mitgliedstaaten, sondern auch die Normensetzung der EU selbst beeinflusst (Schlachter, 2005, 17).

In den vergangenen Jahren ist zudem eine Tendenz erkennbar, die Freizügigkeit für Personen auch unabhängig vom Arbeitnehmerstatus an den Tatbestand der Unionsbürgerschaft zu knüpfen, die 1992 mit dem Vertrag von Maastricht in das Unionsrecht eingeführt wurde. Der EuGH setzt damit den Möglichkeiten der Mitgliedstaaten, die Personenfreizügigkeit von EU-Bürgern einzuschränken, enge Grenzen; das gilt selbst dann, wenn diese Bestrebungen auf rechtlichen Regelungen basieren, bei denen die Kompetenzen bei den Mitgliedstaaten liegen (Montag, 2000, 33).

Es sind aber nicht nur Diskriminierungen aufgrund der Staatsangehörigkeit, mit denen sich der EuGH in seinen Urteilen zur Arbeitsmarkt- und Sozialpolitik beschäftigt. So hat er für Recht befunden, dass die Regelung zur zeitlichen Befristung von Arbeitsverträgen mit älteren Arbeitnehmern im deutschen „Gesetz über Teilzeitarbeit und befristete Arbeitsverträge" mit dem Diskriminierungsverbot des Gemeinschaftsrechts nicht vereinbar

---

[16] Nationale Vorschriften, die den Binnenmarkt beschränken und gegen die Grundfreiheiten verstoßen, können allerdings durch zwingende Gründe des Allgemeinwohls gerechtfertigt sein (Thiele, 2006, 65 ff.).

ist. Das Gericht konzediert zwar, dass es legitime Ziele gibt, zum Beispiel die Förderung der beruflichen Eingliederung älterer Arbeitsloser, die eine Ungleichbehandlung rechtfertigen. Die deutschen Vorschriften gingen jedoch „über das hinaus, was zur Erreichung des verfolgten Zieles angemessen und erforderlich ist" (EuGH, 2005). In der juristischen Literatur wird es als besonders bedeutsam bezeichnet, dass der EuGH den Gleichbehandlungsgrundsatz als Gemeinschaftsgrundrecht behandelt, der unabhängig von den Grundfreiheiten auf rein innerdeutsche Sachverhalte unmittelbar angewendet wird. Die Konsequenzen dieses Urteils sind derzeit völlig offen (Bauer/Arnold, 2006, 10).

Während der EuGH in den genannten Fällen nationales Recht für unvereinbar mit dem Gemeinschaftsrecht erklärt hatte, kann er auch tätig werden, wenn Mitgliedstaaten EU-Richtlinien nicht oder unvollständig in nationale Rechtsvorschriften umsetzen. So kann die Kommission den Gerichtshof anrufen, wenn ein Mitgliedstaat nach ihrer Auffassung gegen den EG-Vertrag verstoßen hat. Am 31. Dezember 2005 waren 392 Klagen wegen eines Vertragsverletzungsverfahrens anhängig. Mit 53 Verfahren führt Italien das Länderranking an, Deutschland liegt mit 32 Klagen hinter Spanien, Frankreich, Griechenland und Luxemburg auf Platz 6 (Europäische Kommission, 2006, Anhang II).

Folgt ein Mitgliedstaat einem Urteil des EuGH nicht, kann die Kommission ein neues Vertragsverletzungsverfahren gemäß Art. 228 EG-Vertrag einleiten, an dessen Ende der EuGH finanzielle Sanktionen in Form eines Pauschalbetrags oder eines Zwangsgeldes gegen den betreffenden Mitgliedstaat verhängen kann. Seitdem mit dem Vertrag von Maastricht die Möglichkeit von Sanktionen gegen Mitgliedstaaten, die ein Urteil des EuGH ignorieren, in das Gemeinschaftsrecht aufgenommen wurde, sind bislang drei Länder vom EuGH zu einer Strafzahlung verurteilt worden (Europäische Kommission, 2005, 3).

Wer im Falle einer Verurteilung der Bundesrepublik Deutschland zu Zwangsgeldern die Strafen bezahlen müsste, tangiert das Verhältnis Bund und deutsche Länder. Die Bundesrepublik Deutschland ist als Mitgliedstaat Adressat eines Urteils des EuGH, die innerdeutsche Regelungskompetenz kann jedoch auch bei den Mitgliedstaaten oder Kommunen liegen. Bislang war die Frage strittig, wer im Falle finanzwirksamer Entscheidungen der EU die Lasten zu tragen hätte. Mit der Föderalismusreform wurde nun vereinbart, Art. 104 des Grundgesetzes um einen Absatz 6 zu ergänzen. Danach gilt grundsätzlich das Verursacherprinzip, das heißt, jene Gebietskörperschaft, die durch ihr Fehlverhalten eine finanzwirksame Entscheidung der EU verursacht hat, soll die finanziellen Lasten tragen. Sind mehrere Gebietskörperschaften betroffen, werden abhängig von der Art des Fehlverhaltens verschiedene Finanzierungsschlüssel herangezogen.[17] Die Einzelheiten sind in dem „Gesetz zur Lastentragung im Bund-Länder-Verhältnis bei Verletzung von supranationalen oder völkerrechtlichen Verpflichtungen" geregelt.

---

[17] Für den nationalen Stabilitätspakt ist wiederum eine andere Lastenverteilung vorgesehen. Danach übernimmt der Bund 65 Prozent; auf die Länder entfallen 35 Prozent von Strafzahlungen. Der Finanzierungsanteil der Länder wird aufgespalten in 35 Prozent, die auf die Länder nach der Einwohnerzahl verteilt werden, und 65 Prozent, die nach dem Verursacherprinzip auf die Länder verteilt werden.

Zusammenfassung

- Deutschland ist Teil des europäischen Mehrebenensystems, wodurch die Autonomie des staatlichen Handelns eingeschränkt ist.[18]
- Die Mitgliedstaaten haben in den vergangenen Jahrzehnten viele Kompetenzen an die EU abgetreten. Keinen oder nur noch wenig Handlungsspielraum haben die einzelnen Länder beispielsweise in der Außenwirtschaftspolitik, in der Geld- und Währungspolitik, bei den Regelungen des Europäischen Binnenmarktes und in der Agrarmarktregulierung.
- Die EU beeinflusst die Gesetzgebung in Deutschland infolge der Kompetenzabtretung in erheblichem Maße. In der 15. Wahlperiode von 2002 bis 2005 sind rund 40 Prozent aller Bundesgesetze der innenpolitischen Ressorts ganz oder teilweise auf einen europäischen Impuls zurückzuführen. In einzelnen Ressorts ist dieser Einfluss noch größer.
- Die EU hat sich damit – bezogen auf die Bundesrepublik Deutschland – zu einer vierten Regulierungsinstanz entwickelt.[19] Im Zeitablauf ist die Regulierungstätigkeit der EU deutlich gestiegen und hat sich, gemessen an der Zahl der Rechtsakte, gegenüber der ersten Hälfte der siebziger Jahre etwa vervierfacht.
- Die aktuelle Kompetenzverteilung entspricht nicht immer den Schlussfolgerungen der ökonomischen Theorie des Föderalismus, wie am Beispiel der Agrar- und Regionalpolitik deutlich wird, und spiegelt sich auch nicht unbedingt in den Präferenzen der Bürger der Mitgliedstaaten wider.
- Die Handlungsmöglichkeiten der Mitgliedstaaten sind nicht nur durch die Aktivitäten des europäischen Gesetzgebers, sondern zunehmend auch durch Entscheidungen des EuGH beschränkt worden. Problematisch dabei ist, dass davon auch Bereiche betroffen sind, in denen die Kompetenzen eigentlich bei den Mitgliedstaaten liegen, beispielsweise in der Steuer- sowie der Arbeitsmarkt- und Sozialpolitik.
- Bei künftigen Änderungen des EU-Vertrags sollten die Aussagen der ökonomischen Theorie des Föderalismus stärker berücksichtigt werden. Dies würde auch eher zum Subsidiaritätsprinzip passen. Abzulehnen sind insbesondere Forderungen nach einer weiteren Kompetenzverlagerung in der Wirtschafts- und Beschäftigungspolitik. Die EU sollte sich auch nicht durch eine eigene Steuer finanzieren. Eine Rückverlagerung von Kompetenzen von der EU auf die Mitgliedstaaten darf kein Tabu sein.

---

[18] Der frühere Bundeskanzler Schröder hat in einem ZEIT-Artikel (Schröder, 2005) vor einer Überdehnung der europäischen Kompetenzen gewarnt, die zunehmend die intakte Staatlichkeit der Mitgliedstaaten in Zweifel ziehe. Betont kritisch hat sich auch der damalige österreichische Bundeskanzler Schüssel über die Ausweitung der Befugnisse durch den EuGH geäußert (Schüssel, 2005).

[19] Durch die europäische Integration ist eine europäische Rechtsordnung geschaffen worden, „die das nationale Recht ihrer Mitglieder überlagert, verdrängt, ersetzt, neu gestaltet" (Rabe, 1997, 2631).

Literatur

Ahrens, Joachim / **Meurers**, Martin, 2003, EU-Osterweiterung: Erfordert eine steigende Heterogenität der Mitglieder flexiblere EU-Institutionen?, in: ifo-Schnelldienst, 56. Jg., Nr. 19, S. 23–33

Alesina, Alberto / **Angeloni**, Ignazio / **Schuknecht**, Ludger, 2005, What Does the European Union Do?, in: Public Choice, Vol. 123, S. 275–319

Bauer, Jobst-Hubertus / **Arnold**, Christian, 2006, Auf „Junk" folgt „Mangold" – Europarecht verdrängt deutsches Arbeitsrecht, in: Neue juristische Wochenschrift, Heft 1-2, S. 6–12

Bieber, Roland / **Epiney**, Astrid / **Haag**, Marcel, 2005, Die Europäische Union, 6. Auflage, Baden-Baden

Blankart, Charles B., 2005, Warum ist die Europäische Verfassung so bürgerfern?, in: List Forum für Wirtschafts- und Finanzpolitik, Band 31, Heft 1, S. 45–54

Bundesregierung, 2005, Europarechtswidrigkeit steuerlicher Vorschriften und Rechtsprechung des Europäischen Gerichtshofs, Antwort der Bundesregierung auf eine Große Anfrage, Deutscher Bundestag, Drucksache 15/5664 vom 31. Mai 2005

Busch, Berthold, 2004, EU-Kohäsionspolitik: Entwicklung, Bestandsaufnahme und Reformvorschläge, IW-Analysen, Nr. 8, Köln

Calliess, Christian, 1995, Der Schlüsselbegriff der „ausschließlichen Zuständigkeit" in Art. 3b II EGV, in: Europäische Zeitschrift für Wirtschaftsrecht, Heft 20, S. 693–700

Cäsar, Rolf, 2002, Eine neue Aufgabenverteilung zwischen EU und Mitgliedstaaten?, in: Theurl, Engelbert / Thöni, Erich (Hrsg.), Zukunftsperspektiven der Finanzierung öffentlicher Aufgaben, Wien u. a. O., S. 29–54

Deutscher Bundestag, 2005, Antwort der Bundesregierung auf eine Kleine Anfrage, Vorbemerkung der Fragesteller, Bundestags-Drucksache Nr. 15/5563, Berlin

DIHK – Deutscher Industrie- und Handelskammertag, 2005, Rechtspolitische Forderungen der IHK-Organisationen 2005/2006, Berlin

Europäische Kommission, 2005, Financial Penalties for Member States who fail to comply with Judgements of the European Court of Justice: European Commission clarifies rules, Memo/05/482, 14. Dezember, Brüssel

Europäische Kommission, 2006, 23. Jahresbericht über die Kontrolle der Anwendung des Gemeinschaftsrechts, KOM(2006/416), Brüssel, 24. Juli, Anhang 2, URL: http://ec.europa.eu/ community_law/eulaw/pdf/XXIII_rapport_annuel/23_rapport_annuel_en.htm [Stand: 2007-02-26]

Europäische Kommission, Generaldirektion Presse und Kommunikation, 2005, Standard Eurobarometer 62, Befragung: Oktober-November 2004, URL: http://europa.eu.int/comm/public_ opinion/archives/eb/eb62/eb62_en.htm [Stand: 2006-08-16]

Europäischer Gerichtshof (EuGH), 2005, Urteil vom 22. November, Rechtssache C-144/04, URL: http://curia.eu.int [Stand: 2006-08-16]

Feldkamp, Michael F. / **Ströbel**, Birgit, 2005, Datenhandbuch zur Geschichte des Deutschen Bundestages 1994 bis 2003, Baden-Baden

Fischer, Klemens H., 2005, Der Europäische Verfassungsvertrag, Texte und Kommentar, Baden-Baden

Fuest, Clemens, 2005, EuGH-Rechtsprechung zur Unternehmensbesteuerung, in: Wirtschaftsdienst, 85. Jg., Nr. 1, S. 21–25

Geiger, Rudolf, 2004, Vertrag über die Europäische Union und Vertrag zur Gründung der Europäischen Gemeinschaft: Kommentar, 4. Auflage, München

GESTA, Gesetzgebungsstatistik des Bundes, URL: http://www.bundestag.de/bic/standgesetzgebung/index.html [Stand: 2006-08-16]

Heinemann, Friedrich, 2005, EU-Finanzplanung 2007–2013, Haushaltsoptionen, Verteilungswirkungen und europäischer Mehrwert, hrsg. von der Bertelsmann-Stiftung, URL: http://www.cap.uni-muenchen.de/download/2005/2005_EU-Finanzplanung.pdf [Stand: 2006-08-16]

Jaensch, Uwe / Walther, Herbert, 2005, Behandlung von Unionsvorlagen im Deutschen Bundestag, in: Der aktuelle Begriff, Nr. 1/05, Kurzinformation der Wissenschaftlichen Dienste des Deutschen Bundestages, 22. Dezember 2004, URL: http://www.bundestag.de/bic/analysen/index.html [Stand: 2006-08-16]

Montag, Frank, 2000, Die Entwicklung des Gemeinschaftsrechts, in: Neue Juristische Wochenschrift, 53. Jg., Nr. 1, S. 32–40

Montag, Frank / Bonin, Andreas von, 2005, Die Entwicklung des europäischen Gemeinschaftsrechts bis Ende 2004, in: Neue Juristische Wochenschrift, 58. Jg., Nr. 40, S. 2898–2904

Müller-Graff, Peter-Christian, 2004, Die Kompetenzen in der Europäischen Union, in: Weidenfeld, Werner (Hrsg.), Die Europäische Union: Politisches System und Politikbereiche, Bonn, S. 141–165

Oppermann, Thomas, 1999, Europarecht, 2. Auflage, München

Rabe, Hans-Jürgen, 1997, 50 Jahre NJW: Die Europäisierung der Rechtsordnung, in: Neue Juristische Wochenschrift, 50. Jg., Nr. 40, S. 2631–2635

Schindler, Peter, 1999, Datenhandbuch zur Geschichte des Deutschen Bundestages 1949 bis 1999, Band II: Kapitel 7–13, Baden-Baden

Schlachter, Monika (Hrsg.), 2005, Casebook Europäisches Arbeitsrecht, Baden-Baden

Schmidt, Manfred G., 2005, § 5 Aufgabeneuropäisierung, in: Schuppert, Gunnar Folke / Pernice, Ingolf / Haltern, Ulrich (Hrsg.), Europawissenschaft, Baden-Baden, S. 129–145

Schröder, Gerhard, 2005, Auf die Kleinen ist Verlass, in: Die Zeit, 20. Oktober 2005, S. 5

Schüssel, Wolfgang, 2005, 300 Sprachen und 500 Dialekte – das ist mein Europa, in: Süddeutsche Zeitung, 31. Dezember 2005, S. 14

Streinz, Rudolf, 2003, Kurioses aus Brüssel – Zu Eigenheiten und Eigenartigkeiten des Gemeinschaftsrechts, in: Europäisches Wirtschafts- und Steuerrecht, Nr. 1, S. 1–12

Streinz, Rudolf, 2004, Die Auslegung des Gemeinschaftsrechts durch den EuGH – Eine kritische Betrachtung, in: Zeitschrift für Europarechtliche Studien, Nr. 3, S. 387–414

Streinz, Rudolf, 2005, Europarecht, 7. Auflage, Heidelberg

Tabellini, Guido, 2003, Principles of Policymaking in the European Union: An Economic Perspective, in: CESifo Economic Studies, Vol. 49, No. 1, S. 75–102

Thiele, Alexander, 2006, Das Europäische Steuerrecht – Eine Herausforderung für den nationalen Gesetzgeber, in: Zeitschrift für Europarechtliche Studien, 9. Jg., Nr. 1, S. 41–69

Töller, Annette Elisabeth, 1995, Europapolitik im Bundestag, Frankfurt u. a. O.

Zimmermann, Horst / Henke, Klaus-Dirk, 2005, Finanzwissenschaft, 9. Auflage, München

Kapitel 9

Michael Hüther / Hans-Peter Klös / Rolf Kroker

**Föderalismus in Deutschland:
Nach der Reform ist vor der Reform**

Inhalt

1	Einleitung	219
2	**Föderalismusreform Teil I: Eine Zwischenbilanz**	220
2.1	Zentrale Zuständigkeit in der Bildungspolitik bewahren	221
2.2	Forschungssystem neu ordnen	223
2.3	Wettbewerbliche Suche nach besten Lösungen mit einheitlichem Umweltrecht verknüpfen	225
2.4	Fazit	226
3	**Föderalismusreform Teil II: Was noch zu tun ist**	227
3.1	Bündisches Prinzip lockern, Haftung verschärfen und Verschuldungsgrenzen etablieren	228
3.2	Steuerautonomie stärken	231
3.3	Finanzausgleich reformieren	231
3.4	Länder neu gliedern?	233
3.5	EU-Vertrag neu definieren	234
4	Ausblick	235
	Literatur	237

1 Einleitung

Am 1. September 2006 sind Teile der ersten Stufe der Föderalismusreform in Kraft getreten. Diese hatte das erklärte Ziel, einen Teil der Fehlentwicklungen zu korrigieren, die bei der Festschreibung der deutschen föderalen „Governance" seit den Beratungen des Parlamentarischen Rates und der Weiterentwicklung durch die erste Große Koalition entstanden sind. Bis in diese Zeit lässt sich der bis heute andauernde Streit zurückdatieren, welche Zuständigkeit die zentralstaatliche Bundesebene und welche die dezentrale Länderebene haben soll (BMWA, 2005). Das Grundgesetz spiegelt – insbesondere in Art. 106 – den Versuch wider, zwischen Verfechtern eines unitarischen Modells und Vertretern eines dezentralen Systems einen Kompromiss zu formulieren. Dieser bestand darin, dass der Bund über den vertikalen und horizontalen Finanzausgleich trotz des grundsätzlich vorrangigen Subsidiaritätsprinzips nach Art. 30 GG und der damit verbundenen Steueraufkommensprärogative der Länder dennoch den faktischen Zugriff auf die Steuererträge der Länder erhielt. Dies begründet bis heute die starke Stellung des Bundes in finanzwirtschaftlichen Angelegenheiten, denn die Länder besitzen bis dato nur für etwa jeden zwanzigsten Euro ihres Steueraufkommens eine eigenständige Steuerkompetenz.

Die im Zuge der Großen Finanzreform des Jahres 1969 weiterentwickelte deutsche Finanzverfassung versuchte, dieses System weiter auszubalancieren, indem die Verfassung an die faktische Gesetzgebungskompetenz des Bundes über die wichtigsten Steuern angepasst wurde. Einerseits wurden mit den neuen Grundgesetz-Artikeln 91a, 91b und 104a Gemeinschaftsaufgaben, Finanzhilfen und Geldleistungen des Bundes an die Länder definiert, welche die bisherigen „goldenen Zügel" für den Bund weiter strafften. Andererseits wurde den Bundesländern im Gegenzug eine ausgedehnte Zustimmungspflicht für einen großen Teil der Steuer- und Abgabengesetze eingeräumt. Das führte dazu, dass mehr als die Hälfte aller Gesetzesbeschlüsse des Bundestags zustimmungspflichtig waren und in zwei Drittel dieser Fälle der Vermittlungsausschuss angerufen werden musste (Georgii/Borhanian, 2006).

In diesem Koppelgeschäft waren damit die beiden zentralen Unzulänglichkeiten des heutigen föderalen Systems in Deutschland angelegt: Zum einen entstand eine weitreichende und aus ökonomischer Sicht wenig sachgerechte Finanzierungsverflechtung zwischen Bund und Ländern, wobei den Ländern die Steuerautonomie fehlte und ein anreizwidriger Verteilungsmodus der Steuereinnahmen geschaffen wurde. Dies wiederum erwies sich als eine gravierende Wachstums- und Beschäftigungsbremse für den Gesamtstaat (Berthold/Fricke, 2006). Zum anderen ist es durch das Vetorecht des Bundesrats zu einer vielfachen Blockade, einer zeitlichen Verzögerung oder zu nicht sachgerechten Koppelgeschäften zwischen Bund und Ländern gekommen. Diese haben im Ergebnis zu einer Politikverflechtung geführt, die umfassende Reformen in Deutschland erschwert hat.

Vor diesem Hintergrund muss die erste Stufe der Föderalismusreform in Deutschland ohne Zweifel als ein Schritt in die richtige Richtung angesehen werden. Abschnitt 2 dieses Kapitels versucht dies entlang der eingangs dargestellten Ausgangssituation zu würdigen. Das schließt auch eine kritische Bewertung der erzielten Ergebnisse in der Bildungs- und

Umweltgesetzgebung sowie der unterbliebenen Neuordnung der Forschungsförderung ein. Abschnitt 3 legt dar, dass die Neuordnung der Finanzbeziehungen als der entscheidende Teil der Föderalismusreform noch aussteht, und zeigt auf, welche Schritte unternommen werden müssten, um zentrale Anreizdefekte des derzeitigen föderativen Systems zu beheben. Besonderes Augenmerk wird dabei auf die grundlegende Statik der Bund-Länder-Finanzbeziehungen gerichtet. Ein kurzer Ausblick rundet dieses Kapitel ab.

2 Föderalismusreform Teil I: Eine Zwischenbilanz

Bei der Neuordnung der bundesstaatlichen Ordnung wurden folgende Punkte als Reformziele formuliert:

- die Gesetzgebung von Bund und Ländern zu stärken,
- durch eine deutlichere Zuordnung der Gesetzgebungskompetenz und Abschaffung der Rahmengesetzgebung gegenseitige Blockaden abzubauen,
- Mischfinanzierungen zu vermindern,
- die Möglichkeiten der Finanzhilfen des Bundes neu zu fassen,
- zugleich die Zusagen aus dem Solidarpakt II für die neuen Länder zu bekräftigen sowie
- Regelungen zu einem nationalen Stabilitätspakt neu zu formulieren.

Auf diese Weise sollten die Entscheidungsabläufe transparenter gemacht und die Verantwortlichkeiten klarer als bisher zugeordnet werden (Scharnagel, 2006). Zudem wollten Bundestag und Bundesrat eine neue Balance finden zwischen den „föderalen Elementen der Solidarität und der Kooperation einerseits und des Wettbewerbs andererseits" (Bundesrat, 2006). Insgesamt sollte die Handlungs- und Entscheidungsfähigkeit von Bund und Ländern (einschließlich der Gemeinden) „nachhaltig" gestärkt werden (BMF, 2006).

Im Bereich der allgemeinen Gesetzgebung war es dabei das Ziel, die Zustimmungsbedürftigkeit von Bundesgesetzen, die fast alle wichtigen Gesetzesvorhaben betraf, von derzeit deutlich über 50 Prozent auf 35 bis 40 Prozent zu senken. Der wesentliche Hebel dafür lag in der Neuformulierung der Art. 84 Abs. 1 und Art. 104a Abs. 4 GG: Führen die Länder Bundesgesetze als eigene Angelegenheit aus, so können sie seither die Organisation und die Verfahren der Verwaltung selbst bestimmen. Solche Gesetze sind nun nicht mehr zustimmungsbedürftig, außer wenn der Bund ein einheitliches Verwaltungsverfahren vorschreibt. Zustimmungsbedürftig bleiben hingegen solche Bundesgesetze, welche die Länder dazu verpflichten, Geldleistungen oder geldwerte Sachleistungen zu erbringen. Die Mitwirkung des Bundesrats an Bundesgesetzen hängt damit künftig faktisch nur noch von den finanziellen Folgen für die Länder ab, sofern das Grundgesetz wie bisher nicht ausdrücklich regelt, dass ein Bundesgesetz der Zustimmung des Bundesrats bedarf.

Es ist indessen fraglich, ob sich auf dieser Basis das Ziel, den Anteil zustimmungspflichtiger Gesetze zu halbieren, und damit auch das Ziel, Entscheidungen zu beschleunigen, wirklich erreichen lässt. Denn aus einer Perspektive, die auf ökonomische Anreizwirkungen von Gesetzen auf das Verhalten der beteiligten Akteure abstellt, erscheint der neu eingeführte Zustimmungstatbestand (Art. 104a Abs. 4 GG) problematisch: Er bietet Anreize dafür, dass der Bund den Ländern deren Zustimmungsrechte durch ein Entgegenkommen bei der Bundesfinanzierung gleichsam „abkauft" (Burkhart/Manow, 2006). Dies ist keineswegs nur ein theoretischer Fall: So wäre etwa das Tagesbetreuungsausbaugesetz, das nach altem Recht gegen den Widerstand des Bundesrats verabschiedet wurde, nach neuem Recht unter den neuen Zustimmungstatbestand gefallen und damit möglicherweise nicht in Kraft getreten. Wie bedeutsam dieser Punkt sein kann, zeigen etwa auch die Kompetenzstreitigkeiten zwischen Bund und Ländern im Zuge des vom Bundesfamilienministerium geplanten Ausbaus von Kinderkrippen.

Damit rückt ein Problem der föderalen Neuausrichtung Deutschlands ins Visier, das durch eine weitere Neuerung im Zuge der Föderalismusreform noch verstärkt worden ist: Die Rahmengesetzgebung des Bundes nach Art. 75 GG ist abgeschafft worden und die früher darunter subsumierten Sachverhalte sind nun Bestandteil entweder der ausschließlichen Gesetzgebung des Bundes (Melde- und Ausweiswesen, Schutz des deutschen Kulturgutes gegen Abwanderung ins Ausland), der konkurrierenden Gesetzgebung[1], der Alleinzuständigkeit der Länder[2] oder der neu eingeführten Abweichungsgesetzgebung geworden. Während die Stärkung der Länderzuständigkeit in 14 Bereichen zu einem intensiveren föderalen Wettbewerb beitragen kann – dies lässt sich etwa schon bei der raschen Freigabe des Ladenschlusses in 14 der 16 Bundesländer noch im Jahr 2006 beobachten –, ist die neu gefasste Abweichungsgesetzgebung im Hochschulwesen und in der Umweltgesetzgebung in weiten Teilen kritisch zu sehen.

2.1 Zentrale Zuständigkeit in der Bildungspolitik bewahren

Die jetzt vorgenommene Aufgabenzuweisung in der Bildungspolitik verstößt gegen ein grundlegendes fiskalföderalistisches Assignment: Bei hoher interregionaler Homogenität der Präferenzen und starken regionalen externen Effekten ist eine überregionale bildungspolitische Entscheidungsbefugnis der dezentralen Verantwortungszuweisung überlegen. Existieren jedoch bei zentraler Kompetenz große Informationsasymmetrien hinsichtlich eines spezifischen bildungspolitischen Arrangements, so ist eine Übertragung der Verantwortung auf eine untere Ebene effizient, sofern diese verbindlichen Vorgaben folgen muss und durch die übergeordnete Ebene kontrolliert und gegebenenfalls sanktioniert

---

[1] Das Grundgesetz billigt sowohl dem Bund als auch den Ländern das Recht zu, bestimmte Materien zu regeln. Hat der Bund ein Sachgebiet bereits geregelt, so schließt dies automatisch die Zuständigkeit der Länder dafür aus. Unter die konkurrierende Gesetzgebung fallen nun etwa die Bereiche Jagdwesen, Naturschutz, Landschaftspflege (Art. 75 Nr. 3 GG) sowie Bodenverteilung, Raumordnung, Wasserhaushalt (Art. 75 Nr. 4 GG). Die Kompetenztitel für die allgemeinen Rechtsverhältnisse der Landesbediensteten (einschließlich Laufbahnrecht) gehen ebenso wie die Gesetzgebungskompetenz des Bundes für die Besoldung und Versorgung der Landesbeamten und -richter auf die Länder über. Dies ist aus einer fiskalföderalistischen Perspektive auch für den Bereich der Hochschullehrer folgerichtig, denn wenn die Hochschulen Dienstherrneigenschaft erhalten, sollten sie auch über die Vergütung entscheiden. Eine bundeseinheitlich geregelte Besoldung (Art. 74a, Art. 74 Abs. 1 Nr. 27 GG) ist daher nicht notwendig.

[2] Aus der konkurrierenden und der Rahmengesetzgebung wurden folgende 14 Materien auf die Länder verlagert: Versammlungsrecht, Strafvollzug (inkl. Vollzug der Untersuchungshaft), Notariat (inkl. Gebührenrecht, aber ohne Beurkundungsrecht), Heimrecht, Ladenschlussrecht, Gaststättenrecht, Spielhallen/Schaustellung von Personen, Messen, Ausstellungen und Märkte, Landwirtschaftlicher Grundstücksverkehr, Landwirtschaftliches Pachtwesen, Flurbereinigung, Siedlungs- und Heimstättenwesen, Sport- , Freizeit- und sogenannter sozialer Lärm (Anlagen mit sozialer Zweckbestimmung) sowie allgemeine Rechtsverhältnisse der Presse.

wird. Liegen mithin überregionale Wirkungen vor und unterscheiden sich die Wünsche der Beteiligten nicht, so sollten gesetzliche Regelungen auf zentraler Ebene vorgenommen werden. Umgekehrt sollten Entscheidungen auf Landesebene getroffen werden, wenn die zu erwartenden Auswirkungen sich auf die Region beschränken oder regional sehr unterschiedliche Wünsche oder Präferenzen der Beteiligten vorliegen (vgl. dazu ausführlich Kapitel 1, 9 ff.).

In der Bildungspolitik festigt die Föderalismusreform nun die schon zuvor bestehende bildungspolitische Verantwortung der Bundesländer in allen Bildungsbereichen mit Ausnahme der beruflichen Bildung und baut sie bei den Hochschulen sogar noch aus. Bildung ist damit nach der Reform mehr denn je faktisch ausschließlich eine Länderangelegenheit. Die Bundesländer regulieren im Auftrag des Bundes eigenständig die Umsetzung und Finanzierung der frühkindlichen Bildung und Erziehung. Sie besitzen die ausschließliche Gesetzgebungsbefugnis bei der Schulbildung und haben durch die Abschaffung der Hochschulrahmengesetzgebung, der Gemeinschaftsaufgabe Hochschulbau und durch die Implementierung der Abweichungsgesetzgebung deutlich mehr Verantwortung und Entscheidungsbefugnisse als vor der Reform.

In kaum einem anderen Bereich bundesstaatlicher Ordnung ist jedoch die Gefahr negativer Auswirkungen der föderalen Ordnung so augenfällig wie in der Bildungspolitik. Diese hatte sich schon bisher als ein Treiber von Ineffizienzen erwiesen (Amann et al., 2006). Sie führte im Schulbereich zu negativen interregionalen Wechselwirkungen zwischen den Bundesländern sowie zwischen Bundesländern, Bund, Bundesagentur für Arbeit und Privaten (negative externe Effekte). Wie die große Streuung der durchschnittlichen PISA-Testergebnisse zeigt, kann von bundesweit einheitlichen Leistungsstandards keinesfalls die Rede sein. Auch bei den Hochschulen entstehen fiskalische Externalitäten immer dann, wenn eine hochschulzugangsberechtigte Person für ein Studium das Bundesland wechselt oder wenn die Studierenden aus einem Bundesland in ein anderes abwandern, dort ihr erworbenes Humankapital einsetzen und zu mehr Wachstum und damit einer größeren Steuerbasis beitragen können (vgl. dazu Kapitel 4, 101 ff.; Konegen-Grenier et al., 2007).

Aus einer bildungsökonomischen Perspektive kann die jetzt gefundene Aufgabenzuweisung daher nicht überzeugen. Um bundesweit gleiche Bildungsstartchancen zu gewährleisten, erscheint es aus bildungsökonomischer Sicht notwendig, auf zentraler Ebene verbindliche Mindeststandards zu verankern. Außerdem sollte der Bund die Möglichkeit haben, durch rechtzeitige Zuweisung von Finanzhilfen für besondere Qualifizierungsaufgaben teure nachlaufende Qualifizierungsschlaufen zu vermeiden. Die Neugestaltung des Art. 91b GG hätte daher eine Mitwirkung des Bundes in der Schulpolitik ausdrücklich erlauben müssen. Ebenso hätten mit Art. 104a GG Finanzhilfen des Bundes weiterhin möglich sein müssen. Auch Sanktionen des Bundes für den Fall, dass einzelne Bundesländer nicht für eine ausreichende Bildungsqualität sorgen, erscheinen aus einer finanzwissenschaftlichen Perspektive gerechtfertigt.

In der Hochschulausbildung stehen die Bildung von beruflich verwertbarem Humankapital und die Zuteilung von Zugangschancen für den Arbeitsmarkt im Vordergrund. Zugleich kann unterstellt werden, dass das Interesse an identischen Zugangschancen bei allen

Beteiligten gleich ist. Was die Zugangschancen betrifft, so hat auch diese Bildungsfunktion in hohem Ausmaß überregionale Wirkungen. Die Regelung der Zugangsvoraussetzungen und Abschlüsse in der Hochschulausbildung ist demzufolge – wie jetzt in Art. 74 Abs. 1 Nr. 33 GG statuiert – auf zentraler Ebene anzusiedeln. Das nun eingeführte Abweichungsrecht der Länder nach Art. 72 Abs. 2 Art. 3 GG widerspricht dieser Schlussfolgerung jedoch und begünstigt länderspezifische Regelungen.

Ein besonderes Problem der gegenwärtigen Hochschulfinanzierung ist zudem, dass die regionalen Wirkungen sich nicht zwangsläufig auch dort zeigen, wo die Studierenden ausgebildet wurden (Braindrain). Die Föderalismusreform hätte daher für einen Einstieg in ein neues Finanzierungssystem genutzt werden können, an dem sowohl die Bundes- als auch die Landesebene beteiligt ist. Um ein solches Zusammenwirken von Bund und Ländern zu gewährleisten, hätte in den Art. 91b und 104a GG eine weitergehende Mitwirkungsbefugnis des Bundes vorgesehen werden müssen, auch wenn der Gesetzgeber mit nachträglichen Änderungen noch Raum für ein Engagement des Bundes gelassen hat. Es bleibt daher eine dringliche Aufgabe, den – infolge einer nicht am Nutzen orientierten Finanzierung der Hochschulausbildung – derzeitigen adversen impliziten Finanzausgleich zu korrigieren.[3]

2.2 Forschungssystem neu ordnen

Die Neuordnung der Zuständigkeiten im Bereich Hochschule berührt mittelbar auch das deutsche Forschungssystem. Jenseits der bei den Reformberatungen stets im Vordergrund stehenden Frage nach Sicherung der Einheit von Lehre und Forschung hat es keine fiskalföderalistisch geleiteten Erwägungen zu einer Strukturreform der deutschen Forschungsförderung gegeben. Dies mag auch dem Tatbestand zuzuschreiben sein, dass von den Guteigenschaften der Forschungsförderung eine klare föderale Zuständigkeits- und Finanzierungsregel nicht trennscharf abgeleitet werden kann. Unstrittig ist wohl nur, dass durch Forschung an Hochschulen und Forschungseinrichtungen positive externe Effekte entstehen und dass der mit Forschung verbundene Nutzen auch nicht räumlich begrenzt ist. Da es mithin in der Grundlagenforschung positive interregionale Spillover gibt, sollte sie demzufolge aus ökonomischer Perspektive aus Mitteln des Bundes finanziert werden.

Schwierig ist dagegen die Trennung zwischen Grundlagen- und Anwendungsforschung. Letztere weist häufig einen regionalen Bezug auf. Dies ist zum Beispiel dann der Fall, wenn die Forschungsvorhaben im Verbund mit regionalen Kooperationspartnern in der Wirtschaft oder der öffentlichen Hand umgesetzt werden oder sich an Bedürfnissen regional konzentrierter Wirtschaftssektoren orientieren (Cluster). In der Anwendungsforschung existieren dann keine positiven interregionalen Spillover. Die Forschungsmittel

---

[3] Dazu müssten die Bundesländer einen bundesweiten Gutscheinfonds einrichten, dessen Volumen sich nach der Zahl der Studierenden richtet. Die Länder würden ihre jeweiligen Beiträge nach der Zahl ihrer ortsansässigen Akademiker im erwerbsfähigen Alter leisten. Der Wert des Gutscheins würde einen Teil der durchschnittlichen Kosten eines Studienplatzes abdecken. Nach seiner Zulassung würde der Studierende vom Fonds Gutscheine für sechs Semester Bachelor- und vier Semester Masterstudium erhalten. Ergänzende Studiengebühren sorgten für Effizienz und verhinderten den Missbrauch des Gutscheinmodells, indem sie Scheinstudenten abhalten. In der Startphase würde an allen Hochschulen eine einheitliche Studiengebühr gelten. Ein bundesweites Darlehen- und Stipendiensystem müsste die Sozialverträglichkeit der Gebühren absichern (vgl. Konegen-Grenier et al., 2007).

sollten deshalb von den Bundesländern zur Verfügung gestellt werden. Die Mittelvergabe kann von den Bundesländern in Eigenregie gestaltet werden.

In der anwendungsorientierten Forschung gibt es regional sehr heterogene Spezialisierungsmuster. Forschungs- und Entwicklungsaktivität löst in der Regel räumliche Spillover-Effekte aus, jedoch ist der Wirkungsradius im Normalfall auf die Bundesländer beschränkt. Die Forschungs- und Innovationsaktivität im Wirtschaftssektor profitiert daher von staatlich finanzierter oder sogar durchgeführter Grundlagenforschung, jedoch in erster Linie von solcher öffentlichen Forschung, die einen engen geografischen Bezug zu dem Sitz des jeweiligen Unternehmens aufweist. Da die direkte Projektförderung des Bundes bisher durch Uniformität und Selektivität gekennzeichnet ist, sollte als Entscheidungsregel daraus folgen, dass marktgeleitete Innovationspolitik deutlich stärker als bisher Ländersache werden sollte, damit die Länder ihre Forschungspolitik besser an die regionalen Unterschiede anpassen können (vgl. Kapitel 5, 131 ff.).

Ein solches Umsteuern wäre auch regionalpolitisch bedeutsam. Die bisherige Regionalpolitik in Deutschland ist wegen der grundgesetzlichen Forderung nach gleichwertigen Lebensverhältnissen stets stärker dem Ausgleichs- als dem Wachstumsziel verpflichtet. Daher ist mit der Föderalismusreform auch nichts an der Gemeinschaftsaufgabe zur Förderung der regionalen Wirtschaftsstruktur (GA) geändert worden, sodass es auch nach der Föderalismusreform bei der hälftigen Finanzierung durch Bund und geförderte Länder bleibt. Hingegen wird die Raumordnung als Basis der Regionalplanung Teil der Abweichungsgesetzgebung mit dem Recht der Länder, zukünftig vom Raumordnungsgesetz des Bundes abzuweichen. Diese Neuregelung ist begrüßenswert. Es ist zu hoffen, dass die Länder zukünftig davon regen Gebrauch machen, denn dann entstünde Wettbewerb in der Fläche und Best Practice würde erkennbar.

Die Chance, aus GA und ostdeutscher Investitionszulage ein einheitliches regionalpolitisches Förderinstrument zu schaffen, wurde aber nicht genutzt, vielmehr ist die Zulage trotz Expertenkritik noch einmal bis 2009 verlängert worden. Daher sollte ein integriertes Förderkonzept aus den bisherigen Instrumenten GA und Investitionszulage entwickelt werden, um Ostdeutschland eine langfristige Entwicklungsperspektive bei reduzierten Fördersätzen zu eröffnen. Dabei sollten die Entscheidungen über Projekte allein in die Zuständigkeit der Länderregierungen fallen, wobei die Beihilferegelungen der EU Förderhöchstgrenzen definieren. Die Förderregionen in Deutschland sollten jedoch wie bisher gemeinsam von Bund und Ländern ausgewählt werden. Dabei sollten bundesweit einheitliche Kriterien zur Anwendung kommen (vgl. Kapitel 6, 155 ff.).

Alles in allem entspricht das Niveau institutioneller Forschungsförderung in Deutschland mit Ausnahme der bundeseigenen Ressortforschungseinrichtungen im Wesentlichen fiskalföderalistischen Kriterien: Institutionen mit einem höheren Anteil an Grundlagenforschung erhalten auch eine höhere Förderung. Die Finanzierungsstruktur hingegen widerspricht – wie das Beispiel der anwendungsorientiert forschenden, jedoch primär durch den Bund finanzierten Fraunhofer-Gesellschaft zeigt – fiskalföderalistischen Prinzipien. Kritisch anzumerken ist, dass die bundeseigenen Ressortforschungseinrichtungen mit FuE-Aufgaben häufig weder einen nennenswerten Beitrag in der wissenschaftlichen Grundlagenforschung leisten noch aus Sicht der Unternehmen für den Technologietransfer bedeutsam sind.[4] Ihre vollständige Grundfinanzierung von immerhin rund 1,7 Milliarden Euro durch den Bund ist somit unter fiskalföderalistischen Gesichtspunkten nicht gerechtfertigt und sollte deutlich reduziert werden. Das Eckpunktepapier der Bundesregierung im Januar 2007 trägt dem aber noch nicht hinreichend Rechnung (Bundesregierung, 2007).

Zu prüfen wäre mithin, ob nicht nur für die außeruniversitären Grundlagenforschungseinrichtungen, sondern auch für die Hochschulen ein eigens auf der Basis des Art. 74 Abs. 1 Nr. 13 GG zu schaffendes Forschungsförderungsgesetz sinnvoll sein könnte.[5] Durch ein Forschungsförderungsgesetz könnte der Bund sein Engagement in diesen Förderkonzepten und Einrichtungen weiter ausbauen, die wettbewerbliche Mittelvergabe bei der Projektforschung des Bundes stärken und die Forschung in den außeruniversitären Forschungseinrichtungen und Hochschulen stärker miteinander vernetzen.

Indem der Bund gegebenenfalls einen deutlich stärkeren Finanzierungsanteil als die Länder übernimmt oder vergleichbare Initiativen auch eigenständig finanziert, kann er zudem zur Lösung gravierender Probleme beitragen, wie sie sich etwa mit Blick auf die Finanzierung steigender Studierendenzahlen stellen. Ein erstes Ergebnis haben insoweit die Nachverhandlungen zu Art. 91b Nr. 2 GG erbracht, als sie den am 20. November 2006 verabschiedeten Hochschulpakt ermöglichten. Danach kann Wissenschaft explizit auch die Hochschullehre umfassen und deshalb mit Bundesmitteln gefördert werden. Da die gefundene Lösung zunächst nur bis zum Jahr 2010 reicht, eröffnet sich hier noch ein weites Feld von pragmatischen Kooperationen zwischen Bund und Ländern im Bereich der Forschungsförderung. Es ist zu wünschen, dass auf diese Weise zukünftig noch mehr fiskalföderalistische Vernunft Einzug halten kann.

2.3 Wettbewerbliche Suche nach besten Lösungen mit einheitlichem Umweltrecht verknüpfen

Der zweite große Bereich der Abweichungsgesetzgebung betrifft das Umweltrecht. Ursprünglich sollte die Föderalismusreform die verfassungsrechtliche Voraussetzung dafür schaffen, dass das deutsche Umweltrecht vereinfacht und in einem Umweltgesetzbuch zusammengefasst wird.[6] Der Bund hat nun die Kompetenz erhalten, die Grundsätze des Naturschutzes zu regeln, während die Länder die Möglichkeit erhalten haben, bei bestimmten umweltrelevanten Materien von bundeseinheitlichen Regelungen abzuweichen.[7] Dieses

---

[4] Der Wissenschaftsrat (2007) hat erstmals eine systematische Untersuchung der Ressortforschung des Bundes in Deutschland vorgelegt und kommt zu dem Ergebnis, dass die Mehrzahl der Einrichtungen ihr wissenschaftliches Potenzial nicht ausschöpft, dass die Wettbewerbsorientierung zu verbessern ist und dass größere Teile der Grundfinanzierung für extramurale Projektförderung vergeben werden müssen.

[5] Als wettbewerbsfördernde Finanzierungswege haben sich die Vergabeverfahren der Deutschen Forschungsgemeinschaft (DFG) sowie die von DFG und Wissenschaftsrat getragene Exzellenzinitiative erwiesen. Sie stärken die Selbstorganisationskräfte und den qualitätsbildenden Reputationswettbewerb in der Grundlagenforschung. Ihr Anteil an der Gesamtförderung der Hochschulforschung sollte künftig deutlich steigen.

[6] Im Koalitionsvertrag in der Fassung vom 11. November 2005 heißt es: „Das historisch gewachsene, zwischen verschiedenen Fachgebieten sowie zwischen Bund und Ländern stark zersplitterte Umweltrecht entspricht nicht den Anforderungen an eine integrierte Umweltpolitik: Das deutsche Umweltrecht soll vereinfacht und in einem Umweltgesetzbuch zusammengefasst werden. Die verschiedenen Genehmigungsverfahren sind im Rahmen eines Umweltgesetzbuchs durch eine integrierte Vorhabengenehmigung zu ersetzen. [....] Für diese Neuorientierung des deutschen Umweltrechts werden im Rahmen der Reform des Grundgesetzes (Föderalismusreform) die Voraussetzungen geschaffen."

[7] Die Abweichungsgesetzgebung erstreckt sich auf das Jagdwesen mit Ausnahme der Jagdscheine, auf den Naturschutz und die Landschaftspflege mit Ausnahme der Grundsätze des Naturschutzes, des Artenschutzes oder des Meernaturschutzes, auf die Bodenverteilung, die Raumordnung und den Wasserhaushalt.

Abweichungsrecht ermöglicht es, dass in ein und demselben Politikfeld bundesgesetzliche Regelungen und Landesgesetze nebeneinander stehen können und faktisch Landesrecht auch Bundesrecht brechen könnte. Bundesländer können damit grundsätzlich Vorschriften schaffen, die gleichzeitig Wirtschafts- und Umweltaspekten Rechnung tragen.

Der damit im Grundsatz mögliche föderale Wettbewerb kann jedoch im Widerspruch zur theoretischen Vorgabe stehen: Die sachgerechte Zuordnung umweltpolitischer Kompetenzen auf die einzelnen föderalen Ebenen sollte sich nach den jeweiligen Guteigenschaften der betroffenen Umweltgüter richten. Entscheidend für die Zuweisung der legislativen Verantwortung auf unterschiedliche föderale Ebenen sollte sein, inwiefern technische Unteilbarkeiten, regionale Spillover, unterschiedliche regionale Präferenzen und Kostendegressionen eher nach einer zentralen oder einer dezentralen Verantwortung rufen. So ist ökonomisch kaum begründbar, dass einerseits die Luftreinhaltung als grenzüberschreitende Aufgabe zu Recht von der strengen Erforderlichkeitsklausel in der konkurrierenden Gesetzgebung freigestellt wird, während der ebenso grenzüberschreitende Klimaschutz auf dem Recht der Wirtschaft basiert und daher der Erforderlichkeitsklausel unterliegt (vgl. Kapitel 7, 179 ff.).

Positiv zu würdigen ist, dass gerade föderaler Wettbewerb zu effizienteren Umweltregulierungen führen kann und die Angst vor einem Wettbewerb um die niedrigsten Umweltstandards („race to the bottom") nicht berechtigt ist. Dieser wäre nur dann zu erwarten, wenn es keine Umweltpräferenzen in der Bevölkerung gäbe oder wenn diese sich wegen fehlender demokratischer Strukturen nicht durchsetzen könnten. Beide Annahmen treffen für wiederwahlorientierte Demokratien nicht zu. Bei regionalen Umweltproblemen spricht also vieles für eine auf dezentralen Gesetzgebungskompetenzen aufbauende Umweltpolitik, die das wettbewerbliche Ringen um sachgerechte Lösungen verstärkt.

Problematisch bei der neuen föderalen Arbeitsteilung bleibt jedoch, dass die partielle Dezentralisierung des Umweltrechts den Ländern tendenziell umfangreiche Rechtsetzungskompetenzen zubilligt und es daher im Gefolge der neu geschaffenen Abweichungsbefugnisse der Länder zu einer weiteren Komplizierung des Umweltrechts kommen kann. Für den Umweltbereich hat die Große Koalition nicht weniger als fünf verschiedene Kompetenzmodelle vorgeschlagen. Auch eine einheitliche Umsetzung europäischen Rechts wird gefährdet. In vielen Fällen sind die Befugnisse des Bundes an die strenge Erforderlichkeitsklausel gebunden, wodurch eine bundeseinheitliche Rechtsetzung erschwert wird. Es ist nicht ersichtlich, wie auf Basis der Reform das parteiübergreifend gemeinsame Ziel eines einheitlichen Umweltgesetzbuchs weiter verfolgt werden soll, das inzwischen seit fast einem Jahrzehnt auf Eis liegt.

2.4 Fazit

Alles in allem sind mit der Föderalismusreform zum 1. September 2006 Schritte in die richtige Richtung unternommen worden. Zuständigkeiten zwischen Bund und Ländern wurden neu geordnet, und es dürfte mittelfristig gelungen sein, Entscheidungen zu beschleunigen und damit Bund und Länder in ihrer Politikgestaltung flexibler sowie handlungsfähiger zu machen. Allerdings ist man im Bildungsrecht und Umweltrecht in eine Richtung gegangen, die nicht im Einklang mit der Theorie des Föderalismus steht. Bei der

Forschungsförderung und der Regionalpolitik ist die Gelegenheit nicht genutzt worden, die Anreize für ein stärker wettbewerbliches Verhalten neu zu justieren. Die Bilanz des ersten Teils der Föderalismusreform fällt daher zwiespältig aus. Umso größer wird damit die Bedeutung, die einer Neuordnung der Finanzierungsströme zwischen Bund, Ländern und Gemeinden in Teil II der Föderalismusreform zukommt.

3 Föderalismusreform Teil II: Was noch zu tun ist

Nach der Reform ist vor der Reform: Am 15. Dezember 2006 hat der Bundestag die Einsetzung einer gemeinsamen Kommission von Bundestag und Bundesrat zur Modernisierung der Bund-Länder-Finanzbeziehungen beschlossen und ist damit einem fraktionsübergreifenden Antrag gefolgt (Deutscher Bundestag, 2006). Aufgabe der Kommission, die Anfang März zum ersten Mal zusammengetreten ist, soll es sein, die Finanzbeziehungen den veränderten Rahmenbedingungen für die Wachstums- und Beschäftigungspolitik Deutschlands anzupassen und „die Eigenverantwortung der Gebietskörperschaften und ihre aufgabenadäquate Finanzausstattung zu verbessern" (Deutscher Bundestag, 2006, 2). Dabei soll es vor allem darum gehen, Haushaltskrisen vorzubeugen und zu bewältigen, bestehende Aufgaben kritisch zu betrachten und zu entbürokratisieren sowie fachpolitische Leistungen zu bündeln.

Fraglich ist, ob tatsächlich mit weitreichenden Reformen des deutschen Finanzausgleichssystems zu rechnen ist oder ob es bei eher inkrementalen Veränderungen im System bleibt. Im Folgenden wird argumentiert, dass die sich derzeit abzeichnenden Reformen in Richtung einer generellen Schuldenbegrenzung zwar einen großen Schritt nach vorn bedeuten würden, aber eine Ausklammerung der Finanzausgleichsbeziehungen sowohl in horizontaler als auch in vertikaler Richtung dazu führen würde, dass sich an den grundlegenden wachstumsschädigenden Anreizeffekten hoher Grenzbelastungen nichts ändern würde. Dies aber wäre der zentrale Parameter, um aus einem kooperativen Föderalismus wieder einen wettbewerblichen Föderalismus zu machen.

Die Sozialversicherungen werden im Folgenden nicht in die Betrachtung der regionalen Umverteilung von Einkommen und der dabei wirkenden Anreizeffekte einbezogen, auch wenn es darüber intensive Diskussionen im Bereich der Gesundheits- und Arbeitsmarktpolitik gibt (Drabinski, 2006; Rürup/Wille, 2007; IAB, 2003 und 2007). Strittig ist hier insbesondere die Frage der föderalen Zuordnung von Kompetenzen in der Arbeitsmarktpolitik und der sozialen Grundsicherung, weil diese derzeit durch gemischte Kompetenzen auf den drei Ebenen Regelung, Finanzierung und Durchführung gekennzeichnet ist. Eine eindeutige Empfehlung ergibt sich aus der ökonomischen Theorie aber nicht. Sowohl eine alleinige Zuständigkeit des Bundes als auch eine alleinige Zuständigkeit der Kommunen weisen Risiken auf: Eine starke Zentralisierung kann zum Verlust der Steuerungsfähigkeit des Systems führen, während eine Dezentralisierung die Gefahr eines „race to the bottom" der Sozialleistungen beinhaltet. Eine Regelungskompetenz durch den Bund und die Ausführungskompetenz bei den Kommunen würde hingegen diese Risiken vermeiden, allerdings das politökonomische Risiko einer fehlenden Veranlassungskonnexität in sich bergen (vgl. Kapitel 3, 83 ff.).

Geleitet werden die folgenden Überlegungen erneut von der Theorie des Fiskalföderalismus. Unter fiskalföderalistischen Aspekten sollte die zentrale Ebene (Bund) umso eher Regelungskompetenzen erhalten, je ähnlicher die Präferenzen und je deutlicher die Wechselwirkungen einer Politik zwischen den Teilstaaten (Bundesländern) ausfallen. Umgekehrt sollten hierarchisch nachgeordneten Ebenen umso eher Kompetenzen zugewiesen werden, je unterschiedlicher sich die Präferenzen gestalten und je geringer die Wechselwirkungen einer Politik zwischen den Bundesländern sind (vgl. Kapitel 1, 9 ff.). Eine strikt disjunkte Aufgabenverteilung, bei der Regelungs-, Durchführungs- und Finanzierungskompetenz auf einer föderalen Ebene zusammenfallen (Veranlassungskonnexität), kann nur in Ausnahmefällen zu einer optimalen Lösung führen. Insbesondere das Vorliegen von Informationsasymmetrien und Principal-Agent-Beziehungen zwischen den föderalen Ebenen lässt dabei eine Aufteilung der Kompetenzen auf verschiedene Hierarchieebenen favorisieren (Ausführungskonnexität).

Das föderale System in Deutschland ist durch eine weitgehende Zentralisierung der Regelungskompetenz charakterisiert. Da zusätzlich Elemente der Ausführungskonnexität vorherrschen, kann das System als Exekutivföderalismus charakterisiert werden, der von einem komplexen Zuweisungs- und Mischfinanzierungssystem innerhalb eines vertikalen Steuerverbunds ohne relevanten Steuerwettbewerb begleitet wird. Des Weiteren ist der bundesdeutsche Fiskalföderalismus durch einen in der horizontalen Dimension stark nivellierenden Finanzausgleich gekennzeichnet, dessen vertikale Dimension infolge des bündischen Prinzips stark ausgeprägte Elemente eines fiskalischen Unitarismus aufweist.

3.1 Bündisches Prinzip lockern, Haftung verschärfen und Verschuldungsgrenzen etablieren

In der bundesdeutschen Finanzverfassung hat das bündische Prinzip einen hohen Stellenwert. Danach sind die Gebietskörperschaften verpflichtet, sich in bestimmten Fällen gegenseitig finanziell zur Seite stehen. In drei früheren Urteilen (1986, 1992 und 1999) hat das Bundesverfassungsgericht unterstrichen, dass das bündische Prinzip ein Wesensmerkmal des deutschen Grundgesetzes ist und dass im Falle extremer Haushaltsnotlagen die Gebietskörperschaften verpflichtet sind, sich gegenseitig finanziellen Beistand zu leisten. Dies betrifft sowohl das Bund-Länder-Verhältnis als auch jenes der Länder untereinander (BMWA, 2005, 14).

Die Überbetonung des bündischen Prinzips und die Zurückdrängung des Autonomieprinzips haben die finanzielle Verantwortung der Bundesländer für ihre landespolitischen Entscheidungen massiv geschwächt. Die Bundesländer haben dadurch eine verzerrte Anreizstruktur (Blankart, 2005, 13): Sie sind bereit, höhere finanzielle Risiken einzugehen, als sie dies bei alleiniger Verantwortung für die finanziellen Folgen zu tun bereit wären. Sie können darauf vertrauen, dass der Bund und die anderen Bundesländer für mögliche negative finanzielle Folgen ihres Handelns geradestehen. Wie jede Versicherung ist somit auch das bündische Prinzip anfällig für Moral Hazard (BMWA, 2005, 5).

Ein aktuelles Urteil des Bundesverfassungsgerichts vom 19. Oktober 2006 (Bundesverfassungsgericht, 2006) hat diesbezüglich zur Klarheit beigetragen. Das Land Berlin reklamierte in einer Klage beim Bundesverfassungsgericht eine extreme Haushaltsnotlage und drängte auf finanzielle Unterstützung. Das Bundesverfassungsgericht verneinte jedoch das Vorliegen einer extremen Haushaltsnotlage. Vielmehr sah es ausreichend Möglichkeiten, dass Berlin durch eine höhere Ausgabendisziplin die finanzielle Schieflage aus eigener Kraft bewältigt. Das Bundesverfassungsgericht hat dadurch erfreulicherweise die Verantwortung der Länder für ihr Haushaltsgebaren klar unterstrichen und gestärkt. Auch andere Bundesländer müssen nun damit rechnen, dass das bündische Prinzip zukünftig nicht mehr so weit trägt wie bisher angenommen. Selbst wenn dieses Urteil grundsätzlich einer höheren Haushaltsdisziplin förderlich ist, sollte auf generell schärfere Verschuldungsgrenzen nicht verzichtet werden.

Mit Blick auf den Europäischen Stabilitäts- und Wachstumspakt sind eindeutige Verschuldungsgrenzen für Bund und Länder ohnehin geboten. Mit der Föderalismusreform 2006 wurde zwar eine neue Regel eingeführt, in welchem Umfang Bund und Länder Brüsseler Sanktionen im Falle eines nachhaltigen Überschreitens der 3-Prozent-Grenze für die Neuverschuldung jeweils zu tragen haben. Eine solche Regelung ist sicherlich notwendig und hilfreich, allerdings greift sie zu kurz. Sie verliert dann ihre disziplinierende Wirkung, wenn die Neuverschuldung insgesamt unter den zulässigen 3 Prozent bleibt. Einzelne Bundesländer oder auch der Bund können dann eine bequeme Free-Rider-Position einnehmen und sich der strengen fiskalischen Disziplin zumindest zeitweise entziehen.

Deshalb sollten die vorgesehenen Regelungen eines nationalen Stabilitätspakts um eine definitive Neuverschuldungsgrenze für Bund und Länder ergänzt werden. Wendet man den vereinbarten Verteilungsschlüssel für Sanktionen auch auf die Verschuldungsgrenzen an, hieße dies, dass für die Bundesländer (einschließlich ihrer Gemeinden) jeweils maximal ein jährliches Defizit von 1,65 Prozent ihres Bruttoinlandsprodukts zulässig wäre. Für den Bund (einschließlich der Sozialversicherungshaushalte) gälte eine entsprechende Grenze von 1,35 Prozent des Bruttoinlandsprodukts. Bei Überschreiten dieser Grenzen müssten Sanktionen greifen, auch wenn keine Strafzahlungen an Brüssel fällig wären. Zudem wären die Bundesländer zu verpflichten, das übermäßige Defizit durch Ausgabensenkungen oder Einnahmenerhöhungen abzubauen.

Damit verbunden wäre eine Stärkung des Verursacherprinzips: Wer übermäßige Schulden macht, muss finanziell dafür haften. Die im Zuge der Föderalismusreform gefundene Sanktionsregel orientiert sich hingegen nur schwach am Verursacherprinzip. Der Bund hat derzeit – unabhängig davon, in welchem Umfang er zum gesamtstaatlichen Defizit beiträgt – immer 65 Prozent der EU-Sanktionen zu tragen. Der 35-Prozent-Anteil der Bundesländer wird wiederum nur zu 65 Prozent verursachergerecht zugeteilt, der Rest nach Einwohnerzahl. Faktisch werden also lediglich 22,75 Prozent der auf die Länder entfallenden Sanktionen nach dem Verursacherprinzip zugeteilt.

Strenge Verschuldungsbegrenzungen sind auch noch aus einem anderen Grund geboten. So ist es fast aussichtslos, dass Länder, die einmal in der Schuldenfalle sitzen, sich durch eine offensive Wachstumspolitik aus eigener Kraft wieder daraus befreien können. Ihre finanzpolitische Handlungsfähigkeit tendiert in einem solchen Fall gegen null. Die erfolgreiche Reduzierung einer zu hohen Verschuldungsquote durch verstärkte öffentliche das Wachstum stimulierende Investitionen verlangt unrealistisch hohe Investitionsrenditen. Rational handelnde Landespolitiker werden diesen Versuch erst gar nicht unternehmen, sondern stattdessen Investitionen weiter reduzieren und die Mittel zur direkten Schuldentilgung verwenden. Hier fallen somit Landes- und gesamtstaatliche Rationalität weit auseinander. Deshalb ist es entscheidend, dafür zu sorgen, dass ein Bundesland gar nicht erst in eine solche ausweglose finanzielle Situation gerät. Auch aus diesem Grund sind wirksame Regeln zur Verschuldungsbegrenzung unverzichtbares Element einer Reform der Finanzverfassung.

Deshalb ist es sehr zu begrüßen, dass aktuell sogar deutlich schärfere Verschuldungsregeln bis hin zur Aufnahme von Neuverschuldungsverboten in die Länderverfassungen diskutiert werden. Der Sachverständigenrat (SVR, 2007) hat in einem aktuellen Sondergutachten sowohl eine langfristige, objektbezogene Verschuldungsbegrenzung als auch Grenzen für die kurzfristige Verschuldung gefordert. Mitunter wird zwar bezweifelt, ob Verschuldungsverbote tatsächlich die erhofften Wirkungen entfalten. Verwiesen wird in diesem Zusammenhang auf die Verschuldungsgrenze in Art. 115 GG, der nur eine Neuverschuldung des Bundes in Höhe seiner Ausgaben für Investitionen gestattet. Bekanntlich konnte diese Vorschrift nicht verhindern, dass wiederholt höhere Kredite aufgenommen wurden, um sie nachträglich mit der Ausnahmeregel des Art. 115 GG zu begründen.

Allerdings lässt sich zeigen, dass in der Schweiz kantonale Verschuldungsregeln wirksam waren. Auf Bundesebene ist in der Schweiz erst seit 2003 eine Schuldenbremse in Kraft. Es gibt aber eine lange Tradition in den Kantonen; im Kanton St. Gallen zum Beispiel wurde sie bereits 1929 in die Verfassung aufgenommen (Feld/Baskaran, 2007, 122). Ökonometrische Studien belegen die Wirksamkeit dieser Schuldenbremsen: Im Zeitraum 1980 bis 2001 sorgten sie für eine Reduktion der kantonalen Staatsverschuldung pro Einwohner von bis zu 14 Prozent (Feld/Baskaran, 2007, 123). Verschuldungsverbote sollten sich jedoch auf eine mehrjährige Periode – idealerweise einen vollen Konjunkturzyklus – beziehen, damit die automatischen Stabilisierungswirkungen der Länderbudgets im Konjunkturzyklus erhalten bleiben.

Aus politökonomischer Sicht ist es allerdings unwahrscheinlich, dass sich ein Verschuldungsverbot politisch umsetzen lässt. Zumindest derzeit noch sind die Bundesländer mit ausgeglichenem Haushalt in der deutlichen Minderheit, sodass politische Mehrheiten für diesen Vorschlag oder ähnlich strikte Verschuldungsgrenzen kaum zu erreichen sein dürften.

Der Wissenschaftliche Beirat beim Bundesministerium für Wirtschaft und Arbeit hatte vor diesem Hintergrund für eine Reduzierung bundesstaatlicher Beistandspflichten plädiert, um auf diese Weise die disziplinierende Wirkung der Finanzmärkte zu nutzen. Hoch verschuldete Bundesländer müssten dann für ihre Schulden höhere Zinsen zahlen (vgl. Kapitel 2, 45 ff.; BMWA, 2005, 3). Begrenzte Beistandspflichten und wirksame Verschuldungsgrenzen schließen einander allerdings nicht aus. Nichts spricht dagegen, beides zu tun.

Alternativ denkbar wäre auch, dass Bundesländer, die selbstverschuldet in eine extreme Haushaltsnotlage geraten sind, ihre Eigenständigkeit verlieren und der Bund im Auftrag der Ländergesamtheit die Landesgeschäfte übernimmt („Bundesexekution"). Ein solcher Vorschlag wäre in jedem Fall hilfreich, um die Bereitschaft der Bundesländer zur Einführung strikter Verschuldungsregeln zu erhöhen.

3.2 Steuerautonomie stärken

Eine stärkere Haftung der Länder für die Folgen ihrer Wirtschaftspolitik setzt voraus, dass die Länder über eine ausreichende Einnahmenautonomie verfügen, die ihnen echte Gestaltungsspielräume gewährt. Sonst wären sie nicht in der Lage, die Defizite eigenverantwortlich zu reduzieren. Gegenwärtig haben sie diese Spielräume nicht in ausreichendem Maße. Die Föderalismusreform hat daran nur marginal etwas geändert, aber zugleich einen wichtigen Präzedenzfall geschaffen. So dürfen die Länder zukünftig den Steuersatz der Grunderwerbsteuer selbst bestimmen. Das bundesweite Aufkommen dieser Steuer ist mit knapp 5 Milliarden Euro aber viel zu gering, um von einer wesentlichen Stärkung der Steuerautonomie der Länder sprechen zu können.

Eine solche Stärkung der Steuerautonomie kann auf verschiedene Weise erreicht werden (vgl. Kapitel 2, 45 ff.). Sieht man von der radikalen Lösung der Einführung eines Trennsystems ab, das politisch kaum durchsetzbar und auch ökonomisch nicht rational erscheint, bleiben vor allem zwei Optionen: Eine pragmatische Lösung bestünde darin, den Bundesländern bei allen Ländersteuern das Recht einzuräumen, die Steuersätze selbst zu bestimmen. Der Weg, der jetzt bei der Grunderwerbsteuer eingeschlagen wurde, würde nur konsequent weiterverfolgt. Ein wirksames und zugleich transparentes Instrument zur Steigerung der Einnahmenautonomie bestünde auch darin, den Ländern ein Zuschlagsrecht bei der Lohn-, Einkommen- und Körperschaftsteuer zu geben. Dadurch wäre für alle Bundesländer eine einheitliche Bemessungsgrundlage dieser Steuer sichergestellt, was die Transaktionskosten minimieren würde. Zugleich hätten sie bei sehr aufkommensstarken Steuern größere Gestaltungsmöglichkeiten.

Steuer- und Einnahmenautonomie einerseits und harte Verschuldungsgrenzen andererseits gehören untrennbar zusammen. Erst dann, wenn der Weg in die politisch häufig einfachere Verschuldung versperrt ist und die Landespolitiker von ihrer Einnahmenautonomie Gebrauch machen müssen, wenn Ausgaben schneller wachsen als Einnahmen, kommt die demokratische Kontrolle voll zum Tragen. Denn die Bürger spüren die Kosten einer wenig wachstums- und beschäftigungsträchtigen Landespolitik direkt in Form von höheren Steuern.

3.3 Finanzausgleich reformieren

Ohne eine grundlegende Reform des Finanzausgleichs wird eine solche Reform allerdings ins Leere laufen. Denn das komplizierte mehrstufige System der vertikalen und horizontalen Steuereinnahmen-Umverteilung produziert Grenzbelastungen, die für einzelne Länderhaushalte sogar über 100 Prozent hinausgehen können. Betrachtet man Länder und Kommunen als Einheit, liegen die Grenzbelastungen zwar nicht mehr über 100 Prozent, erreichen aber immer noch konfiskatorisch hohe Ausmaße. So verbleiben zum Beispiel von einer zusätzlichen Million Euro Lohnsteuereinnahmen dem Saarland (Land- und Kommunalhaushalte) nur 69.000 Euro, der saarländische Landeshaushalt wird mit 81.000 Euro sogar zusätzlich belastet, weil nicht nur die gesamten Zusatzeinnahmen in den Finanzausgleich fließen, sondern sich darüber hinaus auch die Zahlungen aus dem Finanzausgleich gegenüber dem Status quo reduzieren (vgl. Kapitel 2, 45 ff.; IW Köln, 2006a und 2006b). Das Problem derartiger konfiskatorischer Grenzbelastungen bleibt zudem nicht auf die

Gebietskörperschaftsebene der Länder beschränkt. Auch auf kommunaler Ebene führt das deutsche Finanzausgleichssystem aufgrund seiner ausgeprägten Verteilungsorientierung zu sehr hohen Grenzbelastungen, die teilweise noch höher sind als auf Länderebene.

Diese hohen Grenzbelastungen ersticken positive Anstrengungen für eine den Standort stärkende Wirtschaftspolitik im Keim. Obwohl die Existenz derartiger negativer Anreizeffekte für Deutschland empirisch nachgewiesen wurde (Baretti et al., 2002, 643), setzt sich nur sehr langsam durch, dass solche Anreizeffekte in den politischen Beratungen über die Gestaltung des deutschen Finanzausgleichssystems stärker berücksichtigt werden. Immer noch geht es den Beteiligten in der Politik in erster Linie darum, die eigene finanzielle Position zu verbessern oder zumindest alte Besitzstände zu wahren.

Die jüngste Neuregelung des Länderfinanzausgleichs zeigt deutlich das Dilemma zwischen Reformanspruch und Wirklichkeit. In den politischen Beratungen über den seit dem 1. Januar 2005 geltenden Finanzausgleich einigten sich die Länder und der Bund damals, einerseits die Verteilungswirkungen der Reform zu begrenzen, andererseits aber auch die Anreizelemente der Ausgleichsmechanismen zu stärken. Um die Anreizstrukturen zu verbessern, wurde eine Prämienregelung eingeführt. Seither gilt: Ein Land kann 12 Prozent der überdurchschnittlich günstigen Veränderung der Einnahmen je Einwohner gegenüber dem Vorjahr als Prämie ausgleichsfrei stellen. Durch diese Rechenoperation profitieren jedoch – wenn überhaupt – nur die prämienberechtigten Länder (Fehr, 2001). Ein gleichmäßiger und alle Länder umfassender Abbau der Grenzbelastungen ist durch die Einführung der Prämienregelung nicht gelungen.

Dieser erste zaghafte und gut gemeinte Einstieg der Politik in eine stärkere anreizorientierte Neujustierung des gesamten deutschen Finanzausgleichs muss konsequent fortgesetzt werden. Allerdings kann die gegenwärtige dramatische Grenzbelastungssituation, die nicht nur auf Länderebene besteht, nur durch grundlegende Reformen des gesamten Finanzausgleichsgeflechts auch unter Einschluss der Gemeindeebene gemildert werden.

Das Institut der deutschen Wirtschaft Köln hatte im September 2004 für eine Neukonzipierung des „Aufbau Ost" unter anderem empfohlen, dass die neuen Bundesländer einen erhöhten Anteil am Einkommen- und Körperschaftsteueraufkommen erhalten und dieses Mehraufkommen nicht in den Länderfinanzausgleich eingeht, sondern gänzlich dem Bundesland als eigene Einnahme zur freien Verfügung verbleibt. Erfolgreiche Ost-Länder würden so finanziell belohnt (IW Köln, 2004).

Der Grundgedanke dieses Vorschlags lässt sich auf den Länderfinanzausgleich übertragen. Beispielsweise wäre denkbar, dass die Empfängerländer für einen gewissen Zeitraum dafür optieren könnten, aus dem System des Länderfinanzausgleichs ganz auszuscheiden. Für das optierende Bundesland wäre dies dann die beste Strategie, wenn es davon ausgehen kann, dass es in Zukunft ein höheres Wirtschaftswachstum erreicht als der Bundesdurchschnitt. Die Geberländer würden sich gegenüber dem Status quo zumindest nicht schlechter stellen. Ein solches System würde den heute finanzschwachen Bundesländern starke Anreize bieten, zusätzliche Wachstumspotenziale zu erschließen, wovon letztlich alle Bundesländer und der Bund in Form höherer Steuereinnahmen und niedrigerer Sozialtransfers profitieren würden.

Dieser Grundgedanke könnte auch auf die landesindividuellen kommunalen Finanzausgleichssysteme übertragen werden. Doch auch mit weniger grundlegenden Reformen kann die konfiskatorische Grenzbelastungssituation der Gemeinden in den jeweiligen Ländern gemildert werden. Anknüpfungspunkte bilden dabei die jeweiligen steuer- und finanzkraftabhängigen Zuweisungen und Umlagen. Denn mit diesen Komponenten des kommunalen Finanzausgleichs werden unter anderem redistributive Zielsetzungen verfolgt. Durch eine entsprechende Neujustierung landesindividueller Regelungen könnte die hohe Umverteilungsintensität verringert und somit die Anreizkompatibilität erhöht werden.

3.4 Länder neu gliedern?

Der bundesdeutsche Föderalismus wird seit Anbeginn von der Frage begleitet, ob es nicht einer Neugliederung des Bundesgebiets bedürfe. Bereits das Grundgesetz von 1949 gab durch die spezifische Option, im seinerzeit zerstückelten Südwesten der Republik durch Fusion eine funktionsfähige Größenordnung zu schaffen, Impulse vor. Am weitestgehenden waren die Vorschläge der sogenannten Ernst-Kommission, die im Auftrag der Bundesregierung 1972 eine völlige Neugliederung des Bundesgebiets vorsahen (Sachverständigenkommission, 1973). Aus ökonomischer Sicht ist diese Fragestellung zwingend, zumal die Föderalismustheorie bereits die Jurisdiktionen unter Abwägung ökonomischer Kalküle behandelt und dafür Orientierung gibt.

Immer wieder wurde auch in den vergangenen Jahren die Forderung erhoben, durch Länderfusionen die Anzahl der Bundesländer zu reduzieren und somit die Kosten der politischen Führung des Landes zu senken. Das deutsche System des kooperativen Föderalismus mit all seinen beschriebenen Fehlentwicklungen liefert dafür in der Tat gute Argumente. Warum soll der Steuerzahler 16 Landesparlamente und -verwaltungen finanzieren, wenn dadurch für ihn kein Wohlstandsgewinn durch mehr föderalen Wettbewerb erzielt wird?

Bei der Frage der Länderneugliederung ist allerdings vor Illusionen zu warnen. Gebietskörperschaften sind immer Ausdruck pfadabhängiger Prozesse, die den historischen Ballast nicht abwerfen können und auch nicht sollten. Die theoretische Vorstellung nach ökonomischer Logik geordneter Bundesstaaten ist schon deshalb eine Schimäre. Dies gilt ebenso, weil die Frage der angemessenen Mindestgröße eines Landes nicht zeitinvariant und für alle Sachzusammenhänge identisch zu beantworten ist. Umfang und Qualität der öffentlichen Aufgaben unterliegen einem Strukturwandel, der sich aus veränderten wirtschaftspolitischen Orientierungen, aber auch aus technischen Neuerungen ergibt. Allein deshalb würde eine am Zeichenbrett des Ökonomen entworfene Ländergliederung des Bundesgebiets nur im Sinne einer Momentaufnahme wirkliche ökonomische Qualität haben können. Wir befinden uns so gesehen stets in einer Welt des Zweitbesten.

Zu fragen ist auch, ob der Aufwand und der unvermeidbare politische Kampf lohnen. Denn die vorliegende Analyse hat gezeigt, dass die Fehlsteuerungen der bundesstaatlichen Ordnung ganz wesentlich durch falsche Anreizstrukturen, ungleichgewichtige Kompetenzverteilungen und falsch justierte Abweichungsoptionen zu erklären sind. Aktiv eine Neugliederung des Bundesgebiets zu betreiben, kann angesichts dessen nicht als politische Strategie empfohlen werden. Gleichwohl sollte das Grundgesetz den Ländern zumindest generell die Möglichkeit des freiwilligen Zusammenschlusses eröffnen. Den Handlungsspielraum und die Verantwortung der Länder zu erhöhen erfordert freilich, dass beides auf angemessene Weise austariert wird. Das bündische Prinzip sollte dann auch die erörterte Bundesexekution vorsehen.

So geht es im Kern um folgende drei Sachverhalte:
1. Da die Wirkungen der Landespolitik häufig nicht an der Landesgrenze enden, besteht ein Bedarf an länderübergreifender Zusammenarbeit, insbesondere in der Regionalpolitik;
2. Zumeist stehen nicht die Bundesländer in Gänze im Wettbewerb untereinander, sondern einzelne Institutionen, zum Beispiel Hochschulen;
3. Darüber hinaus geht es um die Finanzierung bestimmter Aufgaben durch den Bund, ohne den Wettbewerb zwischen den Bundesländern einzuschränken.

Daraus folgt, dass letztlich gar nicht die Frage der Länderneugliederung im Mittelpunkt des Interesses steht. Es geht vielmehr darum, dass die Bundesländer immer dann, wenn die Interessen nicht nur ihres Landes tangiert sind, Kooperationen suchen und gemeinsame Lösungen finden. Dabei können je nach Problem ganz unterschiedliche Interessengemeinschaften erforderlich sein. Eine Reduzierung der Anzahl der Bundesländer würde zwar einen Teil der regionalen Spillover-Effekte internalisieren, könnte aber das Problem anders als durch fallweise Zusammenarbeit nicht lösen.

Um sicherzustellen, dass Bundesaufgaben effizient finanziert werden, wäre die Vergabe von Gutscheinen an die Bürger denkbar. Auf diese Weise würden die Bürger mit Nachfragemacht ausgestattet. Das Angebot der Leistungen könnte so regional im Wettbewerb erfolgen. Auf diese Weise kämen die Bürgerpräferenzen voll zur Geltung, der Wettbewerb würde tendenziell für ein kosteneffizientes Angebot der Leistungen sorgen.

3.5 EU-Vertrag neu definieren

Bei der Suche nach einer sinnvollen Aufgaben- und Finanzverteilung reicht es nicht aus, nur Bund, Länder und Gemeinden ins Blickfeld zu nehmen. Die politischen Gestaltungsmöglichkeiten der bundesdeutschen Gebietskörperschaften werden in hohem und wachsendem Maße von der Europäischen Union eingeschränkt. Auf vielen Politikfeldern hat die EU sogar ausschließliche Kompetenzen, wie in der gemeinsamen Handelspolitik, der Geld- und Währungspolitik für die Mitglieder der Währungsunion oder in der Beihilfenkontrolle (vgl. Kapitel 8, 195 ff.). Auf anderen Gebieten darf die EU nur unter Beachtung des Subsidiaritätsprinzips tätig werden, wobei der Eindruck, dass die EU dieses Prinzip eher großzügig für sich auslegt, durchaus nicht von der Hand zu weisen ist.

Den strengen Maßstäben der ökonomischen Theorie des Föderalismus hält die tatsächliche Kompetenzverteilung nicht stand. Denn Brüssel hat auch Zuständigkeiten in Bereichen erlangt, die besser auf der Ebene der Nationalstaaten angesiedelt wären. Das gilt zum Beispiel für die Agrarpolitik: Obwohl sie immer noch annähernd 50 Prozent der EU-Ausgaben beansprucht, hat sie doch im Laufe der Zeit ihren Charakter geändert. War sie ursprünglich als Marktordnungspolitik angelegt, besteht sie heute überwiegend aus Einkommensbeihilfen für die Landwirte. Eine Rückverlagerung von Kompetenzen auf die Nationalstaaten wäre in der Agrarpolitik deshalb eine sinnvolle Lösung. Die für 2008 oder 2009 geplante Überprüfung aller Ausgaben und Einnahmen bietet dafür eine gute Gelegenheit.

Handlungsbedarf im Sinne einer Reduktion von EU-Kompetenzen gibt es auch in der Regionalpolitik. Um Wettbewerbsverzerrungen und Subventionswettläufe zu vermeiden, reicht es völlig aus, dass die EU für die Beihilfekontrolle Förderhöchstgrenzen festlegt. Zur Erreichung der Umverteilungsziele (Kohäsion) reicht ein Nettofonds anstelle der verschiedenen Strukturfonds. Dieser Vorschlag ist schon lange in der Diskussion und wird auch vom Institut der deutschen Wirtschaft Köln unterstützt (Busch, 2004, 71 ff.). Anders als heute würde nicht jedes EU-Land einzahlen und nicht jedes Land bekäme Leistungen, sondern nur die reichen Länder zahlten und die armen Länder erhielten Finanzhilfen. Das spart Bürokratie und geht mit dem Subsidiaritätsprinzip konform.

Aktuell gibt es Bestrebungen, die EU von den Mitgliedsländern finanziell unabhängiger zu machen. So wird diskutiert, der EU eigene Steuern zuzuweisen, deren Höhe sie möglicherweise sogar selbst bestimmen kann (etwa ein Zuschlagsrecht auf die nationale Einkommen- und Körperschaftsteuer). Ein solcher Vorschlag ist abzulehnen. Er würde zu einer Aufweichung der Budgetrestriktion führen, einem weiteren Anwachsen des EU-Einflusses auf die nationale Politik Tür und Tor öffnen und sich expansiv auf die Ausgaben der EU auswirken. Zudem könnte er ein erster Schritt zu einem eigenen EU-Verschuldungsrecht sein.

Zukünftige Neuverhandlungen des EU-Vertrags sollten deshalb genutzt werden, um Kompetenzen sachgerechter festzulegen, die Aufgabenverteilung zu überdenken und dem Subsidiaritätsprinzip wieder mehr Geltung zu verschaffen. Dabei sollte man die Vorgaben des Subsidiaritätsprinzips streng auslegen. Eine EU-Zuständigkeit sollte nicht bereits dann vorliegen, wenn „… die Ziele der in Betracht gezogenen Maßnahmen auf Ebene der Mitgliedstaaten nicht ausreichend erreicht werden können" (Art. 5 Abs. 2 EG-Vertrag). Die EU sollte vielmehr nachweisen müssen, dass sie die Aufgabe zielgenauer und effizienter erledigen kann.

Darüber hinaus ist zu fordern, dass Aufgaben dann wieder in die Zuständigkeit der Nationalstaaten abgegeben werden müssen, wenn diese Bedingung nicht mehr erfüllt ist. Hilfreich für die konsequente Durchsetzung des Subsidiaritätsprinzips könnte eine von der EU unabhängige Institution sein, die alle Kommissionsvorschläge diesbezüglich prüft. Dies sollte helfen, den bestehenden Bestrebungen einer weiteren Kompetenzverlagerung nach Brüssel auch in Bereichen der Arbeitsmarkt- und Sozialpolitik effektiv entgegenzuwirken.

4 Ausblick

Die Reform der bundesstaatlichen Ordnung wird – wenn auch in Wellen unterschiedlicher Intensität – ein Dauerthema der Politik bleiben. Dafür sprechen die Erfahrungen der Vergangenheit, aber ebenso der politische und der ökonomische Strukturwandel, ob national oder international verursacht. Akut lassen sich die folgenden Handlungsfelder identifizieren:

- Die Korrektur der Föderalismusreform I aus dem Jahre 2006: Dies scheint angesichts der Fehljustierung von Kompetenzzuordnung und Abweichungsrechten ebenso dringlich wie die zügige Bearbeitung der Finanzausgleichsfragen. Dies ist gerade auch deshalb unvermeidlich, weil sich im Bildungsbereich ein Länderegoismus manifestiert, der den Keim gesamtstaatlicher Auflösung in sich trägt. Denn wo sonst, wenn nicht in Fragen der Bildung und der damit elementar verbundenen Gewährleistung von Chancengerechtigkeit, lässt sich die Räson des Bundesstaates erfassen. Wer einen Sinn in der bundesstaatlichen Ordnung und Solidarität erkennen will, der muss hier handeln.
- Die Neuordnung der Finanzbeziehungen: Sie ist nicht minder dringlich und in einer entsprechenden Kommission auf der politischen Tagesordnung. Der Erfolg dieses zweiten Teils der Föderalismusreform muss sich daran messen lassen, ob es gelingt, die Anreizkompatibilität des Länderfinanzausgleichs spürbar zu verbessern, die Haushaltsnotlage konsequent bis zur Bundesexekution und Opt-out-Klausel für die betreffenden Länder zu regeln, wirksame Verschuldungsgrenzen zu etablieren und die Steuerautonomie der Länder zu stärken (ähnlich SVR, 2004, Ziff. 787 ff.).

Der öffentlich vorherrschende Eindruck, beim Thema bundesstaatliche Ordnung sei viel geschehen, ist zwar nicht falsch, doch trügerisch. Denn es sind unverändert große Aufgaben zu lösen. Um dabei Erfolge zu erzielen, müssen alle Verhandlungspartner vom gleichen Befund ausgehen und mit Blick auf eine vergleichbare Perspektive agieren. Was bedeutet im 21. Jahrhundert gesamtstaatliche Verantwortung für Deutschland in Europa? Die Beantwortung dieser Frage strahlt in alle Themen aus, die in diesem Band erörtert und zu denen Gestaltungsvorschläge vorgelegt wurden. Dabei richtet sich das Werben darauf, die gesamtstaatliche Verantwortung letztlich in der bundesweiten Gewährleistung von Partizipationsgerechtigkeit zu sehen. Wenn es eine sinnvolle Interpretation der Forderung nach gleichwertigen Lebensverhältnissen gibt, dann muss sie sich darauf beziehen.

Ebenso wird argumentiert, soweit wie möglich ökonomische Rationalität bei der Revision der bestehenden Regelungen walten zu lassen. Dass dies mühsam sein kann, ist unbestritten. Dass es ertragreich ist, zeigen die Beiträge dieses Bandes. Wenn die Verantwortlichen weder die grundsätzlichen noch die ökonomischen Auseinandersetzungen führen wollen, dann sollten sie sich der Konsequenzen bewusst sein. Die Halbwertzeit der Verhandlungsergebnisse wird kurz sein, eine wirkliche Entlastung im politischen Tagesgeschäft nicht eintreten und das Konfliktpotenzial hoch bleiben. Die Erfahrungen mit den bisherigen Reformen sind dahingehend eindeutig. Der Wille zum Erfolg wird recht schnell an der Bereitschaft zur sachlichen Erörterung zu messen sein. Die anstehenden Verhandlungen müssen sich von dem Geruch des Basars befreien, auf dem weit entfernt von konsistenten Überlegungen bilateraler Tauschhandel organisiert wird. Bei Lichte besehen kann niemand an einem solchen Verfahren und den dann zu erwartenden Ergebnissen ein Interesse haben.

Literatur

Amann, Caroline / **Süssmuth**, Bernd / **Weizsäcker**, Robert K. von, 2006, Ineffizienz im deutschen Bildungsföderalismus, in: Wohlgemuth, Norbert (Hrsg.), Arbeit, Humankapital und Wirtschaftspolitik, Volkswirtschaftliche Schriften, Berlin, S. 247–278

Baretti, Christian / **Huber**, Bernd / **Lichtblau**, Karl, 2002, A Tax on Tax Revenue: The Incentive Effects of Equalizing Transfers: Evidence from Germany, in: International Tax and Public Finance, Vol. 9, S. 631–649

Berthold, Norbert / **Fricke**, Holger, 2006, Volkswirtschaftliche Auswirkungen der finanziellen Ausgleichssysteme in Deutschland, Gutachten für das Finanzministerium Baden-Württemberg, Würzburg

Blankart, Charles B., 2005, Haftungsgrenzen im föderalen Staat, FAZ vom 26. November 2005, S. 13

BMF – Bundesministerium der Finanzen, 2006, Die Föderalismusreform, in: Monatsbericht des BMF, August, S. 81–90

BMWA – Bundesministerium für Wirtschaft und Arbeit, 2005, Zur finanziellen Stabilität des deutschen Föderalstaates, Gutachten des Wissenschaftlichen Beirats beim Bundesministerium für Wirtschaft und Arbeit, Berlin

Bundesrat, 2006, Föderalismusreform im Bundesrat, Pressemitteilung Nr. 43 vom 10. März 2006, Berlin

Bundesregierung, 2007, Zehn Leitlinien einer modernen Ressortforschung, Berlin

Bundesverfassungsgericht, 2006, Kein Anspruch des Landes Berlin auf Sanierungshilfe, Pressemitteilung Nr. 96 vom 19. Oktober 2006, URL: http://www.bverfg.de/pressemitteilungen/bvg06-096.html [Stand: 2007-02-20]

Burkhart, Simone / **Manow**, Philip, 2006, Was bringt die Föderalismusreform? Wahrscheinliche Effekte der geänderten Zustimmungspflicht, Max-Planck-Institut für Gesellschaftsforschung, Working Paper 06/6, Köln

Busch, Berthold, 2004, EU-Kohäsionspolitik: Entwicklung, Bestandsaufnahme und Reformvorschläge, IW-Analysen, Nr. 8, Köln

Deutscher Bundestag, 2006, Einsetzung einer gemeinsamen Kommission zur Modernisierung der Bund-Länder-Finanzbeziehungen, Antrag der Fraktionen CDU/CSU, SPD und FDP, Drucksache 16/3885 vom 14. Dezember 2006, Berlin

Drabinski, Thomas, 2006, Ökonomische Auswirkungen der Gesundheitsreform auf die Bundesländer, Schriftenreihe des Instituts für Mikrodaten-Analyse, Band 10, Kiel

Fehr, Hans, 2001, Fiskalische und allokative Konsequenzen des neuen Länderfinanzausgleichs, in: Wirtschaftsdienst, 82. Jg., Heft 10, S. 573–579

Feld, Lars / **Baskaran**, Thushyanten, 2007, Das Schweizer Modell des fiskalischen Föderalismus: Lehren für die deutsche Reformdiskussion, in: Konrad, Kai / Joachimsen, Beate (Hrsg.), Der Föderalstaat nach dem Berlin-Urteil, erscheint demnächst

Georgii, Harald / **Borhanian**, Sarab, 2006, Zustimmungsgesetze nach der Föderalismusreform, Ausarbeitung 37/06 und 123/06 der Wissenschaftlichen Dienste des Deutschen Bundestags, Berlin

IAB – Institut für Arbeitsmarkt- und Berufsforschung, 2003, Der heimliche Finanzausgleich, IAB-Kurzbericht, Nr. 16, Nürnberg

IAB, 2007, Regionale Einkommenseffekte der Arbeitsmarktreformen, IAB-Kurzbericht, Nr. 4, Nürnberg

IW Köln – Institut der deutschen Wirtschaft Köln, 2004, Ostdeutschland: Mehr Freiraum für den Fortschritt, in: iwd – Informationsdienst des Instituts der deutschen Wirtschaft Köln, 30. Jg., Nr. 40, S. 4–5

IW Köln, 2006a, Länderfinanzausgleich: Nachwuchs für die Mutter aller Reformen, in: iwd – Informationsdienst des Instituts der deutschen Wirtschaft Köln, 32. Jg., Nr. 25, S. 2

IW Köln, 2006b, Wirtschaftspolitik: Keine Vorfahrt für Jobs, in: iwd – Informationsdienst des Instituts der deutschen Wirtschaft Köln, 32. Jg., Nr. 35, S. 3

Konegen-Grenier, Christiane / Plünnecke, Axel / Tröger, Michael, 2007, Nachfrageorientierte Hochschulfinanzierung: Gutscheine sorgen für Effizienz, IW-Analysen, Nr. 29, Köln

Rürup, Bert / Wille, Eberhard, 2007, Finanzielle Effekte des vorgesehenen Gesundheitsfonds auf die Bundesländer, Gutachten im Auftrag des Bundesministeriums für Gesundheit und Soziale Sicherung, Darmstadt/Mannheim

Sachverständigenkommission für die Neugliederung des Bundesgebiets, 1973, Vorschläge zur Neugliederung des Bundesgebiets gemäß Art. 29 des Grundgesetzes, Bonn

Scharnagel, Benjamin, 2006, Reformpolitik in Deutschland – die Föderalismusreform, Studie im Auftrag der Initiative Neue Soziale Marktwirtschaft und der WirtschaftsWoche, Köln

SVR – Sachverständigenrat zur Begutachtung der gesamtwirtschaftlichen Entwicklung, 2004, Erfolge im Ausland – Herausforderungen im Inland, Jahresgutachten 2004/05, Wiesbaden

SVR, 2007, Staatsverschuldung wirksam begrenzen, Expertise im Auftrag des Bundesministeriums für Wirtschaft und Technologie, Wiesbaden

Wissenschaftsrat, 2007, Empfehlungen zur Rolle und künftigen Entwicklung der Bundeseinrichtungen mit FuE-Aufgaben, Drucksache 7702-07 vom 26. Januar 2007, Berlin

Die Autoren

Dr. rer. pol. **Hubertus Bardt**, geboren 1974 in Bonn; Studium der Volkswirtschaftslehre und der Betriebswirtschaftslehre in Marburg und Hagen, Promotion an der Philipps-Universität Marburg; seit 2000 im Institut der deutschen Wirtschaft Köln, seit 2005 Referent für Energie- und Umweltpolitik und Leiter der Forschungsstelle Ökonomie/Ökologie, zudem Redakteur des IW Umwelt-Service.

Dipl.-Volkswirt **Ralph Brügelmann**, geboren 1966 in Köln; Ausbildung zum Bankkaufmann; Studium der Wirtschaftswissenschaften in Frankfurt am Main und Köln; seit 1995 im Institut der deutschen Wirtschaft Köln, Referent für Steuer- und Finanzpolitik innerhalb des Wissenschaftsbereichs Wirtschaftspolitik und Sozialpolitik.

Dr. rer. pol. **Berthold Busch**, geboren 1957 in Marburg/Lahn; Studium der Volkswirtschaftslehre und Promotion an der Philipps-Universität Marburg; seit Februar 1984 im Institut der deutschen Wirtschaft Köln, Arbeitsbereich Europäische Integration innerhalb des Wissenschaftsbereichs Wirtschaftspolitik und Sozialpolitik; seit 1999 Leiter der IW-Verbindungsstelle Brüssel.

Prof. Dr. **Michael Hüther**, geboren 1962 in Düsseldorf; Studium der Wirtschaftswissenschaften und der mittleren und neueren Geschichte an der Universität Gießen, Promotionsstudium der Wirtschaftswissenschaften; 1991 bis 1995 wissenschaftlicher Mitarbeiter im Stab des Sachverständigenrats zur Begutachtung der gesamtwirtschaftlichen Entwicklung (SVR), 1995 bis 1999 Generalsekretär des SVR; 1999 bis 2004 Chefvolkswirt, 2001 bis 2004 Bereichsleiter Volkswirtschaft und Kommunikation der DekaBank, Frankfurt am Main; seit 2001 Honorarprofessor an der European Business School; seit 2004 Direktor und Mitglied des Präsidiums des Instituts der deutschen Wirtschaft Köln.

Dr. rer. pol. **Hans-Peter Klös**, geboren 1959 in Mornshausen/Hessen; Studium der Volkswirtschaftslehre und Promotion in Marburg; seit 1988 im Institut der deutschen Wirtschaft Köln; seit 2001 Geschäftsführer und Leiter des Wissenschaftsbereichs Bildungspolitik und Arbeitsmarktpolitik.

Dr. rer. pol. **Oliver Koppel**, geboren 1975 in Arnsberg; Studium der Volkswirtschaftslehre in Bonn und Promotion in Köln; seit 2005 im Institut der deutschen Wirtschaft Köln, Referent für Innovationsökonomie innerhalb des Wissenschaftsbereichs Bildungspolitik und Arbeitsmarktpolitik.

Dr. rer. pol. **Rolf Kroker**, geboren 1952 in Bramsche/Niedersachsen; Studium der Wirtschaftswissenschaften und Promotion in Münster; seit 1981 im Institut der deutschen Wirtschaft Köln; seit 1992 Geschäftsführer und Leiter des Wissenschaftsbereichs Wirtschaftspolitik und Sozialpolitik.

Dr. rer. pol. **Karl Lichtblau**, geboren 1957 in Darmstadt; Studium der Wirtschaftswissenschaften in Gießen und Promotion in Würzburg; von 1988 bis 1992 beim Bundesverband der deutschen Industrie; seit 1993 im Institut der deutschen Wirtschaft Köln, Arbeitsbereich Wettbewerbs- und Strukturpolitik; seit 1998 Geschäftsführer und seit 2001 Sprecher der Geschäftsführung der IW-Consult GmbH.

Dr. rer. pol. **Klaus-Heiner Röhl**, geboren 1968 in Buchholz i. d. Nordheide; Studium der Volkswirtschaftslehre in Kiel und Promotion im Rahmen eines Promotionsstipendiums des Freistaats Sachsen; seit 2002 im Institut der deutschen Wirtschaft Köln, Referent für Mittelstands- und Strukturpolitik innerhalb des Wissenschaftsbereichs Wirtschaftspolitik und Sozialpolitik.

Dipl.-Ökonom **Holger Schäfer**, geboren 1969 in Bremen; Studium der Wirtschaftswissenschaften an der Universität Bremen; wissenschaftlicher Mitarbeiter an der Hochschule Harz; Senior Researcher bei ProRegio Consult GmbH; seit 2000 im Institut der deutschen Wirtschaft Köln, Arbeitsbereich Arbeitsmarktökonomie innerhalb des Wissenschaftsbereichs Bildungspolitik und Arbeitsmarktpolitik.

Dr. rer. pol. **Oliver Stettes**, geboren 1970 in Leverkusen; Ausbildung zum Industriekaufmann; Studium der Volkswirtschaftslehre in Köln und Promotion in Würzburg; seit 2004 im Institut der deutschen Wirtschaft Köln, Referent für Industrielle Beziehungen und Personalökonomie innerhalb des Wissenschaftsbereichs Bildungspolitik und Arbeitsmarktpolitik.

Dr. rer. pol. **Michael Tröger**, geboren 1976 in Rüthen/Westfalen; Studium der Volkswirtschaftslehre und Promotion in Würzburg; seit 2006 im Institut der deutschen Wirtschaft Köln, Referent für Beschäftigung und Qualifikation innerhalb des Wissenschaftsbereichs Bildungspolitik und Arbeitsmarktpolitik.